Ciência Política

Ciência Política

2012 – 5ª Edição

Adriano Moreira
Professor Emérito da UTL

ALMEDINA

CIÊNCIA POLÍTICA

AUTOR
Adriano Moreira

EDITOR
EDIÇÕES ALMEDINA, S.A.
Rua Fernandes Tomás nºs 76, 78, 80
3000-167 Coimbra
Tel.: 239 851 904 · Fax: 239 851 901
www.almedina.net · editora@almedina.net

REVISÃO
Maria Madalena Requixa

DESIGN DE CAPA
FBA.

PRÉ-IMPRESSÃO, IMPRESSÃO E ACABAMENTO
G.C. – GRÁFICA DE COIMBRA, LDA.
Palheira Assafarge, 3001-453 Coimbra
producao@graficadecoimbra.pt
Fevereiro, 2012

DEPÓSITO LEGAL
338335/12

ALMEDINA | GRUPOALMEDINA

BIBLIOTECA NACIONAL DE PORTUGAL – CATALOGAÇÃO NA PUBLICAÇÃO
MOREIRA, Adriano, 1922-
Ciência política. – 5ª ed. – (Manuais universitários).
ISBN 978-972-40-4724-9
CDU 321

À minha filha Isabel,
que ficarei acompanhando
para além do meu tempo.

Ao Instituto Superior de Ciências Sociais e Políticas
da Universidade Técnica de Lisboa,
destruído pelos que descuidadamente protegeu
e amado pelos que ali aprenderam
a olhar em frente e para cima.

PREFÁCIO

Portugal viveu séculos em regime de cadeia de comando, antes e depois de a população assumir a natureza de Nação, o que se verificou no fim da Primeira Dinastia, com uma verdadeira refundação do Estado.

A Dinastia de Aviz, que iniciou a expansão marítima e construiu o I Império que acabou, falido, em Alcácer Quibir, também foi gestora de uma Nação em cadeia de comando, com a vontade de El Rei D. João II a amarrar ao leme a mão do marinheiro. A III Dinastia foi de submissão a uma cadeia de comando invasor, mas a longa batalha da Restauração, as lutas liberais que levaram à vitória que parecia impossível do Duque de Bragança D. Pedro I do Brasil e IV de Portugal, que terminou com o II Império, multiplicou e dividiu as cadeias de comando, mas o regime liberal voltaria à Cadeia de Comando para a construção do III Império depois da Conferência de Berlim.

Também são facilmente enumeráveis as ocasiões em que a Cadeia de Comando se independentizou do Poder Político para instaurar uma proclamada Nova Ordem, como aconteceu com Sidónio, o chamado Presidente Rei, com o Marechal Gomes da Costa em 1926, e com os Capitães na Revolução de abril de 1974.

Independentemente do nos parecer que a longa submissão à *cadeia de comando* teve influência no facto de ser constante a atitude de distância entre a sociedade civil e o poder político tratado na terceira pessoa (eles), a relação entre obediência das forças militares e revolta, pode animar alguma meditação sobre se existe um *paradigma comum dos comportamentos* da sociedade geral em relação ao poder político. Ocorre-me sugerir que esse *paradigma*, permanente mas de conteúdo variável, poderá estar na conceção da *maneira portuguesa de estar no mundo*, se definível, que antecede a definição de qualquer regime, mesmo constitucional e democrático, e condiciona a obediência consentida.

A questão é a de um *paradigma institucional*, que teve na identificação da Nação, um facto reconhecido e anotado por Goethe, na Batalha de Valmy, a expressão mais significativa do património imaterial dos ocidentais. Entre nós, tem-me parecido que os Lusíadas, cujas edições foram múltiplas durante o regime filipino, como padrão de resistência, definiu o conceito estratégico nacional naquilo que tanto o conservadorismo de Burke (1729-1797), como os defensores da chamada "constituição da liberdade", consideram o "eixo da continuidade" das instituições, sem impedir que o tempo imponha alterações políticas, económicas, culturais, que implicam reformulações sociais, preservando o embora frágil eixo da roda.

É justamente destas modificações que hoje se ocupam pensadores, analistas, governantes, todos enfrentando uma complexidade do mundo que escapa aos modelos da racionalidade herdada, e que tanto atinge o conceito e função da cadeia de comando, como o de todas as outras instituições com que se articula, e finalmente a instituição integradora, que é o Estado.

Em primeiro lugar o fenómeno do globalismo, do qual se disse que, invocando Pascal, "é uma esfera cujo centro está em toda a parte e a circunferência em nenhum lugar".

Até então, e pelo que toca ao dever militar, tomando como referência aquilo que se chamou a *primavera dos povos* em que a Nação era o valor cimeiro de referência, podemos citar o discurso de *Adeus aos Veteranos*, que Napoleão proferiu no Palácio de Fontainebleau em abril de 1914: "Soldados da minha Velha Guarda: despeço-me de vós, Durante vinte anos, acompanhei-vos sem cessar no caminho da honra e da glória. Nos últimos tempos, tal como nos dias de prosperidade, haveis sido modelo de coragem e fidelidade. Com homens assim, a nossa causa não pode estar perdida; mas a guerra seria interminável; seria uma guerra civil e acarretaria desgraças ainda maiores para a França. Sacrifiquei todos os meus interesses pessoais pelos gerais. Vou partir, mas vós, meus amigos, continuareis a servir a França".

Entretanto, a Europa que viveu num sistema que foi simultaneamente de *governo do mundo* (império euromundista, e ocidental) e de guerra *civil das soberanias*, perdeu com o império, de que Portugal tinha parte, o domínio das fontes de matérias primas, de energias renováveis, e do mercado dos produtos acabados, que foi a dinâmica do novo III Império Africano; evolucionou no sentido de reconhecer que, rodeada de "perigos mais do que de ameaças" (Hassner), devia procurar numa unidade política, apoiada pelos EUA, essa criação de europeus emigrados, a paz para o futuro, e a recuperação do desenvolvimento sustentado da reorganizada vida interna das sociedades civis.

Infelizmente, meio século de guerra fria, que manteve as Forças Armadas de prontidão, fizeram da ameaça soviética a inquietação dominante até à queda do Muro de Berlim em 1989, e depois, até à queda das Twin Towers em 2001, "o credo de mercado" foi descurando as ameaças inerentes de um globalismo em crescimento, que acompanhou o declínio da Ordem Mundial oferecida com a Carta da ONU no fim da guerra de 1939-1945.

Os riscos nucleares, climáticos, as catástrofes naturais, vieram acrescentar as inquietações de uma polemologia em movimento, de algum modo imprevisível, porque as ameaças são novas e dificílimas de graduar. A proliferação nuclear e a proliferação balística, a cibernética apresentada como ameaça ou militar ou civil, de novo os mares infestados pela pirataria, e, subitamente, a União Europeia, o sonho de tantos visionários da paz, desde o filósofo Kant (1724-1804) ao gestor admirável que foi Jean Monnet (1888-1979), envolvida no desastre mundial da economia e das finanças em que estamos mergulhados.

A crise é de tal modo grave, que o colóquio organizado em Paris, em junho de 2011, teve como base um trabalho coletivo intitulado *Un Monde sans Europe?* (Fayard, Paris, 2011), e tendo como inspiração os trabalhos do Conseil Economique de Defense presidido por Philipe Esper.

Esta rapidíssima alteração da circunstância mundial e do declínio da Europa verificou-se num período em que a inquietante mudança de trajeto imprevisível da polemologia cerca a crise financeira e económica da Europa de vários desafios que inevitavelmente se refletem no repensar da paz e, portanto, na redefinição do papel das Forças Armadas no Estado democrático.

Alguns erros de perspetiva são já suficientemente visíveis, designadamente o facto de a NATO, que manteve uma unidade dos ocidentais do Norte do mundo enquanto existiu a ameaça soviética, ter sido objeto de uma cisão interna causada pelo unilateralismo republicano dos EUA, com visível fratura no caso do Iraque. O antigo vício europeu de não ter Estados vizinhos, mas apenas inimigos íntimos, como aconteceu entre a França e a Alemanha, ou entre Portugal e Espanha, tendeu para ser ressuscitado pelo confronto entre *americanismo* e *europeísmo*, que o neoconservadorismo americano alimentou.

Por outro lado, quando o conflito das civilizações era anunciado por Huntington, contrariando o fim da História em que acreditou Fukuyama, desencadeou-se um turbilhão no Mediterrâneo que soma o perigo das violências religiosas à imprevisibilidade das revoluções árabes, advertindo os governos europeus, em crise financeira grave, e com os seus países mediterrânicos abrangidos pela fronteira da pobreza que subiu do Sul para o Norte do Globo, de que são responsáveis pelos programas de governação que anunciaram, mas também são responsáveis pelos imprevistos que podem decorrer dessa situação.

Nenhuma perspetiva pode assegurar que os ideais democráticos ocidentais se vão conciliar harmoniosamente com os imperativos do Corão, podendo acontecer que a situação no Yémen, na Líbia, e na Somália, favoreçam a Al-Qaida, e que na Tunísia e no Egito os partidos islâmicos, designadamente os já visíveis Fréres Musulmans, assumam um papel político inquietante. Nesta data, o crescimento da violência contra os cristãos no Médio Oriente ou contra os coptas no Egito, já obrigam a prestar atenção.

Enquanto isto se passa na Europa, os EUA, para além do unilateralismo e do conflito doutrinado entre o europeísmo e o americanismo, dão mostras de uma evidente debilitação perante os poderes emergentes, como são, mais destacadamente, a China e a União Indiana. O discurso do *Yes, we can* de Obama, que entusiasmou pelo menos todo o mundo ocidental, e deu esperança de mudança ao resto do mundo, não apenas não conseguiu alterar visivelmente a estrutura de comprometimentos e responsabilidades assumidas pela administração republicana, como também os próprios EUA estão envolvidos pela crise financeira de que são responsáveis nas causas, e vítimas dos efeitos.

E aqui chegamos, sem necessidade de maiores reflexões sobre a conjuntura em mudança, pelo menos a estas conclusões: a) não é apenas a Europa que sofre de decadência e vê a fronteira da pobreza avançar para o Norte do Mediterrâneo, é o Ocidente que está em visível decadência que exige uma profunda meditação conjunta da polemologia em mudança; por isso, é um erro que as forças e dirigentes europeus coloquem em risco a própria União, com a tendência para o Diretório já revelada pela Alemanha e pela França, quando é evidente que nenhum desses países tem capacidade global, que a França não tem dimensão para ser membro com direito de veto no Conselho de Segurança, tudo quando os recursos orçamentais provocam dúvidas sobre a sabedoria de insistir, quer na Europa, quer nos EUA, em defesas independentes.

Pode o incómodo Henry Kissinger (1973) sustentar que a Europa é uma potência regional e os EUA uma potência global, mas a dependência dos EUA da China não consente dar-lhe indiscutível credibilidade. O certo é que “os orçamentos militares emagrecem no Ocidente, e os países emergentes, a começar pela China, aumentam de maneira espetacular os esforços e as ambições” (Hassner, 2011). Não evito destacar o esforço marítimo do Império do Meio.

Por muito que o globalismo esteja presente em todas as avaliações da conjuntura internacional, o facto é que parece existir um pano de fundo sobre o qual as atenções se fixam sucessiva e alternadamente em pontos concretos, em geral anunciados de perigo agudo, e que a semântica da comunicação leva a desviar as atenções do globalismo que se consolida sem projeto. Assim acontece com um facto importantíssimo da evolução estratégica mundial, e que é o de a China ter mostrado a bandeira, segundo uma linguagem que parece ter caído em desuso, ao inaugurar a presença do seu primeiro porta-aviões, chamado Varyag, objeto final dos vagares inerentes à maneira chinesa de olhar para o tempo, e neste caso desde 1990.

Por esse tempo ainda a crise financeira e económica mundial não preenchia os ocupados dias dos observatórios mundiais, e o velho porta-aviões que a China adquirira à Ucrânia pôde, sem segredo, que resultou ser a melhor maneira de agir sem despertar a vigilância das altas potências, transformar-se no agora crismado Shi Long, inteiramente reformulado em termos de poder iniciar a sua primeira e tranquila viagem experimental no mar chinês.

É necessário lembrar que um porta-aviões exige alguma coisa mais em termos de proteção própria, quer marítima, quer aérea, e, para resumir o ponto que parece tornar-se claro, a partir deste mostrar da bandeira, vai decisivamente ganhar relevo a questão dos vários Pacíficos, um tema muito especificamente do interesse permanente americano, que tem ali uma das referências históricas do seu conceito estratégico militar, e da sua histórica e fundacional marcha para o Oeste.

A agenda das visitas diplomáticas do atual Presidente dos EUA já tinha mostrado que esta referência do Oeste voltava a impor a sua validade, mas um porta-aviões com bandeira chinesa tem o efeito imediato de tornar mais evidente e presente o interesse histórico nacional, acrescido agora da compreensível inquietação dos EUA.

É natural que o saber americano (parte do saber ocidental), comprovado em todas as suas intervenções marítimas, possa, com fundamento, adiantar a convicção de que poderá repousar em que o tempo ainda será uma barreira defensiva da sua superioridade, porque será longo, do ponto de vista ocidental do tempo, o tempo que à China será necessário para constituir um grupo aero-naval a considerar.

Mas a perspetiva política é necessariamente mais exigente nas meditações, e não parece mostrar a maior das tranquilidades o facto de o Departamento de Estado ter considerado que a conduta chinesa tem "falta de transparência", premissa eventual das perguntas inquietantes sobre a questão de saber qual será o interesse vital que a China procurará proteger com a esquadra que deixa perceber que pretende possuir, designadamente incluindo a definição do Pacífico chinês que terá em vista.

É difícil fundamentar a esperança de uma resposta, se possível ao mesmo tempo esclarecedora e tranquilizante, na história passada do crescimento dos poderes marítimos que, sucessivamente, foram alcançando e perdendo as outrora grandes potências marítimas. Parece difícil ignorar que, como anos já passados foi de quando em vez sublinhado, designadamente tendo em conta a situação de Taiwan, que o Pacífico será múltiplo nas áreas de influência, e que não é apenas no domínio da dívida soberana que os analistas americanos deverão pensar na China sobre o futuro incerto que se avizinha.

Incerto, mas trazendo o que parece ser já uma certeza, a de que a balança de poderes será outra, e que a China pesará no desejável pacífico equilíbrio. Muita da contenção verificável nas relações dos EUA com a China, no período Obama em curso, passando discretamente sobre o tema dos direitos humanos, tem relação clara com a perceção do enorme poder que começou a demonstrar o crescimento na relação financeira. Mas o poder marítimo que desponta obrigará todos a repensar a relação entre a fronteira geográfica e a fronteira dos interesses.

Neste panorama, o debilitado Portugal, com o Estado a evoluir para Estado exíguo, e o território a ser abrangido pela fronteira da pobreza, tem de meditar na sua viabilidade perante o mundo e na sua confiabilidade para reconstruir o futuro, o que o obriga a pensar na segurança interna e externa, e nas janelas de liberdade que possui.

Em primeiro lugar aparece como evidência, sem contestação possível, que toda a envolvente da complexidade de ameaças lhe respeita, e que não participar nas respostas possíveis agravaria a inevitável situação de ser atingido pelas agressões, depois de atingido previamente pelas decisões em que não participara.

Designadamente, no que toca ao turbilhão do Mediterrâneo, Portugal está abrangido pelo desafio, como está abrangido pelo desafio do Atlântico Norte, como está abrangido pelo desafio do Atlântico Sul, seja qual for o Orçamento, e estando sempre em causa a viabilidade do país. Durante meio século da NATO, por exemplo, nunca foi posta em causa a idoneidade e capacidade dos seus militares: essa capacidade mantem-se, a vontade política é que tem de meditar-se a si própria, na sua capacidade e determinação.

Em tal grave conjuntura, a identidade nacional não está em perigo, porque a crise o que atinge é o Estado, não é a Nação. Na confusão habitual entre globalismo – conjunto de interdependências geralmente colaterais –, mundialismo que diz mais respeito ao consumismo, – e identidade que diz respeito à sociedade, neste caso a Nação, o paradigma que é a maneira portuguesa de estar no mundo tem de presidir à reabilitação.

No multiculturalismo desordenado das sociedades europeias e ocidentais, agora sublinhado pela espécie de cemitério em que está a transformar-se o Mediterrâneo, esse papel é difícil mas tem de ser retomado face às novas correntes políticas, com desafios agravados pelo economicismo da crise. Mas a divisão que o multiculturalismo está a criar entre *sociedade civil* e *multidão*, esta provocando a anarquia que se manifestou em Paris, em Atenas, em Setúbal, mostra que não se encontrou substituto para essa extinta função, que o risco é evidente, e não permite esquecer que *o saber e a inteligência são contribuições que não dependem necessariamente da dimensão e qualidade da gestão dos Orçamentos.*

Temos crise financeira grave, economia débil, um Estado a caminhar para exíguo, um povo a enfrentar exigências de pobreza: mas temos um capital de civismo, uma capacidade científica e técnica, que não pode temer confrontos, uma inteligência disponível cujo maior indesculpável risco é que não seja usada.

De longe, autores como Aldous Hukley com o seu *Brave New World* ou George Orwell com o famoso *1984*, anunciavam a mudança do mundo, mais prudentemente acompanhados por cientistas políticos como Karl Deutsh que, em 1974, no seu *Politics and Government: How People Decide Their Fate*, analisava as correntes da mudança, mas nenhum acertando na definição do anarquismo dos conceitos, ultrapassados no conteúdo pela realidade, ainda quando mantiveram a presença semântica. Por isso concluiu Deutsh "que o que de mais perigoso pode fazer o mundo de hoje é prosseguir na política, como de costume".

Decorridos tão poucos anos sobre o aviso, a supercomplexidade dos efeitos das sementes da mudança, exige uma renovação do pensamento político, uma ordem normativa que identifique os alicerces que resistiram.

Talvez apenas com uma certeza, a de que o *poder* é o facto permanente, multiplicando as faces e as identidades.

Mas o perfil da sociedade nova em formação é por enquanto o enigma com que se defronta a ciência política.

PREFÁCIO DA 1ª EDIÇÃO

1 – O curso que agora se publica corresponde às matérias versadas na Pontifícia Universidade Católica do Rio de Janeiro e, também, nos temas específicos do capítulo dedicado às ideologias, nas Escola de Comandos e Estado-Maior e Escola Naval de Guerra do Brasil. O método de ensino ali corrente, que recorre frequentemente à publicação de coleções de textos didáticos, sobretudo nos Cursos de Mestrado, implicou que alguns dos textos fossem aproveitados numa coleção chamada Legado Político do Ocidente – O Homem e o Estado, organizada, em colaboração, com os professores da PUC Alejandro Bugalho e Celso Albuquerque.

O que mais importa nesta última publicação são os documentos que marcam pontos críticos da evolução ocidental, pela primeira vez fornecidos, em língua portuguesa e com arrumo sistemático, aos estudantes brasileiros, tendo cada um dos professores contribuído com textos didáticos introdutórios.

Por outro lado, tem de reconhecer-se que a presença da literatura americana é no Brasil muito dominante em relação à literatura europeia, acontecendo que até no domínio das ciências jurídicas já é nos Estados Unidos que os estudantes brasileiros procuram, com frequência, uma especialização e títulos universitários dignificados.

No presente curso, onde foi dado necessário lugar destacado às correntes americanas para acompanhar a formação de base, procurou-se todavia introduzir uma tendência europeísta e assinalar alguns dos melhores críticos europeus do fenómeno político, em regra pouco conhecidos no Brasil, cuja conjuntura específica parece às vezes mais estudada cientificamente por americanos do que por brasileiros. Os brasilianistas americanos constituem hoje um respeitável corpo de investigadores, a sua produção é recebida com atenção, e a sua intervenção pessoal nas escolas é frequente.

Não pode dizer-se o mesmo da produção portuguesa no campo da ciência política, domínio onde apenas os normativistas, alguns com autoridade reconhecida e assegurada, marcaram uma posição honrosa para a nossa ciência jurídica, sobretudo a partir do funcionamento do acordo cultural que facilitou a circulação de bolseiros. Não precisa de ser encarecida a importância de não abrandar este intercâmbio, que é dos mais frutuosos no campo da interpenetração cultural e científica.

Também é previsível que o número apreciável de professores portugueses que foram obrigados a emigrar pelos saneamentos selvagens do 25 de Abril, e que no Brasil foram recebidos com júbilo nas várias universidades, venham a estar na base de um rejuvenescimento local das nossas tradições científicas e culturais; porque, se perderam as garantias reais da cidadania portuguesa, não perderam nem a competência nem o patriotismo.

Desde que as nossas atuais autoridades se consideraram autorizadas a esbanjar esse capital técnico e científico em que a Nação investiu recursos e sacrifícios que dificilmente podem medir-se, não se vê melhor donatário do que o Brasil para receber com legitimidade essa *res derelicta* em que a Revolução transformou grande parcela da capacidade humana portuguesa.

2 – Pelo que toca ao texto que se segue, não tem maior pretensão do que recolher o ensino oral, e a publicação apenas se justifica porque faltam cursos escritos que possam apoiar e orientar as leituras e consultas dos estudantes interessados, sobretudo quando pretendem afastar-se do ponto de vista normativista, até agora praticamente exclusivo.

Se os capítulos referentes à metodologia e à análise tridimensional do Poder puderam assumir uma forma sistemática, o que se refere às ideologias teve de submeter-se ao método curricular que enuncia concretamente, em cada ano, os temas que devem ser versados, e que em regra correspondem a preocupações dominantes da conjuntura.

Há todavia uma linha fundamental orientadora do curso, que talvez vantajosamente deva ser aqui resumida. Em primeiro lugar, criou-se uma introdução sobre o ambiente ou pressupostos da ciência política que se destina apenas a tornar os estudantes conscientes de que ningém estuda ciências sociais sem uma dependência pessoal de uma teoria de interrogações que excedem a ciência, e para a qual a resposta é procurada noutros domínios e por diferentes métodos. A necessidade de o estudioso se analisar a si próprio antes de empreender a difícil caminhada que é tentar chegar a tudo compreender, sem amor nem ódio, e sem prescindir das suas próprias opções valorativas, obriga a essa referência a que chamamos ambiente, à falta de nos ter ocorrido melhor expressão.

Depois, no exame dos temas do Poder, sugerimos que deva utilizar-se uma análise tridimensional, a qual implicará, nas indagações referentes a cada modelo concreto, uma investigação simultânea sobre a sede do Poder, a forma do Poder e a Ideologia, sem o que os tipos não poderão ser rigorosamente caracterizados.

O problema da forma, sobretudo, e que é o que tem maior tradição por ser o que inspira o normativismo, é sempre entendido como averiguação da imagem que o Poder efetivo deseja implantar, sem que corresponda necessariamente à realidade das vigências normativas que o Poder observa. É por isso que sugerimos a necessidade de criar e desenvolver na ciência política o estudo sistemático da clandestinidade do Estado, para compreender esse fenómeno constante e maquiavélico do afastamento entre o que o Poder proclama e aquilo que o Poder faz.

ADRIANO MOREIRA
Doutor em Direito pela Universidade de Madrid
Professor da Pontifícia Universidade Católica do Rio de Janeiro
Do Conselho de Curadores da Universidade Cândido Mendes

Capítulo I
Introdução

§ 1º
Pressupostos da Ciência Política

1. Aproximação Semântica

A definição do objeto da ciência política pode ser tentada de acordo com vários critérios e perspetivas, mas a novidade e ambiguidade do tema talvez aconselhe no sentido de a primeira aproximação ser puramente semântica.

Nesta base, a análise quantitativa facilmente conduz à verificação de que as palavras mais frequentemente usadas pelos escritores que afirmam lidar com os problemas do que seria a ciência política são estas: *Estado, Governo, Poder, autoridade, conflito.*

Encontram-se muitas outras que atingem frequências consideráveis de utilização, como *partido, lei, eleição, justiça* e *constituição*, mas aquelas parecem constituir o denominador mais vasto dos escritos que se consagram a este domínio do saber. Podemos assim aceitar, como ponto de partida, que a realidade ambígua coberta por aquelas palavras, adjetivadas das mais variadas maneiras, é a que corresponde à preocupação dominante dos que se ocupam com a análise do fenómeno político.

Que realidade deva considerar-se abrangida por tais vocábulos, que frequentemente intitulam os próprios livros, depende de uma pluralidade de perspetivas experimentadas, cada uma das quais dá caráter a escolas de pensamento, determina métodos específicos de análise, e até origina disciplinas autónomas, nem sequer todas relacionadas com aquilo que o consenso mais geral vai definindo como o objeto contemporâneo da ciência política.

Para entender o ponto em que nos encontramos nesta matéria, e seriar os fenómenos sociais que ocupam a atenção dos cientistas políticos, parece útil proceder a duas espécies de análise. Em primeiro lugar, analisar o *ambiente* da ciência política; em segundo lugar, proceder à análise comparativa dos *processos* utilizados para definir e estudar o objeto desta ciência.

Depois, será mais fácil analisar o objeto finalmente autonomizado e correspondente à designação.

Estas sugestões não devem esconder a ambiguidade metodológica que está na base da inquirição sobre o objeto da ciência política, visto que, por um lado, a atenção é requerida para o exame das atividades dos que se afirmam cientistas políticos e, por outro lado, estes reclamam tal qualificativo em função das suas preocupações dominantes.

Acontece que esta situação não é privativa da ciência política, antes é comum a todas as ciências sociais. Por isso, e como mais detidamente veremos, por muito rigor que se encontre nas meditações e investigações desenvolvidas a este respeito, a *enumeração dos temas* acaba sempre por aparecer como o método arbitral que finalmente autonomiza a ciência política e marca as suas fronteiras com disciplinas afins.

É precisamente esta circunstância que torna importante o exame prévio daquilo que chamamos o ambiente da ciência política. Com tal expressão queremos designar a teoria dos problemas que, explícita ou implicitamente, constituem um quadro geral de referência dos vários temas que se autonomizaram como objeto privativo desta ciência.

Essa teoria tece como que uma urdidura geral, à qual se prendem não só a ciência política mas também todas as suas ciências auxiliares, as matrizes mais gerais de onde a ciência política derivou, as valorações que a condicionam.

Com frequência, este ambiente não é referido nem lembrado, com prejuízo para o claro entendimento dos temas, para a formulação das interrogações que suscitam, e das previsões alternativas que sugerem. Podemos chamar aos componentes desse ambiente os *pressupostos da ciência política*, porque sem eles não teria aparecido a necessidade de criar uma zona autónoma do saber, a lidar com um objeto que outras disciplinas também examinam de diferente ponto de vista.

2. As Múltiplas Dependências e Fidelidades

O primeiro facto reconhecido pela ciência política, em comum com todas as ciências humanas, é que o homem apenas vive em sociedade. Isto significa que todo e cada homem é inevitavelmente sócio de outro homem, isto é, partilha com ele um interesse.

Diz-se que existe um interesse quando se encontra uma relação de um homem com uma coisa ou outro homem, a qual relação lhe permite satisfazer uma necessidade. Este facto é comum a outras espécies e, na tradição ininterrupta do pensamento, discute-se se a natureza social do homem tem algo de específico. A resposta a esta questão influencia as teorias que respeitam ao Estado e também ao reconhecimento ou negação da autonomia de outros grupos humanos menores.

Toda a conceção do Estado e do Poder é tributária da questão que pode talvez enunciar-se deste modo: *qual a posição do homem na natureza?*, e isto tem inegável elo com o entendimento da relação do homem com Deus.

Sempre que se admite que existe alguma coisa superior ao homem, a alternativa comum é entre Deus e o Estado. A própria ideia de *soberania,* entendida como supremacia absoluta, tem esta dupla correlação, refletida nos atributos que o pensamento ocidental ainda hoje refere não apenas ao Estado mas também à autoridade do Papa: este é chamado soberano, diz-se que reina, embora não possua qualquer autoridade temporal significativa.

A tomada de posição nesta questão vai refletir-se em todos os problemas que integram o *domínio normativo* da ciência política, nas características dos modelos a examinar, na tabela dos conflitos que é necessário analisar.

Por outro lado, o reconhecimento da existência, validade e função política de outros grupos menores, como a família, o sindicato ou a autarquia, a que os homens também devem fidelidade, é dependente desta prévia atitude, assim como a doutrina e prática respeitantes à relação do *poder temporal* com o *poder espiritual.* A tradição oriental de considerar o chefe político como a encarnação divina, e que veio a influenciar a conceção romana do Império, assim como a doutrina do califado muçulmano, traduz a resposta mais extrema à hesitação entre a superioridade do Estado e a superioridade de Deus, procurando confundir pragmaticamente ambos numa pessoa física e evitando o problema das fidelidades múltiplas, dos seus conflitos, da sua hierarquia.

3. Totalitarismo e Personalismo Laicos

Suposta resolvida a questão da supremacia de Deus em sentido negativo, e afastada a natureza divina do Estado, surge o tema do totalitarismo ou do personalismo laicos, outro dos pressupostos essenciais da ciência política e hoje extremamente importante no ambiente em que os seus problemas se configuram.

Uma das longas tradições do pensamento político é a de considerar o Estado como supremo em relação ao homem. Aristóteles considerou que o homem pertence ao Estado tal como a ele lhe pertencem os seus membros, dando assim base a uma conceção orgânica nunca desaparecida. Hobbes como que divinizou o Leviatã, o monstro estadual que envolve a vida do homem em todos os aspectos. Rousseau considerou que a vontade do corpo político tem uma infalibilidade nas opções, que a vontade individual não alcança. Hegel viu no Estado a corporização do Espírito absoluto.

Estas afirmações são umas vezes metáforas ou analogias que representam expedientes da comunicação entre o comentador e os destinatários, e outras vezes elementos de uma verdadeira definição. Assim, quando Sócrates e Platão falam da semelhança entre as diversas classes sociais e as partes componentes da alma, ou quando Aristóteles compara o Estado com o corpo do homem, parece que estamos no domínio da analogia.

Mas quando Rousseau fala desse *«corpo moral e coletivo»*, chamado Estado quando passivo, Soberano quando ativo, e Poder quando relacionado com as outras entidades equivalentes, parece chegar a afirmar uma personalidade real, com faculdades intelectuais e qualidades morais. Hegel não hesita em afirmar que o *«Estado é um organismo»*, e que *«o Estado é a ideia Divina tal como existe na terra»*. O totalitarismo moderno, soviético e fascista, adotou este ponto de vista.

Deste modo, transforma-se em pressuposto fundamental do ambiente da ciência política, mesmo em relação ao Estado puramente laico, a questão do *personalismo* e do *transpersonalismo*. Sempre que se entende que o Estado faz parte da circunstância do homem, e que nasceu para o servir, estamos no domínio do personalismo; sempre que se entende que o homem faz parte da circunstância do Estado, e existe apenas para o servir, estamos no domínio do transpersonalismo.

O desenvolvimento histórico desta questão tem reflexos importantes na formação sucessiva de conceitos hoje fundamentais para a ciência política. Foi só com o avanço da análise que o *conceito de sociedade* distinto do *conceito de Estado*, ou do *conceito de aparelho do Poder* ganhou relevo. Desde sempre, comunidades como a família, a universidade, a corporação, a Igreja e o Estado aparecem relacionadas nos escritores que se ocupam da política, mas geralmente como partes de um todo, no qual o Estado representa a síntese coordenadora e totalizadora.

Mas a análise, influenciada pelos acontecimentos históricos, e muito especialmente pela frequência com que o Estado apareceu imposto do exterior pela invasão, tornou evidente que a ideia de sociedade é mais geral do que a de Estado. Passou então a ser comum tratar autonomamente das comunidades familiares, profissionais, religiosas, económicas, culturais, trabalhistas, integrando a sociedade civil e confrontando-as com o Estado, que assim vai ganhando uma definição para fins de tratamento científico, e a distinção entre a *sociedade civil* e o *Estado* tem nesta experiência a sua origem mais historicamente determinada, muito especialmente no que respeita à sociedade religiosa.

Classicamente, de Aristóteles a Hegel, não parece encontrar-se diferença rigidamente estabelecida entre *Estado* e *Governo* ou *aparelho governativo*. Quando muito parecem designar partes inseparáveis de um todo, ligadas numa relação equiparável à do corpo e do órgão.

Na análise dos contratualistas, como Locke e Rousseau, o Governo ou o aparelho governativo é um meio que assegura a realização das finalidades do corpo político, aparelho umas vezes caracterizado fundamentalmente como um poder legislativo, outras vezes como um supremo administrador.

Por vezes, como no caso de Hegel, o *Estado* aparece referido nas relações internacionais como a *totalidade da comunidade soberana, e* nas relações internas como o *Governo soberano* (aparelho do Poder) em relação com os indivíduos.

Como já incidentalmente foi referido, a experiência do Estado vindo do exterior é que sobretudo parece ter encaminhado a observação no sentido de considerar separadamente o Estado como *comunidade e* o Estado como *aparelho* com determinada função. Para ser mais clara a distinção, será indicado falar em *sociedade civil, Estado e aparelho do Poder.*

A cidade grega teve essa experiência quando perdeu a soberania, e a meditação estoica corresponde a esse fenómeno de a comunidade ficar subordinada a um Estado vindo do exterior, e com expressão visível num aparelho composto pelo exército e pela administração estrangeiros. Roma também passou por essa experiência com a invasão dos bárbaros, e a meditação de Santo Agostinho, ao distinguir entre a Cidade de Deus e a Cidade Terrena, foi tributária desse cataclismo político.

O fenómeno moderno da colonização também tornou evidente a separação entre o aparelho governamental e a comunidade subordinada ao conquistador ou invasor.

Talvez o conceito weberiano de *sociedades párias*, isto é, alienadas, dependentes, corresponda a esse fenómeno que subitamente dá consciência da diferença entre a sociedade civil e o aparelho governamental. A longa experiência europeia da ocupação e da resistência, sobretudo durante a guerra de 1939-1945, aponta para a mesma distinção essencial.

Tal experiência teve reflexo na autonomia do conceito de *estratos sociais párias*, também não participantes no poder político, carentes, em busca de uma salvação dessa situação alienada.

Duas respostas evidenciadas pelos tempos modernos parecem assentes nessa compreendida distinção entre a sociedade civil, o Estado, e o aparelho governamental ou do Poder: a primeira foi a da internacionalização marxista da solidariedade proletária, procurando dar consciência de unidade, para além das diferenças estaduais, a estratos sociais considerados párias, isto é, alheios ao aparelho do Poder, independentemente das definições estaduais existentes; a segunda, a partir do Concílio Vaticano II, convocado pelo Papa João XXIII, foi a lembrança da Igreja como *povo de Deus*, solidário na fé, nos padrões éticos, nos modelos de conduta, para além das diferenças estaduais, da morte de soberanias concretas, de revoluções internas. O *aparelho governativo* aparece como algo que a sociedade civil pode julgar, expulsar, tomar, reformar, destruir, sem perda da identidade do Estado e da sua própria identidade.

Toda a problemática política fica influenciada por este pressuposto que é a relação entre a sociedade civil e o aparelho governativo, um problema fundamentalmente dominado pelo conflito entre as *fidelidades verticais* que decorrem muito claramente da concepção orgânica do Estado que ficou referida, e as *fidelidades horizontais* que procuram fazer frente aos aparelhos de Poder considerados alheios ou à comunidade ou apenas aos estratos sociais.

O anticolonialismo moderno todo se inspira nas fidelidades horizontais enquanto procura destruir a passada supremacia ocidental, assim como o proselitismo soviético se baseia num equivalente tipo de solidariedade horizontal ao procurar derrubar o capitalismo.

Por outro lado, o nacionalismo tropical, em cada um dos territórios, apela para as fidelidades verticais ao novo Estado e respectivo aparelho do Poder, tal como o sovietismo o volta a fazer na vida interna dos Estados onde se instalou.

Em todos estes casos da experiência corrente, o aparelho do Poder autonomizou-se como objeto de estudo, e tende agora a não coincidir sequer com o aparelho governativo do Estado da experiência secular, desafiado por outros aparelhos do Poder. De facto, as solidariedades horizontais, todas inscritas em correntes internacionalistas ou transestaduais, dão origem ao aparecimento de *aparelhos do Poder erráticos* que se defrontam com os aparelhos governativos tradicionais sem reclamarem o domínio de um Estado. O *Poder, mais* do que o *Estado,* tende para ser o fenómeno central da ciência política.

4. A Origem do Estado

Se o problema da origem e natureza do Estado é permanente nas preocupações dos politólogos desde os clássicos gregos até hoje, é certo que o fenómeno referido das solidariedades horizontais, e do internacionalismo dos nossos dias, e os poderes políticos não-estaduais deram a essa questão uma renovada atualidade.

Aceitar o facto básico de que o homem só vive em sociedade não implica reconhecer que necessariamente tem de viver numa sociedade política nem que o Estado é a sociedade política necessária.

No que toca ao primeiro ponto, a autonomia conceitual da sociedade civil que ficou referida, e que foi o tema de meditação dos estoicos, parece ter sido determinada pela experiência que se traduziu na perda de soberania da cidade clássica. O aparelho governativo veio do exterior, era identificado com o invasor e com os seus interesses, contrapondo-se à sociedade civil privada do seu aparelho governativo tradicional e nativo.

Todos os impérios, incluindo os que se organizaram com base no fenómeno colonial, e, de maneira geral, toda a ocupação militar pelos exércitos estrangeiros, obrigaram a aprofundar a distinção e a tornar evidente o fenómeno das sociedades párias. Todas as correntes messiânicas, nas quais se inscrevem os sebastianismos, os milenarismos, os quilombos, os espiritualismos africanos de reação nativa, as doutrinas da resistência, procuram dar resposta à angústia de uma sociedade pária em busca da salvação, podendo organizar poderes não-estaduais.

Aquilo de que pretendem libertar-se é de um aparelho governativo que consideram estranho, e buscam sempre assentar a vida da sociedade civil resistente em princípios estoicos, isto é, observados pelo consentimento e não pela imposição do aparelho governativo que lhes repugna.

Estes factos inspiram um debate doutrinal que constitui um dos pressupostos mais importantes do ambiente da ciência política, e que tem como ponto central a questão de saber qual é a origem do Estado ou, mais concretamente, do poder político e do seu aparelho governativo.

Há duas posições laicas extremas logicamente possíveis, e que são estas: o Estado não corresponde a qualquer necessidade humana fundamental, e por isso é dispensável; o Estado é um resultado do instinto, e por isso insubstituível.

A primeira linha é adotada pelas correntes anarquistas, e inspira também o desgosto dos que recentemente se chamaram os novos filósofos, pela simples razão de que dizem de novo coisas muito antigas.

A segunda atitude inspira as correntes totalitárias de todos os sinais, desde o sovietismo aos populismos africanos dos nossos dias. A tónica que parece comum à herança política ocidental é porém a de entender que a organização política é necessária, não em resultado de um instinto inevitável, mas como expressão de uma racional organização de meios para obter certos fins. Os conceitos de referência dessa racionalidade é que variam consideravelmente de acordo com as escolas de pensamento, todas confrontadas com este facto básico: a necessidade de uma distinção entre governantes e governados, entre os que mandam e os que obedecem, ou, como simplesmente foi enunciado por Duguit, entre fortes e fracos.

Quando Aristóteles escreveu que «o homem é por natureza um animal político», dando início à meditação científica do fenómeno do Estado, quis significar que, além da sociabilidade partilhada em comum com outras espécies animais, tem a mais o dom da comunicação pela palavra, e assim a possibilidade de definir um sentimento comum do justo e do injusto, que baseia a construção e funcionamento de um aparelho do Poder, e normalmente de um Estado ou comunidade política.

Embora Aristóteles e uma linha contínua de seguidores, com a mais radical expressão em Hegel, não atribuam origem contratual ao Estado, todos o consideram *natural* no sentido de que é indispensável para a realização dos fins que o homem prossegue de acordo com a sua natureza e que excedem o apoio que pode encontrar na família ou na associação das famílias em pequenas comunidades.

Tem de reconhecer-se que, na lógica desta posição, a definição e novos objetivos do homem, que excedam a capacidade do Estado como o conhecemos, ou a renúncia às finalidades que o mesmo Estado serve, devem implicar uma nova definição da comunidade política.

Toda a problemática, que enriquece o ambiente da ciência política, do chamado Estado universal, do Governo mundial, das autoridades supranacionais, da cidade planetária, que hoje preocupa os politólogos, se reconduz a este conceito de relação apropriada entre fins humanos e meios políticos.

Estamos num domínio de doutrinação onde se ressuscitam inquietações que foram já do imperador Marco Aurélio e que Dante exprimiu na sua *De monarchia*, ao afirmar que: «uma pluralidade de autoridades (*independentes*) é desordem», e que «o Governo mundial é necessário» para a salvação da paz.

5. Autonomia do Aparelho do Poder

A tradicional sinonímia entre o Estado e Governo deixou de ser viável desde que o aparelho governativo assumiu independência como objeto de análise e o poder supremo deixou de coincidir sempre com o modelo clássico e normativo do Governo e assumiu a forma errática frequente dos nossos dias. Esta autonomia pode também refletir-se no tratamento científico das sociedades menores, como a família, mas o problema político é o fundamental, e a palavra *Estado* aparece frequentemente reservada para designar a *comunidade política, e* as expressões *Governo* ou *aparelho governativo* para designar a estrutura que monopoliza a força suprema dentro da comunidade, e que pode não coincidir com aquilo que legalmente recebe esse nome.

Os fenómenos da mudança, apreciáveis no que respeita à sociedade civil, são porém mais importantes naquilo que toca ao aparelho do Poder, porque estes se podem dar com frequência ignorando o Estado, ou sem afetar a identidade do Estado, e até sem afetar a sua forma.

O ambiente da ciência política vem assim a ser enriquecido por uma série de problemas que dizem especificamente respeito ao aparelho do Poder, composto apenas pelos governantes efetivos. Para usar uma terminologia clássica, são questões que respeitam ao Príncipe, que pode não ser ostensivo, e pode ser errático e sem Estado. Toda a temática que caracteriza o anarquismo é ao Príncipe que diz respeito, os poderes subversivos é como Príncipes que se apresentam, assim como a versão marxista da extinção futura do Estado, consequente à vaticinada destruição das classes, é da morte do Príncipe que se ocupa.

Uma das primeiras questões importantes é a da obediência dos destinatários, que leva à distinção entre *autoridade* e *Poder.* Com a primeira expressão pretende-se designar a obediência pelo consentimento, decorrente do reconhecimento da legitimidade de quem manda, sendo que esta qualidade determina uma diversidade complexa de construções ideológicas.

Com a segunda expressão designa-se a capacidade de os governantes forçarem à obediência pelo temor, método característico dos poderes erráticos, independentemente do reconhecimento da legitimidade.

Os federalistas americanos, ao doutrinarem a sua democracia, reconheceram que o Governo baseado na simples autoridade apenas seria possível para uma sociedade de anjos, e este comentário fez carreira. Por isso, o famoso Hamilton afastou a ideia da possibilidade de *«governar sempre pela simples força da lei»*, porque isso não pode acontecer salvo *«nos sonhos desses doutores da política cuja sagacidade despreza os ensinamentos da experiência»*.

Daqui resulta a importância da temática referente à *soberania*, porque esta, no seu conceito originário, parece querer exprimir uma força que reúne simultaneamente a autoridade e o Poder.

Os clássicos não usaram a expressão *soberania*, mas não parece abusivo entender que ela corresponde à preocupação que demonstraram a respeito de formas degeneradas de Governo, isto é, sem legitimidade. As meditações de Aristóteles sobre o conflito entre a detenção do Poder pelos ricos (oligarquia) ou a detenção do Poder pelos homens livres (democracia) é com este problema que se prendem.

A expressão *soberania* tem porém uma origem medieval e feudal, e exprimia a situação de um senhor que não devia homenagem a outro e ao qual deviam homenagem todos os que dele tinham um feudo. Esta supremacia não se baseava na simples força (Poder), mas sim nos direitos decorrentes dos costumes e das leis (legitimidade).

Quando Bodin, no século XIV, caracterizou o nascente Estado laico e nacional pela soberania, que definiu como um poder sem igual na ordem interna e sem superior na ordem externa, deu nova atualidade ao problema da relação entre a força e a legitimidade[1].

A questão foi profundamente analisada por Hobbes, ao qual pareceu que o Príncipe, na conceção medieval, não estava limitado senão pela sua própria vontade. O soberano seria absoluto no sentido de que não estaria limitado por nenhuma lei positiva, como acontece com os poderes erráticos e subversivos. De outro modo, parecia-lhe que haveria a contradição de admitir uma supremacia que não era suprema.

De facto, parece que a razão lhe assiste não em relação ao Príncipe medieval, mas em relação ao soberano moderno, nascido do contratualismo e da revolução. O Príncipe medieval estava limitado pelas obrigações

[1] Alfred Verdross, *Derecho internacional público*, Madrid, 1978.

assumidas em relação aos súbditos, com expressão no juramento prestado no momento da coroação, que incluía o dever de respeitar os costumes e privilégios dos súbditos. A legitimidade, ou autoridade, aferia-se pelo respeito do compromisso assumido. O que não existia, em relação ao soberano, era o poder de o coagir pela força, questão inteiramente diferente da autoridade que resulta do consentimento.

O novo soberano, nascido da revolução, é que muito claramente transformou a lei positiva num instrumento do Poder, na convicção de que o povo, os *all together* do discurso de Hobbes, controlaria a feitura das leis, que, deste modo, se basseariam sempre no consentimento dos destinatários.

Por isso Rousseau esclarecia que nenhum Governo exerce a soberania (Poder e autoridade) salvo representando a comunidade política como um todo, porque esta é, na sua construção, a verdadeira soberana. Escreveu que a soberania é investida no Governo como um «mandato, um emprego no qual os governantes, simples serventuários do Soberano, exercem em seu nome o poder do qual ele os faz depositários».

A análise não apoia estas construções doutrinais e vai mostrando que o Poder, em todas as circunstâncias, é sempre *capturado* por um pequeno grupo de homens e tem uma efetividade independente da legitimidade.

Daqui que o Poder, despido de qualificações valorativas, seja o fenómeno principal do qual se ocupa a ciência política, e que os pressupostos do ambiente que o rodeia se enriqueçam com uma teoria infindável de construções éticas, filosóficas, doutrinais, ideológicas, que todas lidam afinal com o problema de revestir o *poder da autoridade*, no sentido que ficou apontado.

Os temas relacionados com este problema dizem respeito à definição do bom Governo, aos abusos e corrupção a que está sujeito, à forma mais adequada para evitar os desvios, à divisão dos poderes, à relação entre o poder civil e o poder militar, à definição do património do Estado, à legitimidade da desobediência e da revolução.

6. Os Temas da Cidadania

O facto do *Poder*, e todos os problemas relacionados com o ambiente ético que o rodeia, faz com que a situação do homem, destinatário final da coação, na comunidade política, apareça como sendo o tema que origina os debates mais agudos e a definição de alguns dos mais importantes pressupostos da ciência política. Algumas palavras, que se tornaram típicas, exprimem a síntese de conflitos seculares, e as duas mais importantes são *camarada* e *cidadão*.

A primeira, muito tributária das *solidariedades horizontais* que ficaram referidas e mais relacionada com a crise contemporânea do Estado; a segunda, mais ligada às *solidariedades verticais* que tradicionalmente deram caráter ao Estado, em todas as suas formas históricas.

A cidadania é um tema que ocupa o pensamento político desde as primeiras meditações dos politólogos gregos. Como se pode ver em Heródoto e Tucídides, os Gregos orgulhavam-se da sua condição de cidadãos, que consideravam superior à condição dos súbditos do imperador da Pérsia e do faraó do Egito.

Mas Aristóteles tinha a noção de que essa cidadania era uma aquisição recente e representava um avanço em relação à ainda não esquecida submissão a chefes tribais despóticos. Esta cidadania, em relação ao Poder, significa que este está limitado na esfera da coação que é da sua própria natureza; em relação ao homem, significa que lhe está reservada uma esfera de autonomia que inclui participar na definição do aparelho de coação.

Estes limites muito gerais do facto da cidadania servem de referência para a caracterização de uma pluralidade de situações que exprimem a variável relação entre o homem e o aparelho do Poder e definem uma moldura ideológica que é principalmente preenchida pela doutrina dos Direitos do Homem. Tais situação e doutrina são tributárias dos vários sistemas culturais existentes no mundo, e variáveis no tempo e no espaço dentro de cada modelo político.

Característico da nossa época é que haja um esforço doutrinal no sentido de conseguir uma teoria unificadora da situação e da doutrina para a totalidade do globo, o qual acompanha paralelamente a mudança dos factos e das conceções relacionadas com o Poder, com o Estado, com a soberania, com a interdependência mundial, com a necessidade de autoridades supraestaduais, com o problema do Governo unificado da Terra.

Entretanto, o facto da cidadania, tal como se manifesta na realidade concreta dos nossos dias, implica uma série de distinções referentes às posições múltiplas que o homem pode ocupar na comunidade política.

A primeira distinção diz respeito aos *naturais* e aos *estrangeiros,* verificando-se uma evolução histórica no sentido de essas situações não serem necessariamente vitalícias. Na Grécia era praticamente impossível ao estrangeiro tornar-se cidadão, mas Roma já foi mais larga na concessão da cidadania. Nos Estados modernos, a teoria da naturalização é geralmente acolhida nas leis, embora seja comum a manutenção de diferenças permanentes entre os estatutos dos naturais e dos naturalizados.

Entre os naturais, tem de fazer-se uma distinção entre os *homens livres* e os *escravos*. Estes, segundo Aristóteles, são ao mesmo tempo seres humanos e propriedade de outro ser humano. Ainda que as leis o neguem, a condição de escravo continua a existir em regiões extensas do mundo, designadamente no Médio Oriente e na África.

Do ponto de vista político, já Aristóteles definia as distintas condições de *escravo, súbdito* e *cidadão,* diferenciando três aspetos de relações típicas entre governantes e governados. Serviu-se para isso de uma analogia com a situação da vida familiar no seu tempo: «Existem três situações – uma é a da supremacia do senhor sobre os escravos... outra a do pai, e a terceira a do marido».

Sempre que o Governo se assemelhe ao dos bons pais em relação aos filhos, temos a situação do súbdito. O Governo «é exercido em primeiro lugar para o bem do governado, ou para o bem de ambos, mas essencialmente para o bem do primeiro». Ao contrário dos escravos, não são o instrumento ou a coisa do senhor, mas não participam nas decisões. Uma longa teoria, ainda atual e sobretudo respeitante às situações coloniais, aos aborígenes do continente americano, aos territórios ocupados por exércitos estrangeiros, teve na base este conceito, aplicado com variantes de maior ou menor rigor.

A analogia retirada da família para a definição da cidadania, e baseada na relação entre marido e mulher, já teve maiores dificuldades. Mas o conceito atual de cidadania encontra expressão na sua ideia de alternância no Governo, quando diz: «Os cidadãos governam e são governados alternadamente»; o cidadão é «aquele que tem o poder de tomar parte na administração deliberativa ou judicial do Estado».

O conceito dos contratualistas não foi diferente, e assim é que Rousseau escreveu que os membros do *povo* são chamados *cidadãos* enquanto participam no poder soberano, e *súbditos* enquanto submetidos à lei do Estado. Esta alternância foi também o facto que Aristóteles mais evidenciou, e por isso definiu a cidadania como uma espécie de função pública, que caracteriza a liberdade política no mais rigoroso sentido.

A cidadania foi o conceito fundamental dos revolucionários do século XVIII, mas juridicamente não significou o acesso de todos os homens à participação e à alternância no Poder. Foi talvez Kant quem melhor definiu o conceito operacional de cidadania que domina todo o constitucionalismo dessa revolução.

Escreveu que existem três qualificativos jurídicos para o cidadão: 1) *liberdade constitucional,* que se traduz no direito de apenas obedecer às leis consentidas; 2) *igualdade civil,* ou o direito de não reconhecer qualquer outro como superior; 3) *independência política,* ou o direito de pertencer à comunidade política sem dependência da vontade arbitrária de outro[2].

Destes pontos decorreu a geral admissão da distinção entre *cidadãos ativos e cidadãos passivos,* que se encontra em todas as constituições liberais, e que se traduziu em negar a participação no Poder a todos os que não tinham independência económica.

Na enumeração de Kant, esta restrição incluía a generalidade dos empregados por conta alheia, os menores e as mulheres. A novidade, em relação ao conceito tradicional de súbdito, estava no conceito de *sociedade aberta,* isto é, na reivindicação de que «deve ser possível para eles ascenderem desta passiva condição no Estado à condição de cidadania ativa».

Esta discussão conceitual está na base de uma longa teoria revolucionária, e inspira divergências ideológicas profundas, que constituem um dos pressupostos importantes do ambiente da ciência política. Foi John Stuart Mill quem primeiro e melhor chamou a atenção para a influência deste facto na história simultaneamente do pensamento e da ação política[3].

De acordo com a experiência que estava ao seu alcance, identificou dois movimentos revolucionários, orientados pelo conceito da cidadania, e complementares. O primeiro, tendo por objetivo o reconhecimento de imunidades chamadas liberdades ou direitos, abrange apenas uma parte da população, e tem como modelo a *Magna Carta.* A violação dessas imunidades pelo soberano era ilícita, e justificava a desobediência e a rebelião.

A segunda revolução, que teve expressão no *constitucionalismo liberal,* procurou institucionalizar o consentimento dos cidadãos para os mais importantes atos governativos, ou pela intervenção direta do eleitorado, ou por intervenção dos seus representantes. A *Declaração de Independência* e a *Constituição dos EUA* correspondem a esta segunda fase, que abriu caminho para a radicalização da ideologia da sociedade aberta, que politicamente teve a sua expressão no livro de Mill chamado *Representative Government.*

Trata-se da marcha para o sufrágio universal, para o desaparecimento da distinção entre cidadãos ativos e cidadãos passivos, para a igualdade dos sexos, para o abaixamento da idade do voto.

A sociedade aberta foi ideologicamente definida, pelas várias correntes partidárias, tendo em vista o conceito de Aristóteles do conflito entre um

[2] Kant, *Science of Right,* Chicago, 1952.

[3] Mill, "Liberty", in *American State Papers,* BGB, Chicago, 1952.

aparelho governativo detido pelos ricos (oligarquia) e um aparelho governativo detido pelos homens livres (democracia), que, no conceito de Mill, seriam finalmente todos os componentes da sociedade política, com exceção dos menores e dos incapazes.

Mas, tal como Aristóteles também anotou, os pobres são mais numerosos do que os ricos, e a detenção do Poder pelos *homens livres* só parece uma alternativa para a detenção do Poder pelos *homens ricos* se a condição de pobre, um conceito também historicamente variável, não assumir uma importância social e política superior à da ambição de participar na cidadania ativa *com* igualdade.

A luta entre a democracia formal (política) e a democracia da vida privada (igualdade económica) vai por isso multiplicar as correntes, ideologias e filosofias que sacrificam a participação de todos no aparelho político em favor de um aparelho do Poder que imponha a revolução da vida privada.

O marxismo aparece como a mais influente e estruturada das atitudes que proclamam este último objetivo e, defendendo o estabelecimento da ditadura, dá maior relevo ao conceito de *camarada* do que ao conceito de *cidadão*, porque aquele parece um instrumento mais adequado para a análise das sociedades soviéticas.

Poderemos agora tentar avaliar a importância dos problemas mais gerais que tecem o que podemos chamar o ambiente da ciência política e que se traduzem em pressupostos de toda a análise, quer sobretudo porque condicionam a atitude do próprio observador, conforme as suas opções pessoais, quer porque dão caráter aos modelos políticos concretos em exame. As respostas dadas a essas questões, e vigentes em cada época e cada modelo, dão significado diferente a instituições e conceitos formalmente correspondentes, pesam no processo de formação de decisões que o analista tem de examinar, determinam que factos equiparáveis realimentem os sistemas políticos de maneira diferente. Por exemplo, as atitudes de crítica à religião, porventura todas filiadas numa conceção naturalista, com os mesmos pressupostos filosóficos, não têm o mesmo efeito ou peso político num país protestante como a Inglaterra, num país muçulmano como a Arábia Saudita ou num país católico como a Itália. Daqui a importância de o analista conhecer as questões mais gerais que preenchem o ambiente da ciência política e as respostas alternativas, sobretudo as que não podem ser científicas, ensaiadas ou possíveis[4].

[4] A. Moreira, *Ideologias Políticas*, Lisboa, 1964.

§ 2º
As Matrizes Teóricas

1. Ciência e Política

a) As respostas aos problemas que constituem o ambiente da ciência política tendem para organizar-se naquilo que lá tem sido chamado *famílias de pensamento,* cada uma delas identificada por uma ou por um conjunto de atitudes fundamentais.

A história das ideias políticas ocupa-se da definição dessas famílias de pensamento, seguindo o método comum de começar por estudar as propostas de autores individuais (Platão, Aristóteles, Cícero, Montesquieu) e procurando depois agrupá-las em arranjos didáticos com a designação de escolas ou *correntes de pensamento* identificadas pelas coincidências dos autores, umas vezes dando relevância ao autor considerado *leader,* outras evidenciando a época, outras alguma das posições essenciais (marxismo, Idade Média, individualismo, positivismo).

Passando depois ao domínio em que as ideias assumem peso social, e se transformam num património de crenças e valores despegados dos autores individuais, património que influencia ou pauta o comportamento de grupos com relevância no processo social e político, a análise faz um esforço semelhante e procura definir constelações de *atitudes grupais* típicas, sob o nome de ideologias (sovietismo, totalitarismo, socialismo, anarquismo, individualismo).

A relação entre as ideias e as ideologias é um tema importante da ciência política, sendo que o estudo das primeiras se situa fundamentalmente no ambiente da ciência política, e por isso a *História das Ideias Políticas* é uma das suas ciências auxiliares fundamentais.

As ideologias, visto o seu peso social, já definem uma das dimensões do facto político, e constituem habitualmente um capítulo importante da temática dos politólogos.

Aqui, não está em causa a história das ideias políticas nem, por agora, a teoria das ideologias, mas um problema diferente, que é o das matrizes teóricas fundamentais que orientam a investigação. Estas matrizes decorrem da atitude de autores individuais, assumida em relação aos problemas que integram o ambiente da ciência política, e a maior parte deles procurou construir um esquema de interpretação global do fenómeno social.

Alguns passaram mesmo da meditação teórica à ação participante na política, como Marx, e outros foram participantes frustrados, como Platão e Max Weber, influenciando eventualmente a formação de ideologias que se reclamam da sua parternidade inicial.

Mas existe um plano diferente que é o do método, em que a projeção dos autores se situa na comunidade dos investigadores, mais ou menos tributários das escolas que neles tiveram a sua matriz. Seria excessivo falar numa ideologia orientadora de cada uma das escolas que assim também se desenham e agrupam os estudiosos em atitudes básicas diferentes, porque há vantagem operacional em reservar a palavra *ideologia* para as atitudes que implicam participação grupal na ação social.

Acontece que a adesão à perspetiva metodológica de qualquer desses *leaders* não implica adesão à sua conduta participante na política, nem à ideologia cuja formação tenham porventura desencadeado, influenciado ou condicionado.

É cada vez mais frequente ver o analista assumir a metodologia marxista como instrumento de trabalho, e recusar ou combater o sovietismo, ou qualquer outra forma ideológica que se reclame de Marx.

Também não é difícil encontrar opções por uma metodologia que recuse completamente a atitude marxista, mas coincida com ela no programa ideológico adotado para a intervenção política. Desenvolvimentos daquilo que, sobretudo na América Latina, se chama a *teologia da libertação* partem da prioridade do Verbo para concluir, no plano da intervenção política, pela necessidade de uma direção centralizada da economia, em convergência com o sovietismo e outras formas ideológicas com ele aparentadas.

Tentaremos ver como se passa este fenómeno da divergência e convergência no plano teórico e no plano de ação, mas aqui importa apenas registar o facto, no sentido de tornar evidente que o problema das matrizes teóricas da investigação, embora também implique opções valorativas, não guarda relação necessária com as ideologias, nem com as propostas de ação que muitos politólogos modernos julgam fazer parte do seu dever profissional.

Importa salientar que este último ponto, relacionado com a evolução da conjuntura sobretudo internacional, não significa ignorar que toda a ciência é necessariamente, no plano social, participante, pelo simples facto de assumir as suas conclusões. Mas aquilo que está em causa é o problema de saber se também lhe pertence assumir uma atitude normativa, pregadora, interveniente na ação conservadora ou transformadora do modelo social.

A aceleração dos fenómenos de mudança social e política, sobretudo depois do fim da última guerra mundial, inclinou muitos politólogos a alargar o objeto das suas preocupações, e a incluir a participação normativa no objeto da ciência política. Esta orientação tem pelo menos a vantagem de mostrar, na obra dos investigadores e analistas, como frequentemente partem de uma matriz teórica comum, para terminarem em propostas ideologicamente incompatíveis.

b) As matrizes teóricas da investigação situam-se, portanto, entre o plano das ideias dos pensadores, que uma disciplina histórica autónoma estuda, e o plano das ideologias que respeitam às atitudes grupais perante as exigências sociais, e que por isso já pertencem ao objeto da ciência política.

Nesta situação intermédia, também participam, como as ideologias, da filiação no pensamento *leader* de um ou mais autores, e afastam-se delas porque se dirigem apenas à comunidade dos politólogos e limitam-se ao campo da epistemologia.

São objeto de uma codificação, com variantes ocasionais, a partir da qual as perspetivas de exame se diversificam. Mas as linhas-mestras, as opções fundamentais, tornam-se comuns a uma linha de investigadores e analistas.

Isto é assim porque os processos a utilizar no domínio das ciências humanas não coincidem com os que se utilizam no campo das ciências da natureza. Toda a questão da diferença parece reconduzir-se a dois pontos essenciais.

As ciências da natureza orientam-se pela convicção de que é possível surpreender a regularidade dos fenómenos, na base de uma relação causal, exprimindo essa sequência necessária numa lei que autoriza a previsão. A validade dessas leis, formuladas pelo espírito humano para organizar a experiência, diz sempre respeito à experiência de cada instante, ao acervo dos factos que até essa data puderam ser identificados e explicados.

Sempre que a experiência se enriquece, e os novos factos excedem a experiência anterior, de novo é necessário formular uma lei que organize intelectualmene o novo acervo. O que existe de permanente é o pressuposto da regularidade, a convicção de que a sequência é inteligível, e que esta pode ser confirmada pela experiência repetida em condições que podem ser reconstituídas pelo observador.

Porque é que se acredita nesse princípio da regularidade causal é já um problema que pertence ao ambiente das ciências da natureza, e por isso pertence ao domínio da filosofia. Os problemas relacionados com as questões da *necessidade* e *contingência, acaso* e *destino, liberdade* e *determinismo, certeza* e *probabilidade* fazem parte desse ambiente e são objeto de opções fundamentais da teologia e da filosofia.

Depois que Augusto Comte, no século XIX, formulou a doutrina chamada filosofia positiva, generalizou-se o consenso, em que convergiram várias orientações, no sentido de que a ciência coincide com o conhecimento dos factos, ainda com a limitação de que as conclusões devem poder ser obtidas e comprovadas empiricamente[5].

Toda a atividade intelectual cujo objeto não possa corresponder àquele conceito não será considerada científica, conclusão que, curiosamente, é muitas vezes ressentida como pejorativa pelos que se ocupam desses domínios.

Freud, que tem aqui especial significado por lidar com o homem, escrevia incisivamente, dentro dessa orientação, que *«não existe outra fonte de conhecimento do universo, exceto o tratamento intelectual de observações cuidadosamente verificadas, de facto, aquilo que é chamado investigação, e nenhum conhecimento pode ser obtido por revelação, intuição ou inspiração»*.

Esta atitude é que define o ponto central da questão sobre a natureza científica das disciplinas que lidam com o fenómeno social e, portanto, com a política. A primeira questão relevante e básica é saber se os fenómenos sociais podem ser racionalizados na base da convicção de que existem sequências regulares subordinadas ao princípio da causalidade, e se é possível comprovar empiricamente as conclusões firmadas.

Como é fácil concluir que os fenómenos sociais, e, portanto, os políticos, não podem ser objeto de experimentação, porque não é possível reconstituir as condições em que o facto se deu para comprovar que volta a repetir-se, uma das atitudes possíveis é remeter essa matéria para os domínios do que se poderia chamar filosofia e recusar o caráter científico às disciplinas sociais.

Neste sentido, a filosofia compreenderia toda a atividade do conhecimento que pretende extrair conclusões sem investigação mais experimentação, com exceção apenas da lógica e da matemática consideradas disciplinas formais, e o conhecimento que propõe seria alcançável pelas afastadas intuição, inspiração ou revelação.

Acontece que Augusto Comte, na data em que escreveu o seu *Cours de Philosophie Positive*, ocupou-se, no tomo IV, de construir a ciência nova que era a sociologia. Esta ciência teria por objeto estabelecer as leis segundo as quais se desenrola a história da humanidade, o que significa tomar o género humano como um só povo, ou como uma só unidade de estudo histórico.

[5] Ver Raymond Aron, *Les grandes doctrines de sociologie historique*, 2 vols., pol., Paris, 1962.

A capacidade humana de organizar o conhecimento científico do mundo e da vida foi, segundo explica, adquirida numa longa caminhada do espírito, que teria obedecido à conhecida lei dos três estados: no primeiro, o espírito humano explica os fenómenos atribuindo-os à intervenção de seres ou forças comparáveis ao próprio homem; no segundo, explica metafisicamente os fenómenos invocando entidades abstratas como a natureza; no terceiro, procura determinar cientificamente as leis que comandam os factos.

Mas à revelia deste progresso do espírito humano, a história do género humano processar-se-ia de acordo com um determinismo global que, depois de conhecido, pode ser utilizado, assim no mundo da natureza como no mundo social. Este determinismo global seria surpreendido em todos os domínios, de modo que todo o conhecimento se basearia na observação, experimentação e formulação de leis científicas.

Transpostas estas ideias básicas para o *Système de politique positive,* acontece que desembocou numa dificuldade fundamental, que também seria de Karl Marx. A sociologia, ciência global da história do género humano, surpreenderia não apenas a regularidade do passado e do presente, mas também a inevitabilidade do futuro, de acordo com a lei da necessidade causal. Por outro lado, mostra-se convencido de que o positivismo, como maneira de pensar, encaminhará a sociedade para uma ordem justa, que por exemplo tornará as conquistas coloniais dispensáveis e as guerras supérfluas.

Todavia, tem de aceitar-se que, de acordo com o seu positivismo, esta ordem justa, prevista e desejada, é apenas a antecipação científica de um facto que se realizará por si próprio. A tentativa de racionalização destas duas atitudes encontra-se na afirmação de que a *liberdade do homem* pode intervir nas modalidades da evolução, tornando-a mais rápida ou com menores custos sociais, mas sem alterar o estádio final, que será sempre o mesmo. Talvez seja em conexão com este espaço de liberdade humana que possa entender-se, como foi sugerido, o facto de Comte se ter apresentado como fundador de uma religião. Porque o homem tem necessidade de amar alguma coisa que o transcenda, oferece-lhe a religião positiva, o amor do grande ser que é a Humanidade[6].

Nos escritores que hoje se ocupam da ciência política, raras vezes, se alguma, é feita menção de Comte, e provavelmente porque aquilo que da sua sistemática resta para o que hoje preocupa os politólogos, é aquele

[6] Aron, *ob. cit.*, pp. 56 e segs.

espaço de liberdade do homem, à qual não julgou suficiente oferecer as regras do positivismo e acrescentou a oferta de uma religião.

Isto não implicou, todavia, da parte dos que o não seguiram, a aceitação de que, no domínio das ciências sociais, tudo deveria ser remetido para a intuição, a revelação, ou inspiração, antes determinou a busca de atitudes mais compatíveis com o objeto a estudar. As dificuldades do objeto podem levar igualmente os deterministas a aceitar, ao menos provisoriamente, que não estão apetrechados para o enfrentar com rigor científico, suposto que se assenta num entendimento do que isso significa neste domínio. Assim é que Hans J. Morgenthau, um dos mais influentes estudiosos das relações internacionais, ensina que *«as ciências sociais podem, quando muito, desempenhar a sua habitual função, isto é, apresentar uma série de possibilidades hipotéticas, cada uma das quais pode ocorrer sob certas circunstâncias – e qual delas realmente se verificará depende da perspicácia de cada um»*[7].

Não parece reproduzir mal a situação das ciências sociais esta avaliação de Morgenthau, mas refere-se à impossibilidade de surpreender as regularidades causais, não nega que possam vir a ser estabelecidas. É esta possibilidade que todavia é posta em causa por dois factos: a *criatividade* do homem, que torna a sua conduta indeterminável segundo leis causais, e a importância dos *valores na vida* social. O primeiro ponto diz respeito à liberdade ou livre determinação dos atos humanos, que para alguns significa, não que seja difícil isolar as variáveis intervenientes, mas simplesmente que não existem causas.

Para outros, o *determinismo histórico*, que dominaria todas as ciências sociais, é apenas um aspeto da doutrina da causalidade que governa todos os fenómenos. Assim é que Espinosa, Hume e Freud excluem a possibilidade do acaso no mundo da natureza e do livre arbítrio no domínio das atividades humanas. O último escreveu que *«a enraizada crença na liberdade psíquica e de escolha é não científica»*, de tal modo que este determinismo científico não apenas exclui a liberdade de escolha como qualquer causa final que oriente o processo histórico e social.

Para os escritores desta orientação, só a complexidade do objeto poderá adiar um conhecimento suficiente para formular leis de regularidade causal na ciência política, e nessa orientação se encontra Karl Marx.

Mas o comum dos escritores da ciência política tomou uma posição pragmática neste domínio, e não aceita nem rejeita o livre arbítrio ou o determi-

[7] Hans J. Morgenthau, *Scientific Men Versus Power Politics*, Chicago, 1946.

nismo histórico. O conceito teórico corrente é admitir que o homem pode livremente decidir a sua ação desde que libertado de restrições exteriores, o que não significa que a escolha não seja condicionada pelo capital com que o homem trabalha ao decidir, isto é, a espécie de povo, etnia ou cultura a que pertence, e os seus condicionamentos individuais da capacidade, necessidade, motivos, tendências. Este capital com que o homem trabalha é suscetível de ser descrito, observado, verificado, e até quantificado.

Talvez possa dizer-se que, no domínio das ciências sociais, a liberdade do homem é por isso um conceito social. Este conceito social refere-se a um facto que está no centro de importantes normas de conduta, umas legais, outras costumeiras, e por isso não pode ser ignorado. Se examinarmos, comparativamente, os sistemas sociais, todos se baseiam num conceito social de ato livre, que exclui as crianças da responsabilidade criminal, que atenua a responsabilidade de outros. Esse é o conceito de liberdade individual com o qual as ciências sociais trabalham, e baseia-se na verificação de que, socialmente, a liberdade individual é o contrário da coação e não o contrário da causalidade[8].

Neste ponto, que cobre a indeterminação a que se referia Comte, intervém a verificação de que os homens lidam com *valores* ao tomarem as suas decisões, um fenómeno específico da conduta humana, que não perturba a análise dos fenómenos da natureza. A impossibilidade de submeter os valores a uma hierarquia racional, e o individualismo, livre ou não, da escolha dos valores considerados fundamentais, tornaria impossível o conhecimento científico das ciências sociais em geral, e do fenómeno político em particular, nos mesmos termos das ciências da natureza. Este é o problema que finalmente encaminha as ciências humanas, e portanto a ciência política, para uma definição científica autónoma em face das ciências da natureza.

É verificável que os valores desempenham um papel na definição de atitudes humanas, embora seja discutível o que são valores, e qual o processo do seu conhecimento. Mas o facto reconhecido é que os valores desempenham um papel individual e social: a justiça, a beleza, a bondade, a santidade, a ordem, a pátria, são intervenientes no processo individual da tomada de decisão e no processo social. Foi assim que Rickert, na linha de Kant, estabeleceu uma fronteira de separação entre as ciências da natureza e as ciências da cultura.

[8] Quentin Gibson, *The Logic of Social Enquiry*, Londres, 1960; John Hospers, *An Introduction to Philosophical Analysis*, N. I., 1954.

O mundo percetível pelos sentidos revela-se em parte susceptível de ser racionalizado segundo leis de regularidade causal, que são assentes na experimentação e permitem antecipar os efeitos a partir das causas. Mas outra parte do mundo que apreendemos, porque lida com valores, e tem a ação do homem como instrumento, não é suscetível de ser racionalizada por essas leis de regularidade causal que o espírito formula, antes obriga ao estudo individualizado, mais qualitativo do que quantitativo, segundo um método fenomenológico.

Não é possível, ao contrário das ciências da natureza, a experimentação (no sentido da repetição) controlada neste domínio, mas não é exato que não se trate de um domínio da experiência (do acontecido) porque toda a história é experiência. O sentido da palavra *história*, na sua raiz grega, significa investigação, e implica a separação entre os factos acontecidos e a ficção, exatamente o que se propõem todas as ciências sociais. Os valores, de acordo com esta atitude neokantiana, não são dados pelo sensível, mas incorporam-se na cultura por ação do homem, que os toma como meta das suas ações: o quadro é belo, a ação é justa, a descrição é útil, e por isso a ação foi aquela. O método das ciências da cultura é portanto o da compreensão, que todavia não é incompatível com verificações dos fenómenos estudados, com generalizações, com teorias e com previsões.

Isto é assim porque, como notou Max Weber, cada sociedade segrega um sistema de valores, e esse sistema resulta de uma experiência histórica participada pelos homens, em resultado dos conflitos entre indivíduos, grupos, partidos. A constelação de valores a que aderimos é criação histórica ao mesmo tempo individual e social, de tal modo que em cada época, em cada comunidade, há uma hierarquia de valores em conflito, mas participados socialmente, sistemas não lógicos, como diria Pareto, mas que exprimem a significação que os homens deram à sua existência.

Este mundo de valores, que são sociais porque comparticipados por grupos de indivíduos mais ou menos extensos, suscitam ações antinómicas, em conflito por serem diferentes as constelações de valores comparticipados pelos indivíduos e pelos grupos, e diferentes as influências que respetivamente têm na conduta dos homens.

Dentro do grupo que participa na mesma constelação de valores, e na decisão de cada homem, a ação também aparece subordinada a uma antinomia fundamental, que é a que se verifica entre a *moral de responsabilidade* e a *moral de convicção*. A primeira, que orienta a ação do Príncipe de Maquiavel, para conseguir realizar ou salvar um valor da comunidade não hesita em sacrificar outros valores, segundo a regra de que os fins justificam os meios. Weber deu como exemplo o homem que, segundo Maquiavel, perdeu a alma para salvar a cidade.

A *moral de convicção*, tributária do imperativo categórico de Kant, recusa sacrificar os valores essenciais, sejam quais forem as consequências, e perde a cidade para salvar a alma. Weber, como exemplo, citou o dito de Lutero: «Eis a minha posição, e não posso proceder de outra maneira»[9].

Conforme as posições básicas assumidas – determinismo histórico, liberdade individual ou social, criatividade –, assim as matrizes teóricas que presidem à investigação são diferentes.

Mas acontece que todos estudam os mesmos problemas, usam instrumentos comuns, lidam com um setor da ação humana ao qual todos reconhecem um grau de indeterminação, embora atribuam a indeterminação a razões diferentes: uns à complexidade dos fenómenos que não permitem a apreensão de todas as variáveis; outros à liberdade e criatividade do homem; outros ao caráter indemonstrável da escala de valores; outros à medida em que o homem tem consciência do processo histórico e colabora.

O grau de certeza que esperam obter é diferente, mas as *regularidades prováveis* são um denominador comum, isto é, aquilo que Morgenthau chamou séries de possibilidades hipotéticas. A certeza das ciências da natureza traduzir-se-ia na capacidade de, por experimentação, reduzir o leque das possibilidades hipotéticas a uma só previsão. As ciências humanas, incluindo portanto a ciência política, e ainda que partam do determinismo histórico, porque só dispõem da *experiência* e não da *experimentação*, nunca podem ter a segurança de que a verificação de uma das possibilidades significa a exclusão das outras no futuro.

2. A Matriz Marxista

O primeiro problema que dá caráter a uma matriz teórica é o de saber que variáveis enuncia como dominantes no processo social. De acordo com a opção, ou considera que o processo se desdobra comandado por causas que excedem a possibilidade ou eficácia da intervenção das decisões humanas, ou admite que, em alguma medida, a livre decisão dos homens poderá interferir nessa evolução.

[9] Max Weber, *Economia y Sociedad*, México, 1925; *The Protestant Sects and the Spirit of Capitalism*, N. I., 1958; Julien Freund, *Sociologia de Max Weber*, Rio de Janeiro, 1975.

A matriz marxista inscreve-se na primeira corrente e, aceitando um determinismo histórico do processo social, de facto não dá autonomia à ciência política porque não dá autonomia ao facto político. É usual começar a síntese desta orientação recordando que o fundador da escola, Karl Marx, partiu da visão de Hegel da História para, como ele próprio disse, a inverter.

Para Hegel, a História é «a união da Liberdade e Necessidade», desenrolando-se segundo um processo no qual a evolução do Espírito está subordinada à necessidade, enquanto que aquilo que se passa na consciente vontade do homem, designadamente o que respeita aos seus interesses, pertence ao domínio da liberdade.

Quando fala na liberdade do homem, não reconhece ao indivíduo poder para alterar o curso da História. Por isso não existe, nessa análise, a possibilidade de os chamados grandes homens interferirem criativamente no processo histórico: são grandes homens os que se identificaram, nos seus propósitos, com os desígnios do processo histórico, comandado este pela necessária evolução dialéctica do Espírito.

Talvez esta combinação da necessidade e da liberdade se comprenda melhor comparando-a com a análise de Tolstoi tal como a desenvolve na *Guerra e Paz*. Também este era cético quanto ao papel dos grandes homens, porque entendia que o movimento da História é a resultante da combinação dos efeitos dos atos livres de cada um dos homens anónimos que compõem o género humano.

Cada livre decisão conta pouco em si própria, mas o efeito final dessas inumeráveis ações disparadas em todos os sentidos é o movimento histórico do todo. A livre decisão de cada homem está condicionada pelas circunstâncias vigentes no momento e pela divina providência que lhe garantiu a liberdade de decisão.

Por isso a História aparece como uma combinação de liberdade e necessidade, porque, tendo na base a intervenção livre de cada homem, traduz-se numa resultante que não pode imputar-se à vontade de nenhum. Aquilo que Hegel faz é atribuir um propósito a esta resultante, que assim aparece comandada pela Ideia Absoluta.

Este problema da *resultante*, que não é atribuível à vontade de nenhum homem, ainda que sejam livres as decisões de cada um, foi talvez o que levou Comte a relacionar a sua tentativa de racionalizar em leis gerais a evolução do *género humano*, com o providencialismo anterior, isto para explicar a mudança de perspetiva mas não de objetivo.

Num texto, para o qual Aron, no citado curso, chamou a atenção, diz ele expressamente: «*É seguramente ao nosso grande Bossuet que será sempre necessário atribuir a primeira tentativa importante do espírito humano para contemplar de um ponto de vista suficientemente elevado o conjunto do passado social. Sem dúvida, os recursos fáceis, mas ilusórios, que pertencem a toda a filosofia teológica, para estabelecer entre todos os acontecimentos humanos uma certa ligação aparente, não permitem de modo algum utilizar hoje na construção direta da verdadeira ciência do desenvolvimento social explicações inevitavelmente caracterizadas pela preponderância então inevitável neste género de uma tal filosofia. Mas esta admirável composição, onde o espírito da universalidade, indispensável a qualquer conceção semelhante, é tão vigorosamente apreciado e mesmo mantido tanto quanto o consentia o método empregado, não deixará de permanecer como um modelo imponente, sempre eminentemente apropriado para marcar nitidamente um objetivo geral que a nossa inteligência deve propor-se continuadamente, um resultado final de todas as nossas análises históricas, isto é, a coordenação racional da série fundamental dos diversos acontecimentos humanos, segundo um único desígnio, simultaneamente mais real e mais vasto do que o concebido por Bossuet*».

O providencialismo cristão é substituído pela racionalização científica de Comte, assim como, para explicar essa resultante que não pode imputar-se à vontade de ninguém, Hegel entrega o comando à Ideia Absoluta que dialecticamente resolve as contradições e determina a marcha.

Sempre o mesmo problema da resultante que não é atribuível à vontade de nenhum homem leva Marx a proceder à chamada inversão da interpretação hegeliana.

A síntese da sua proposta não se encontra primariamente nos trabalhos científicos, mas sim no *Manifesto do Partido Comunista*, escrito em 1847 para a Liga dos Comunistas, um texto que se tornou tão célebre como a Bíblia. Só depois aparecem os trabalhos onde procura dar fundamento científico às teses avançadas no *Manifesto*. É assim que, no ano de 1859, publicou a obra chamada *Crítica da Economia Política*, uma espécie de ensaio preliminar do que viria a ser O *Capital*, e em cujo prólogo faz a definição, que ficou clássica, do materialismo histórico.

Diz assim: «*Os homens, ao longo da sua vida, desenvolvem a produção, dentro da sociedade, sob determinadas condições, necessárias e independentes da sua vontade, as condições de produção, que correspondem a uma determinada fase de desenvolvimento das suas forças materiais de produção. A totalidade dessas condições de produção constitui a estrutura económica da sociedade, a base real, sobre a qual se levanta uma superstrutura jurídica e política, e a que correspondem determinadas formas de consciência social. O modo de produção da vida material condiciona todos os processos vitais da sociedade, a política e o espírito. Não é a consciência dos homens que as determina, antes pelo contrário, são elas que determinam a sua consciência. Num certo estádio do seu desenvolvimento, as forças materiais de produção da sociedade entram em conflito com as condições de produção existentes, ou – o que não é senão uma expressão jurídica do mesmo – com as relações de propriedade no interior das quais se tinham contido até então. De formas evolutivas das forças produtivas que eram, estas relações tornam-se entraves dessas forças. Abre-se então uma era de revolução social, a mudança que se produziu na base económica agita mais ou menos lentamente ou rapidamente toda a colossal superstrutura. Quando se observam tais agitações, é necessário distinguir sempre entre a alteração material das condições de produção económicas que devemos verificar fielmente com a ajuda das ciências físicas e naturais, e as formas jurídicas, políticas, religiosas, artísticas ou filosóficas, numa palavra, as formas ideológicas sob as quais os homens se tornam conscientes deste conflito e o levam até ao fim... Uma sociedade não desaparece nunca antes que se tenham desenvolvido todas as forças produtivas que pode conter em si, e jamais novas e superiores relações de produção as substituem antes que as condições de existência material de tais relações tenham sido incubadas no próprio seio da velha sociedade. É por esta razão que a humanidade nunca se coloca a si própria senão os problemas que pode resolver...».*

Neste texto está, como foi observado por Aron, toda a interpretação económica da História, e só lhe faltam os conceitos de classe e de luta de classes para que a essência da doutrina marxista esteja ali completa.

Talvez seja mais fácil situar a novidade da posição, em vista dos elementos que já foram antes expostos, confrontando a sua proposta com as respostas dadas, aos mesmos problemas, por Bossuet, Comte e Hegel.

Todos examinam o processo social tomando, não o homem, mas o género humano, como objeto de análise, o que se traduz em o considerar como uma unidade de estudo histórico.

Todos reconhecem que, seja o homem livre ou não, e por múltiplas e diversificadas que sejam as decisões e intervenções individuais, o exame do conjunto do passado social revela uma resultante que não pode atribuir-se à decisão de ninguém. Esse passado pode ser dividido, para fins de análise, segundo critérios diferentes, mas cada época assim autonomizada revela uma resultante que a caracteriza e que não parece resultar da decisão de qualquer homem nem coincidir com a intenção de nenhum dos indivíduos.

Essa resultante pode ser explicada, como fez Bossuet, com um critério que racionaliza a série de acontecimentos da história humana em função de um desígnio providencial; pode ser explicada, como tentou Comte, por um conjunto de leis que o espírito humano descobre e que, depois de apreendidas, nos permitiriam conhecer as metas da evolução do género humano; pode ser explicada por uma evolução necessária do Espírito, que racionaliza dialecticamente as contradições e comanda a mudança; pode, segundo Marx, ser explicada pela contradição entre as forças produtoras em movimento e as relações da produção, isto é, as relações jurídicas de propriedade e a distribuição dos rendimentos entre os indivíduos e grupos da coletividade[10].

As implicações deste pressuposto marxista básico desdobram-se numa sequência que pode e foi seriada no referido curso deste modo:

a) o movimento da História apreende-se pelo exame das estruturas da sociedade, das forças de produção, e das relações que, em decorrência causal necessária, se estabelecem entre os homens; *b)* em qualquer sociedade, em qualquer tempo, distinguem-se a infraestrutura económica e a superstrutura normativa valorativa, ideológica; *c)* em momentos determinados do processo histórico, as forças de produção, ou capacidade que a sociedade tem de produzir, entram em conflito com as relações de produção, isto é, com as relações de propriedade e a repartição do rendimento nacional que é função das relações de propriedade; *d)* quando surge o conflito, os homens que estão ligados aos benefícios das relações de produção entram em luta com aqueles que pretendem transformar essas relações em função do desenvolvimento alcançado pelas forças produtivas, o qual desenvolvimento por sua vez depende do progresso teórico, do avanço científico e da própria organização coletiva do trabalho: aqui surge o princípio da luta de classes; *e)* as revoluções que resolvem essa contradição das classes, brevemente identificadas como capitalista e proletária, porque os primeiros são os donos dos instrumentos de produção, e os segundos apenas dispõem do trabalho, são acontecimentos necessários sempre que o ponto de rutura se dá entre as forças de produção e as relações de produção, precisamente quando a sociedade tem já os meios de resolver os problemas que a evolução lhe coloca, e não antes; *f)* a consciência dos homens não determina o processo social, é o processo social que determina a consciência dos

[10] George H. Sabine, *A History of Political Theory*, Londres, 1937; Marcel Prélot (Georges Lescuyer), *Histoire des idées politiques*, Paris, 1975.

homens, pelo que a resolução dialética das contradições não se dá no espírito, dá-se na realidade social; *g)* a história do género humano permitia nessa data distinguir quatro modelos económicos: *antigo, feudal, burguês* e *asiático.*

O exame de todos e cada um destes modelos revelaria então, na sequência da sistematização antes referida, que: *a)* o regime político, parte da superstrutura, é reflexo da luta de classes; *b)* as classes são definidas pelo sistema de produção; *c)* o sistema de produção depende essencialmente da evolução das técnicas; *d)* o fenómeno político é portanto uma consequência das relações de produção, e não tem autonomia no processo causal. A sua interferência no processo resulta apenas do fenómeno de interação de todas as variáveis, que faz a superstrutura influenciar a infraestrutura, mas a causa eficiente é económica.

Aplicando o critério às três etapas da história ocidental, tal como Marx e Engels fizeram no *Manifesto Comunista,* julgam encontrar a seguinte confirmação: o chamado modo de produção antigo é caracterizado pela escravatura, o feudal é caracterizado pela servidão, o burguês pelo salariado, modelos levados à extinção pela evolução técnica. O modelo capitalista em vigor no seu tempo, e em consequência da evolução das técnicas industriais, levaria à supressão da propriedade privada dos meios de produção e à implantação de um modelo de produção socialista, o qual implicaria um Estado socialista, o fim da luta de classes, e finalmente a morte do Estado[11].

A obra mais célebre de Marx, *O Capital,* é a tentativa da fundamentação científica das conclusões antecipadamente avançadas nos documentos de índole política, especialmente no *Manifesto.* Demonstrando a posse de uma das mais vastas culturas possuídas por um só homem, é ao mesmo tempo uma filosofia da História, uma sociologia, um tratado de economia, e simultaneamente foi divulgado como uma espécie de epitáfio do capitalismo, último passo da que chama a pré-história da humanidade. Na síntese do *Manifesto, «a história da sociedade até aos nossos dias é a história da luta de classes. Homem livre e escravo, patrício e plebeu, barão e servo, senhor da corporação e companheiro, numa palavra, opressores e oprimidos, em oposição constante, conduziram uma guerra sem interrupção».*

O conceito operacional de classe seria formulado por Lenine, nestes termos: «Chamam-se classes sociais grandes agrupamentos humanos que se

[11] Aron, cit.; A. Moreira, "Sistemas Políticos da Conjuntura", in *Política Internacional,* cit.

diferenciam pela sua posição num sistema histórico determinado de produção social, pelas suas relações (habitualmente definidas por lei) com os meios de produção, pela sua função na maneira de receber a sua parte da riqueza social, assim como pela proporção dessa parte recebida. *As classes sociais são agrupamentos humanos numa relação em que um pode apoderar-se do trabalho do outro, em consequência do lugar que ocupa num regime económico dado.*»

Admitindo que nos modelos extintos o panorama das classes poderá aparecer confuso, por existirem várias classes exploradas e talvez várias classes de exploradores, o modelo capitalista simplificou-se porque, diz-se no *Manifesto:* «O *caráter distintivo da nossa época, da época da burguesia, é ter simplificado os antagonismos de classes. A sociedade divide-se cada vez mais em dois vastos campos inimigos, em duas grandes classes diametralmente opostas: a burguesia e o proletariado*».

O proletariado é obrigado a vender a sua força de trabalho ao capitalista pelo mínimo vital da sustentação (variável com a conjuntura) e o capitalista confisca a diferença entre esse mínimo (salário) e o produto real do trabalho (mais-valia). Os grupos intermédios entre ambas as classes, que são identificáveis, podem eventualmente ser também revolucionários, mas habitualmente pendem para o lado conservador das ultrapassadas superstruturas.

O motor do modelo capitalista é portanto esse lucro, e a futurologia de Marx sobre o destino do sistema parte de uma verificação que os economistas do seu tempo geralmente admitiam, a qual era a *lei da baixa tendencial da taxa de lucro*. Esta lei encontraria demonstração no terceiro volume de *O Capital*, numa rigorosa aplicação do método dialético, isto é, assente na autodestruição do capitalismo pelas contradições internas.

Simplificadamente, o raciocínio é o seguinte: a taxa de lucro depende da composição orgânica do capital, isto é, da relação entre o capital variável e o capital total; a modificação da composição orgânica do capital é imposta pelo princípio capitalista da concorrência, que leva a reduzir o capital variável em relação ao capital constante; esta evolução inevitável, provocando a baixa tendencial da taxa de lucro, mata dialecticamente o próprio motor do sistema capitalista, que morre por dentro.

Este desabar da estrutura, à revelia da vontade dos homens, reflete-se, no domínio social, na insatisfação e cólera crescentes dos proletários e desemboca na revolução que finalmente liquidará os antagonismos de classe pela modificação das relações de produção.

As matrizes metodológicas principais parecem ser estas. A filosofia da ação, com as suas divergências, a visão do mundo futuro sem classes, o papel histórico do proletariado em relação à revolução e do Partido Comunista em relação ao proletariado, o desaparecimento previsto do Estado, tudo diz já respeito à *arte política* e às ideologias, o que será examinado no lugar próprio. Os desenvolvimentos das matrizes teóricas no plano da metodologia, e necessariamente com reflexos no plano das ideologias, é que procuraram depois seguir por dois caminhos.

Há os que reconhecem que a interpretação marxista tem elementos valorativos e não factuais, com uma raiz no próprio direito natural, tipicamente a afirmação central de que a apropriação da mais-valia pelos capitalistas é injusta. Esses, como por exemplo Mehring, e todos os que aceitam a metodologia marxista para a análise mas não a doutrinação revolucionária, concluem, numa linha kantiana, que não se passa dos *factos* aos *valores*, que Marx é aceitável quando analisa o *facto* capitalismo, mas que a doutrinação de um novo modelo social é função de uma escala de valores morais em que as divergências são legítimas e a intervenção do homem fundamental.

Outros, com expressão importante no trabalho de Lenine *O Empirocriticismo*, mantêm-se no quadro monista da tradição hegeliana, sustentam que cada homem recebe da realidade histórica ao mesmo tempo os conceitos da sua interpretação e os quadros do pensamento, de tal modo que, como sustenta Goldmann, não existe interpretação neutra do real, e são inseparáveis a interpretação da História e a vontade política.

Notaremos finalmente dois pontos. O primeiro é que a análise marxista omite, desde o fundador, a tentativa de analisar o modelo asiático de produção, que aparece enumerado entre as formas históricas perfiladas. Este modelo seria caracterizado pela subordinação de todos ao Estado, e não pela existência de escravos, servos ou assalariados, e detentores privados dos meios de produção. Parecem assim faltar os pressupostos da luta de classes, que não seria então uma chave geral, e o modelo de exploração é mais próximo do que se desenha nas economias de direção centralizada hoje conhecidas, com uma nova classe burocrática dominando o sistema.

Outro ponto é que a análise que a sociologia marxista ortodoxa segue, tal como foi documentado nas *Atas do Congresso Internacional de Sociologia* de 1959, obedece estritamente a estas premissas: procuram descortinar as leis fundamentais da evolução da História, o que se traduz numa glosa de Marx; estabelecem a estrutura fundamental das sociedades em função da economia, repetindo Marx; definem os tipos sociais históricos, que são os de Marx; traçam as linhas inelutáveis de passagem de um modelo a outro, sempre as mesmas de Marx[12].

3. A Matriz Liberal

A matriz liberal, que presidiu, do ponto de vista ideológico, ao apogeu do capitalismo moderno, continua a inspirar grande parte da ciência política europeia, e sobretudo a ciência política americana. A visão individualista básica desta última, não leva os analistas a debruçarem-se sobre as leis da História, em que aparentemente não acreditam. Aquilo que preferem fazer é inquirir, com minúcia, sobre o comportamento dos indivíduos no seu meio, de acordo com uma pluralidade de perspetivas operacionais utilizadas conforme as circunstâncias. A moderna tendência normativista, sobretudo depois da década de 50, é intervencionista de acordo com o ponto de vista *liberal americano*.

Este liberalismo cobre um reformismo social preocupado com as *manchas na face dos EUA*, mas aprova globalmente o *american way of life* e não perde o apego aos factos. Basicamente aceitam a orientação kantiana da distinção entre os factos e os valores; ideologicamente filiam-se nos federalistas, como Madison, que foram os pais da Constituição dos EUA; operacionalmente aceitam o pragmatismo de W. James como critério da verdade; metodologicamente são tributários de Max Weber, que os reconcilia com a moral protestante dominante. Esta constelação corrente, que se torna facilmente mais complexa com outras contribuições, toda ela é coerente com um individualismo liberal básico. Este liberalismo, longe de ser apenas uma doutrina económica, é uma filosofia geral, complementada por uma doutrina política, uma doutrina social, uma doutrina histórica e uma metodologia.

A razão é o instrumento do conhecimento por excelência, e a dialética socrática o método que se utiliza para obter o consenso generalizado. A sociedade é interpretada na base do contrato, forma voluntária de limitar a liberdade dos agentes sociais que são os indivíduos. Não há grupos cujo valor seja superior ao dos indivíduos, porque estes são os criadores da História e o seu mérito relativo legitima a desigualdade social e o elitismo.

[12] R. Aron, *Les grandes doctrines de sociologie historique*, cit.; V. S. Pokrovski, *Historia de las ideas políticas*, México, 1966; A. Moreira, "Sistemas Políticos da Conjuntura", in *Legado Político do Ocidente, cit.*

[13] Ver A. Moreira, *A Comunidade Internacional em Mudança*, São Paulo, 1976, e bibliografia citada.

A doutrina liberal, onde assentam as matrizes metodológicas liberais, teve duas fontes principais, que foram o liberalismo inglês de Locke e o liberalismo francês de Montesquieu[13]. O primeiro, do qual Janet disse que «nenhum pensador teve maior influência no século XIX», sustenta que não existem ideias inatas, que é um simples facto a necessidade de conservar simultaneamente a sociedade humana e os indivíduos, que o interesse conduz os indivíduos a obedecer às leis e a construir uma moralidade social independente de qualquer revelação. Doutrina que a propriedade se funda no interesse e na comodidade dos homens, e que «aquele que se apropria de uma terra pelo seu trabalho não diminui, antes aumenta, os recursos humanos comuns do género humano». O motor da vida social é o indivíduo, e «aquilo que deu origem a uma sociedade política e que a estabeleceu não foi senão o consentimento de um certo número de homens livres capazes de serem representados».

Se Locke, o contratualista, tem grande importância para averiguar as origens e forma da matriz teórica liberal, Montesquieu tem muito maior importância científica porque deve ser considerado como o primeiro sociólogo da política. Ele próprio, em *L'Esprit des Lois*, explica que tem a intenção de racionalizar a pluralidade de usos, costumes, práticas, instituições, governos, que a História oferece ao observador.

Essa racionalização, essa ordem, vem a encontrá-la na *natureza das coisas*, e esta descobre-se quando se detetam as causas profundas que determinam a direção geral dos acontecimentos. Para isso, começa por estabelecer uma tipologia que lhe ocupa os treze primeiros livros, e que acaba na definição dos três conhecidos tipos de governo: *república, monarquia, despotismo.*

Esta classificação atende principalmente à *detenção do poder político*: na república, o Poder pertence ao povo ou a uma parte do povo e regula-se pelo *valor* da virtude; na monarquia, o Poder pertence a um só, que se orienta pelo *valor* da honra, segundo leis estabelecidas; no despotismo, o Poder pertence a um, que se orienta pelo seu arbítrio e caprichos, impondo o terror, e corresponde à forma valorativa dos regimes degenerados dos clássicos.

A segunda contribuição dada para a sociologia política foi o relacionamento dos tipos de governo com os tipos de sociedade que respetivamente pilotam, inclinando-se para a grandeza do território como fator determi-

[14] Galbraith, *The New Industrial State*, N. I., 1970; Linneman, *Consequence of Economic Systems in East and West*, N. I., 1967; Aron, *Les grandes doctrines de sociologie moderne*, Paris, 1962, pol., 2 vols.;

nante: a república convém a uma pequena extensão, a monarquia a um território médio, o império supõe uma autoridade que tende para despótica numa extensão vasta. Finalmente, a república funda-se na igualdade virtuosa dos cidadãos, a monarquia na desigualdade hierárquica, e o regime despótico na igualdade da sujeição.

Trata-se de atribuir o estilo da vida social ao modo de exercício do Poder, sem que a regularidade da relação observada entre a dimensão do território e a forma do Governo tenha significado causal, mas apenas tendencial. Por isso pôde optar pela liberdade como valor social básico e doutrinar a divisão dos poderes como instrumento destinado a evitar o despotismo. A *vontade política* aparece como uma variável fundamental, e este é um pressuposto essencial da matriz teórica liberal. Por isso o liberalismo se caracterizou pelo cuidado no sentido de assegurar o controlo do Poder pelos destinatários e se orientou pelo princípio de que governa melhor o Governo que governa menos.

Por outro lado, sendo o homem o personagem da sociedade civil, a bondade do Governo aferia-se pela capacidade de proteger o respeito pelos direitos do homem, descobertos pela razão.

Ao pensamento liberal também não escapou o problema da resultante social que ninguém parece ter querido e que não é atribuível à intenção de ninguém. Mas não procurou para isso justificações metafísicas, ou científicas, remeteu-se antes para um otimismo sentimental. Desde que cada homem procedesse em termos de racionalmente prosseguir o seu interesse, a resultante final dessas decisões disparadas em todos os sentidos seria coincidente com o interesse de todos. Dessa resultante final, que serviria o interesse de todos, decorria uma doutrina dos preços e dos salários. A livre oferta no mercado das coisas levaria a uma estabilização num ponto de encontro das curvas da oferta e da procura, que seria o preço justo; a livre oferta no mercado do trabalho levaria à estabilização num ponto de encontro das curvas da oferta e da procura, que seria o salário justo. Deixaremos para o capítulo das ideologias os problemas suscitados, no plano social, político e económico, por este livre jogo das forças do mercado.

Agora só interessa ver como é que esta matriz veio a conceptualizar-se em termos de orientar a investigação de uma importante parte da comunidade de politólogos. Julgamos que o autor mais influente neste domínio é Max Weber, cuja obra tem o especial interesse de constituir a única resposta sistemática e alternativa, no domínio das ciências sociais e políticas, à obra de Karl Marx.

Talvez o entendimento dessa posição alternativa, seguindo de perto a versão de Aron do seu pensamento histórico e a de Freund da sua sociologia, se compreenda melhor começando por referir os estudos que fez sobre a relação entre o protestantismo e o capitalismo. Começou por, depois de apropriadas análises estatísticas, verificar que, em regiões alemãs de pluralismo religioso, certos protestantes possuíam uma parte desproporcionada da riqueza local, em relação aos que seguiam outras confissões.

A partir daqui formulou a questão de saber se a orientação religiosa dos indivíduos não teria uma influência relevante na sua conduta e nos resultados obtidos. Depois, em busca de uma resposta, averiguou se haveria coincidência entre o espírito do capitalismo das sociedades do seu tempo, que eram as mesmas que Marx observa, e o espírito protestante, especialmente calvinista. A sua conclusão foi a de que essa coincidência existia.

Os calvinistas acreditam que existe um Deus absoluto e transcendente que antecipadamente os destina à salvação ou à perda, sem que a conduta dos homens possa modificar essa decisão; visto que o mundo foi criado para a glória de Deus, o dever do homem é colaborar na criação do Reino de Deus neste mundo, esperando a salvação apenas da Graça Divina; esta incerteza, dolorosa e angustiante, cria no fiel uma disposição ou tendência que o leva a procurar neste mundo os sinais que lhe digam da sua perda ou salvação; alguns grupos, sobretudo calvinistas, encontravam no êxito temporal, no triunfo económico, o sinal procurado e o consolo.

Esta averiguação é de factos, não é uma construção lógica. O individualismo cristão calvinista coloca assim cada fiel como que abandonado em face de Deus, e o trabalho neste mundo é uma prova de obediência, assim como o triunfo é um sinal de esperança de salvação. A combinação do preceito que o manda desconfiar dos prazeres e bens deste mundo de pecado, e o desejo de triunfar para consolo próprio, orientam estes individualistas para o trabalho que enriquece, mas também para a limitação do consumo e do uso das riquezas. Isto seria exatamente o espírito do capitalismo, que procura o lucro não para o consumir mas para reinvestir.

Esta disposição não a encontrou Weber noutras religiões, cujos fiéis não desenvolveram um modelo capitalista, e daqui concluiu pela afinidade entre um preceito religioso e uma conceção económica, em termos de o primeiro anteceder a segunda.

O esforço desenvolvido por Weber não é portanto o de encontrar uma relação de causalidade, mas sim o de compreender o sentido da ação do homem e dos grupos, em função de uma crença, de valores em suma.

A compreensão aqui traduz-se em evidenciar que o calvinista vive de certa maneira porque tem uma certa conceção das suas relações com a divindade. Parece-lhe claro que os imperativos religiosos comandam o desenvolvimento económico, o que exclui a tese de Marx de que a economia determina sempre a superstrutura religiosa. Deste modo, as ciências humanas têm por objeto a compreensão da ação dos homens, a qual se alcança pela sua referência aos valores que procuram realizar.

Assim, e por exemplo, a ação política de certos homens ou grupos é orientada pela realização daquilo que acreditam ser a liberdade (de palavra, de religião, de deslocação). O sociólogo considerará essa liberdade como um valor que de facto orientou decisões individuais, lutas de grupos, revoluções. Toma esse facto do valor liberdade como um ponto de referência para compreender as lutas do presente e as lutas do passado. A escolha dos valores que orientam cada homem ou grupo é um problema que se coloca em termos subjetivos; a compreensão sociológica ou política das condutas, por referência aos valores escolhidos, é um problema do analista em busca de racionalizar a realidade humana.

Deve salientar-se que Weber não sustenta que os valores económicos não sejam determinantes da ação social, o que nega é que sejam sempre os dominantes, e recusa a existência de uma lei de causalidade no sentido marxista. De facto, Weber parece entender que deve aplicar-se o mesmo procedimento lógico para compreender o passado e para meditar sobre as eventualidades do futuro, tendo evidentemente em conta que no primeiro caso se lida com o acontecido, e no segundo caso com simples possibilidades.

Quando se examina uma *unidade histórica,* isto é, uma guerra, uma revolução, um sistema económico, acontecidos e implantados na experiência do passado, a determinação do fator que foi dominante apenas lhe parece possível pela supressão lógica das variantes identificáveis e pela elaboração teórica do modelo que nesse caso se teria desenvolvido.

Suponhamos que se examina a individualidade histórica chamada Revolução do 25 de Abril de 1974 em Portugal. Na orientação da matriz marxista, esse acontecimento deve ter uma explicação causal de raiz económica, que deriva necessariamente das contradições económicas do sistema capitalista português. Na orientação de Weber, o passado foi tão indeterminado antes de acontecer como o futuro é indeterminado. O recurso lógico de compreensão do processo, na sua orientação, traduz-se em suprimir mentalmente todas e cada uma das variáveis intervenientes, para chegar a entender como é que a indeterminação se resolveu no sentido de acontecer a referida revolução. Se não tivesse havido uma guerra colonial teria acontecido a Revolução? Se a situação profissional dos quadros militares fosse satisfatória para eles, teria acontecido a Revolução? E assim por diante.

Para compreender a causalidade histórica de um acontecimento concreto, constroem-se modelos irreais até surpreender o processo do real. Não existe outra verdade objetiva que possa ser alcançada, nunca sairemos do domínio da probabilidade.

Passando ao exame da causalidade sociológica, a conclusão é a mesma. Onde Marx encontra uma relação causal necessária entre o sistema económico e o regime político, Weber não descobre mais do que a probabilidade dessa correspondência, havendo uma margem de indeterminação que permite que sistemas económicos iguais não correspondam a regimes políticos coincidentes. Um poder político absoluto pode ser usado para liberalizar e racionalizar a economia, assim como a planificação económica não determinou sempre e necessariamente o despotismo do Poder. As relações causais são parciais no sentido de que qualquer dos fatores pode, conforme as circunstâncias, mostrar-se a causa adequada da evolução, e as relações causais são apenas probabilidades de sequências, por haver sempre uma zona de indeterminação.

Tudo quanto se pode fazer, no domínio da previsão científica, é antecipar, como probabilidade, certos carateres gerais dos modelos sociológicos do futuro, mas não mais do que isso. A análise não se limita, portanto, nem apenas ao exame dos acontecimentos particulares (uma guerra, uma revolução), nem só à determinação exclusiva da evolução geral. Do que se trata é de analisar as *individualidades históricas* para, a partir da compreensão dos elementos, estabelecer proposições gerais. A compreensão lida necessariamente com valores, e não conduz a maior certeza do que à probabilidade.

Esta conclusão implica uma tomada de posição sobre as decisões humanas, sempre incertas; sobre os valores e a sua função social; sobre a metodologia apropriada. Por isso Weber, ao construir a sua metodologia, procurou definir tipos de ação, que correspondem a outros tantos tipos de compreensão, isto é, de relação da ação humana com os valores. Fixou quatro: a) *ação racional em função de um resultado valioso;* b) *ação racional em função de um valor material;* c) *ação afetiva em função de valores afetivos;* d) *ação em função de valores tradicionais.*

O primeiro tipo de ações tem em vista um resultado preciso (construir uma casa, ganhar dinheiro, pintar um quadro, obter a vitória na guerra) e traduz-se, quando eficaz, na obra humana.

A ação racional por relação a um valor não necessita de se exprimir num resultado, mas sim e apenas na fidelidade aos valores: cumprir a palavra dada, obedecer ao conceito de honra da profissão.

A ação afetiva ou emocional como que corresponde a uma determinação de tendências incorporadas na personalidade, a valores estratificados na personalidade básica de cada indivíduo, que o levam a reagir porque é português, ou católico, ou hindu. Esta tipologia corresponde já a um alto esforço de abstração, porque a realidade social se traduz em ações isoladas que se procuram reconduzir a estes tipos gerais.

A compreensão da tipologia das ações é evidentemente dependente de uma teoria dos valores, que sempre aparecem em cada um dos tipos mencionados como ponto de referência indispensável. Por isso a matriz que chamamos liberal não dispensa uma ligação com a filosofia dos valores, de raiz kantiana, e que teve um desenvolvimento importante na chamada escola neokantiana da Alemanha do Sudoeste. A hierarquia dos valores não é suscetível de demonstração racional, estamos no domínio da adesão, sem possibilidades de provar o erro de uma escolha feita. Qualquer tipo de sociedade mostra um conjunto de valores dominantes, que permitem compreender o sentido que os homens deram à vida coletiva, em cada comunidade e em cada época.

Talvez possa encontrar-se nesta circunstância de os valores serem uma escolha individual insubstituível, e no facto de a escala de valores dominantes, o sistema de crenças, ser um fenómeno social que dá caráter e sentido à comunidade, a razão pela qual Weber sustenta que a antinomia fundamental da ação é aquilo que chama a *moral da responsabilidade* e a *moral da convicção.*

A primeira é a que se define pelo objetivo da eficácia e que orienta frequentemente a ação política, a qual implica o sacrifício de valores que outros adotam, em nome de um interesse comum que só poucos decidem, justamente os que detêm o Poder. Nunca se poderá demonstrar racionalmente que os valores sacrificados, dos indivíduos e das minorias, eram superiores, nem impedir que a decisão os trate como simples meios para alcançar os fins selecionados por quem decide.

A moral de convicção é a que leva a agir sem dependência dos resultados, por simples referência à escala de valores que se aceitou. O judeu recusar-se-á a ser transformado em cristão-novo, o católico recusar-se-á a negar Deus, o pacifista recusar-se-á a combater, tudo porque, numa bela fórmula, que fez carreira, cada um escolhe o seu Deus e o seu Demónio.

Do ponto de vista da ciência política, é a moral de responsabilidade que oferece maior interesse, e não significa tal fórmula que essa moral não seja, para quem decide, uma moral de convicção. O Príncipe de Maquiavel não é necessariamente o modelo do homem de ação, é apenas uma inspiração frequente.

O método usado para compreender a ação social, que levou a fixar quatro espécies, baseou a contribuição metodológica mais característica de Weber, que é a de *tipos ideais*. A compreensão das unidades históricas, ou conjuntos de unidades históricas, não exige mais do que a retenção dos elementos típicos e essenciais, com o fim de racionalizar a realidade, de tal modo que o tipo também é sempre relativo, um entre outros que seria possível construir, e suscetíveis de variar em grau de abstração da realidade.

Um objeto histórico, singular, como por exemplo o feudalismo, é definido tipicamente por recurso a certos elementos fundamentais. Outros tipos ideais destinam-se a compreender conjuntos de objetos históricos reais, por corresponderem a elementos que se encontram em mais de um deles. Assim, a distinção que faz entre poder racional, poder carismático e poder tradicional, fixa tipos construídos a partir de objetos históricos diferentes, e destinados a racionalizar os regimes políticos concretos, onde frequentemente se misturam elementos das três espécies de poder.

A partir da definição da sociologia como ciência da ação social, chega à formulação e seriação dos conceitos que interessam à ciência política. A *ação social* é definida como um comportamento humano, de ação ou omissão, ao qual o agente dá um sentido que o liga ao comportamento de outras pessoas. Desde que haja mais de um agente conduzindo-se reciprocamente com tal sentido, teremos uma *relação social*. As relações sociais podem aparecer de forma regularizada, com expressão num padrão normativo como serão os usos e costumes.

A observância dessa regularidade pode assentar na simples reprovação social em caso de violação, ou implicar uma organização jurídica que já se caracteriza pela sanção pela força. Este elemento aparece porque as sociedades não são conjuntos harmoniosamente submetidos a regularidades normativas, também existem formas de relação que são uma luta ou combate. Este processo das relações sociais globaliza-se em *comunidades*, grupos aos quais os componentes sentem pertencer por uma aceitação de valores afetivos e tradicionais, ou em *sociedades* assentes apenas na partilha de interesses. Estes grupos vão crescendo em complexidade pela adoção de várias formas de pilotagem social, até chegar à forma em que o grupo se caracteriza por ter um território, duração no tempo, e uma instância que dispõe da supremacia do poder de constranger, que é o Estado.

Este poder supremo de dominar pode corresponder a um de três tipos: *racional, carismático, tradicional.* O último, próprio das sociedades sem escrita, subsiste simbolicamente nas monarquias hereditárias modernas. O poder *carismático* verifica-se sempre que a obediência se baseia no reconhecimento de que o chefe tem um carisma, ou dom, que o predestina para o exercício do mando. O poder racional é obedecido por lhe reconhecerem a legitimidade da origem e do exercício.

Utilizando cada um dos tipos, e por complicação progressiva, analisa a pluralidade de instituições que a História regista, e vai formulando o seu questionário: qual a influência do poder carismático sobre a racionalização da economia? Qual a relação entre um tipo de economia e um tipo de direito? A resposta é sempre de probabilidade.

A sociologia política de Weber termina numa tentativa de interpretar o sentido das sociedades contemporâneas, e julga-as encaminhadas para uma organização cada vez mais racional e burocrática. Liberal como era, encontrou apenas na preservação dos direitos do Homem a possibilidade de viver humanamente no espaço reduzido que a burocratização das sociedades modernas deixa a cada um. Quando alguns dos mais célebres analistas tratam de conceptualizar as sociedades contemporâneas, como Galbraith, Aron, Linneman, é a marca de Weber que se encontra mais presente [14].

4. A Matriz Institucionalista

O institucionalismo, nos seus pressupostos fundamentais, afasta-se radicalmente da matriz marxista e comunga em muitas das atitudes metodológicas liberais. Com raízes tomistas seculares, encontra nas Questões VI e seguintes do *Tratado sobre os Atos Humanos* (Parte I da Segunda Parte) da *Summa Teológica*, exposto classicamente, o seu primeiro pressuposto, que é o da liberdade das ações humanas.

Tal como a orientação liberal, também é inseparável de uma filosofia dos valores, que deixou de ser necessariamente teológica quando transposta

[14] Galbraith, *The New Industrial State*, N. I., 1970; Linneman, *Consequence of Economic Systems in East and West*, N. I., 1967; Aron, *Les grandes doctrines de sociologie moderne*, Paris, 1962, pol., 2 vols.; Aron, *Dix-huit leçons sur la société industrielle*, Paris, 1964; Walter Theimer, *Historia de las ideas políticas*, Barcelona, 1955.

para a ciência política, mas que na sua definição não coincide com a tábua de valores que o liberalismo geralmente aceitou.

Ao contrário, a matriz institucionalista atribuiu ao erro da escala de valores liberais os vícios sociais que acompanharam a implantação do modelo capitalista, que foi o objeto principal da observação de Weber. O relativismo do método weberiano deixa naturalmente esta questão em suspenso, e não encontra um princípio de arbitragem que a possa resolver. Mas é frequente que as orientações institucionalistas, também incapazes de demonstrar racionalmente o acerto de uma ou de outra tábua de valores, encontrem na inspiração religiosa, na fé, na revelação, a certeza da opção que propõem. Isto diz porém mais respeito ao normativismo, que a ciência política volta a incluir frequentemente nos seus capítulos, do que ao método.

No que a este toca, a primeira observação institucionalista importante é que o exame da vida social mostra duas realidades primeiras: uma o homem, outra as ideias. Os homens representam na vida social o transitório, enquanto que as ideias representam o duradouro, embora uns e outras demonstrem um processo de permanência. Os homens continuam-se biologicamente pela reprodução e espiritualmente pelas ideias que circulam pela tradição. Esta expressão, que literalmente significa passar de mão em mão, é um conceito importante do institucionalismo, porque é o que permite identificar essas unidades reais de estudo histórico, intermediárias entre o homem e a sociedade global, que são as instituições.

Não se trata da tipologia de raiz weberiana, porque não se procura recortar da realidade, por artifício lógico, uma entidade objeto de estudo. As instituições são elas próprias realidades identificáveis, e por sua vez suscetíveis de organização de uma tipologia que forneça a compreensão e a definição das regularidades prováveis.

Quando, por exemplo, se examina uma Universidade concreta, descobrimos que ao longo dos tempos manteve a sua identidade, foi centro produtor de ações sociais relevantes que lhe são imputáveis segundo uma regularidade definível, e todavia, com referência aos períodos que seguem uma cadência sabida, mudaram todos os professores e alunos, alteraram-se os *curricula*, negaram-se orientações, criaram-se novas perspetivas, sem que a Universidade perdesse a sua identidade secular.

O mesmo pode dizer-se das nações, secularmente identificáveis dentro da unidade do género humano, sem que essa identidade se perca com a substituição regular e total da população pela morte, com as mudanças de regimes políticos, com as alterações territoriais.

É esta permanência na mudança que leva o institucionalismo a evidenciar o valor das ideias no processo social, porque são estas que correspondem à duração e à permanência. Parece-lhe que são as ideias que agregam homens e meios materiais, numa organização racional em vista do fim que a ideia representa e cuja realização tornam possível. Esta interdependência é assegurada pela tradição, que corresponde à memória social, e tem expressão em símbolos e ritos que afinal são uma linguagem que assegura a comunicação dos homens envolvidos no processo, para além do próprio desaparecimento físico.

Na sua forma mais perfeita, a *instituição é portanto uma ideia de obra ou de empresa, que se realiza e dura no meio social.* A obra ou empresa é uma ação com uma finalidade, sempre impregnada de valores sociais. Voltando ao exemplo da Universidade, esta é animada pela ideia da descoberta e transmissão desinteressada da verdade, por muito que varie no tempo o processo, experimental, intuitivo, racional, teológico, de a procurar e de a divulgar. A verdade é em si mesma um valor, e também um princípio dinamizador da instituição.

Pelas suas raízes, é difícil admitir que o institucionalismo conduza, no plano do normativismo e da ação, a aceitar a validade igual da moral de convicção e da moral de responsabilidade, inclinando-se em favor da primeira. Mas o que tem de admitir é que o fenómeno institucional, sempre dominado por uma ideia conotada com valores, não coincide necessariamente com o normativismo jurídico, com os valores aceites e sustentados pelo poder político que domina a sociedade global.

A possível contradição entre a instituição e a ordem jurídica estabelecida parece da natureza da matriz institucionalista. É assim que a Igreja, uma instituição, já tinha essa natureza antes do reconhecimento e aceitação pelo Império Romano, assim como a Igreja do Silêncio, nos atuais regimes totalitários que a perseguem, não perdeu a natureza institucional. A mesma ideia de obra ou de empresa a conduz, através dos tempos, mobilizando homens e coisas, indiferente à valoração e ao normativismo do sistema político.

Estas observações mostram que o institucionalismo não é por definição conservador, indiferente ou hostil à mudança, e que pelo contrário pode ser, quando transposto para a ação, um fermento de reforma ou de revolução. Outro exemplo é o das organizações operárias, o sindicalismo, que pode assumir a natureza institucional de acordo ou em confrontação com a ordem jurídica que o Poder sustenta.

A categoria do conflito, que Weber introduziu na sociologia da política, também cabe portanto na matriz institucionalista. O relativismo sociológico da teoria dos valores encontra assim uma completa aceitação. O que há de típico é a afirmação de que as instituições são tão reais como os homens, que a vida social não depara só com indivíduos mas também com ideias, e que estas organizam poderosos agentes da intervenção social, mais duradouros do que os indivíduos, e com vocação para corresponder à permanência, sem que isso signifique a vocação conservadora.

Por outro lado, o institucionalismo não aceita o organicismo, não trata essas entidades como organismos naturais. São uma projeção do espírito no real, organizam-se por força de ideias, e vivem pelo espírito, cuja força dinamizadora pode historicamente esgotar-se. Assim aconteceu com as Ordens Religiosas Militares, que em regra não sobreviveram, porque a ideia de cada uma delas já não tem força para mobilizar os homens e as coisas que as serviram; assim aconteceu com as corporações medievais.

Que as ideias também morram, é problema diferente, e não interessa considerá-lo dentro da problemática metodológica do institucionalismo. Mas pode notar-se que os movimentos de regresso ao passado, os projetos de restauração que procuram a utopia no paraíso perdido e não na cidade do futuro, todos parecem orientados pela convicção de que as ideias não morrem e podem inesperadamente reassumir uma função ativa na vida social.

Os institucionalistas, como Haurion, Prélot e Renard, todos consideram que o *ato fundação* de uma instituição é um elemento fundamental para a compreensão da entidade objeto de estudo, e que se traduz sempre em decisão intencional, orientada por valores.

Por outro lado, ensaiando um *tipo* da segunda espécie de Weber, apontam para as seguintes características gerais das instituições: *a)* a instituição tem um clima de vida interior, função do objetivo e dos valores reconhecidos, o qual faz pressão sobre os indivíduos envolvidos, marca-lhes as disposições e o comportamento, e recebe o nome de *intimidade; b) a* instituição cria os próprios modelos normativos, que codificam as atitudes recíprocas dos interessados, exprimem o sentido interior de justiça distributiva e comutativa, e recebem o nome de *objetividade; c) a* instituição hierarquiza a vida interior, cria um sistema de pilotagem, e origina uma *autoridade* que apenas excecionalmente terá de manifestar-se como um *poder*, que também é.

Mas o próprio da instituição é a obediência pelo consentimento, decorrente da comunidade de valores dos seus membros e da racionalidade da governação, que se traduzem na cooperação voluntária e constante sem necessidade de intervenção do constrangimento.

Por isso Renard sublinha que *«as instituições encontram a sua força vital na pessoa humana, e a pessoa humana reconhece-se no seio da instituição»*. Por seu lado, Haurion define a instituição como *«uma ideia de obra ou de empresa, que se realiza e dura no meio social, mediante um poder que a realiza, e havendo entre os indivíduos que formam o meio social manifestações de comunhão dirigidas pelos órgãos do Poder e reguladas por processos»*[15].

A matriz institucionalista tem largas conotações com a Igreja Católica, e deve muito da sua importância ao que se chamou o *catolicismo social*, o qual teve origem na necessidade de a Igreja enfrentar exatamente os mesmos factos que, no século XIX, demonstraram que o capitalismo tinha um passivo social pesado, e que forneceram a base emocional da doutrinação marxista. A Igreja tomou essa atitude com notável atraso, visto que o *Manifesto Comunista é* de 1848, e só em 1891 é que Leão XIII publicou a famosa encíclica *Rerum Novarum*.

Durante esse período, Marx conseguiu organizar a Primeira Internacional, sem que o pensamento católico tivesse assumido a necessidade de patrocinar e doutrinar reformas das estruturas, notando-se apenas uma atividade de tipo paternalista. Aconteceu mesmo que, inspirada na sociologia de Le Play, e apoiada numa interpretação estreita do *Syllabus*, essa orientação foi predominantemente contrarrevolucionária e contrária aos ideais democráticos em progresso na sociedade civil.

Foi na Alemanha, ao contrário do que seria de esperar, por se tratar de uma sociedade onde nessa época a industrialização não era tão avançada como nos outros países ocidentais, que o movimento social católico encarou os factos com maior realismo, doutrinou as limitações éticas à liberdade económica, e lançou a orientação que Leão XIII veio a consagrar.

O historiador Roger Aubert indica, entre os movimentos que levaram Leão XIII a intervir, os seguintes: as peregrinações do movimento France du Travail, conduzidas por Léon Harmel desde 1885; a intervenção do cardeal Gibbons, americano, em 1887-1888, para evitar a condenação da organização Knights of Labour, suspeita de anarquismo; o apoio do cardeal Manning de Westminster à greve dos trabalhadores das docas inglesas; o Congresso de Liège de 1890, onde todas as tendências puderam ser discutidas [16].

[15] Tratamos desta matéria em *Direito Corporativo*, Lisboa, 1954, e aqui faz-se o resumo.

[16] Roger Aubert (e outros), *L'Église dans le monde moderne*, Paris, 1975, 5.º vol.

Os desenvolvimentos posteriores já pertencem ao estudo das ideologias. Mas neste ponto interessa notar que toda a doutrina desenvolvida se baseou na conceção institucionalista e veio a inspirar movimentos políticos correspondentes a orientações muito diversas, dos quais se destacam, entre as duas guerras, o corporativismo e a democracia cristã, sendo esta a que sobreviveu ao último conflito mundial e veio a ter um papel de primeiro relevo na reconstrução da Europa[17].

[17] Na obra *Cent cinquante ans de mouvement ouvrier chrétien en Europe Occidentale,* dirigida por S. H. School, Bruxelas, 1966, encontra-se ampla informação, incluindo Portugal; R. Kothen, *La pensée et l'action sociales des catholiques,* Louvain, 1945; M. P. Fogarty, *Christian Democracy in Western Europe,* 1820-1953, Londres, 1957. Sobre a doutrina posterior ao Concílio Vaticano II, Karol Wojtyla (João Paulo II), *Signo de contradicción,* Madrid, 1978.

Capítulo II
Os Métodos da Ciência Política

§ 1º
O Objeto

1. As Normas, os Factos, os Valores

a) A primeira e mais antiga tradição do pensamento devotado ao estudo dos fenómenos políticos é do tipo normativo. Platão dedicou o melhor do seu esforço a doutrinar o que deveria ser a república excelente e deixou vincado o pressuposto do rei filósofo, cuja sabedoria seria garantia de uma justa e apropriada governação. Esta atitude filosófica encontra-se na generalidade dos clássicos, incluindo Aristóteles, Hobbes, Locke, Rousseau, os teólogos, os monarcómanos e todos os utopistas.

As propostas envolvem julgamentos de ordem religiosa ou ética, e sempre uma indemonstrável escala de valores à qual o autor adere, incluindo uma posição sobre a origem do homem e o seu fim último. Os vários tratados sobre a conduta do príncipe, todos se inscrevem neste plano normativista. Também continuam a tradição normativista a meditação e recomendações sobre os fins e objetivos da actividade política, que todos os contratualistas partilharam, assim como as advertências e propostas das instituições religiosas sobre o comportamento do poder político.

Este normativismo aparece representado por instituições internacionais, a começar pela ONU, que proclamaram e pregam *guiding principles* para o estabelecimento do que deveria ser um mundo político aceitável, em função de uma escala de valores tão indemonstrável como os que pautam o pensamento dos doutrinadores individuais.

Todas as orientações que abordam a realidade do Estado tendo em vista o *fim* que lhe atribuem são normativistas ou deontológicas. Neste sentido, é normativista Aristóteles quando define o Estado em função da ordem natural da convivência humana, assim como é normativista São Tomás, acrescentando a visão cristã do Reino de Deus à análise do filósofo grego. Santo Agostinho não duvidava de que o Estado só está justificado quando se destina à realização de fins éticos. Toda a escola liberal, que doutrinou o Estado árbitro e neutro, de facto teve uma doutrina normativista sobre os fins que lhe compete realizar, e que seriam a liberdade e a igualdade.

A Declaração dos Direitos do Homem de 1789 era clara ao afirmar que não tem Constituição a sociedade política onde não estão assegurados nem os direitos do homem nem a divisão de poderes. Todo este normativismo, que caracteriza as várias correntes de direito natural, não pretende a qualificação de científico.

b) Com este normativismo ético não pode ser confundido o normativismo jurídico, que assume o direito positivo como objeto do conhecimento e caracteriza o que na Europa se chamou direito político e, depois, direito constitucional e ciência política.

Na sua forma extrema, o normativismo de Kelsen depura o Estado de quaisquer elementos sociológicos ou axiológicos, e toma-o como a personificação da ordem jurídica total.

Como sintetizou Legaz e Lacambra, «o Estado não é senão a própria ordem jurídica, e não uma entidade situada atrás dela». Esta ordem jurídica tem uma esfera *espacial* de validade que corresponde ao território, e uma esfera *pessoal* de validade que corresponde ao povo. A forma jurídica Estado é a totalidade da ordem jurídica.

Nesta orientação, quando se trata de problemas tais como partidos, grupos de pressão, Poder, Governo, funções, sufrágio, resistência, voto, é sempre o conceito normativo que está em vista, e não a realidade social. Numa fórmula breve, com importância para a ciência política, é da imagem e não da realidade que o observador se ocupa. O soberano é o indicado pelas normas, não importando à análise normativa que o Poder tenha a sede num lugar diferente.

Nos momentos de convulsão social, designadamente a ocupação por forças estrangeiras, a divergência torna-se evidente, sem necessidade de profundas lucubrações. Os órgãos que dão pelo nome constitucional de Governo tomam eventualmente decisões normativas, mas os destinatários obedecem às decisões que provêm de poderes efetivos e revolucionários. É neste problema da eficácia que o normativismo de Kelsen se vê obrigado a encarar os factos.

Foi isto que abriu caminho a orientações híbridas, menos normativistas e mais interdisciplinares, que acrescentaram outras qualificações e inquietações ao direito político, e alargam o seu âmbito para a ciência política. Ainda hoje, o tratado de Burdeau é o paradigma desse alargamento de critério.

Mas parece documentado, pelos trabalhos produzidos, que a tendência do normativismo jurídico, quando alarga o seu campo de inquietação, é para recolher, do ambiente da ciência política, aquilo que respeita ao normativismo ético e à filosofia, avançando, quando muito, até uma sociologia formal.

As atas do XVIII Convegno del Centro di Studi Filosofici tra Professori Universitari – 1963 constituem um documento significativo da orientação. Este último aspeto do normativismo jurídico compreende frequentemente uma atividade analítica das palavras e conceitos do discurso político, e da consistência do mesmo[1].

c) Deve autonomizar-se do normativismo ético ou filosófico, e do normativismo jurídico, o *normativismo instrumental* ou *aplicado*. Este anda mais próximo do que se chama a *arte política* e traduz-se na definição dos melhores meios para alcançar certos fins de governo, sem juízos éticos ou jurídicos sobre a validade dos objetivos. E uma análise da relação meios-fins. Trata-se de uma atividade neutral e empírica.

Acontece porém que os filósofos e moralistas, quando doutrinam sobre o Estado ideal, também acrescentam conselhos sobre os melhores meios a utilizar para realizar os fins que consideram excelentes. Os liberais recomendaram sempre a divisão de poderes para assegurar a liberdade e evitar a tirania. Mas o normativismo instrumental situa-se em plano diferente, isto é, no domínio de ação do Poder.

Os tempos modernos viram nascer uma espécie de profissionais das técnicas meios-fins, que geralmente se apelidam de tecnocratas, e circulam de um regime político para outro, sobreviventes às convulsões políticas e sociais, sem compromisso com o normativismo ético. Herdeiros dos burocratas do liberalismo, que se concentraram na informação, são uma

[1] German José Bidart Campos, *Derecho político,* Buenos Aires, 1972; Georges Burdeau, *Traité de science politique,* Paris, 1949-1952.

espécie de burocratas superlativos que sugerem alternativas de ação aos que assumem a responsabilidade e os riscos das decisões. O tecnocrata participa do Poder, e recebe larga recompensa monetária, sem assumir responsabilidades.

d) Porque a autonomia da ciência política foi obra de interessados provenientes de campos diversificados do saber, acontecendo até que a formação específica ainda não é muito comum, é natural que os autores tenham utilizado neste domínio muitas das perspectivas da sua formação originária. E assim como os juristas, sobretudo na Europa, desenvolveram a perspetiva normativista que ficou referida, os historiadores também contribuíram com as suas técnicas e critérios.

O resultado mais saliente dessa contribuição foi a autonomia do que por vezes se chama a *História do Presente*, a qual procura recolher os acontecimentos da conjuntura com o rigor da recolha dos factos passados. As atividades de identificação, descrição e explicação dos factos que interessam à política, e muito especialmente dos conflitos em curso, é, das atividades múltiplas desses politólogos, a que melhor corresponde às preocupações atuais da ciência política.

Esta utiliza com frequência a *metodologia* das ciências históricas, no que se refere aos princípios básicos e pressupostos da investigação, embora se tenha diferenciado muito quer nesse domínio da metodologia, quer sobretudo no domínio das *técnicas de investigação*. Estas, que são principalmente expedientes destinados a surpreender os fenómenos, exigem uma criatividade específica, e a novidade dos temas não permite uma verdadeira codificação. A inventiva dos investigadores ainda desempenha, no domínio das técnicas, mais do que no domínio da metodologia, um papel dominante.

e) O *normativismo*, em todas as suas formas, não está necessariamente divorciado dos modelos políticos concretos, nem tem sempre em vista um mundo ideal independente das contigências reais da vida. Em regra, com exceção de alguns dos utopistas, os normativistas consideram que a sua atividade é uma intervenção no processo político. Como observou Alfred Cobban, «o seu objetivo é influenciar o real comportamento político. Escrevem para criticar ou apoiar instituições existentes, para justificar um sistema político, ou para persuadir os seus concidadãos a mudá-lo...»[2].

[2] A. Cobban, "The Decline of Political Theory", in *Political Science Quarterly*, 68 (1955), p. 30.

Também é certo que, sobretudo depois da chamada guerra fria, os politólogos raramente deixam de incluir nos seus escritos uma orientação normativa. Mas parece visível que, por decorrência da autonomia da sociologia, e sobretudo por influência dos escritores anglo-saxónicos, predominantemente americanos, a ciência política tende para autonomizar-se, ou para autonomizar um núcleo principal, com inteiro alheamento do normativismo. É frequente que o mesmo autor se dedique a ambas as atividades, normativista e científica, mas sem confundir os planos[3].

A distinção entre o *normativismo* e a *ciência política*, nessa tendência, corresponde à distinção basilar entre *valores* e *factos*, entendendo-se que só os segundos são objeto da ciência. Vejamos que sentido tem esta atitude em relação à ciência política.

Em primeiro lugar importa salientar que este problema é hoje posto, nessa tendência, em termos de aceitar que *ciência, filosofia e religião* são maneiras distintas de enfrentar o mundo e a vida, sem querela de precedência ou exclusão recíprocas. Este pacifismo é recente e traduz-se em admitir que cada uma delas pode, com os seus pressupostos, métodos e atitudes específicas, dar uma contribuição para a tranquilidade do homem e para a cultura da humanidade, sem exclusão nem supremacia.

A tendência para excluir o normativismo é portanto metodológica, não é ideológica, como aconteceu durante muito tempo. De facto, sobretudo depois da formulação por Augusto Comte, no século XIX, da doutrina que chamou *Filosofia Positiva*, foi vulgar aceitar a sua orientação no sentido de que só as ciências positivas, isto é, as que usam métodos empíricos, devem ser chamadas científicas, e que a filosofia é uma especulação, e a religião uma superstição, sem que estes dois últimos qualificativos se afastem grandemente no significado.

Fazendo como que a síntese dessa tendência, escreveu Freud, no seu *New Introductory Lectures on Psycho-Analysis*, o seguinte: «É inadmissível declarar que a ciência é um campo de atividade intelectual humana e que a religião e a filosofia são outros, pelo menos de igual valor, e que a ciência não tem legitimidade para interferir com as outras duas, que todos têm uma igual pretensão à verdade e que cada um é livre de escolher em que sentido dirige as suas convicções e em qual deve colocar a sua crença. Tal atitude é considerada particularmente respeitável, tolerante, aberta e livre de mesquinhos preconceitos. Infelizmente, não é sustentável;

[3] Peter Winch, *The Idea of a Social Science*, Nova Iorque, 1958.

mostra todos os perniciosos atributos de uma completamente não científica conceção do mundo e da vida, e na prática leva a esse resultado. O facto básico é que a verdade não pode ser tolerante e não pode admitir compromissos ou limitações, que a investigação científica considera a totalidade da atividade humana como o seu campo e deve assumir uma atitude crítica sem compromissos em relação a qualquer outro poder com pretensões a usurpar qualquer parte da sua província»[4].

Aquilo que está envolvido nos fundamentos deste problema é a questão da causalidade, com os seus aspetos conexos de oportunidade ou destino, necessidade ou contingência, sempre que se trata do comportamento humano. Para os cientistas, que pensam em termos de causas naturais, o facto de o homem pertencer ao reino da natureza levanta a questão de saber se podem admitir-se comportamentos humanos sem causa, ao contrário dos restantes factos naturais, ou se existe uma causalidade diferente para eles. Trata-se da relação entre a causalidade e a liberdade, correspondentes aos reinos do sensível e do suprassensível de Kant, e da natureza e da história de Hegel. Separando os dois domínios, o problema do acaso ou necessidade é tão agudo para os que se ocupam dos problemas da natureza como o determinismo ou liberdade é básico para os que se ocupam das ciências humanas, como a psicologia, a ética, a história, a política. Trata-se do mais provocante dos problemas suscitados pela meditação de Santo Agostinho, São Tomás de Aquino, Pascal, e de um ponto fundamental da controvérsia entre Lucrécio e Marco Aurélio, Espinosa e Descartes, Lutero e Erasmo, Hume e Kant, Marx e Hegel, W. James e Freud.

A posição a tomar sobre este problema situa-se no ambiente das ciências humanas, e a opção tem repercussões essenciais sobre o entendimento da relação de cada homem com o universo. Afeta necessariamente o *normativismo* que interessa à ciência política, nos vários domínios que ficaram referenciados, visto que a doutrinação é dependente do pressuposto assumido pelo autor.

Mesmo neste domínio do normativismo, alguns autores sustentam a possibilidade de demonstrar a verdade dos juízos feitos em função dos *valores*, que consideram objeto de processos racionais. Tais valores seriam independentes do subjetivismo que aceita que uma afirmação normativa nunca pode ser comprovada por experimentação. O Estado ético poderia assim ser definido, por exemplo, dentro de um contexto de *direito natural* descoberto pela razão.

[4] Freud, *The Major Works of Sigmund Freud*, Londres, 1952.

Outros entendem que os *valores* podem ser conhecidos por *intuição,* a qual dispensa os procedimentos lógicos, publicados e sujeitos a crítica, que os primeiros usam[5].

O exame das contribuições das pessoas que dizem pertencer à comunidade dos cientistas políticos mostra um avanço nas técnicas e no rigor de definição do seu objeto, independente das diferenças na prévia tomada de posição nesse domínio dos pressupostos da ciência política. Este avanço parece ser tributário dos utilitaristas do século XIX, mais do que de outra qualquer corrente. Não lhes importa que os julgamentos normativos, individuais ou participados por grupos mais ou menos numerosos sejam ou a expressão de um subjectivismo indemonstrável ou o resultado de um processo racional ou intuitivo capaz de captar valores com existência objetiva, como o Bem, a Justiça, a Liberdade, e assim por diante. O que lhes interessa é que *esses juízos são expressos em sistemas de crenças e modelos de comportamento, que são um dado da vida social, podem ser descritos e afirmados com base em evidência referida ao mundo da experiência, e avaliados no seu peso social e político pelo uso de métodos estatísticos.*

Todo o vasto capítulo das ideologias, cada vez mais importante nos domínios da ciência política, é de valores que se ocupa, mas apenas a partir do momento em que se lhes atribui peso social. O que já lhes parece ilegítimo é, como que invertendo o processo, concluir depois que a vigência e o triunfo desses sistemas de valores com peso social demonstram a sua validade.

Escritores como Hobbes, Nietzsche, Spencer, Hegel parecem acreditar que o que triunfa é sempre aquilo que devia triunfar, um ponto de vista certamente pouco aceitável pelos vencidos de todos os conflitos sociais e políticos, e pelas oposições.

2. A Definição do Objeto da Ciência Política

a) Os problemas suscitados pelo normativismo, todos mostram que a ciência política vai talhando o seu domínio privativo cortando campos que pertenciam ou são ainda reivindicados por outras disciplinas, mais antigas no tempo. Este facto dá origem a uma batalha de fronteiras, cujos resíduos menos edificantes se manifestam nas tradicionais oposições de estudiosos e instituições, lutas de escolas, e até abusos do poder político, ao serviço de

[5] Felix Oppenheim, *Moral Principles in Political Philosophy,* Nova Iorque, 1968.

pequenas vaidades académicas, como está documentado na tradição portuguesa próxima.

A apropriação do estudo dos valores pela ciência política, mesmo no sentido que ficou antes indicado, isto é, enquanto revelam peso social, implica interferências com o objeto da sociologia em geral, e da antropologia em particular. A autonomia dos pontos de vista de cada disciplina parece o mais óbvio critério para delimitar os respectivos campos de atividade, mas é realista aceitar o facto de que a visão interdisciplinar será sempre a mais indicada e proveitosa, mesmo que se consiga uma clara definição dos critérios privativos de exame.

Sempre que a necessidade de um novo ponto de vista se apresenta aos estudiosos, implicando nova disciplina, a reação académica e conservadora contra a novidade resulta em grande parte do esquecimento de que as classificações das ciências todas possuem apenas valor conjuntural e histórico. O pacifismo do objeto das ciências clássicas é baseado no tempo decorrido, que faz esquecer as dúvidas da sua afirmação inicial. A duração funciona como se fosse a evidência, e a necessidade de mudar parece um atentado. São recentes as dificuldades que a economia enfrentou entre nós para afirmar uma autonomia científica e pedagógica com legitimidade para definir uma formação específica e escolas ou departamentos próprios. Toda a gama das ciências sociais tem passado por iguais inconvenientes, com mais o preconceito de os governos, de todos os sinais, as desejarem domesticar para uso próprio. Ora, a importância dos problemas que são interdisciplinares é crescente, pela simples razão de que se alterou fundamentalmente o panorama das sociedades contemporâneas, sobretudo depois do fim da última guerra mundial.

Por isso, a sistemática tradicional das ciências e suas disciplinas já não abarca a realidade interrogada. Este fenómeno tem obrigado a procurar encontrar métodos de tratar, científica e pedagogicamente, os problemas interdisciplinares que se multiplicam. Nascem frequentemente disciplinas efémeras, ou pela designação ou pelo conteúdo, e outras incertas quanto ao próprio apelativo. O recurso aos cursilhos, aos seminários, às mesas-redondas, a tudo quanto foi inventado para lidar com a mudança, é cada vez mais frequente. As simples preferências do pessoal docente e discente aparecem a influenciar as tentativas de um novo acerto. Isto não impede a necessária autonomia dos novos pontos de vista exigidos para entender a nova realidade social, e portanto a busca de uma definição do ponto de vista da ciência política. Já vimos que os valores não ficam alheios ao seu domínio, e também é fácil verificar que o normativismo puramente jurídico aparece com frequência entre as preocupações dos estudiosos deste campo. Mas acontece que, encontrando-se aqui mais um encontro interdisciplinar, também se verifica uma diferenciação de ponto de vista.

O que preocupa a investigação política não é o sistema das normas em que se traduz o direito positivo, é sobretudo a diferença ou falta de coincidência frequentes entre o modelo normativo de conduta que a lei proclama, e o modelo de conduta que o Poder adota. Podemos chamar a este fenómeno a *falta de autenticidade* do Poder. Esta falta de autenticidade também tem reflexos nas inquietações dos normativistas, mas no que respeita ao direito constitucional traduz-se antes de mais em fazer variar o significado das normas para cobrir novas atitudes ou necessidades.

Todavia, o mais importante fenómeno que a política estuda, e que dá origem a numerosas monografias dedicadas a modelos concretos, é o de o Poder insistir em proclamar um modelo jurídico de conduta e persistir em ter uma conduta que não se adapta ao modelo. Raro é o Estado que não proclama o respeito pelos Direitos do Homem, mas não são raros os que não os respeitam e escondem ou negam as violações.

Esta simultaneidade de modelos, o formal e o real, dá origem à importância do problema da *imagem* que o Estado pretende manter, mesmo sem coincidência com a realidade, e neste ponto é que o normativismo mais interessa ao objeto da ciência política. Aqui o normativismo é olhado como um facto, que pode ser submetido aos critérios da verificação e da experiência.

Nem todos os modelos que respeitam à imagem são necessariamente enunciados em preceitos legais, nem todos são originados pela criatividade do poder envolvido. Os poderes concorrentes ou adversários contribuem para esse efeito, e assim acontece que o fenómeno pode ser inverso, isto é, que o Estado autêntico ganha uma imagem de falta de autenticidade.

Não é possível conceber uma relação entre poderes sem a formação recíproca de uma imagem, que não corresponde necessariamente ao comportamento, e existe experiência imemorial de conflitos apoiados no erro das imagens formadas. É em guerra ou clima de guerra que este problema se torna mais evidente, e por isso a última guerra mundial foi qualificada de *guerre du mensonge*. A *mentira razoável* tornou-se confessadamente um instrumento de luta, não faltando quem exagere[6].

[6] A. Moreira, "As novas fronteiras e o direito à imagem nacional", in O *Tempo dos Outros*, Lisboa, s. d.

b) Finalmente, vem o facto que determina a autonomia da ciência política, e que a variedade das definições em curso refere com as palavras Governo, Estado, autoridade, Poder, conflito. A diversidade de expressões reflete variações na atitude dos autores, mas todos se referem ao facto central e primacial do *Poder.* O que deve entender-se por isso, como se quantifica, como se analisa em componentes, são tudo pontos de controvérsia metodológica. Mas fica sempre o denominador comum de o entender como a *capacidade de obrigar os outros a adotar certo comportamento.*

Ainda depois de estabelecida uma definição, a controvérsia continua sobre a questão de saber se todos os poderes são objeto da ciência política ou apenas alguns, e se a restrição, no caso de adoptada, atende a limitações valorativas ou quantitativas, ou a ambas. Se é apenas o Poder supremo, ou também o poder menor das instituições, se apenas o Poder que se estende sobre toda a comunidade, ou também o que se limita a um grupo territorial ou institucional, é secundariamente controvertido.

Parece todavia certo que o Poder é o objeto central da ciência política e que deve ser examinado com um critério tridimensional: a *sede* do Poder, a *forma* ou imagem, e a *ideologia.* Em todos os aspetos, é sempre como um facto que se toma para o estudo, ainda quando se trata de recolher componentes que o normativismo encara com diferentes critérios.

3. A Pluralidade das Formulações

A dificuldade de chegar a uma formulação pacífica do conceito básico, que é o Poder, surge em relação a todos os outros conceitos com que um domínio tão recente da atividade tem de lidar. Por isso não é invulgar que os politólogos mergulhem na investigação e discussão dos temas sem formular uma definição, e alguns até expressamente se recusam a qualquer tentativa de definição, bastando-lhes o consenso implícito dos profissionais de que estão a ocupar-se da política.

Seguem nesta atitude aquela que hoje é muito comum aos empiristas, e que Freud exprime desta maneira, no citado trabalho: «Frequentemente se sustenta que as ciências devem ser construídas sobre conceitos básicos definidos com clareza e solidez... De facto nenhuma ciência, nem mesmo a mais exata, começa com tais definições. O verdadeiro começo da atividade científica consiste antes em descrever fenómenos e depois passar a agrupar, classificar e relacioná-los... Só depois de mais investigações e pesquisa no domínio em questão é que ficamos habilitados a formular com crescente clareza os conceitos científicos que o delimitam... Então, realmente, pode ser a altura de o limitar dentro de definições. O progresso da ciência, todavia, requer uma certa elasticidade mesmo nessas definições».

Isto parece contrariar o velho aforismo de Hobbes, segundo o qual toda a ciência deve começar com definições claras, tendo sobretudo em vista o sentido das palavras a utilizar. Mas a contradição não parece ser senão de plano, e as duas atitudes conciliam-se na noção de *conceito operacional*, de uso comum pelos que se ocupam da ciência política.

Trata-se de reconhecer o caráter puramente provisório, tentativo e pragmático das definições a utilizar para a aproximação dos temas, sobretudo quando o tema é recente e o fenómeno interdisciplinar obriga a arrumos mais convencionais do que resultantes de imposição do método. É por isso que, como veremos, a ciência política, em razão da sua novidade e do problema das fronteiras com as ciências clássicas, recorre com frequência ao método da enumeração dos temas quando pretende definir o seu campo de atividade.

Este pragmatismo não impede que se multipliquem os conceitos operacionais que funcionam como definições, em resposta a um ácido comentário de Schattschneider: «Há qualquer coisa de estranho no sentimento dos académicos de que não é necessária uma definição. Inevitavelmente há uma falta de luz na disciplina porque é difícil ver coisas que são indefinidas. Pessoas que não podem definir o objeto do seu estudo não sabem o que procuram, e se não sabem o que procuram como é que podem dizer quando é que o encontraram?»[7]

As várias respostas, que não há vantagem em catalogar, todas parecem encontrar o melhor paradigma na formulação de Max Weber, para o qual a política significa a luta para compartilhar o Poder ou influenciar a distribuição do Poder, quer entre Estados, quer entre grupos dentro do Estado[8].

Esta noção basilar aparece usualmente complementada pela generalizada versão de David Easton. Também para ele o Poder é «uma forma autoritária de atribuir valores» (sociais) dentro da sociedade global[9]. O exame desta atribuição autoritária de valores sociais pode depois ser feito de vários pontos de vista, mas isso não afecta a noção básica. Ou se trata, na linha de Max Weber, de examinar a luta para a aquisição, manutenção e uso do poder supremo; ou se enfatiza, com Easton, a relação entre as exigências feitas ao

[7] E. E. Schattschneider, *Two Hundred Million Americans in Search of a Government*, Nova Iorque, 1969, p. 8.

[8] Por todos, William Bluton, *Theories of the Political System*, Nova Iorque, 1965.

[9] David Easton, *The Political System*, Nova Iorque, 1960, p. 129 e segs.

Poder (*input*) e as decisões (*output*), o que implica a análise total do sistema do Poder; ou, na linha de Lasswell, de acordo com a sua pergunta que se tornou clássica – *Who gets what, when, how?*[10] –, a ênfase é posta no grupo de pessoas que dominam o processo de atribuição autoritária dos valores sociais, e especialmente no grupo que capturou o poder supremo.

Sem necessidade de catalogar outras definições, o que todas elas revelam, nesta linha inspirada na tradição sociológica e não na tradição normativista, é um generalizado consenso no sentido de omitir qualquer referência a instituições típicas ou juridicamente valoradas.

Não se limita o Poder a uma forma que revista a definição constitucional dos liberais, ou o carisma dos legitimistas. Não se trata necessariamente do Estado, tal como a cultura ocidental o produziu, podendo estar em causa qualquer outra sociedade global, identificada por um poder supremo, designadamente as sociedades sem escrita. Não se trata apenas do poder legal, trata-se sempre do poder efetivo. A realidade contemporânea obriga mesmo a não limitar esse poder ao de uma sociedade global com estabilidade territorial, do tipo estadual que conhecemos.

Organizações não territoriais, como a Organização para a Libertação da Palestina, e até fenómenos como o das Brigadas Vermelhas correspondem à definição corrente do objeto da ciência política. De facto, exibem um poder sem dependência de outro superior na tomada de decisões; disputam a distribuição do Poder com outros, mesmo territoriais e estaduais, que lhes reconhecem a qualidade de interlocutor competitivo; definem uma sociedade global, dentro da qual distribuem autoritariamente os valores; nas relações com os poderes diferentes apelam para a arbitragem final da medição de forças; assumem a capacidade de dispor da vida dos membros do grupo, em circunstâncias que eles próprios definem, para a sustentação das suas decisões.

Esta última característica, que para o Estado clássico se estudava na teoria da guerra, a qual deu origem a uma complexa construção normativista em todos os sentidos antes referenciados, parece ser, desde sempre, o sinal mais evidente da supremacia do Poder e do seu caráter político. Podem facilmente alinhar-se outros indicadores de reconhecimento, mas onde existir essa capacidade autónoma de exigir o sacrifício da vida de um número indeterminado de membros do grupo para sustentar as decisões tomadas, pode aceitar-se que está ali um poder supremo no sentido polí-

[10] *The Political Writings of Harold D. Lasswell*, Glencoe, III, Free Press, 1951.

tico. E a luta pela aquisição, manutenção e exercício desse poder supremo que define o objeto central da ciência política. O sangue e o Poder nunca se encontraram separados na história da humanidade[11].

4. A Enumeração Pragmática dos Temas

Por muito rigoroso que seja o conceito operacional adotado para definir o objeto da política, na sua aplicação vem a encontrar as já referidas dificuldades emergentes da resistência da sistematização clássica e da interdisciplina.

Por isso, o critério pragmático da enumeração dos temas é adoptado não apenas pelos investigadores, mas também pelos departamentos de ensino e investigação e pelas organizações internacionais que exercem jurisdição neste domínio. Podem apontar-se como exemplos significativos os levantamentos feitos pela UNESCO, pela American Political Science Association e por estabelecimentos como a Escola Latino-Americana de Ciência Política e Administração Pública.

A listagem da UNESCO, de 1948, é a seguinte: 1.º *Teoria Política: a)* teoria política; *b)* história das ideias. 2.º *Instituições políticas: a)* Constituição; *b)* governo central; *c)* governo regional e local; *d)* administração pública; *e)* funções económicas e sociais do Governo; *f)* instituições políticas comparadas. 3.° *Partidos, grupos e opinião pública: a)* os partidos políticos; *b)* os grupos e associações; *c)* participação do cidadão no Governo e na Administração; *d)* opinião pública. 4.° *As relações internacionais: a)* a política internacional; *b)* a política e a organização internacional; *c)* o direito internacional.

A American Political Association fixou-se na seguinte enumeração: teoria e filosofia políticas; partidos políticos; opinião pública; grupos de pressão; poder legislativo e legislação; direito constitucional e administrativo; administração pública; economia política; direito e relações interna-

[11] Maurice Duverger, *Méthodes de la science politique*, Paris, 1959, sobre a ambiguidade do conceito do Poder; Robert Mac Iver, *As Malhas do Governo*, Rio de Janeiro, 1960; Vítor Nunes Leal, "Ciência Política", in *Revista do Direito Público e Ciência Política*, Rio de Janeiro, vol. II, n.º 2; Irene de Mello Carvalho, *Introdução aos Estudos Sociais*, Rio de Janeiro, 1972, sobre as formas de controlo social; Pierre Duelos, *L'introuvable science politique*, Paris, 1949, sobre a autonomia da relação política; Georges Vedel, *Introduction à la science politique*, Paris, 1955-1956, identificando o Estado como o centro do Poder em exame; C. Rodec, T. J. Anderson e C. Christol, *Introdução à Ciência Política*, Rio de Janeiro, 1959, alargando o conceito aos poderes concorrentes; Georges Burdeau, *Traité de science politique*, I, Paris, 1949, separando o poder político do Estado; Max Weber, *Economia y Sociedad*, México, I, sobre o Poder em qualquer tipo de relação.

cionais; instituições políticas comparadas. Esta temática geral foi-se particularizando, conforme as regiões e os países, podendo servir de exemplo a lista de temas debatidos pelos especialistas no VIII Congresso Mundial de Ciências Políticas, em 1970, e que foram os seguintes: integração europeia; estudo comparativo das políticas locais; recursos alimentares e político; psicologia e decisões políticas, tendências recentes da teoria política; finanças e política; teoria das relações internacionais; análise comparativa do recrutamento político; organização do Estado e formação dos dirigentes na Europa; teorias novas no estudo das estruturas sociais e do comportamento eleitoral; juventude e política; contestação política; processo de decisão política; modernização política[12].

Esta tendência para a particularização dos temas e para substituir ou complementar o estudo do *facto político* com as *políticas* a seguir em face dos conflitos concretos corresponde a uma resposta dos estudiosos, que acolheram a crítica dos que entendem que passou a época da ciência contemplativa e que as circunstâncias exigem uma ciência de ação. Homens como Lasswell interessaram-se sobretudo pelas *ciências da política* no sentido americano de *policy sciences*, e ficou célebre o panfleto de 1959 de C. Wright Mills convidando a sociologia a servir a ação. Esta corrente convenceu mesmo um dos responsáveis pela limitação da ciência política a uma teoria geral, que foi David Easton, a rever drasticamente essa pregada neutralidade ao abrir a 6.ª reunião da American Political Science Association em 1965. Os dramas do conflito político mundial tinham-se agravado, a ameaça atómica era já angustiante, o conflito norte-sul do mundo não podia ser ignorado, as revoluções sociais multiplicavam-se. Pareceu-lhe então que o papel histórico dos intelectuais deverá ser o de proteger os valores humanos, e para isso necessitam de transformar o saber em ação[13].

O perigo desta orientação é o de confundir a ciência com o normativismo, em qualquer dos sentidos que ficou indicado, ou, talvez mais rigorosamente, que o investigador se confunda a si próprio nas atitudes diferentes que lhe é legítimo tomar, mas sem confusão de planos. Não há vantagem em confundir o método de estudo com o assumido dever de intervir.

[12] Palhares Moreira Reis, *Ciência Política, Recife*, 1978, p. 60; Schwartzenberg, *Sociologie politique*, Paris, 1977, p. 43.

[13] C. Wright Mills, *L'Imagination sociologique*, Paris, 1967; H. D. Lasswell, *The Future of Political Science*, Nova Iorque, 1963.

Existe mesmo o perigo de o normativismo adotado ser puramente tecnocrático, o que a experiência não tem demonstrado ser o mais indicado para vincular a ação a um conjunto de doutrinas eticamente valoradas. A arrogância vem frequentemente substituir a devoção no envolvimento político, sem que a perda de neutralidade científica seja compensada pela experiência adquirida.

Nos Estados Unidos da América, a Administração do presidente Kennedy pareceu ser orientada por esse critério do envolvimento do cientista na ação, no pressuposto de que a melhor ação decorreria diretamente da maior ciência. O grupo constituído no seu tempo por Mac George Bundy, Arthur Schlesinger Jr., Walt Rostow e, depois deles, por Henry Kissinger e James Schlesinger representava o saber transformado em interveniente. Aquilo que nos Estados Unidos da América se chamou a *nova esquerda* desesperou-se com a tecnocracia revelada, e, na condenação proferida por Noam Chomsky, apelidou-os dos *novos mandarins*, mais aptos a conservar do que a inovar[14].

A experiência contrária – de mergulhar na ação sem qualquer meditação crítica ou informação, que inspira alguns populismos, as revoluções sem doutrina, os terceiro-mundismos e os terrorismos – não se tem mostrado porém uma atitude alternativa com resultados aceitáveis, porque se revela mais apta a destruir do que a melhorar. O resumo é que não há motivo para confundir a ciência com o normativismo, e que a distinção não impede o exercício das vocações para intervir.

§ 2º

Perspetivas Básicas

1. O Relativismo das Perspetivas Básicas

Para fins didáticos é sempre indispensável proceder a uma identificação e catalogação das perspetivas básicas que inspiram a investigação. Este procedimento tem apoio evidente no entusiasmo com que os estudiosos salientam o que lhes parece serem os excelentes resultados das suas inovações metodológicas, tendendo assim a definir uma escola. Tem porém como inconveniente o de fazer supor que as variadas perspetivas mutuamente se

[14] David Halberstam, On *les disait les meilleurs et les plus intelligents*, Paris, 1974, que historia a ação da equipa de Kennedy; Noam Chomsky, *American Power and the New Mandarins*, Nova Iorque, 1968; Schwartzenberg, cit., p. 37.

excluem, quando a maior parte das vezes apenas multiplicam e enriquecem os ângulos de análise de uma realidade fugidia que é a mesma para todos.

Também não é invulgar que a variedade das escolas assim nascidas leve a criticar a intervenção dos autores na ação política, detetando o que aos críticos parece contradição entre uma coisa e outra, um passatempo que todavia em geral só entretém os observadores mais negligenciáveis.

Este último facto tornou-se comum depois do que se chama por vezes o fim do *behaviorismo*, pela década de 50, quando o normativismo voltou a requerer a atenção dos cientistas políticos. O desejo de neutralidade científica que caracterizava aquela corrente foi criticado, e a intervenção passou a ser um complemento da análise. Assim como Charles Merriam (†1953) anuncia aquela neutralidade, fundando em 1923 o Social Science Research Council, parece ser Harold Lasswell, com *The Policy Sciences* (1951), quem marca a passagem para uma ciência política participante nas decisões, como sempre aliás se dera com a orientação marxista.

Acontece porém que a diferença principal parece ser apenas esta: enquanto que o behaviorismo aceita os valores tradicionais do *ambiente* da ciência política, e por isso em geral não os discute e olha os fenómenos políticos dentro de um arquétipo nacional conservador, os *participativos* recolhem desse ambiente os valores da mudança, e discutem o arquétipo reformista que precisam de construir. A divergência vem a refletir-se, pelo que respeita à análise, na *dimensão ideológica* do facto político, e na maior profundidade eventual da pesquisa sobre a *imagem do Poder*. Mas, ao lidar com os modelos concretos, com os sistemas vigentes, com os seus componentes, recorrem todos às mesmas técnicas conforme as circunstâncias.

De tudo resulta que a especificação e definição das perspetivas básicas tem sobretudo importância na medida em que ajuda o investigador a tomar consciência da sua própria adesão às alternativas que estão em conflito no *ambiente* da ciência política, prevenindo-se contra os seus próprios erros e parcialismos decorrentes dessas escolhas.

Tomada essa cautela, ver-se-á compelido a utilizar várias das perspetivas básicas, alternada ou simultaneamente, sempre que as dificuldades do objeto o exijam. *Por perspetiva básica entendemos o que os Europeus chamam tipo de análise e os Americanos chamam* approach, *que se traduz numa estratégia adotada para o estudo de um fenómeno.*

O seu valor é principalmente heurístico, e procura fornecer uma moldura ou modelo que ajuda na formulação das hipóteses e das teorias. O exame de algumas perspetivas básicas tornará mais fácil entender a sua função.

Seguimos, essencialmente, a sistematização de Alan C. Isaak, com as correções consideradas necessárias[15].

2. A Perspetiva das Tendências Individuais

Nesta orientação, o conceito básico traduz-se na afirmação do realismo ingénuo de que a ação política tem sempre origem em homens, individualmente considerados. Por vasto que seja o grupo, a unidade residual é sempre a mesma, e o objeto observável é sempre o comportamento de indivíduos.

A tendência, bem representada por Vernon van Dyke, é portanto a de *estudar o comportamento dos agentes individuais da política, com a ajuda de conceitos psicológicos e sociais* [16].

Isto não significa que não se verifique usualmente a tentativa de estabelecer padrões abstratos de avaliação e previsão do comportamento desses agentes da política. Assim, Jules Kornies desenvolveu uma teoria sobre o papel dominante da personalidade individual na vida política. Para isso tratou de procurar concretizar o *tipo do homem de Estado*, que definia deste modo: consciência da vocação, cuja essência é o ideal político, energia inquebrantável da vontade, consciência da responsabilidade, força sugestiva, sentido do dever, conhecimento da alma humana. Na sua análise foi mesmo levado a concretizar os *tipos das personalidades básicas dos estratos sociais politicamente ativos* (aristocracia, plutocracia, burguesia, pequeno agricultor e operários)[17]. Seguia assim a tradição de Platão, Aristóteles e Hobbes, que analisaram a relação entre a natureza humana e a política.

De facto, os comentadores dos jornais diários gastam grande parte do seu esforço nessa análise e procuram entender os seus personagens pelas tendências individuais que lhes julgam descobrir e pela referência a modelos gerais de comportamento individual que imaginam típicos. Assumem que existe uma tendência para responder a desafios semelhantes com decisões assimiláveis, e facilmente se encontram a falar de soluções gaullistas, nasserianas, franquistas, leninistas.

Muitas destas análises correntes, que orientam milhares de notícias diárias, assentam na observação metodológica que radica em Wallas, segundo

[15] Alan C. Isaak, *Scope and Methods of Political Science*, The Dorsey Press, 1975, do qual Schwartzenberg não se afasta muito. Os pós-behavioristas serão indicados na altura própria.

[16] Vernon van Dyke, *Political Science: a Philosophical Analysis*, Stanford, 1960.

[17] Jules Kornies, *L'Homme d'Etat*, Paris, 1938.

o qual devem minimizar-se as atitudes racionalistas e intelectualistas em favor da predominância da opção inconsciente dos agentes do fenómeno político. Trata-se então de explicar porque é que um homem lidando com o Poder responde de certa maneira aos desafios do ambiente, sem consciência das suas motivações profundas[18].

Os biógrafos aceitam frequentemente esta orientação, e chegam a conclusões sempre tardias no que respeita a servir a humildade dos biografados, em geral já mortos. Explicando o pressuposto básico desta orientação, o famoso Lewis Froman definiu a perspectiva individualista desta maneira: *«A predisposição de um indivíduo para analisar alguns aspetos do seu mundo de uma maneira favorável ou desfavorável, isto é, uma disposição para aprovar ou desaprovar, querer ou repudiar alguns objetos sociais ou físicos»*[19].

Numa fórmula breve, que julgamos cobrir todas as variações desta tendência, trata-se de averiguar a posição do agente político em relação aos problemas do ambiente da ciência política e explicar ou prever as suas decisões e intervenção a partir dessa averiguação. De facto, e nisto está a insuficiência da orientação, o comportamento individual do agente examinado é apreciado em função de leis gerais do comportamento de tipos em que o analista o inscreve, com o risco de que frequentemente essas leis gerais são apenas aforismos do senso comum.

Todavia, usado com cautela, o método notabilizou escritores de grande influência neste domínio. Assim, Froman desenvolveu a análise da relação entre o comportamento dos dirigentes dos grupos de interesses e a sua conceção do mundo e da vida, isto é, atitudes, valores e crenças. Por seu lado, Lipset explicou o comportamento dos estratos sociais menos favorecidos, em relação com os movimentos mais à esquerda, a partir também de uma conceção do mundo e da vida que os inclinaria para uma visão rígida do bem e do mal. Nos dois casos, que são exemplos da perspetiva em causa, a *tendência* é averiguada a partir do exame *ex post factum* de acontecimentos sociais e usada para antecipar comportamentos futuros.

Um dos pressupostos evidentes da utilização do método é o de que a História tende para ser mestra da vida. Aproximando os modelos referidos, reparemos que a tendência individualista hesita entre dois caminhos: 1) *aceitar que só é possível averiguar tendências individuais (William* Dray), *e partir delas para a explicação da ação política;* 2) *aceitar que é possível identificar tendências*

[18] Graham Wallas, *Human Nature in Politics,* Nebrasca, 1962.

[19] Lewis Froman, *People and Politics,* Nova Iorque, 1962, p. 62.

típicas comuns a grupos maiores ou menores de pessoas, e interpretar o comportamento não só do indivíduo mas também do grupo (Angus Campbell).

Esta última orientação é que parece a mais útil, e quando os biógrafos falam de um homem é sempre evidente que o estão a relacionar com um tipo de homens[20].

Parece ser esta a razão pela qual a perspetiva individualista evolucionou para a *teoria da compreensão*, ou *learning theory*, que aproveita as tipologias estabelecidas pelas ciências que lidam com os modelos do comportamento e da socialização ou integração social dos indivíduos, domínio onde a psicologia dá a maior contribuição[21].

O desenvolvimento do método leva a passar da análise do comportamento individual para a análise do comportamento dos grupos identificados pelo denominador comum das tendências individuais, tomando esse denominador comum como base da explicação do comportamento político. Analisa-se assim o comportamento da aristocracia, da plutocracia, da burguesia, do campesinato, dos cristãos, dos budistas.

Finalmente, regressa-se ao conceito de Montesquieu do *espírito geral do povo: «Várias coisas determinam os homens: o clima, a religião, as leis, as máximas de governo, as maneiras, de onde se forma um espírito geral que daí resulta»*. Trata-se então de partir da prévia averiguação da personalidade básica de cada povo, como faz André Siegfried, ou do caráter nacional[22]. Quando chega a este ponto, o método tende a evolucionar para organicista, e a considerar portanto o grupo, a nação, o Estado, como agentes do processo político que exibem disposições básicas independentes das que são relevantes nos indivíduos que lhes pertencem.

3. A Perspetiva Racionalista

A perspetiva das tendências básicas, ou limitada aos indivíduos ou quando se desenvolve até considerar o grupo como agente do processo político,

[20] Angus Campbell e outros, *The American Voter*, Nova Iorque, 1960; William Dray, *Laws and Explanation in History*, Oxford, 1957; May Brodbek, "Explanation, Prediction and Imperfect Knowledge", in *Minnesota Studies in the Philosophy of Science*, III, 1962.

[21] Uma síntese destes desenvolvimentos pode ver-se em Winfred F. Hill, *Learning*, São Francisco, 1963. Uma aplicação exemplificativa é feita por Richard M. Merelman, "Learning and Legitimacy", in *American Political Science Review*, 1966. Para a relação entre a personalidade e a política, Jules Kornies, *L'Homme d'Etat*, Paris, 1938, e Adorno, *The Authoritarian Personality*, Nova Iorque, 1950.

[22] Montesquieu, *L'Esprit des lois*, Paris, 1961, livro XIX; André Siegfried, *L'Âme des peuples*, Paris, 1950.

aceita que pelo menos grande parte do comportamento político não é intencional, isto é, não assenta em consciente escolha de objetivos, já que está orientado por tendências que os agentes (indivíduo ou grupo) não ligam conscientemente ao comportamento que adotam.

São intervenientes condicionados, para usar uma expressão neutra em relação ao problema da livre decisão, um ponto de vista que a análise marxista habitualmente utiliza e que o sovietismo desenvolveu patologicamente com a prática do recondicionamento dos dissidentes, usando a técnica dos asilos psiquiátricos.

Esta atitude é contrariada pela secular tradição do pensamento político, que procura explicar o comportamento em termos de objectivos racionalmente selecionados pelos agentes. O pensamento liberal todo ele assentou em tal pressuposto: Hobbes partiu do princípio hedonístico que descreve o homem como procurando realizar, com o menor custo, aquilo que considera o seu interesse; Locke explicou a passagem do estado da natureza (sociedade civil) ao estado político pelo objetivo de encontrar proteção para os direitos naturais; Bentham entendeu o processo político como o resultado de um cálculo utilitário sobre os melhores meios para alcançar a satisfação dos objetivos prioritários dos indivíduos.

A perspetiva racionalista não exclui a importância das *tendências,* mas inclui estas na definição dos *motivos,* isto é, todos os fatores que entram na ponderação da escolha do comportamento político. A perspetiva racionalista é assim totalizante, no sentido de tomar em consideração a personalidade básica do indivíduo (ou dos grupos) e os objetivos conscientemente selecionados, os quais todos se traduzem afinal numa futurologia a curto, médio ou longo prazo.

A sistematização deste ponto de vista foi desenvolvida por Snyder, Bruck e Sapin, os quais propuseram a distinção operacional entre *objetivos (in order to)* e *razões (because of).* Os primeiros pertencem ao domínio da criatividade; os segundos à experiência acumulada, ancestral ou individual, social ou biológica, e refletida na personalidade básica dos agentes políticos (indivíduos ou grupo).

A simples admissão da distinção mostra que o critério implica com um dos problemas mais importantes do ambiente da ciência política, que é o da livre determinação. Não apenas a orientação marxista, mas todos os que entendem, como por exemplo os partidários do behaviorismo, que sem assumir o determinismo não há ciência possível, colocam reservas à orientação. Sustentam, como Isaak, que tomar em conta tendências e objetivos não significa que estes últimos não sejam por sua vez passíveis de explicação a partir de determinantes, que são tendências também. De outro modo, não estaríamos no domínio da ciência.

Independentemente da posição que se adote sobre o problema da criatividade ou livre escolha de objetivos, parece injustificado excluir necessariamente do âmbito da ciência tudo o que não se adapta ao conceito aprioristicamente adotado, neste caso determinista. A única conclusão razoável seria a de mudar o conceito operacional da ciência, isto em termos de método, ou renunciar a chamar científico ao estudo da política, com o que apenas se perderia um adjetivo mas não se invalidaria a atividade. É por isso que estas críticas nunca impediram nem o uso nem a importância da contribuição dada pela atitude racionalista.

Por outro lado, a atitude racionalista não deve ser confundida com a *teoria da conspiração* que anima grande parte dos debates interpartidários em luta pelo apoio eleitoral, e que curiosamente é sobretudo usada pelas formações de inspiração marxista, todas basicamente deterministas. No comentário oportuno de Karl Popper, «a teoria da conspiração não pode ser verdadeira pela razão de que assenta no pressuposto de que todos os resultados, mesmo aqueles que à primeira vista não parecem ter sido queridos por ninguém, são resultados determinados pela ação de pessoas que estão neles interessadas».

O ponto em questão tem apenas o interesse de salientar que a perspetiva racionalista não ignora que os resultados da ação política muitas vezes não correspondem aos objetivos contraditórios de nenhum dos intervenientes no processo político, indivíduos ou grupos. Os analistas sabem que o confronto das criatividades originadas em centros de decisão diferentes, e a impossibilidade de cada um desses centros totalizar o conhecimento do processo, se traduzem numa resultante que se verifica ninguém ter querido. Mas esta é apenas mais uma questão que a ciência política anota, e para a qual procura explicação em cada conjuntura[23].

4. Perspetiva Racionalista: Formação da Decisão e Teoria dos Jogos

Admitido que a perspetiva racionalista é a mais generalizada para o exame do fenómeno político, sempre que estão em vista os intervenientes, ou

[23] Snyder, Bruck, Sapin, "Motivational Analysis of Foreign Policy Decision Making", in *International Politics and Foreign Policy*, Nova Iorque, 1961; Isaak, cit., p. 180; Karl Popper, *The Open Society and its Enemies*, Nova Iorque, 1962, II vol.

considerados isoladamente, ou considerados em grupo, tem de reconhecer-se a insuficiência do binómio *razões-objectivos*, ou, pelo menos, a necessidade de proceder a uma análise de conteúdo desses conceitos operacionais. É esse o objetivo dos desenvolvimentos metodológicos conhecidos como *processo de formação de decisões* e *teoria dos jogos*.

O pressuposto básico destes desenvolvimentos é que o processo político se analisa em decisões que finalmente alguém toma, e que tais decisões se traduzem sempre num juízo final sobre a maneira de conseguir certos resultados numa conjuntura concreta.

Esta noção faz aparecer a importância do *ambiente* da decisão, expressão com a qual pretendem designar todos os elementos que constituem fatores *dados* pela conjuntura, e que não estão dentro da capacidade de alteração ou de intervenção que o agente assume possuir. Por exemplo, não pode alterar a situação geográfica, a composição étnica do grupo, as fronteiras físicas, a pirâmide etária, o peso da História, as decisões tomadas por centros de poder diferentes, embora a decisão que prepara possa ter em vista agir sobre esses dados para o futuro. Mas, no momento de iniciar o processo decisório, esses fatores são dados, não estão na sua disposição.

Nenhum centro de decisão política dos pequenos países pode impedir, ignorar ou alterar o facto de que a URSS e EUA possuem supremacia estratégica, predomínio atómico, capacidade de dispor do território alheio, e podem decidir da guerra em que os outros serão necessariamente envolvidos. Também não pode ser ignorado que a decisão final será tomada por homens, vários ou apenas um, e que todos estão condicionados pela sua conceção do mundo e da vida, como evidenciou a perspetiva das tendências básicas antes examinada.

A perspetiva da formação das decisões procura pois integrar as duas últimas, e assume que as decisões são tomadas segundo um *princípio de racionalidade* ou, como outros escritores preferem, de *razoabilidade*. Com estas expressões, também aplicáveis à gestão de grupos não-políticos, pretendem significar que é de supor que as decisões são tomadas no sentido de maximizar os resultados, em face do mundo real que constitui o ambiente da decisão. O mundo real em vista é aquele que tiver chegado ao conhecimento dos intervenientes, e nos termos em que o tiverem conhecido.

Como é evidente, a racionalidade diz respeito à relação meios-fins, e não necessariamente à eleição dos fins ou objetivos em vista. Por exemplo, a primeira utilização da bomba atómica sobre o Japão foi tomada num contexto em que os *objetivos* já estavam fixados, em função de um ideal proclamado democrático, antes de Truman ser colocado na posição de tomar a decisão.

Simplesmente, esta racionalidade meios-fins que o analista assume implica necessariamente que tenha um conceito de *agente racional*, ou, dito de outro modo, a racionalidade é função do meio cultural a que o agente pertence, é uma racionalidade situada ou razoabilidade. Por exemplo, o bombardeamento indiscriminado das cidades inglesas pelos alemães durante a última guerra mundial foi racionalmente decidido dentro da conceção dominante no Reich alemão e tinha como objetivo a rendição da Inglaterra pela quebra da vontade. A racionalidade situada ou razoabilidade inglesa implicou porém que a resistência até à vitória fosse a decisão de resposta, e a vontade de combater aumentou em vez de diminuir.

Isto significa que a razoabilidade é um conceito mais rico do que a simples racionalidade, porque esta atende apenas aos meios-fins, e aquela aos meios-fins em certa conjuntura concreta. A racionalidade marxista implicaria o voto unânime dos proletários, na sua definição, a favor de um sistema comunista; a razoabilidade do eleitorado implica a dispersão dos votos proletários por várias opções partidárias, incluindo as que são fundamentalmente antimarxistas.

A racionalidade implica que um certo fim, ou alguns, sejam privilegiados na formação das decisões, sacrificando outros, enquanto que a racionalidade situada ou razoabilidade implica o desejo de procurar um equilíbrio de valores ou objetivos, decisão em que o equilíbrio é primacial. A racionalidade paga o preço da perda de valores considerados menores, a razoabilidade distribui os custos para que todos os valores subsistam coexistentes. A destruição do regime capitalista pode implicar o sacrifício de toda a liberdade e criatividade individual, de acordo com um critério de racionalidade; a preservação destes últimos valores implicará, mesmo para os que consideram irracional e injusto o capitalismo, a manutenção de um setor de economia privada numa sociedade animada de objetivos socialistas, dentro de um critério de razoabilidade[24].

Este critério da razoabilidade implica portanto ter presente o confronto da racionalidade situada de quem decide e da racionalidade situada de quem se lhe opõe. As situações de conflito, por exemplo, a guerra, ou as competições entre partidos ou grupos de interesses, são aquelas em que

[24] Robert Dahl e Charles Lindblom, *Politics, Economics and Welfare*, Nova Biddle and Edwin Thomas (edt.), *Role Theory: Concepts and Research*, Nova Iorque, 1953; Hans J. Morgenthau, *Politics Among Nations*, Nova Iorque, 1960; Runciman, *Social Sciences and Political Theory*, Cambridge, 1963.

esta necessidade se torna mais evidente. A *decisão*, tomada segundo os critérios de racionalidade situada ou razoabilidade do responsável, tem de incluir, entre os seus dados, a racionalidade situada ou razoabilidade do adversário, se a previsão da resposta eventual deste for tomada em conta no processo decisório.

Foi precisamente esta noção de que, em regra, a decisão política tem um oponente que também toma decisões, e que eventualmente luta pela supremacia em relação à mesma sociedade global ou com objetivo oposto, que levou a desenvolver a chamada *teoria dos jogos*, um aspeto da perspetiva racionalista.

Não é de estranhar que esta teoria tenha merecido especial atenção das ciências militares, que em regra lidam com situações de conflito conjunturais, a curto termo, com objetivos concretos bem determinados, e um número de variáveis limitado. A conjuntura de guerra, ou mais restritamente a batalha, é que define os termos do processo de decisão.

O pressuposto básico da análise, quer no que respeita à previsão das decisões, quer no que toca à explicação, é que, numa situação de jogo ou conflito, os intervenientes procurarão maximizar os ganhos e minimizar as perdas e tomarão as decisões que correspondam melhor a essa economia.

Para tanto, é necessário estudar formalmente as expectativas racionais do comportamento que será adotado pelo adversário, um dado que é fundamental no processo racional de decisão. No jogo (político) os jogadores (intervenientes) têm certos recursos (poder) e procuram ganhar (objetivo). Uma das características especiais do processo é admitir que pode não haver perdedores: o exemplo corrente é o da eleição em que um dos partidos quer o Poder, e o outro apenas quer afirmar a sua legitimidade de representação no Parlamento, pelo que ambos podem realizar os seus objetivos.

A razoabilidade determina que estabeleçam um plano de execução, que dá origem ao conceito de *estratégia*, comum nas ciências militares, e que define o movimento racional a fazer para obter a vitória, tendo em conta o movimento que racionalmente é de esperar da parte dos oponentes.

A estratégia pode multiplicar-se em *planos alternativos*, designadamente tendo em conta a esperada criatividade do adversário, e uma *ordem de batalha*, que decide das variantes que serão utilizadas. Esta ordem de batalha é também imposta pelo critério de razoabilidade, e traduz-se em admitir que a melhor estratégia não é necessariamente a que visa os maiores ganhos, pode ser a que evita maiores perdas.

Por exemplo, a rendição incondicional foi o objetivo aliado da estratégia da última grande guerra, resultado máximo que foi obtido, mas que implicou a perda do estatuto de grande potência para todos os países da grande aliança democrática, com exceção dos EUA e da URSS, visto que consumiram na guerra a totalidade dos seus recursos.

Aquilo que aproxima esta análise da formação de decisões da teoria dos jogos, não é o facto de, tal como nos jogos de azar, o resultado poder depender do acaso, que realmente não tem lugar na teoria: o acaso é aqui representado pela impossibilidade de totalizar antecipadamente o processo da competição, pelo simples facto de que nunca se disporá de toda a informação, designadamente quanto à criatividade e ao processo de formação de decisões do adversário. A surpresa é que exprime esse espaço de indeterminação, que leva a fazer uma utilização insuficientemente elástica da ordem de batalha.

Por outro lado, assim como todos os jogos se desenvolvem dentro de um quadro de regras que ambos os jogadores leais observam, na decisão política essas regras são apenas regras da arte (militar, política) que o adversário não é obrigado a seguir. Na campanha da Rússia, os generais moscovitas queixavam-se da heterodoxia de Napoleão, que provavelmente consideravam um péssimo profissional, assim como os movimentos subversivos e a guerrilha inutilizaram a eficácia dos códigos de conduta clássica dos exércitos regulares.

Finalmente, a teoria política dos objetivos torna muito difícil o uso dos modelos matemáticos na ciência política, ao contrário do que acontece na economia. Perder a guerra mas salvar a honra militar não é um objetivo facilmente quantificável, opor objectivos de desenvolvimento económico a objetivos de ganho territorial não é facilmente comparável, fazer a revolução social ou salvaguardar a integridade nacional não podem equacionar-se quantitativamente. Por isso os analistas são cautelosos e cheios de advertências quanto ao uso da teoria dos jogos como método de análise da formação das decisões políticas, sem negar o seu valor heurístico[25].

[25] Alan C. Isaak, cit., p. 192; Martin Shubik (edt.), *Game Theory and Related Approaches to Social Behaviour*, Nova Iorque, 1964. A mais célebre aplicação da teoria é o trabalho de William Riker, *The Theory of Political Coalitions*, New Haven, 1962.

§ 3º
Perspetiva Funcionalista

1. Noção Geral de Funcionalismo

As perspetivas básicas até aqui examinadas todas se inspiram no pressuposto lembrado de que finalmente são homens quem toma as decisões políticas, e por isso a ênfase é posta em variáveis independentes do ambiente, tais como tendências, atitudes, opiniões, intenções. São métodos comuns nas análises da luta política quotidiana, dos conflitos com intervenientes visíveis, de curta duração, de objetivos selecionados, ou nos regimes onde a intervenção individual parece dominante e identificável.

Por outro lado, as contribuições são predominantemente americanas, num país onde o individualismo é muito forte na conceção corrente de sociedade civil, por muito socializado que o sistema esteja para além das convicções e desejos dos intervenientes, de modo que o modelo americano é provavelmente um caso onde os factos ultrapassaram as conceções ideológicas vigentes.

De qualquer modo, a crítica funcionalista parte do pressuposto de que a explicação dos fenómenos políticos será insuficiente sempre que se limite a considerar o comportamento individual dos agentes, mesmo acrescentando-lhes a qualidade de membros de um grupo que capturou ou luta por capturar o Poder.

A dimensão que julgam faltar nessa perspetiva é justamente a da *função* desempenhada. Com isto pretendem significar que o *comportamento político é principalmente a resultante de uma tensão entre as exigências e expectativas que a sociedade global dirige ao agente, e a capacidade de resposta ou ação que este demonstra no papel de direção que capturou.* Muito desenvolvido também nos EUA, o funcionalismo tem porém maior contribuição europeia.

2. Os Antecedentes na Sociologia

A perspetiva funcionalista trata de afastar em primeiro lugar o significado normativista de *função,* que está ligado à detenção de um emprego ou ao exercício de uma profissão. Também não abrange o sentido normativista de conjunto de competências atribuídas ao suporte de um órgão, por exemplo do Estado. Igualmente afasta o sentido matemático, que exprime uma relação entre duas grandezas, de tal modo que a modificação de uma implica uma modificação da outra e uma adaptação. Mas o funcionalismo, como nota Schwartzenberg, já radica no conceito biológico, que chama função «à contribuição dada por um elemento à organização ou ação do conjunto do qual faz parte».

A ideia básica é portanto a de totalidade (sociedade global), cujos elementos, todos interdependentes, desempenham funções correspondentes às necessidades fundamentais do grupo[26].

Postos de lado os antecedentes de Spencer e Durkheim, o primeiro grande aparecimento do funcionalismo nas ciências humanas deve-se a Malinowski, que exerceu grande influência na orientação dos estudos antropológicos[27]. Tendo iniciado o método da participação do observador na vida dos povos sem escrita, foi levado à ideia de considerar cada sociedade e cultura como um todo coerente, que se apresenta como um só objeto de estudo.

Os elementos em que o sistema cultural se analisa, de ordem física ou espiritual, desde os instrumentos de trabalho à magia, correspondem a necessidades do todo que têm como função satisfazer. A mesma orientação, embora mitigada, foi seguida pelo seu discípulo Radcliffe-Brown[28]. Trabalhos da Junta de Investigação do Ultramar receberam a influência destas atitudes, que também estiveram presentes no ensino da antropologia no liquidado Instituto Superior de Ciências Sociais e Políticas. Mas a passagem do critério para os domínios da ciência política foi preparada pela crítica e contribuições do sociólogo Robert King Merton, que influenciou muitos dos trabalhos entre nós publicados neste domínio.

3. O Funcionalismo de Merton

A mitigação que Merton trouxe ao funcionalismo absoluto inicial disse respeito a três postulados de Malinowski, e que são os seguintes: *unidade funcional do grupo, funcionalismo geral, necessidade funcional.* Os três postulados definem a essência do funcionalismo inicial do fundador. O primeiro, obviamente assente no tipo de sociedade sem escrita que foi objeto de estudo de Malinowski, sustenta que os elementos culturais e as atividades sociais são funcionais em relação ao todo, isto é, à sociedade global.

[26] G. Rocher, *Introduction à la sociologia générale,* 1968, vol. II, p. 162; Bruce Biddle and Edwin Thomas (edt.), *Role Theory: Concepts and Research,* Nova Iorque, 1966.

[27] Malinowski, "Anthropology", in *Encyclopaedia Britannica.*

[28] Radcliffe-Brown, *Struture and Function in Primitive Society,* Londres, 1952. Sobre todos estes problemas, ver lições policopiadas do Prof. Jorge Dias (t) do Instituto Superior de Ciências Sociais e Políticas; R. K. Merton, *Eléments de théorie et de méthode sociologique,* Paris, 1965.

Visto o problema do lado da perenidade desses elementos, o segundo postulado significa que nenhum deles subsistiria se não desempenhasse uma ou mais funções, e por isso cada um é parte indispensável do todo orgânico. Daqui resulta o terceiro postulado, que significa que nenhum dos elementos é dispensável pelo todo.

A primeira crítica de Merton foi no sentido de que todos os sistemas apresentam elementos que perderam a função, que são supérfluos ou que nunca a tiveram. Do ponto de vista da dinâmica social, foi dito, como era óbvio, que tal funcionalismo se traduziria num imobilismo contrário a toda a mudança, e de facto o fenómeno colonial suscitou muitas vezes problemas desse tipo, assim como os estão provocando as reservas de índios que ainda se encontram no continente americano.

O funcionalismo absoluto levou a algumas atitudes que, longe de quererem preservar as culturas, pretenderam antes transformar esses grupos em material etnográfico intocável, sempre ao dispor dos estudiosos e dos curiosos, impedindo até os projetos inspirados apenas pela teoria desenvolvimentista.

Tem de notar-se, porém, que o funcionalismo de Merton é ideologicamente neutro, tal como o era o de Malinowski. Mas a contribuição de Merton para a metodologia da ciência política foi a de descobrir o princípio do *equivalente funcional,* segundo o qual um só elemento pode desempenhar várias funções, assim como vários elementos podem substituir-se reciprocamente no desempenho da mesma função. Na vida política foi fácil descobrir exemplos, tal como o de um sindicato assumir a representatividade que pertencia a um partido proibido, ou de o Exército assumir a função de Governo.

Mais implicante ainda com o método da ciência política foi a ideia da *disfunção,* que exprime o facto de um elemento do sistema impedir a adaptação deste a mudanças, que podem ser impostas até por fatores externos, de tal modo que a própria subsistência do todo fica ameaçada. É o caso de usos ancestrais ou crenças religiosas incompatíveis com a utilização de certos animais para a alimentação dos povos, como acontece na Índia.

Finalmente, Merton faz a distinção entre *funções manifestas* e *funções latentes,* que ele próprio aplicou ao exame dos partidos nos EUA. As primeiras são aquelas que os participantes do sistema compreendem e querem; as segundas são aquelas de que os participantes não se apercebem. Com este critério explicou que os partidos subsistem nos EUA, não obstante a generalizada crítica pelo modo disfuncional como exercem a sua função, porque desempenham funções latentes, entre elas, a do apoio personalizado aos militantes, ao fornecimento de privilégios aos aderentes e simpatizantes, à abertura da ascensão social. Porque os serviços estaduais não satisfazem essas necessidades, os partidos mantêm-se.

Daqui extraiu Merton uma lei tendencial segundo a qual *uma, estrutura que desempenha uma função, mesmo latente, não pode ser eliminada antes que outra assuma a mesma função.*

Foi nesta linha que Lavan explicou como é que o Partido Comunista, incómodo para o sistema político capitalista, contribui todavia para o funcionamento do sistema, porque desempenha uma função latente, aquilo que ele chamou a *função tribunícia* dos estratos sociais mais desfavorecidos e sem representação institucionalizada[29].

Esta atitude básica como que foi invertida pelos desenvolvimentos dos analistas que vieram a ser agrupados na corrente sistémica. O empirismo da antropologia cultural vai dar lugar a um normativismo fins-meios. O seu doutrinador mais influente foi Parsons, cuja intimidade com o pensamento europeu, designadamente com as obras de Durkheim, Pareto, Weber, Marshall e, naturalmente, de Malinowski, o inclinou para aceitar a necessidade de quadros conceituais e teóricos que o empirismo americano habitualmente afasta.

Em busca de um aparelho teórico que fornecesse à investigação os quadros das hipóteses e das interpretações, chegou à noção de *sistema* como eixo de toda a análise científica. O ponto de partida funcionalista é que mantém os seus trabalhos ligados à escola, mas realmente definiu uma nova perspetiva, que é a perspetiva *sistémica.* Aqui, por isso, daremos apenas as notas necessárias ao entendimento de uma ligação básica e original com o funcionalismo.

O ponto de partida é o grupo na sua totalidade, mas o grupo entendido como um conjunto de elementos inter-relacionados, em interação. É esta noção de interação que distingue o grupo com significado social do grupo ocasional que se traduz em simples presença simultânea. *Todo o grupo, cujos elementos sejam identificáveis, inter-relacionados, e com fronteiras definidas, é um sistema.*

A interação é portanto o elemento vivo do sistema, e por isso a ação social é o objeto fundamental do estudo. A noção de estrutura é substituída pela noção mais dinâmica de sistema, porque toda a ação social, nesta visão, se inscreve num conjunto de ações de um ou vários intervenientes.

[29] Lavan, *Le communisme en France*, 1969.

Deste modo, toda a ação pode ser considerada ou como uma totalidade em si mesma, ou como elemento de uma totalidade maior. O agente é sempre um ator situado num ambiente, que compreende elementos físicos como o território e, sobretudo, outros atores também em ação.

Por intermédio de símbolos, o agente entra em relação com todos os elementos da situação em que se encontra e atribui-lhe um significado. Finalmente, um conjunto de normas e valores fornece-lhe um paradigma de ação e uma definição das finalidades a atingir[30]. Desenvolveremos este ponto.

4. Utilização da Perspetiva Funcionalista

A essência da perspetiva funcionalista é portanto a de institucionalizar o fenómeno político, no sentido de considerar o Poder, no seu funcionamento, como um conjunto diferenciado de modelos de conduta de agentes, cada um dos quais desempenha uma função, e todas inter-relacionadas.

Por isso a perspetiva funcionalista fica a meio caminho entre a perspetiva individualista e a perspetiva de grupo. A função, do ponto de vista político, é definida pelas *expectativas dos destinatários em relação à esperada intervenção do agente do Poder*, visão que pode não coincidir com a que este tem da sua própria função.

No caso, por exemplo, do presidencialismo da atual Constituição Política Portuguesa de 1976, o fenómeno do Poder implica pouco com a leitura de preceitos legais, e tudo com a definição das expectativas que a sociedade civil tem em relação à função do Presidente, da conceção que desta função possuem o próprio Presidente e os partidos, e da ação que respetivamente desenvolvem a sociedade civil, o Presidente e os partidos, originadas em conceções porventura em conflito.

Enquanto que a perspetiva individualista se concentra sobre a ação do homem que exerce a presidência, procurando interpretá-la à luz dos critérios antes indicados, o funcionalismo procura compreendê-la dentro da situação. No exemplo usado, a perspetiva individualista das tendências básicas procura averiguar que tipo de homem ocupa a presidência, para entender e prognosticar sobre a sua conduta política. O funcionalismo atende antes ao facto de o homem que exerce a presidência ser um homem situado, e evidencia que ele é colega de outros intervenientes, membro de certos

[30] Parsons, *The Structure of Social Action*, Nova Iorque, 1937; *Working Papers in the Theory of Action*, Nova Iorque, 1953.

grupos religiosos ou culturais, representante de certos eleitores, amigo de certos interessados, seguidor de certos doutrinadores políticos, e que a sua ação, para desempenhar a presidência, será uma resultante dentro de um complexo de funções executadas por outros agentes.

A ação política é portanto sempre condicionada, não apenas pela personalidade básica do agente, mas também pelo complexo de funções interdependentes e conflitantes em que se inscreve.

A principal utilização da perspetiva funcionalista diz respeito à explicação e previsão do comportamento político dos agentes, sendo que o seu elemento mais frutuoso é a definição das expectativas que a sociedade atribui a uma função, em cada situação ou conjuntura.

Dada a mobilidade da conjuntura, a definição das expectativas também varia, e a função aparece com um caráter de variação e mobilidade contrário a toda a definição linear. O desenho errático do comportamento de muitos agentes da política encontra assim uma explicação mais satisfatória para o próprio do que aquela que resulta dos insultos dos adversários. As palavras pragmatismo e maleabilidade são as que mais frequentemente procuram caracterizar, numa linha de neutralidade, essa variação.

Sempre que o ato político é colegial, a perspetiva funcionalista permite o exame do fenómeno político em termos institucionais, e falar, por exemplo, do comportamento do partido ou do comportamento do Parlamento, visto que atende apenas às decisões finais, por sua vez resultantes das funções internas dos membros do órgão.

5. A Perspetiva de Grupo

A nota final sobre a perspetiva funcionalista, que pode aplicar-se às intervenções colegiais, faz ressaltar imediatamente a importância da *perspetiva de grupo*, que é talvez a mais genuína da ciência política.

A questão é que a ação política, no que tem de específico como luta pela aquisição, manutenção e uso do Poder, é basicamente um fenómeno de *grupos* e não de *indivíduos* isolados. Aquilo que dá unidade ao grupo pode variar, desde a simples luta pela imposição de um interesse cuja satisfação o dissolve, até à permanente organização partidária ou institucional que duram no tempo. Isto não significa que o *grupo* seja o agente exclusivo da ação política, mas significa que a parte mais substancial dessa ação tem o grupo como unidade básica.

Em relação ao próprio grupo, partido, órgão de poder, grupo de interesses, grupo de pressão, grupo de ativistas, grupo profissional, grupo de grevistas, terroristas, o estudo da formação de decisões requer a utilização de todas as perspetivas metodológicas, segundo as circunstâncias.

Não parece razoável, por este motivo, aceitar o extremismo daqueles que, como Bentley, sustentam que a completa descrição do funcionamento dos grupos é a totalidade da ciência política, fazendo desaparecer a relevância da intervenção dos indivíduos, um exagero certamente devido ao facto de ser o iniciador da utilização da perspetiva. Mas tem de reconhecer-se que a intervenção individual, a ação não filiada, ocupa um espaço muito reduzido no fenómeno político.

Seria interessante discutir e averiguar se a não participação sistemática, a abstenção eleitoral, a maioria silenciosa, composta de omissões individuais, não assumiria a natureza de *grupo* a estudar dentro da mesma perspetiva. Ficam obviamente excluídos os casos dos grupos organizados, por exemplo os partidos, que decidam intervir pela abstenção, quer dentro dos órgãos colegiais como os parlamentos, quer nas disputas gerais pelo apoio do eleitorado.

O problema que pomos em evidência diz respeito à não intervenção por abstenção individual, e que analistas como Truman e Bentley tratam como fenómeno sem peso na luta política. Mas parece ser claramente um caso em que a quantidade muda a qualidade, inscrevendo-se pelo menos como variável importante naquilo que os funcionalistas chamam o ambiente. A não adesão aos apelos, a recusa da filiação, a falta de opção em face das propostas, embora sejam decisões individuais, resultam num grupo que de facto intervém no processo.

Esta questão tem que ver com um ponto controvertido na perspectiva de grupo, que é o de saber se o grupo é sempre uma pura soma de indivíduos sem características específicas, ou se o grupo naturalmente assume características que os indivíduos não possuem. A linha mais aceitável parece ser a que reconhece que o comportamento do grupo é específico em relação ao dos componentes, como de resto frequentemente concluem os analistas que utilizam a perspectiva das tendências básicas. É assim que órgãos colegiais, como os parlamentos, e os governos de coligação, compostos de representantes de grupos divergentes e competitivos, assumem interesses próprios e um comportamento específico em tudo o que respeita à preservação da sua participação no poder efetivo.

Como é evidente, toda a relevância política dos grupos depende da sua participação na luta pela aquisição, manutenção e uso do Poder, o que pode ser feito pelo processo de abstenção, que vai influenciar a *balança de poderes* entre os grupos ativos.

Este conceito de balança de poderes, que sugerimos, exprime a *distribuição efetiva, em cada instante, da participação dos grupos na supremacia da direção da sociedade global.*

Dependendo dos objetivos globais dos grupos, certo grau de acesso ao Poder é sempre o seu primeiro objetivo, entendendo-se por *acesso, na* terminologia de Truman, a *capacidade de influenciar as decisões finais.* Um grupo de interesses, um grupo de pressão, uma instituição, um partido, não lutam por *acessos* iguais à participação no Poder, porque é diferente o acesso de que necessitam para realizar os seus objetivos.

Um dos aspetos que esta perspetiva salienta é a necessidade de estudar as variáveis que condicionam o acesso de cada grupo, designadamente a distribuição geográfica dos componentes, a origem social, os meios económicos disponíveis, os apoios ocultos.

Uma dúvida importante a respeito da perspetiva de grupo é se permitirá considerar o estudo do *interesse nacional,* visto que este parece dissolvido na perspetiva do interesse específico de cada grupo. De facto não parece difícil reconhecer, por um lado, que certos grupos inscritos na estrutura do aparelho do Poder, como o Governo, o Parlamento, ou a Presidência, assumem características diferentes dos seus componentes porque o interesse geral faz parte dos seus objetivos; e, por outro, que no domínio das relações internacionais, o grupo estadual é o que geralmente aparece, caracterizado pelo interesse geral e comum[31].

§ 4º

Perspetiva Sistémica

1. A Origem da Perspetiva

A aproximação das várias perspetivas até aqui analisadas mostra finalmente que a coincidência de objeto leva muitas vezes a cruzar os pontos de vista, a uma certa coincidência ou equivalência de conceitos operacionais, assim

[31] Hans Morgenthau, *Politics among Nations,* Nova Iorque, 1960; Arthur Bentley, *The Process of Government,* Chicago, 1908; David Truman, *The Government Process,* Nova Iorque, 1971; Isaak, *Scope and Methods of Political Science,* cit.

como os estudos monográficos revelam uma utilização plural das várias perspetivas.

Não se trata de fenómenos interdisciplinares, como por vezes se afirma, mas sim de uma sincronia metodológica. Por outro lado, cada uma das perspetivas foi desenvolvida a partir da necessidade de encarar fenómenos concretos, e trata-se realmente de ser o objeto a determinar o método. Não é de estranhar que tenha aparecido um esforço no sentido de construir um método acima dos estudos fragmentários, dotando-o de um conjunto de conceitos operacionais aptos a orientar a investigação de qualquer modelo, com validade teórica geral.

Como é frequente, as soluções ensaiadas começam por importar contribuições de outros domínios do conhecimento, e assim acontece com a *perspetiva sistémica* na ciência política, a qual é uma tentativa de síntese de todas as perspetivas, ou, se for preferido, um ensaio de organização dos vários pontos de vista por intermédio da construção de uma categoria integradora dos conceitos operacionais restritos.

A origem do modelo encontra-se na biologia, indicando-se os trabalhos de Bertalanffy sobre a célula, no começo deste século, como o ponto de partida. A ambição de encontrar um método unificado para o conjunto das ciências e o desenvolvimento da cibernética levaram Bertalanffy a lançar a *teoria geral dos sistemas*, que inspirou a fundação, em 1956, da Society for the Advancement of General Systems Research. Uma das proposições básicas da teoria é a do *isomorfismo*, a qual significa que vários sistemas possuem formas idênticas, ou do ponto de vista estrutural, ou do ponto de vista funcional, o que permite a emigração de conceitos de uma ciência para outra. O funcionalismo aparece como o ângulo de exame mais importante, pelas razões que a perspetiva funcionalista da política também aceitou.

A perspetiva sistémica foi importada pelas ciências sociais por intermédio dos trabalhos de Talcott Parsons, o mais célebre dos sociólogos americanos, e depois especialmente aplicada nos domínios da ciência política por David Easton e, em certa medida, por Karl Deutsch, hoje um patriarca na comunidade dos politólogos.

2. A Contribuição de Parsons

Parsons autonomizou o seu conceito de *ação social*, que também é basilar no funcionalismo, entendendo por isso *toda a conduta humana que é motivada e orientada pelos significados que o agente descobre no mundo exterior (ambiente) e aos quais reage.*

O seu primeiro postulado é o de que *toda a ação humana apresenta os carateres de um sistema,* isto é, inscreve-se numa *organização de relações de interações entre o agente e a situação na qual se encontra.*

Como qualquer sistema, o *sistema geral de ação social* desempenha quatro funções principais: 1) *adaptação,* que é a função pela qual o sistema se adapta ao seu ambiente e age sobre o ambiente para o adaptar às suas necessidades próprias; 2) *realização de objectivos,* que define as metas do sistema e mobiliza recursos e energias para os atingir; 3) *integração,* que protege a coerência do sistema contra as perturbações e mudanças que o ameaçam; 4) *alimentação,* que assegura criatividade e permanência da fidelidade dos agentes aos valores e modelos do sistema.

Duas destas funções (adaptação-realização de objetivos) estão centradas nas relações com o ambiente ou exterior; as outras duas (alimentação-integração) estão centradas nas relações internas de meios-fins. Deste modo elaborou o simples e famoso quadro AGIL, com a sigla inglesa:

	A *(adaptation)*	*(goal)* G
Relações externas	Adaptação	Realização de objetivos
Elementos internos	Alimentação	Integração
	L *(latence)*	*(integration)* I

Considera Parsons que o sistema geral de ação social se subdivide em quatro subsistemas: biológico (*adaptação*); personalidade psíquica (*realização de objetivos*); social (*integração*); cultura (*criatividade*).

Para aplicar o esquema à sociologia, o expediente metodológico traduz-se em tratar o subsistema social como um sistema e considerar todos os outros como fazendo parte do *ambiente* ao qual tem de reagir, coisa que se pode fazer igualmente para qualquer dos outros subsistemas.

Isto é justificado porque cada um dos subsistemas está em relação de interação e troca com os restantes. Passa-se então a considerar o *sistema social* como um sistema de ação, que por sua vez deve satisfazer às quatro funções principais de qualquer sistema: adaptação, realização de objetivos, integração, alimentação.

A construção metodológica é orientada para lidar com o seu objeto específico que é a *sociedade global*, isto é, o grupo que corresponde à satisfação da generalidade das necessidades do homem, e que politicamente assume a forma corrente de Estado. O *sistema social* deve portanto analisar-se abstratamente em quatro subsistemas, caracterizados deste modo: 1) *adaptação*, que abrange o conjunto de atividades económicas; 2) *alimentação* do sistema, que assegura a socialização dos membros do grupo e compreende os processos familiares e de ensino; 3) *integração*, que assegura a protecção das solidariedades e compreende os aparelhos de produção de normas e o judiciário; 4) *realização de objetivos*, que corresponde ao subsistema político, o qual seleciona as finalidades e objectivos gerais e mobiliza os recursos humanos e materiais para a sua realização.

Por analogia com os modelos da ciência económica, a comunicação permanente entre os subsistemas do sistema social é analisada num quadro de *input-output*, que procura ajudar a analisar os factores que cada subsistema recebe dos outros *(input)* e o que em troca lhes oferece *(output)*.

Deste modo, a construção metodológica de Parsons autonomiza o subsistema político com um critério funcionalista, e atribui-lhe a função de definir os objetivos gerais da comunidade, mobilizar os recursos humanos e materiais necessários e tomar as decisões obrigatórias para que as metas selecionadas sejam atingidas.

O Poder aparece, consequentemente, como para a generalidade dos politólogos, a ocupar o centro das preocupações, e caracterizado como a capacidade de obrigar os agentes sociais a cumprir as decisões impostas em função dos interesses coletivos. Mas acrescenta um exame rigorosamente funcionalista à análise do Poder, isto é, interessa-se pelo comportamento do Poder e não pela definição do seu conteúdo, dos seus elementos.

Mantendo-se na linha que o levou a importar da ciência económica alguns dos seus conceitos, recorre ao método analógico para surpreender o comportamento do Poder e trata de o aproximar do comportamento da moeda. Assim como a massa dos meios de pagamento em circulação varia constantemente, de acordo com as exigências funcionais do subsistema económico, assim também a massa do Poder em circulação varia em função das exigências funcionais do subsistema político.

Aplicando a analogia aos regimes democráticos baseados no voto, procura equiparar a posição do *leader* político à posição do banqueiro. Assim como este vê a sua capacidade de intervenção dependente da variação dos depósitos, e o volume dos depósitos depende da confiança dos clientes, assim o voto é um depósito de Poder a prazo nas mãos do agente político. O Poder é uma espécie de crédito, com variações semelhantes às da moeda, e tem um valor de troca que se mede pela obediência conseguida.

Por outro lado, assim como o dinheiro assenta originariamente no ouro, assim o Poder assenta basicamente na força física. Finalmente, tal como o dinheiro acaba por ter um valor simbólico que relega o ouro para uma função secundária, assim o Poder, num sistema mais sofisticado e desenvolvido, ganha um valor simbólico de credibilidade e legitimidade que relega a força física para segundo plano.

Deste modo, Parsons conseguiu, com a perspetiva dos sistemas, dar à sociologia americana em geral, e à ciência política em particular, a dimensão teórica que faltava ao empirismo tradicional, e sobretudo generalizar a atitude interdisciplinar que aproxima e faz convergir todas as ciências sociais para o exame de um objeto que é comum.

É porém certo que a sugestão metodológica é mais útil para a macropolítica do que para a micropolítica e tem um valor heurístico superior ao valor explicativo. Os reais problemas surgem quando, perante um modelo concreto em exame, se trata de saber como é que se processam as trocas *inputs-outputs*, como é que o modelo enfrenta os desafios do ambiente, que procedimentos asseguram o equilíbrio, a ordem, a estabilidade do sistema, e quais o modificam, o disfuncionam, e finalmente o matam.

É por isso que as correntes mais atuais, sem negar o valor inspirador de Parsons, e aceitando sempre que o Poder é o fenómeno central da política, insistem em que os conflitos sociais e a luta, e não o equilíbrio e a ordem, são as tónicas dos problemas que a ciência política mais estuda. Nada disto impede que se reconheça a importância heurística da perspetiva sistémica, utilizada como um quadro geral orientador, sobretudo nos domínios da macropolítica, dando lugar à utilização das restantes perspetivas sempre que se trata dos problemas concretos da micropolítica[32].

3. Aplicação da Perspetiva Sistémica por David Easton

A aplicação mais coerente e influente da perspetiva sistémica no domínio da ciência política foi levada a cabo por David Easton, cujo modelo passou a figurar em todas as exposições didáticas e se transformou num guia

[32] Guy Rocher, *Talcott Parsons et la sociologie américaine*, Paris, 1972; T. Parsons (e outros), *Working Papers in the Theory of Action*, Nova Iorque, 1953; Schwartzenberg, cit., e Alan C. Isaak, cit. O primeiro tem um excelente resumo da orientação.

frequente das investigações monográficas. Deve por isso ser referido com autonomia.

Parte igualmente do facto do Poder como sendo o fenómeno que autonomiza este domínio da ciência e define a política como a atribuição autoritária de valores sociais. Estamos perante um facto dinâmico, visto que decorre em permanência uma luta pela aquisição, manutenção e uso desse Poder de atribuir valores, de modo que um *sistema político* é um conjunto de *interações políticas* dentro de uma sociedade global.

Até aqui há coincidência com a generalidade dos que procuram definir o objeto da ciência política, importando pouco as variações semânticas. Este sistema político está mergulhado num *ambiente* que o sujeita a desafios aos quais deve responder, noção de acordo com a linha geral da perspetiva sistémica. Acontece porém que o *ambiente* deve ser dividido, para fins de análise, em *ambiente externo* e *ambiente interno:* o primeiro abrange todos os sistemas exteriores à sociedade global em exame, com os quais está presumivelmente em relação, por exemplo sistemas políticos coexistentes, sistemas supranacionais, sistemas ecológicos mundiais; o segundo compreende todos os sistemas internos que abarcam a mesma sociedade global, designadamente os sistemas psicológico, biológico, religioso, social.

Daqui resulta a noção de *ambiente global (total environment),* na qual mergulha o sistema político, aberto e em constantes trocas com esse ambiente *(inputs-outputs).* Tal como acontece com Parsons, as sugestões dos sistemas metodológicos da economia, designadamente das contribuições de Wassili Leontieff, estão muito presentes na elaboração do modelo. Posto o acento no caráter aberto do sistema, a análise da corrente *input-output* aparece como fundamental. Por isso, Easton sugere dois conceitos operacionais que distinguem respetivamente entre *exigências (demands)* e *apoios (support).*

No conceito de *exigências* cabem todas as solicitações do ambiente, interno e externo, no sentido de atribuir ou negar certos valores sociais, desde as liberdades e garantias políticas ao tipo de ensino e aos salários. O volume das exigências aconselha o uso dos conceitos de *carga* e *sobrecarga* do sistema, para exprimir a medida em que pode responder ou resistir à exigência: a *sobrecarga* pode resultar de uma *quantidade* excessiva da demanda, ou de uma *qualidade* das exigências que, pela sua complexidade, não permitem uma resposta atempada. Deste modo, o *sistema político analisa-se num conjunto de ações que procuram o ajuste constante entre as exigências do ambiente e a capacidade de resposta do sistema.*

Este objetivo é procurado pelas seguintes funções: 1) *expressão das exigências,* que se instrumentaliza pelos grupos de interesses, grupos de pressão, partidos; 2) *depuração das exigências,* que procura selecionar as que têm significado político e impedir a relevância política das outras: alguns dos instrumentos de expressão das exigências também desempenham essa função depuradora, como acontece com os partidos, e o próprio aparelho do Poder procura antecipar as suas intervenções, de modo a evitar que as exigências atinjam uma *sobrecarga;* um dos processos que o Poder usa, para esse efeito, é a *regulação cultural,* que restringe certas exigências quanto ao conteúdo (demagógicas, imorais, criminais), ou quanto à forma (violência, greve, ação direta); 3) *agregação das exigências,* que procura fazer convergir para alternativas bem definidas e limitadas as exigências dispersas do ambiente total, função que se instrumentaliza por exemplo nos *programas* dos partidos.

Um dos aspetos postos em evidência no modelo de análise proposto por Easton é que do ambiente não fluem apenas *exigências,* também decorrem *apoios,* o que obriga a analisar os *inputs* em duas espécies. Estes apoios podem igualmente ser classificados: 1) apoio à *sociedade global,* expresso por exemplo no patriotismo; 2) apoio ao *regime,* designadamente à manutenção da sede do Poder; 3) apoio aos *suportes dos órgãos,* isto é, às personalidades que exercem as funções da autoridade. Estes apoios podem dirigir-se em direções contraditórias, como por exemplo se um grupo de interesses apoia o regime e contesta os suportes dos órgãos, apoia a independência nacional mas ataca o regime[33].

O segundo termo da corrente – *outputs* –, que engloba a totalidade das respostas do sistema, é menos detalhadamente analisado, porque tudo se traduz em *normas* ou ações. O sentido operacional das expressões é que as primeiras dirigem-se imperativamente aos destinatários, e as segundas atuam sobre o ambiente que condiciona a vida dos destinatários, por exemplo, a política económica, militar, ou internacional. Toda a resposta vem a modificar o ambiente do sistema político, e por isso a alterar o fluxo de exigências, estabelecendo-se assim uma corrente contínua e infindável de influências, *input-output-input,* que chama *efeito de retroação (the feedback loop).*

Segundo um método muito corrente, procurou dar expressão gráfica ao seu modelo no quadro adiante reproduzido.

Como já se disse, o valor da perspetiva sistémica está fundamentalmente em fornecer um quadro geral de análise, particularmente útil na análise

[33] Easton, *A Systems Analysis of Political Life,* Nova Iorque, 1967; O. Young, *Systems of Political Science,* Englewood Cliffs, 1968; J. W. Lapierre, *L'Analyse des systèmes politiques,* Paris, 1973.

comparativa. Por outro lado, corresponde ao ponto de vista realista que autonomiza o aparelho do Poder como um instrumento com uma função dentro da sociedade global, desmistificando o Estado. Evidencia o caráter dinâmico do fenómeno do Poder, afastando o clássico enfoque estático que escondia esse permanente equilíbrio precário entre a estabilidade e a mudança que afeta todos os seus elementos.

Todavia, não parece satisfazer as necessidades da análise de conteúdo de cada um dos elementos em que o sistema se analisa, nem do seu comportamento efetivo, nem dos conflitos concretos. Por isso parece dever ser usado como uma categoria metodológica de síntese, que fornece a moldura geral dentro da qual, segundo as circunstâncias e as necessidades, se utilizam as restantes perspetivas metodológicas.

4. Contribuição de Karl Deutsch: a Comunicação

Supomos que a contribuição de Karl Deutsch, no sentido de assimilar o sistema político a um sistema cibernético, será melhor entendida e colocada nas devidas e úteis proporções se for relacionada com uma das perguntas fundamentais que inspiraram a proposta de Easton: «*Como é que os sistemas conseguem persistir num mundo onde reinam ao mesmo tempo a estabilidade e a mudança?*».

A resposta de Deutsch está na teoria da comunicação e da cibernética, que naturalmente supervalorizou como todos os que avançam um novo ponto de vista. Trata-se de considerar as decisões, o controlo e as comunicações, como o ponto central da ciência política, em lugar do Poder, ou, usando a analogia tirada da cibernética, trata-se de estudar a pilotagem do sistema[34].

Segundo esta perspetiva, é por intermédio das comunicações que os *inputs* são recebidos e elaborados, é por intermédio da comunicação que os *outputs* são gerados e lançados no ambiente. Um sistema é portanto, em permanência e sem interrupção, teatro de uma corrente de comunicações, as quais tem de estar preparado para interpretar e para lhes dar resposta. A atividade política toda depende da comunicação, nas relações internas e externas, e por isso a cibernética é a inspiradora do modelo, visto que a cibernética estuda a comunicação e o controlo em todas as espécies de organizações, desde as máquinas às sociedades.

[34] Karl Deutsch, *The Nerves of Government*, Nova Iorque, 1963.

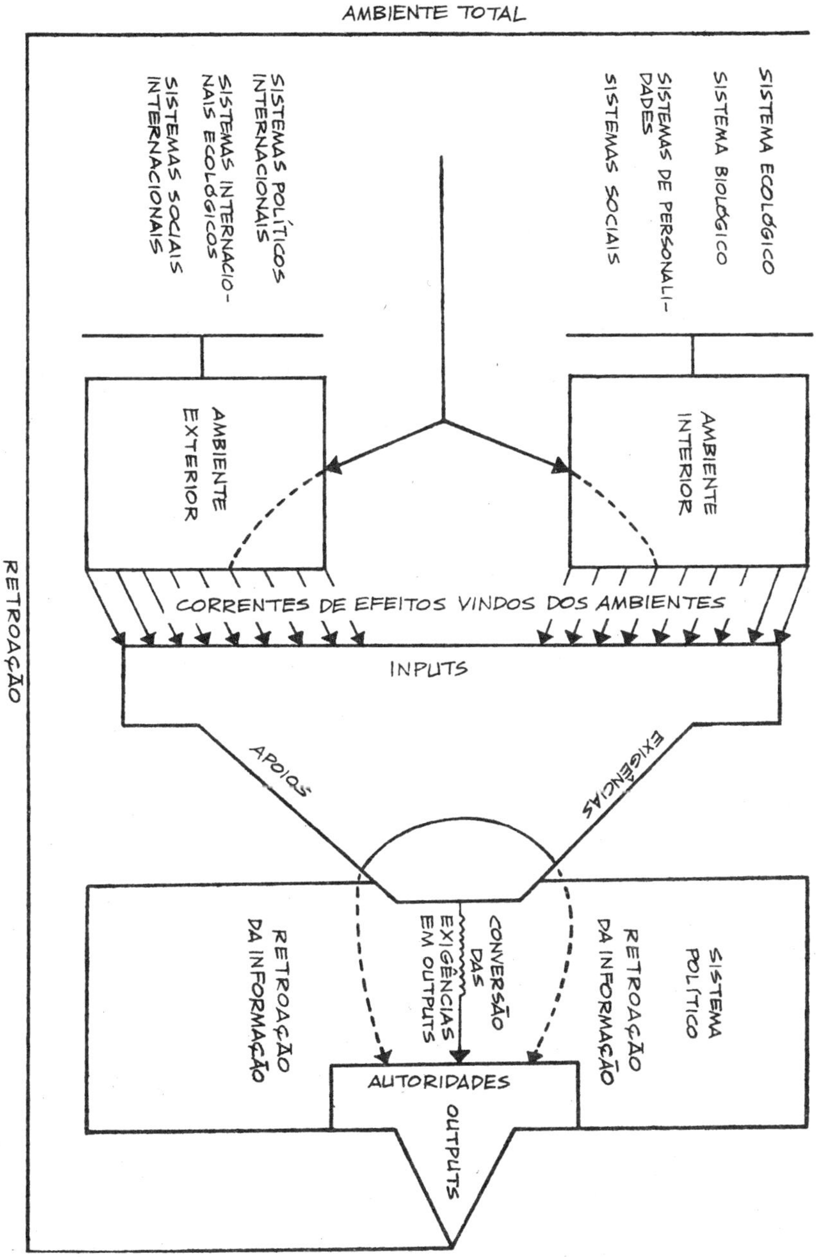
AMBIENTE TOTAL
SISTEMA ECOLÓGICO
SISTEMA BIOLÓGICO
SISTEMAS DE PERSONALIDADES
SISTEMAS SOCIAIS
SISTEMAS POLÍTICOS INTERNACIONAIS
SISTEMAS INTERNACIONAIS ECOLÓGICOS
SISTEMAS SOCIAIS INTERNACIONAIS
AMBIENTE INTERIOR
AMBIENTE EXTERIOR
CORRENTES DE EFEITOS VINDOS DOS AMBIENTES
INPUTS
APOIOS
EXIGÊNCIAS
SISTEMA POLÍTICO
RETROAÇÃO DA INFORMAÇÃO
CONVERSÃO DAS EXIGÊNCIAS EM OUTPUTS
RETROAÇÃO DA INFORMAÇÃO
AUTORIDADES
OUTPUTS
RETROAÇÃO

Os principais conceitos operacionais propostos por Deutsch são por isso importados analogicamente da teoria de engenhos autocontrolados, tais como termóstatos, defesa antiaérea, computadores electrónicos. Escreveu que «existe uma certa semelhança subjacente entre a maneira de governar (pilotar) um navio ou uma máquina (seja pela mão do homem, seja por pilotagem automática) e a arte de governar as organizações humanas.

Pilotar um navio traduz-se em guiar o seu comportamento futuro, a partir de informações que respeitam, por um lado, à sua passada marcha, e, pelo outro, à posição que ocupa no presente em relação a um certo número de elementos que lhe são exteriores, designadamente a rota, o objetivo ou o alvo». E acrescenta: «A semelhança destes processos de pilotagem, de investigação do objetivo e de controlo autónomo (das máquinas) com certos processos da *política* parece evidente.

Os Governos podem procurar atingir metas de política interior ou exterior. Têm a necessidade de guiar a sua conduta em função de um fluxo de informações sobre a sua própria posição em relação a estes objetivos; em função da distância que deles ainda os separa; em função dos resultados reais (a distinguir dos resultados desejados) das suas mais recentes diligências ou tentativas para o conseguir».

Consequentemente, o primeiro conceito operacional é o da *informação,* entendida como uma relação padronizada entre acontecimentos, ou, vista a coisa pelos seus efeitos, é informação tudo aquilo que corre pelos canais de comunicação, é recebido, analisado e provoca uma reação.

O Poder necessita, para funcionar com eficácia, de ser informado e de poder informar, e por isso a informação circula no sistema político por canais que são como «os nervos do Governo», e daqui o nome que deu ao seu livro fundamental.

O comportamento do sistema político é uma variável que depende, no que respeita à informação que circula pelos nervos do Governo, de quatro fatores: 1) o *peso (load)* da informação, que corresponde à frequência e grandeza das mudanças às quais o Governo deve responder; 2) o *atraso (lag)* na resposta, que corresponde ao tempo decorrido entre o aparecimento de uma nova situação, a decisão, a transmissão desta e a execução; 3) o *ganho (gain),* isto é, as modificações de comportamento em face das informações, considerando a velocidade e importância das respostas dadas aos estímulos; 4) *avanço (lead),* que se refere à distância entre a posição do objetivo móvel na data de receção da informação e a posição estimada no momento de fazer atuar a decisão.

O exemplo usado para fazer entender este conceito é o do caçador que não atira ao pássaro em voo, mas visa sim um ponto mais avançado da trajetória prevista para o pássaro. Na política, a distância refere-se à capacidade de antecipar as situações, em função das informações recebidas.

O relacionamento tendencial entre os quatro fatores identificados também é suscetível de ser conceptualizado. Assim, o sistema recebe a informação *(load)* e leva um certo tempo a processá-la e a reagir *(lag): quanto maior é o atraso* (lag), *menos eficiente é o sistema, e tende para a incapacidade de subsistir. O contrário, a rapidez excessiva da reação, antes de completo processamento das informações, demonstra a mesma insuficiência.*

Sempre que o tempo de processamento cobre e permite uma alteração do significado da informação, o sistema entra em *distorção,* e deixa de satisfazer às funções que lhe estão assinadas.

O conceito de ganho *(gain)* corresponde, como se disse, à quantidade de mudanças que um sistema produz, depois de processar a informação, e no sentido de responder às demandas do ambiente. Se as mudanças provocadas são suficientes, as demandas do ambiente diminuirão, o ganho é significativo, e a fadiga do sistema não será atingida; se as mudanças são insuficientes, a fadiga *(stress)* tende para ser atingida, e o ganho será insuficiente; pode também acontecer que o ganho seja excessivo, o que provocará igualmente distorções no sistema.

A *informação,* depois de os *outputs* serem lançados no ambiente, começa a acumular-se no sentido de mostrar qual foi o *ganho* obtido: este efeito chama-se retroação *(feedback),* e no caso de a função reguladora do sistema político funcionar com eficácia, procederá imediatamente ao reajuste da pilotagem em função do novo processamento de dados.

Com a ação, o sistema *aprende (learning),* e toda a informação será armazenada e usada quer em futuras situações semelhantes de demanda, quer para antecipar intervenções que evitem alterações excessivas e pesadas nas exigências do ambiente *(lead).*

A conclusão mais significativa de Karl Deutsch é que um sistema demonstra a sua vitalidade sobretudo pela capacidade de enfrentar as variações do ambiente pela criatividade de novas soluções. Este sentido de movimento necessário do sistema impede que a perspectiva do Poder, que autonomiza a ciência política, olhe para este como um sistema que não precisa nem de aprender nem de mudar. A imobilidade corresponderá a um corte com a informação, que não será nem processada nem usada, e conduzirá ao fenómeno do *isolamento* e à queda por falta de função [35]. O seu esquema gráfico, simplificado e divulgado, é o seguinte:

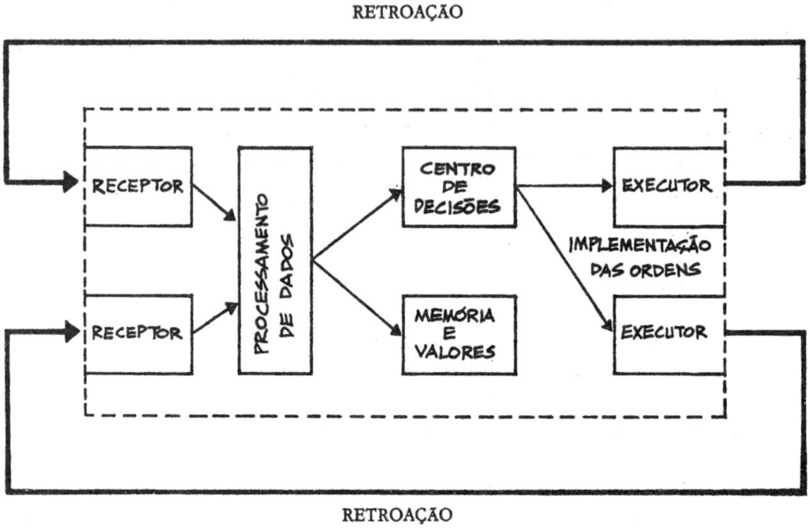

5. A Perspetiva do Poder

Todas as perspetivas examinadas se ocupam de um objeto que é o Poder, considerado como a capacidade de obrigar a adotar uma conduta, e desempenhando uma função, dentro da sociedade global. O Poder aparece assim, na primeira observação, como uma estrutura ou aparelho, finalmente composto de homens, que decidem e usam a força como argumento final para serem obedecidos.

O facto de a força não ser habitualmente usada não significa que não seja permanentemente exibida, e o primeiro juízo de relação que o Poder tem de fazer, em vista da sociedade global que domina, traduz-se numa *estratégia do Poder,* que define os limites dentro dos quais é possível exercer esse argumento final com eficácia.

A importância de Maquiavel na história do pensamento político reside exatamente em ter posto isso em evidência, desmistificando o fenómeno do poder político. A luta pelo acesso a essa capacidade suprema, pela sua manutenção e seu uso, define todo o fenómeno central da política.

Todos os problemas normativos envolvidos com a detenção, manutenção e uso dessa capacidade apenas mostram uma sanção eficaz contra o Poder,

[35] Schwartzenberg, "Le principe de solitude", in *Le Monde,* 30/1/73.

a desobediência invencível, a qual é justamente a negação do Poder. A circunstância de o Poder deter um conjunto de meios materiais, incluindo as armas e homens obedientes e instrumentais, como são as Forças Armadas e o funcionalismo, que tudo junto constitui a arma de intervenção final, leva muitas vezes a conceber o Poder como uma coisa que se tem e pode não se usar.

É por isso que na macropolítica, quando se analisa o poder internacional dos Estados ou dos novos poderes que não correspondem ao Estado tradicional, sempre se encontra a coleta de dados sobre a população, riquezas naturais, número de divisões terrestres, número de aviões, número de tanques, número de navios, número de mísseis, tudo elementos quantificáveis e comparáveis. Mas a circunstância de o Poder exercer uma função imediatamente mostra que o *Poder não é uma coisa, é uma relação,* porque não há Poder senão na medida em que outros são dominados ou influenciados.

Não tem qualquer sentido afirmar que um Estado tem poder, ou que um partido tem poder, ou que um grupo de interesses tem poder, se os instrumentos à sua disposição não lhe derem a capacidade de influenciar o comportamento de outro Estado, ou dos detentores de interesses opostos.

Os EUA, em função dos elementos materiais do instrumento de coação, têm poder: mas terão poder em relação a Cuba, ou terão em relação a Cuba isolada o mesmo poder que mostram possuir quando a equação é mais vasta e os obriga a confrontar-se com a URSS? É de admitir que, num caso de conflito armado que envolvesse essa equação mais vasta de intervenientes, os EUA tivessem poder, pelo menos numa primeira fase, para dominar Cuba. Mas os factos mostram que, na equação EUA-Cuba, os primeiros nunca tiveram poder para dominar a segunda, embora o tentassem em várias fases do seu contencioso.

Num exemplo mais extremo, é certo que Mónaco não tem visíveis elementos materiais de poder, e que a Finlândia os tem: mas a URSS controla e influencia a política exterior da Finlândia e não controla nem influencia a política de Mónaco. Isto significará que Mónaco é mais poderoso que a Finlândia, ou que a URSS é menos poderosa que o Mónaco?

Estes exemplos de escola mostram que considerar o Poder como uma coisa não tem sentido, porque o Poder apenas tem sentido considerado como uma relação entre dois ou mais agentes. São os termos existenciais, reais e diferentes da relação EUA-Cuba, ou EUA-URSS, ou URSS-Finlândia, ou URSS-Mónaco, que definem o poder envolvido e que determinam que a simples enumeração material dos elementos do Poder não sejam suficientes para o definir.

Os exemplos dados evidenciam que é necessário que também haja a *capacidade* de mobilizar e utilizar os elementos objetivos do Poder, a qual depende de várias circunstâncias do ambiente interno e externo do Poder – desde a situação geográfica à *determinação*. Deste modo, a simples detenção dos meios pode ser já poder em exercício desde que a determinação de os usar seja conhecida, como provavelmente acontece na relação URSS com os satélites ou com a Finlândia, ou nas relações de um banco com os clientes que precisam do crédito, ou nas relações de um partido minoritário com o Governo que precisa dos seus votos.

Se a determinação de usar o poder não é manifesta, o poder material existe sem credibilidade, e eventualmente podem acontecer erros sérios de avaliação na formação de decisões. O Reich alemão, ao desencadear a Segunda Guerra Mundial, parece ter avaliado mal não só o poder material das potências que formaram a grande aliança democrática, mas sobretudo a sua determinação, pelo que não atribuiu credibilidade ao poder de que dispunham. Foi um caso em que nem o poder de decisão dos futuros aliados influenciou a conduta do Reich, nem o poder material deste influenciou os Aliados, quanto ao objetivo de os fazer absorver os factos consumados.

Podemos assim, na linha de Robert Dahl, Goldhammer e Shils, dizer que *só existe uma relação de poder quando e na medida em que o seu utente influencia o comportamento dos outros no sentido das suas intenções*[36]. A avaliação dessa influência inclina no sentido de procurar uma escala conceitual de referências, e por isso aparece sugerido, com utilidade, que se distinga entre *manipulação, dominação* e *força*. A *manipulação* compreende todos os condicionamentos que é possível introduzir no ambiente do destinatário do Poder, de modo a orientar o seu comportamento sem declarar a intenção do agente; a *dominação* já implica o anúncio da intenção e a credibilidade do uso da força; finalmente, o uso dos *recursos físicos* ao dispor do agente traduz o estádio final e pleno do uso do Poder. Desde que se admita que o Poder é uma relação, sublinha Dahl, e tem sido aceite, que *«o principal problema não é determinar a existência do poder, mas sim comparar»*. E aqui, por contraditório que pareça, dadas situações aproximadas, o método que permite as comparações menos falíveis ainda é o de medir e relacionar os recursos à disposição do Poder, supostas a determinação e a credibilidade. Nessa quantificação, a matemática começa a tentar definir-se como um instrumento da ciência política.

[36] In Sidney Ulmer, ed., *Introductory Readings in Political Behaviour*, Chicago, 1926, onde se encontram os trabalhos de Dahl, Goldhamer e Shils.

§ 5º
Recursos da Investigação

1. Os Conceitos Operacionais

Vimos oportunamente que existe uma discussão sobre a necessidade da formulação de conceitos que orientem a investigação, havendo quem negue, como Freud, que eles devam preceder a ação e quem sustente, como Schattschneider, que sem uma conceituação prévia não existe investigação possível. Parece que a experiência mostra que ambas as correntes têm fundamento, no sentido de que o início da busca do entendimento de novos factos assenta mais na intuição do que na predefinição do objeto de estudo, e que esse primeiro conceito vem finalmente a ser substituído por outro já elaborado em face da experiência, por aproximações sucessivas, que então é o verdadeiro conceito operacional.

A perturbação das regularidades conhecidas e observadas em função de conceitos já codificados é que chama a atenção para a novidade, que tem de ser investigada sem qualquer possibilidade lógica de uma prévia definição, que não seja provisória, intuitiva, ou pressentida.

O passo seguinte é o dos conceitos nominais que resultam de uma espécie de luta com a realidade para delimitar a espécie de fenómenos que constituem objeto de observação, com base na própria experiência. Traduzem-se sempre em recortar um setor da realidade, com base em critérios que são discutíveis, e em atribuir um nome à realidade autonomizada. Falar em exército, regimento, companhia de soldados, para estudar as Forças Armadas, traduz-se em autonomizar setores da realidade que podiam ser recortados de muito diferentes maneiras, tornando a série dos elementos autonomizados menos extensa ou mais extensa. O nome não é o conceito, mas apenas a sua identificação, e por isso tem sido observado que uma das primeiras atividades do cientista é batizar e a preocupação dá clareza, ou da simples originalidade, complica frequentemente este primeiro passo, porque uns propõem o conceito e outros discutem o melhor nome. Chegamos por exemplo à delimitação de um aparelho que monopoliza o uso da força física dentro de uma comunidade e chamamos-lhe aparelho do Poder, mas outros preferem chamar-lhe Estado, ou Governo, ou de outra maneira que lhes pareça, consumindo largo tempo na discussão, nem sempre inútil, do batismo preferível.

A única coisa importante é que não deve confundir-se o batismo com o batizado, e ter presente que a organização do conceito tem sempre muito de convencional, de proposto, de arbitrariedade razoável, e por isso de provisório.

Estes conceitos nominais, que constituem o primeiro instrumento de organização da realidade a estudar, são puramente descritivos e nunca são verdadeiros nem falsos. O que são é mais ou menos úteis para ajudar nas operações de classificar os fenómenos em categorias mais vastas ou classes, para comparar, para quantificar, quando esta operação é possível.

Os conceitos nominais ou descritivos, organizando grupos de características diretamente observáveis, na maior parte correspondem à experiência comum dos homens, e por isso são um fácil instrumento de comunicação geral. Não é muito necessário perder tempo a explicar o que é um ministro dentro do sistema que a comunidade vive, mesmo que seja difícil explicar que homem ocupa o cargo, mas ainda fica um vasto domínio onde a formulação dos conceitos descritivos é uma árdua tarefa. Trata-se de ultrapassar o uso comum, de conceptualizar uma experiência não casual mas orientada e propositada, que é a atitude específica do investigador.

Não é sempre suficiente o apoio em elementos diretamente observáveis, como por exemplo quando se assenta no conceito de distrito eleitoral ou de secção de voto. Os elementos que delimitam estes conceitos, quando diretamente observáveis, não implicam abstração da realidade verificável nem referência a uma escala de valores. Encontra-se sempre, na realidade empírica, o correspondente ao conceito nominal ou descritivo.

Mas a racionalização da realidade obriga a sofisticar os conceitos e a proceder a uma conceptualização que se aproxima já da construção dos tipos ideais de Weber. Os exemplos ajudarão a tornar mais claro este segundo e mais importante passo da organização dos conceitos com que a análise trabalha.

Suponhamos que pretendemos definir o que é um conservador em política ou, mais abstratamente, o que é o conservadorismo. A organização da experiência, que intuitivamente nos faz deparar com esse fenómeno na política, obriga a lidar com uma série de comportamentos individuais, que vão ser pragmaticamente aproximados em função de elementos verificáveis. Pode ser a maneira privada de viver, um certo estilo de vestuário, uma qualidade de vida com expressões materiais no tipo de casa, de automóvel, de leituras, de linguagem, que preferem e usam.

Mas como o *Poder* é o conceito básico que organiza a ciência política, este é o ponto de vista que orienta a racionalização da experiência, e a primeira ambição é chegar a um conceito descritivo ou nominal relacionado com o

Poder. Mantendo a observação no plano descritivo, podemos convencionar que o conservador é o que dá uma série de respostas típicas a uma série de questões codificadas e relacionadas todas com o Poder: a origem do Poder, os objetivos do Poder, as relações da Igreja com o Estado, a definição do eleitorado, ou, mais concretamente, e organizando o questionário noutra base, as atitudes em relação a um problema concreto da comunidade, tal como a guerra colonial, o sindicalismo, as nacionalizações.

Esta conceptualização não se interessa pela motivação valorativa da conduta assumida nem pelas eventuais componentes da personalidade básica do homem, do estrato social ou do grupo, interessa-se apenas pelo comportamento. O esforço de compreensão valorativa, que está na base da organização dos *tipos ideais*, é eliminado. Trata-se, no que tem de útil, de tornar mais flexível o empirismo, evitando recorrer a elementos que não sejam observáveis.

Estes são os conceitos chamados *operacionais*, que caracterizam e também limitam a capacidade metodológica do *behaviorismo*, preocupado com os comportamentos e não com os significados, como sustenta Isaak, que estamos seguindo. O conceito operacional organiza, por abstração da realidade, vários conceitos nominais de observáveis, e justifica-os pela utilidade para as operações de classificar, comparar e quantificar. Assim, e por exemplo, organiza por abstracção o conceito de democracia olhando ao número de partidos e à sua alternância no Poder, à relação entre a população e o número de votantes, tudo elementos observáveis em vários modelos concretos, e depois classifica os modelos concretos, que de novo observa, em função do conceito operacional criado.

A utilização dos conceitos operacionais é hoje generalizada, não obstante a larga discussão sobre a natureza e problemas suscitados pelo método. Mas essas discussões estão relegadas para o ambiente da ciência política, e os conceitos operacionais desempenham uma importante função na delimitação da temática da ciência política, formando como que a plataforma da qual arrancam depois as diferentes interpretações e teorias.

Assim, os conceitos operacionais não evitam que a análise deva ir mais além, e trate de construir *tipos ideais*, que finalmente permitam compreender o significado real do fenómeno do comportamento. O revolucionário e o conservador não são apenas definíveis pelo comportamento ou, dito de outro modo, o comportamento não diz tudo, e para muitos não diz o suficiente, a respeito do que é um conservador ou do que é um revolucionário.

Mas o comportamento, pragmaticamente definido em função das necessidades e possibilidades da observação, é a primeira base comum para a análise, que cada observador encaminhará de acordo com as suas matrizes teóricas e com as opções feitas no domínio dos problemas que constituem o ambiente da ciência política.

O esforço de compreensão que os tipos ideais procuram servir é, por exemplo, o que permite explicar a coincidência do comportamento entre pessoas e grupos, que finalmente deverão considerar-se divididos entre revolucionários e conservadores.

Suponhamos o problema concreto do anticolonialismo, e, mais concretamente ainda, o anticolonialismo num país identificado com Portugal, e adotemos o método do comportamento como critério para identificar, operacionalmente, as atitudes. O questionário sobre o anticolonialismo, elaborado com maior ou menor minúcia, levará a arrumar para um lado o comportamento dos que apoiam e participam nas ações de conquista de territórios, do domínio imposto a populações diferentes na etnia e na cultura, da colheita de vantagens económicas procuradas, e podemos considerar que esse comportamento corresponde ao conservadorismo.

Por outro lado, podemos considerar revolucionários os que recusam apoiar ou participar na conquista, advogam a igualdade política dos grupos étnicos ou culturais, afastam-se das vantagens económicas obtidas pela supremacia imposta. Utilizando o conceito operacional para o caso concreto de Portugal, vamos encontrar um comportamento anticolonialista, concretizado até num ato militar, que unifica pessoas e grupos que respondem todos com igualdade à decisão de descolonizar, o que transforma o corpo político, surpreendentemente, num corpo revolucionário, incluindo muitos que sustentaram tradicionalmente o comportamento aqui chamado conservador. A conclusão operacional tem de ser a da uniformidade do comportamento, com exceções não significativas de opositores, que representarão os restos de um passado conservadorismo.

Mas se a análise for mais longe, e utilizar o método da compreensão, poderá mostrar que nem o conservadorismo se alterou nem o revolucionarismo progrediu, na proporção em que o exame do comportamento os quantifica. O conservadorismo, dando relevo ao objetivo do proveito económico e à não produtividade do investimento colonial em vista do aumento dos custos materiais e sociais da guerra, decide coerentemente, dentro da lógica da sua moral de responsabilidade capitalista, que a preservação do sistema implica a desmobilização da atividade, subalterniza a moral de convicção referente a outros valores não económicos, e descoloniza; o revolucionário, dentro da lógica da sua moral de convicção, e sem cuidar portanto da moral de responsabilidade que mandaria olhar a interesses concretos que não são económicos mas humanos, como o destino dos povoadores europeus e das minorias aderentes ao conceito nacional português, tem o mesmo comportamento, e descoloniza.

A concorrência no comportamento, que satisfaz o conceito operacional, não diz nada sobre o significado das atitudes e não fornece uma explicação satisfatória para o entendimento do processo. Mas a utilidade do conceito operacional é indiscutível, porque fornece a definição do objeto comum, neste caso a descolonização, que depois é necessário explicar e compreender, conforme as premissas teóricas e as perspetivas de análise que o observador adota.

2. As Generalizações: Hipóteses e Tendências

O estudo de casos concretos, um regime, uma revolução, uma votação, um governo, é feito com o objetivo de *compreender* esse objeto, e a história do presente, por exemplo, ocupa-se de fornecer os factos, tal como o jornalista o faz para os acontecimentos diários. Mas o investigador político tem um objetivo mais vasto, que é o desenvolvimento do conhecimento sistemático dos fenómenos políticos, o que significa submeter a experiência a generalizações, que propõem uma explicação geral e permitem prognosticar tendências.

Afirmações do tipo aristotélico, de que todos os regimes tendem para a degenerescência, ou do tipo weberiano, de que os regimes carismáticos não asseguram a continuidade, ou do tipo funcionalista, de que quando um órgão não assegura uma função política esta será assumida por outro órgão, são generalizações que se pretendem baseadas nos factos, procuram dar uma explicação deles e prognosticar sobre o futuro.

O primeiro tipo de generalização assume a natureza de *hipótese*, que é simplesmente um pressentimento sobre a regularidade possível dos factos políticos, sobre o relacionamento dos conceitos. Que a crença religiosa possa ser a *causa adequada* da implantação do modelo capitalista ou que a baixa progressiva da taxa de lucro seja a *causa eficiente* da dissolução do mesmo sistema são antes de mais hipóteses de trabalho, mas estas não precisam de ser tão abrangentes nem tão ambiciosas.

Desde que se trate de relacionar conceitos estabelecidos, uma hipótese é sempre necessária a qualquer nível. No caso de se ter estabelecido o conceito de conservador e de revolucionário, dentro de um contexto político, e de ser estabelecido também o conceito de cada um dos partidos interferentes na luta pelo Poder, uma das primeiras generalizações consiste em relacionar o voto, do conservador ou do revolucionário, com o partido que selecionará. Este exemplo, da maior simplicidade, mostra logo que a generalização pode ser formulada em sentido inverso, e relacionar o poder do partido com o tipo de votantes que atrai. Em todos os casos a generalização é formulada condicionalmente, no sentido, por exemplo, de que se é conservador vota democrata-cristão, ou que se o partido é democrata-cristão atrai os votos dos conservadores.

O importante é que a generalização tem de ser, como os conceitos, apoiada nos factos, e por isso a tendência é em muitos domínios quantificável. Pode concluir-se que setenta e cinco por cento dos revolucionários tendem a votar comunista, ou que o Partido Comunista tende para atrair setenta e cinco por cento dos revolucionários.

A hipótese deve poder ser submetida à experiência, e por isso grande número das chamadas tendências formuladas pelos analistas do fenómeno político são apenas pressentimentos que não podem ser confirmados nem rejeitados, porque a prova da confirmação não é possível. Afirmar por exemplo que o militar profissional é conservador é uma generalização que não pode ser confirmada, porque o conceito de conservador só tem *sentido* em relação a uma estrutura e época estabelecida, e o militar profissional em muitos casos é o agente da mudança, nem sempre com o mesmo sinal.

Quando se examina de perto uma generalização deste tipo, de resto frequentemente invocada, nota-se facilmente que a dificuldade começa na organização do conceito operacional de militar profissional: o guerrilheiro, o mercenário, o pretoriano, o militar nacional, todos correspondem ao conceito operacional de militar, mas este conceito aparece elaborado em vista do comportamento profissional, e não em vista do comportamento político. Enquanto conceito do comportamento profissional, parece fácil assentar em que pode ser formulado com apoio em observáveis, e tem utilidade para definir padrões de comportamento, de motivações institucionais, de estilo de vida, mas não serve nem tem utilidade para compreender as atitudes em relação ao Poder.

Do ponto de vista operacional do comportamento profissional, regimes comunistas e capitalistas, elitistas e populistas, podem fornecer apoio factual para uma definição do comportamento que inspira uma generalização conceitual, designada como – o militar. Mas o comportamento, já não profissional, mas político, em relação à sustentação das estruturas existentes, tem de relativizar o conceito e talvez afirmar apenas que o militar tende para ser conservador em relação às estruturas que o recrutaram. Mas isto levanta o problema de saber qual é o conceito operacional de conservador que então está em causa, e a resposta será diferente conforme é dada em relação a uma estrutura política concreta ou é dada em relação a um *tipo ideal*, que já implica elementos valorativos.

Poder-se-ia continuar a dissecar o exemplo, mas não parece necessário, porque o único intuito é tornar clara a fragilidade das generalizações com referência a conceitos operacionais, que não podem ser excessivamente ambiciosas. As hipóteses precisam de ser utilizadas com prudência, restringindo quanto seja necessário a extensão do conceito operacional, com vista às possibilidades instrumentais de verificação ou comprovação pela experiência.

No exemplo, e suposto que assentamos no conceito operacional de conservador, talvez não se possa ir além de formular tal conceito para um sistema político concreto e relacionar o comportamento do militar com tal sistema. O comportamento do militar dentro de cada sistema pode apoiar um conceito operacional geral, que talvez incline a aceitar a hipótese de que o militar profissional tende para ser conservador do sistema que o recruta, mas não permite afirmar que tende para ser conservador de um *tipo ideal* de regime conservador, o qual é formulado tendo em atenção elementos valorativos.

A generalização então será outra, e talvez venha a concluir-se que o militar tende para apoiar o regime conservador quando é recrutado em estratos sociais conservadores, e tende para desapoiar esses regimes quando o recrutamento é feito em estratos sociais desfavorecidos.

O simples facto, de estar em exame o problema do militar profissional também obriga a ter a cautela de usar com rigor a conotação de profissional, reparando em que tal conceito, nos exércitos nacionais, por um lado, não abrange mais do que o pessoal de enquadramento, isto é, oficiais do quadro, com exclusão dos milicianos e da massa de soldados, flutuante conforme os períodos de recrutamento, e, por outro lado, que o conceito pode abranger os corpos militarizados permanentes, tipo das guardas nacionais, que já integram pessoal de enquadramento e massa combatente.

Reparar-se-á então em que falar de militares profissionais não é o mesmo que falar de exército e que a generalização diz talvez apenas respeito a um grupo restrito e elitista.

Pode acontecer que as circunstâncias da guerra, como aconteceu na guerra colonial portuguesa, coloquem essa minoria em condições tais que o enquadramento do Exército seja principalmente assegurado por milicianos, pela simples razão de que a dimensão do Exército excede a capacidade de enquadramento profissional. O conceito operacional de militar profissional, puramente baseado no comportamento, retoma a utilidade de permitir distinguir os dois grupos, profissionais e milicianos.

Mas para compreender o comportamento, não já profissional, mas em relação ao sistema político dos dois grupos, só os tipos ideais parecem ser de alguma utilidade. O grupo profissional, além de um comportamento definível com base em observáveis, alimenta-se de ideais de vida, de privilégios, de *status* social, de vitória sobre o inimigo, valores que não são racionalmente demonstráveis nem contestáveis. A mudança de relação entre o corpo profissional e o sistema, pelo facto de aparecer um corpo miliciano, afeta a estabilidade e segurança dos profissionais definidos pelo modelo ideal, põe em causa a sua utilidade funcional, e o seu conservadorismo político cede perante o que consideram a necessidade de preservar os valores de corpo institucional. Intervêm revolucionariamente em relação ao sistema político, porque são conservadores em relação à instituição a que pertencem. A generalização seria que os militares profissionais tendem a ser conservadores dos valores da sua própria instituição.

Esta ou outra generalização é sempre frágil, se não puder ser confirmada pela experiência, que, como se disse, não é o mesmo que experimentação. Também por esta razão, as generalizações não devem ser absolutas, devem ser apenas tendenciais, deixando para o acaso a larga margem que é coberta pela incapacidade de recolher informação e, portanto, de racionalizar a totalidade de um desconhecido processo.

As generalizações estatísticas, do tipo *statement of chance* ou *tendency statement*, parecem corresponder ao máximo de comprovação que as hipóteses podem obter neste domínio[37].

[37] Arnold Brecht, *Political Theory*, Princeton, 1959, sobre a confirmação das hipóteses; sobre o comportamento de um grupo elitista, o clássico C. Wright Mills, *The Power Elite*, Nova Iorque, 1956; sobre as generalizações, Nagel, *The Structure of Science*, Nova Iorque, 1961; sobre as generalizações estatísticas, Quentin Gibson, *The Logic of Social Enquiry*, Londres, 1960; sobre a aplicação dos critérios de Gibson ao comportamento do eleitorado, Paul F. Lazarsfeld (e outros), *The People Choice*, Nova Iorque, 1944, e Angus Campbell (e outros), *The American Voter*, Nova Iorque, 1960.

Isto levanta o problema de saber o que é a comprovação e que métodos se usam para comprovar as hipóteses. Quanto ao primeiro ponto, o que se pode dizer é que a hipótese se confirma quando a realidade observável se desenvolve de acordo com a presunção. Os métodos vão sendo codificados pelas ciências sociais, e não variam muito de um domínio para outro. O problema da ciência política é sobretudo escolher, entre os métodos que outros ramos das ciências sociais oferecem, os que são mais adaptáveis às suas necessidades. Um dos métodos é naturalmente o da comparticipação no processo político, como os funcionalistas recomendam, mas isso, no domínio político, parece mais uma escolha de situação do que uma escolha de método, que torna mais eficaz eventualmente a utilização da intuição, mas também facilmente transforma o observador de simples participante-observador em participante-interessado, o que não serve a objetividade. Todos os outros métodos parecem utilizáveis.

Agora importa tecer algumas considerações sobre a possibilidade de ir além das hipóteses, supostas verificadas, e formular leis que exprimam a regularidade dos fenómenos políticos e assegurem assim a previsão. Tudo o que até agora se disse mostra que não se encontra qualquer indicação no sentido de que se possa ir além da formulação de tendências, e a futurologia política, tão desenvolvida nos últimos anos, não consegue oferecer mais do que perspetivas alternativas, ficando sempre uma margem para o acaso.

Todavia, algumas matrizes teóricas, como acontece com a marxista, não consideram impossível formular leis que exprimiriam a regularidade inviolável da evolução do modelo capitalista, identificando as causas e antecipando os resultados finais.

Este objetivo de formular *hipóteses verificáveis*, de fixar *tendências*, e de enunciar *leis*, corresponde a duas funções principais da ciência política: *explicar os fenómenos* e *prognosticar sequências*. As dificuldades começam com a questão de saber o que se entende por *explicar*, e tornam-se logo evidentes reparando em que a pergunta sobre um acontecimento político reveste sempre pelo menos duas formas, uma preocupada com a causa, outra preocupada com o objetivo.

O exame dos trabalhos referentes ao fenómeno político mostra que alguns autores entendem que *explicam* quando simplesmente *descrevem* um facto ou uma instituição. Explicam o que é o Senado, ou o Conselho da Revolução, ou a Comissão Constitucional, descrevendo a sua composição, competência, modo de funcionamento. Outros entendem que *explicam* quando traduzem a função do facto político: dizem qual é a intervenção do

Conselho da Revolução, definindo as circunstâncias em que essa intervenção é esperada, ou averiguam as finalidades que o Conselho da Revolução procura atingir ou servir.

Mas estas *explicações* são puramente descritivas dos factos individualizados, e não correspondem ao conceito mais geral em uso, que pretende chamar explicação ao procedimento que enuncia a causa dos fenómenos políticos. Embora se conclua que não existe a possibilidade de estabelecer mais do que sequências tendenciais dos acontecimentos, a causa aparece sempre nas explicações, e sem a sua indicação parece que a explicação não é aceitável.

Esta aparente contradição resulta do facto de o conceito de causa não ser o mesmo em todas as explicações ensaiadas, e uma tentativa de sistematização nesse domínio parece útil. É provável que a noção de causa, assim como a noção de lei científica, tenham entrado no vocabulário da ciência e da filosofia importadas da actividade judicial.

Nos domínios do direito, especialmente no campo da responsabilidade civil e criminal, diz-se que um homem é responsável pelo dano que outro sofreu, porque um ato do primeiro foi *causa* do prejuízo; e também, em alguns casos, exige-se que tenha agido com *intenção* (causa), sem o que não lhe é atribuída a responsabilidade. A palavra é aqui tomada em dois sentidos, cobrindo respetivamente um antecedente e um objetivo, e o debate judicial do que se ocupa é da *causa*.

Os dois tipos de causa aparecem nas explicações dos historiadores clássicos, que sempre procuram averiguar a causa que antecede a ação histórica e os objetivos em vista. O recurso a estes dois tipos de causa destina-se a explicar uma mudança, e o debate foi balizado por Aristóteles, que entendeu que a explicação da mudança pode ser encontrada em quatro tipos de causas: *causa material*, aquilo de que uma coisa é feita e lhe dá persistência; *causa formal*, ou modelo que o resultado assume; *causa eficiente*, ou origem da mudança; *causa final*, ou fim para o qual a coisa é feita.

Esta distinção aplica-se facilmente à obra de arte, mas já não quando se trata de fenómenos da natureza. Será que toda a mudança no mundo da natureza tem um objetivo ou finalidade, e haverá um plano que funciona para a natureza como a forma funciona para o artista? A tendência, no domínio das ciências da natureza, foi no sentido de abandonar as causas finais e formais, para atender apenas à *causa eficiente*, e esta é inseparável de um *efeito*, numa relação genética. A natureza é entendida de acordo com a convicção de que nada acontece sem uma causa eficiente.

Porém, sem pôr de lado esse princípio da causalidade, crescem as dúvidas sobre a nossa capacidade de conhecer as causas das coisas, e por isso também a tendência para abandonar a investigação das causas. Hume, por exemplo, escreveu que nunca poderemos descobrir nada mais do que um evento seguindo outro, sem podermos compreender qualquer poder ou força pelo qual a causa opera, ou qualquer conexão entre isso e o seu presumido efeito. As palavras *causa* e *efeito* referir-se-iam apenas a sequências habituais dos fenómenos.

O facto de a tecnologia ser um resultado da ciência, e a circunstância de com ela se conseguir controlar a natureza, inclina no sentido de admitir que os juízos de causalidade podem ser feitos com certeza, embora muitas vezes não se possa levar a análise além do registo das sequências habituais[38].

Estas brevíssimas notas destinam-se apenas a salientar a necessidade de relacionar o problema da causalidade nas ciências sociais com a teoria geral da causalidade. Nas ciências sociais, a intervenção da ação humana não permite, ainda que se aceite um determinismo económico, ter a ambição de explicar os fenómenos em termos de causalidade eficiente, e as leis que aparecem formuladas limitam-se a racionalizar sequências de fenómenos, valorizando os antecedentes em atenção a critérios que não são os mesmos em todos os ensaios de interpretação.

O direito, sobretudo nos domínios da responsabilidade civil e criminal, continua a ser um bom exemplo para meditação, porque lida com fenómenos muito repetidos. Saber se a conduta de um homem foi juridicamente causa da morte de outro é um problema típico daqueles que as ciências sociais devem enfrentar. A mesma ação é considerada causa nuns casos, e não o é noutros, embora fique sempre entre os antecedentes do resultado. O golpe que não causa a morte de um homem normal pode causar a morte de um hemofílico, e o problema de avaliar a eficiência causal desse antecedente, em ambos os casos, obriga à formulação de uma série de critérios selecionadores das causas relevantes para fins penais. Estão envolvidos critérios valorativos na seleção jurídica das causas (causa eficiente, causa normativa, causa adequada), mas a necessidade de selecionar os antecedentes é a mesma de todas as ciências sociais, incluindo portanto a ciência política.

Por outro lado, a intenção, ou causa final, desempenha um papel importante na determinação dessa imputação jurídica do resultado a um agente, de tal modo que no domínio geral de responsabilidade jurídica podemos

[38] Alguns trabalhos de B. Russel, como *Our Knowledge of the External World* e *Human Knowledge, its Scope and Limits*, poderão ser consultados com utilidade.

dizer, abstraindo das exigências técnico-jurídicas, que a imputação do resultado ao agente é função da análise que combina a causa antecedente com a causa final, havendo casos em que apenas uma delas é tomada em consideração.

A utilização da ideia de causalidade em ciências sociais também lida com ambos os conceitos de causa. Umas vezes, a explicação é procurada nos *antecedentes*, selecionando um ou mais, outras vezes é procurada nas finalidades ou *objetivos* da ação política. Na primeira orientação, poucas são as matrizes teóricas que procuram uma causa eficiente, ou que levam o critério às últimas consequências. Por outro lado, quando, selecionando as causas, formulam leis, estas nunca excedem o nível da tendência, e sempre são formuladas com a reserva de que se um acontecimento se verifica de acordo com a lei formulada, isso não prova que não pudesse ter deixado de acontecer, prova apenas que a probabilidade ou tendência se verificou e não prova que voltará a verificar-se.

A mais perfeita explicação causal a que se pode chegar é a que submete o facto político a uma lei de probabilidade estatística, e este define apenas a sequência dos factos, não diz nada sobre a eficiência das causas. Se a análise dos processos de votação nos permite concluir que sessenta por cento dos operários votam comunista, não podemos concluir que a condição de operário determina a votação comunista. Podemos apenas, para explicar a evolução do Parlamento, atendendo à condição dos votantes, no domínio da previsão e da explicação, antever que sessenta por cento dos operários votarão comunista, e confirmar a tendência se o resultado coincidir.

Mas se pretendemos explicar porque é que sessenta por cento dos operários votam comunista e quarenta por cento votam noutros partidos, temos de recorrer ao método de analisar os objetivos que cada um dos grupos procura, e a explicação é baseada em causas finais.

No que respeita à explicação baseada em leis estatísticas de tendência, a pluralidade de antecedentes obriga sempre a *selecionar* aquele que parece ser o suficiente, ou o necessário e suficiente, conforme as circunstâncias, para que, aparecendo na sequência, o resultado se verifique.

Quando, na análise da votação, se examina a relação operário-comunista, abstrai-se da idade, da região, da empresa, do sexo, da religião, da espécie de atividade, embora a mesma averiguação possa ser feita para cada um desses factos em separado, ou combinados, e chegar à evidência de várias tendências que devem ser relacionadas para explicar a composição do Parlamento.

A escolha é feita primeiro como hipótese, cuja confirmação convença da regularidade e da utilidade da tendência averiguada. É assim que o exame da literatura dedicada a tais averiguações mostra algumas opções dominantes, que Isaak reduziu a seis e que orientam a investigação da explicação causal. Mas parece evidente que umas se situam no domínio das causas antecedentes, e outras no domínio das causas finais.

Assim, a *perspetiva das disposições* dá especial relevo à *tendência* para responder de certo modo às situações. Não se trata de motivos ou objetivos finais, mas sim da personalidade básica, que por sua vez pode ser explicada por outras leis. Por outro lado, a *perspetiva racional* atende à convicção de que o facto a explicar é o resultado de ações intencionais, e este tipo de explicação situa-se no domínio das causas finais.

As perspetivas básicas da investigação, que examinámos, correspondem a critérios de seleção dos antecedentes considerados normalmente suficientes, ou necessários e suficientes, e às causas finais consideradas relevantes[39].

3. As Fontes Documentais

a) Documentação Indireta

Uma das maiores dificuldades da ciência política, sobretudo para o estudo da conjuntura, é que a massa esmagadora de documentos são indiretos. Consideramos documentos indiretos todos os que, não sendo emitidos por intervenientes no processo de decisão, testemunham a atividade do poder político de forma intencional ou acidental.

O mais importante documento indireto é a imprensa, e ainda os anuários e boletins que se ocupam da matéria política.

As obras literárias fornecem com frequência elementos importantes para o estudo das ideologias, o mesmo devendo dizer-se da rádio, do cinema e da televisão. Mas, pelo que respeita aos factos, a imprensa é de longe a fonte principal, e basta pensar no enfeudamento frequente a interesses dos parceiros sociais ou dos partidos, para reconhecer que o recorte objetivo dos acontecimentos não é tarefa fácil para o investigador.

[39] Para desenvolvimento, Alan C. Isaak, cit., especialmente capítulo 6.

b) Documentos Diretos

Consideramos documentos diretos todos os que são emitidos por intervenientes no processo de decisão do poder político, abrangendo portanto os atos de inteligência e os atos de vontade. O acesso a tais documentos depende da forma de resguardo e conservação, e de serem ou não destinados imediatamente ao público.

A utilização não é também fácil, em vista do princípio geralmente praticado da *mentira razoável,* que frequentemente faz com que exista uma divergência sensível entre o que o Poder diz e aquilo que o Poder faz e escreve.

c) O Silêncio do Poder

Um dos documentos importantes para o analista, sobretudo da conjuntura, é o *silêncio do Poder.* Aquilo de que os agentes do Poder sistematicamente não falam, ou impedem que se fale, é frequentemente o mais importante dos factos a tomar em consideração.

A comparação das declarações dos agentes dos poderes em conflito, e da imprensa conhecida como favorável a cada um, permite muitas vezes detetar esses factos cobertos pelo silêncio.

A possibilidade, rara, de examinar os projetos de declarações e de os confrontar com os textos finalmente publicados também ajuda consideravelmente a ultrapassar o silêncio e a mentira razoável no sentido de apreender o facto significativo[40].

4. A Precaridade dos Factos

As observações feitas sobre a dificuldade de lidar com os documentos dizem sobretudo respeito ao estudo da conjuntura, e as práticas conhecidas da *mentira razoável do Poder,* do *segredo da formação das decisões políticas,* do *silêncio do Poder,* do *resguardo temporal da documentação,* tudo concorre para tornar extremamente precária a base factual da ciência política, e frágil a contribuição da história do presente.

Mas é esta que principalmente assume o encargo não apenas de lutar contra essas barreiras, mas ainda de, por outro lado, seriar e racionalizar o caudal de informações que todos os meios de comunicação lançam constantemente num verdadeiro mercado de consumo.

Acontece porém que o historiador do presente não é geralmente a testemunha dos factos e não pode facilmente aplicar os critérios da crítica

[40] Adriano Moreira, *Ideologias Políticas,* cit..

à massa de documentos em que a informação da conjuntura se traduz. A origem das informações é geralmente anónima, porque anónimas são as agências que as produzem, desconhecidos os seus donos ou influentes, desconhecidos os coletores de notícias, desconhecidos os critérios que os guiam na colheita, assim como o mesmo anonimato rodeia as redações que as organizam, sistematizam e decidem da divulgação ou retenção.

O estudo dos modelos políticos concretos, segundo o método monográfico, e a análise das decisões políticas, quer no que se refere à sua formação quer no que respeita aos seus reais objetivos e efeitos, é assim forçado a basear-se numa evidência factual de confiança limitada. Mesmo quando o órgão que toma as decisões é conhecido, identificados os seus suportes individuais, e produz documentos diretos, a credibilidade do analista tem de ser extremamente cautelosa.

Órgãos coletivos, como os governos, evitam escrever atas das suas reuniões, e o mesmo fazem os conselhos revolucionários. Os procedimentos legislativos, como acontece hoje em Portugal, tendem a esconder a responsabilidade individual dos participantes na feitura dos diplomas legais, assinados apenas por duas ou três pessoas, e sem qualquer indício de divergências, conflitos de orientação e compromissos que tenham permitido a decisão final.

Toda a base factual fica assim dependente de oportunismos dos detentores do Poder, que escondem ou divulgam o que lhes parece conveniente, de coletores anónimos que registam apenas o que em seu parecer é relevante, dentro do limitado acesso que conseguem, e de divulgadores desconhecidos que filtram o que decidem ser oportuno.

A construção teórica dos modelos ideais parte assim de análises monográficas sempre precárias, e por isso o simples estudo do *comportamento aparente* do Poder é muitas vezes mais uma necessidade do que uma fundamentada opção metodológica. Estuda-se o que é acessível, isto é, a aparência das coisas, e renuncia-se à explicação pelos antecedentes e motivos, ou até ao método da compreensão valorativa.

É claro que a ciência histórica defronta-se com o mesmo problema, porque é impossível encontrar relato de tudo o que constitui a passagem do homem sobre a Terra e, do que fica documentado, ainda é obrigada a escolher os acontecimentos e realidades históricas que parecem mais significativos, a critério do historiador.

As tentativas de superar essa limitação, pela adoção de critérios como o da história interna abrangente das instituições, ou da história da cultura, ou da história estrutural apoiada em dados coletivos mensuráveis, tudo, ao que parece, vai em busca de uma impossível história total. Mas estas dificuldades para lidar com o passado, todas convergem no estudo político do presente, sem a distância que alarga as perspetivas e sem a imobilidade do já acontecido, porque o fenómeno político é um processo em curso, e em movimento tem de ser estudado e compreendido.

Daqui resulta a predominância dos conceitos nominais e dos conceitos operacionais, a fragilidade dos conceitos ideais, a maior formulação de hipóteses do que de tendências prováveis, o refúgio nos juízos estatísticos e, por outro lado, o frequente desvio da ciência política para o normativismo, a pregação, a apologética, domínios onde os analistas parecem encontrar a segurança que os factos não lhes fornecem.

Capítulo III
A Forma do Poder

§ 1º
A Ideia de Constituição

1. A Perspetiva Tridimensional

Como se disse, o Poder deve ser examinado numa perspetiva tridimensional, que implica, para cada modelo político, o exame da *forma*, da *sede do Poder* e da *ideologia*.

O estudo da forma é provavelmente o que tem mais antiga tradição, e as classificações clássicas, como veremos, são predominantemente formais. Quando se diz que são formais, pretende-se significar que atendem à definição normativa do regime político, isto é, à unidade estadual resultante de um ordenamento jurídico. Este é a *causa formal* do Estado.

O *regime* pode ser definido como a *solução que uma comunidade adota para a sua convivência política*, e essa solução pode ser vista em dois planos: ou como *ordem jurídica*, de tal modo que, como diz Conde, «*a teoria do Estado, o direito político, desemboca pura e simplesmente numa teoria do direito*»; ou como *constituição real* no sentido de que o direito proclamado (escrito ou não escrito) não se cumpre total ou parcialmente, e aparece um *normativismo*, à margem do direito proclamado, composto de *vigências* que se impuseram.

Este duplo plano do normativismo do Estado não deve confundir-se com a evolução do sentido das normas, que estão consubstanciadas por exemplo na Constituição política, em resultado de uma interpretação jurídica atualizada. Não se trata de passar de um plano ao outro. Trata-se de dois planos separados, de tal modo que o *poder normativo dos factos*, impondo vigências normativas, deixa inoperantes as fontes formais do direito.

É por isso que os constitucionalistas vão progressivamente abandonando o ponto de vista que procurava captar a dinâmica do Estado no simples estudo das normas reunidas em monumentos codificadores. Descobrem que a causa formal do Estado pode não coincidir com a causa formal assumida solenemente nos textos legais[1].

Mas a ciência política necessita de ir mais longe do que reconhecer essa dualidade normativa e evidenciar o facto de que, com frequência crescente, o poder político se guia por um normativismo resultante do chamado poder normativo dos factos, mas insiste em proclamar a validade e eficácia da constituição escrita. A reconhecida distância entre a constituição formal e a constituição real não impede que a primeira seja reverenciada e tomada como ponto de referência em toda a conduta aparente do Poder.

O problema dos Direitos do Homem constitui na atualidade um dos melhores temas de meditação sobre esse problema. Rara, se alguma, constituição escrita deixa de os incluir nas suas disposições solenemente enunciadas, mas são numerosos os Estados que não observam os referidos preceitos, e raros os que não negam terminantemente que os violem.

Por vezes esta atitude aparece como que distraidamente documentada, como aconteceu com a ratificação, por Portugal, da Convenção Europeia dos Direitos do Homem, em 1978. Usando a faculdade de estabelecer reservas à referida Convenção, o que o poder político fez foi declarar expressamente que existem grupos de pessoas às quais não reconhece a totalidade desses direitos, coisa que poderia igualmente fazer sem o declarar.

A discriminação racial aparece geralmente condenada nas leis, mas não faltam países que o proclamam constitucionalmente com ênfase, mas não admitem o acesso de certos grupos étnicos às hierarquias principais do Estado.

Em qualquer dos casos, a *constituição formal* e a *constituição real* não coincidem, mas o Estado pratica a segunda sem permitir que se proclame outra que não seja a primeira.

O problema também aparece facilmente em relação à própria *sede do Poder*, acontecendo que a constituição escrita o coloca em certo órgão, e a constituição real o mostra noutro, ou até em sede não referida na Cons-

[1] F. J. Conde, *Introdución al derecho político atual*, Madrid, 1970; German José Bidart Campos, *Derecho político*, cit.; Atti del XVIII Convegno del Centro di Studi Filosofici Tra Professori Universitari, Gallarate, 1963, Brescia, 1964.

tituição: a Constituição Política Portuguesa de 1933 definia o Chefe de Estado como a sede do poder executivo, e realmente tal sede esteve sempre no Presidente do Conselho de Ministros, que o primeiro aparentemente nomeava. O regime soviético evolucionou no sentido de, na época estaliniana, ter a sede do Poder no secretário-geral do Partido Comunista, mas nenhum preceito constitucional o deixava supor.

Estes factos levam a concluir que a insistência na *constituição formal*, embora praticando a *constituição real*, corresponde à importância política da *imagem* em todo o processo do Poder. No domínio da competição internacional, o fenómeno ainda é talvez mais evidente do que na competição interna, porque é em guerra, ou em clima de guerra, que este problema mais atrai os cuidados dos interessados e responsáveis.

A imagem, que engloba todo o normativismo proclamado, tem a função política de facilitar os relacionamentos internacionais e de contribuir para a consolidação da obediência interna, porque é sempre definida em atenção aos juízos populares de legitimidade do Poder. É por isso que a *forma* diz pouco sobre o regime político, é apenas uma das dimensões do Poder, que precisa de ser relacionada com a investigação da *sede real* do poder político e com os *padrões ideológicos* que o orientam.

A mesma forma pode corresponder a sedes diferentes do Poder e a padrões ideológicos não coincidentes, assim como sedes de Poder que se constituem diferentemente podem convergir nos padrões ideológicos, assumindo formas diferentes.

A guerra é sempre o acontecimento que mais evidente torna estes fenómenos. A última grande guerra viu convergir na mesma frente política e militar a chamada coligação democrática, onde se misturaram, para defesa da democracia, cerca de uma dezena de ditaduras capitalistas e proletárias, regimes parlamentares e presidencialistas, sedes de Poder carismáticas, racionais e tradicionais. As afinidades vinham umas vezes da forma, outras da sede do Poder, outras da coincidência ideológica essencial em função dos objetivos do adversário.

Por isso, a análise do comportamento do Poder exige a concorrente análise tridimensional da *forma, da sede,* e da *ideologia.* Como a forma do Poder assume expressão principal num texto legal considerado de dignidade superior aos outros, é a ideia de *Constituição* que constitui o principal problema da forma.

2. Governo pela Lei

Quando nos preocupamos aqui com o problema da causa formal do Estado, e verificamos que a Constituição aparece indicada como correspondendo a essa causa, a função política que lhe encontramos é a de satisfazer a necessidade de uma *imagem* que contribui para a eficácia do Poder, isto é, para a generalização da obediência.

Podemos assim compreender que haja um esforço documentado no sentido de manter a *forma*, ainda quando a *sede* do Poder e a definição *ideológica* mudam, mesmo por ato revolucionário.

O famoso regime dos coronéis na Grécia manteve a *forma monárquica*, não porque reservasse qualquer participação ao Rei na sede do Poder, mas porque a forma ajudava a mobilizar as obediências ao novo Poder instalado. Na história portuguesa, D. Pedro II abstém-se de ser rei durante a vida de seu recluso irmão D. Afonso VI, ao qual, segundo o conde da Ericeira, foram reservadas as dignidades, porque a manutenção da forma ajudava à eficácia do mesmo Poder. A revolução brasileira de 1964 manteve a definição democrática formal do regime, com todos os órgãos tradicionais formalmente organizados, embora o Poder circulasse para as Forças Armadas, pela mesma razão. A Constituição portuguesa de 1976, embora o Poder tenha sido assumido pelas Forças Armadas, define uma imagem de democracia formal, atrás da qual o verdadeiro Príncipe procurou ocultar-se, com idêntico objetivo[2].

A Constituição da URSS, em qualquer das suas versões, nunca disse que o Poder estava nas mãos do secretário-geral do partido, e teimou numa imagem sem relação com a realidade.

O fenómeno é tão geral e repetido que deve haver uma razão para considerar como fundamental a ideia da constituição formal, pressupondo que é sempre da física do Poder que se trata, como é próprio do ponto de vista específico da ciência política.

De facto, parece corresponder a uma resposta ideológica, que se tornou dominante, sobre o problema que se traduz em escolher entre um regime caracterizado pelo *governo pela lei*, e um regime caracterizado pelo *governo por determinados homens*, resposta que teve em vista a defesa da sociedade civil contra a degenerescência do Poder. O Poder tomou nota da resposta e passou a sustentar uma imagem sem relação necessária com a realidade, para facilitar a obediência da sociedade civil.

[2] Adriano Moreira, O *Novíssimo Príncipe*, Lisboa, 1977.

Esta resposta, que se traduz na preferência pelo governo pela lei, em vez do governo por um homem, generalizou-se depois da revolução liberal, mas não foi uma opção apenas feita nessa data nem correspondeu a uma preocupação recente.

A ideia da constituição política, a sua função no processo político e a definição do que é um governo constitucional, pode ser encontrada numa herança de pensadores políticos, que inclui Platão, Aristóteles, São Tomás, Hobbes, Locke, Rousseau, Kant, Mill, Montesquieu, Hegel e os federalistas americanos.

Em primeiro lugar, a ideia de constituição aparece como sendo a causa formal do Estado, no sentido aristotélico, e independentemente de conotações valorativas. Quando Aristóteles diz que «o homem que primeiro fundou o Estado foi o maior dos benfeitores», parece referir-se ao ato da criação que o artista também pratica. Mas isto, em si mesmo, não corresponde à ideia de constituição tal como se tornou politicamente operante, porque significa apenas que todo o Estado, como qualquer outro grupo inferior, tem uma constituição ou forma.

A ideia enriqueceu-se com uma conotação valorativa, de tal modo que só algumas constituições, de entre todas as que necessariamente existem para haver Estados, merecem ideologicamente esse nome. De facto, trata-se, primeiro, da distinção clássica entre *governos puros* e *governos despóticos*, que orientou a classificação formal de Aristóteles, para, com Locke, se concluir que o governo absoluto é incompatível com a independência da sociedade civil e que um Estado absoluto não tem Constituição.

O que aparece de novo neste conceito é uma *valoração* do direito objetivo, e a exigência da conformidade do direito objetivo com um certo arquétipo, que alguns pretendem ser de direito natural, e que exclui, para outros, o Estado absoluto. Hegel, por exemplo, concluía que «seria impróprio chamar à estrutura patriarcal um *Estado*, ou à sua independência *soberania*». Aquilo que lhe falta é «a objetividade de possuírem aos seus próprios olhos e aos olhos de outros um universal e universalmente válido corpo de leis».

Mas foi a doutrina liberal, e sobretudo os federalistas americanos, que fixaram a ideia valorativa de constituição que ainda hoje parece a dominante. O direito objetivo do Estado, sustentaram eles, deve ter o *consentimento* dos destinatários, que constituem a sociedade civil, e isso implica a sua *participação*, direta ou indireta, na feitura das leis, e portanto da constituição formal. Se acrescentarmos o *princípio da divisão dos poderes*, tal como foi formulado por Montesquieu, e praticado pelos federalistas, talvez tenhamos delimitado todos os elementos da ideia de constituição, não já apenas causa formal não valorada do Estado, mas uma forma correspondente ao arquétipo valorativo assim desenhado.

O aparelho do Poder, mesmo quando repudia o modelo, procura manter a imagem da fidelidade a esse arquétipo, embora a constituição real que observa seja outra. Por isso, também, o esforço da pilotagem do sistema político, quando a sede do Poder se altera, é normalmente no sentido de conseguir que a circulação do Poder se faça sem alteração da forma, tudo para mobilizar, a favor da obediência, os mitos populares da legitimidade[3].

3. Organização da Comunidade Política

Se a ideia de constituição, causa formal do Estado, implica o consentimento dos destinatários do direito positivo, a defesa da liberdade desse consentimento implica que o arquétipo da ideia de constituição compreenda um arranjo de órgãos e de funções.

Abstraindo dos critérios valorativos que se introduziram na ideia de constituição, para defender a sociedade civil do governo pelos homens em favor do governo pelas leis, tal arranjo ou criação de órgãos pode também ser exclusivamente dependente do critério da eficácia do Poder e das exigências ou expectativas da comunidade política. A tendência para a democratização do Estado, nesse sentido assinalada por Weber, não precisa de ser explicada senão por essa racionalidade. O governo despótico e o governo pelas leis, ambos, em tal sentido, se democratizaram. Mas a ideia de constituição, que se tornou dominante, adotou o critério, que Hamilton explicitou, de que *«todo o poder deve estar em proporção com os seus objetivos»*, dando origem a uma equação, que é esta: *os privilégios e imunidades de um órgão, os seus direitos e poderes, estão em proporção com a função e deveres que desempenha.*

Daqui a noção de que a constituição escrita ou costumeira define e relaciona os vários órgãos políticos e a distinção entre a *lei constitucional* e as *leis ordinárias.* Nesta orientação, Hobbes define a Constituição por via negativa, dizendo ser aquela a lei que, se dispensada, implica a dissolução do corpo político. Montesquieu distingue entre a *lei política* que constitui o Estado da legislação ordinária que o Estado edita depois de constituído, e agindo como delegado.

[3] Hegel, *Philosophy of Right,* Londres, 1952, parte III; Locke, *Civil Government,* Londres, 1952, cit., X-XIV; Ernest Barker, *Greek Political Theory,* Londres, 1952; Jacques Ribert, *Libertés publiques,* Paris, 1971.

Hamilton, no *The Federalist,* dá a síntese da atitude, escrevendo: «Qualquer ato de uma autoridade delegada contrário ao teor da comissão que o rege é nulo. Nenhum ato legislativo, por essa razão, pode ser válido se for contrário à Constituição. Negar isso seria o mesmo que afirmar que o mandatário é superior ao mandante; que o servo está acima do seu senhor; que os representantes do povo são superiores ao próprio povo; que homens agindo em virtude de mandatos podem não apenas fazer aquilo que os mandatos não autorizam, mas até o que proíbem».

4. O Legislador Constitucional

A ideia de uma lei constitucional acima das leis ordinárias, que organiza os órgãos do Estado segundo o princípio da divisão e limitação dos poderes, tem como pressuposto a definição de uma *sede originária* do Poder, que edita a Constituição, e de uma *sede delegada* do Poder, que a executa.

No caso de se entender que a Constituição é de *direito natural,* não haveria propriamente uma sede originária do Poder, mas sim e apenas uma *razão* que a descobre e enuncia. Mas a Constituição é um direito positivo, como as leis ordinárias, e daqui o problema de saber quem é o legislador constitucional, sede do poder originário.

A resposta mais geral foi que esse legislador é o *povo* que constitui a comunidade política. Neste ponto, a ciência política vai ser obrigada a descobrir, em cada modelo político, quem constitui esse *povo legislador,* e facilmente conclui, com Madison, que nunca são todos os que intervêm na feitura dessa lei fundamental.

A mitologia política produz várias construções no sentido de fazer equivaler os *legisladores reais* ao *povo legislador,* e de atribuir a este a detenção da soberania, mesmo quando a não exercer. Este realismo, que os federalistas tiveram presente, levou a complementar o princípio com outra regra, que com ela não se confunde: o *Poder deve ser exercido por um governo que dependa do consentimento popular.* Pareceu-lhes que, deste modo, quer a Constituição resulte de um *ato popular expresso,* quer resulte de um *processo costumeiro,* como era o da experiência inglesa que os orientava, quer resulte da intervenção de *poucos em representação de todos,* ficaria melhor assegurado que o governo pela lei não seria substituído pelo governo por um homem. Fazem parte da teoria, destinada a evitar essa degenerescência, os seguintes princípios: a *definição da cidadania;* a *defesa da estabilidade da Constituição;* a *Declaração de Direitos do Homem;* a *separação de poderes;* o *poder de derrubar legalmente o*

Governo; uma teoria, legal da representação, incluindo a definição dos deveres e poderes dos representantes[4].

5. Relações entre o Aparelho do Poder e o Direito

Para a ciência política, o facto relevante é a distinção entre a *constituição formal* e a *constituição real*, que se traduz no fenómeno de o Estado, com frequência, sustentar uma *imagem* de submissão à primeira, observando a segunda. Esta falta de autenticidade determina a relevância política de uma série de construções ideológicas, que intervêm na luta pela aquisição, manutenção e uso do poder político, fortalecendo ou diminuindo a obediência.

Essas construções decorrem todas no plano dos *valores* e da *justificação*, quer no sentido da obediência, quer no sentido da revolta, mas devem ser encaradas como *factos*, sempre que se analisa o processo político, factos que têm um peso social. É no domínio das *ideologias* que tal peso social vem a verificar-se, e importa tentar seriar aqui as tendências principais que ali iremos encontrar reflectidas.

No que respeita à *submissão do Estado ao direito*, o que para a ciência política significa *submissão do aparelho do Poder ao direito*, poderemos talvez anotar as seguintes orientações principais, frequentemente seriadas pelos historiadores das ideias políticas: 1) *o princípio romano de que a vontade do Príncipe tem o valor da lei, com o corolário de que o Príncipe está absolto de observar a lei que ele próprio editou;* 2) *o princípio cristão, que recebeu forma em São Tomás, e que considera o Príncipe submisso à lei, mas não passivo de ser compelido a observá-la, sendo responsável perante Deus;* 3) *o princípio racionalista de que existe um direito natural, anterior e superior ao Estado, que o Príncipe não pode violar sem perder a legitimidade;* 4) *o princípio contemporâneo de submeter o Príncipe ao julgamento político dos cidadãos*, que o podem substituir, e de o *submeter à jurisdição internacional que o pode reprovar*, regra esta que já diz respeito à teoria política da garantia de que o Poder não se afastará da legalidade, no mesmo plano do princípio da divisão de poderes.

No domínio dos factos, isto significa que existe uma permanente equação entre o Poder e a obediência, e que se o primeiro não se autolimita, o remédio está apenas em outro poder que se lhe oponha, e o destrua pela desobediência. A ideia de constituição é inseparável da ideia que Locke exprimiu falando no direito de apelar para os céus, o que, na sua forma extrema, significa a revolta, passando pela doutrina do tiranicídio.

[4] Locke, *Civil Government*, Londres, 1952.

§ 2º
Classificação Formal

1. A Classificação Clássica

Vimos que, na perspetiva do Poder que é a da ciência política, a *constituição formal* tem principalmente relação com a *imagem que o Poder deseja radicar na sociedade,* e que julga contribuir para a obediência pela mobilização dos mitos populares de legitimidade.

Tal *constituição formal* pode não coincidir, e frequentemente não coincide, com a *constituição real* a que obedece a estrutura e funcionamento do aparelho do Poder nas suas relações com a sociedade civil.

A Constituição portuguesa de 1933 descrevia o Presidente da República como a sede principal do Poder, colocando o Presidente do Conselho de Ministros na total dependência do seu arbítrio, mas a constituição real era exatamente a contrária, de tal modo que a sede do Poder estava no Presidente do Conselho, que tinha na sua dependência o Presidente da República.

A Constituição Política Portuguesa de 1976 descreve um regime semipresidencialista, mas a crise em 1978 mostrou o Presidente a assumir a pilotagem do sistema, com uma Assembleia da República incapaz de produzir um governo, em vista dos conflitos e divisões dos partidos aos quais essa responsabilidade incumbe. A mesma Constituição afirma o princípio democrático para o preenchimento dos órgãos de soberania, mas consente um Conselho de Revolução que o povo não elege, e com membros influentes e poderosos que não foram sequer eleitos pelas forças militares que é suposto representarem.

A Constituição brasileira saída da Revolução de 1964 descreve um Presidente da República eleito pelo Congresso, e de facto foi sempre designado pelas Forças Armadas, até que em 1978 foi simplesmente escolhido pelo antecessor em exercício.

Em todos os casos, o esforço de manter a forma, dando a aparência de que a *constituição formal* está a ser observada, nunca foi abandonado, e a semântica dos discursos e declarações nunca se afastou desse entendimento fictício. A importância da *forma* é portanto grande, e tem relação direta com a física do Poder.

Se a compreensão do sistema implica o *exame tridimensional do Poder,* relacionando a *forma,* a *sede* e a *ideologia,* cada uma das variáveis tem uma influência específica no conjunto.

Ora, a mais antiga e persistente tentativa de classificar os regimes políticos é a que atende exclusivamente à *forma*, e radica a sua tradição em Aristóteles. Este baseou-se no exame de grande número de constituições do seu tempo e, por abstração, procurou classificá-las em atenção ao problema de saber *quantos* exercem o Poder: *se todos, se alguns, se um*. Chamou *monarquia* ao regime em que *só um* exerce o Poder, independentemente do processo que o selecionou; chamou *aristocracia* ao regime em que o Poder é exercido por *alguns;* chamou *democracia* ao regime em que o Poder é compartilhado por *todos os cidadãos,* que alternadamente governam e são governados.

Como que antecipando o método weberiano, tratou de relacionar cada *forma* com as *finalidades* prosseguidas pelos governantes, e assim estabeleceu finalmente uma tipologia ideal, orientada pela fidelidade ou infidelidade dos detentores do Poder ao interesse geral.

Cada um dos modelos teria uma contrapartida de regime corrompido. A *monarquia* degenera em *tirania,* sempre que o homem só, que governa, o faz em interesse próprio; a *aristocracia* degenera em *oligarquia,* quando se dá o mesmo fenómeno; a *democracia* teria a sua doença degenerativa espelhada na *demagogia*[5].

Admite uma espécie de circulação dos modelos, de tal modo que, para a *monarquia* degenerada em *tirania,* viria o remédio pela instalação de uma *aristocracia* corretora; para a degenerescência da *aristocracia,* transformada em *oligarquia,* a correção viria da implantação de uma *democracia* sadia; para a *demagogia* em que a *democracia* degenera, a restauração do bem comum viria da instalação de uma *monarquia.*

Não, deixou de referir a existência de regimes mistos, onde concorreriam todas as formas, coisa que Políbio julgou encontrar, e descreveu com entusiasmo, referindo-se à Constituição romana tal como vigorava no século III. A sua observação foi que a excelência da Constituição romana resultava de nela se terem combinado harmoniosamente os princípios monárquico, democrático e aristocrático, solução que Cícero haveria de defender sem êxito.

O texto de Políbio é o seguinte: «As três formas de governo de que se falou mais acima encontram-se amalgamadas na Constituição romana, e a parte de cada uma delas estava calculada tão exatamente, tudo estava nela tão equitativamente combinado, que ninguém, mesmo entre os Romanos, teria podido dizer se se tratava de uma aristocracia, de uma democracia ou de uma monarquia.

[5] *The Works of Aristotle*, Londres, 1952 (BGB).

Esta indecisão era, por outro lado, muito natural. Examinados os poderes dos cônsules, ter-se-ia dito que era um regime monárquico, uma realeza; julgado pelos poderes do Senado, era, pelo contrário, uma aristocracia; e, enfim, se se considerassem os direitos do povo, parecia que era, pura e claramente, uma democracia»[6].

Esta *forma* parecia facilitar a circulação do Poder de um para outro estrato social sem alteração, e supomos que influenciou a teoria da *divisão de poderes* de Montesquieu, estudioso do sistema inglês, que é o mais próximo, nesse aspeto, do modelo de Políbio. Conforme a predominância dos estratos sociais e dos interesses, poderiam assumir predominância alternada os Cônsules, o Senado ou o Povo, acontecendo que o Império se fundou procurando manter a *forma* pelo expediente de acumular no Imperador todas as magistraturas.

Justamente um dos objetivos do princípio da divisão de poderes de Montesquieu é impedir que o mesmo homem pertença a mais de um órgão. Este pôs em causa a validade universal da classificação clássica, porque tentou acrescentar-lhe uma relação com a *constituição real* do corpo político[7]. Também Montesquieu caracterizou os *regimes* políticos pelo número dos que participam no exe*rcício* do Poder, também relacionou cada modelo com um valor, mas pareceu-lhe que a variação dos modelos tinha relação com variáveis puramente sociológicas, e por isso é considerado como o fundador da sociologia política.

Assim é que chama *república* ao regime em que o Poder é exercido pela totalidade ou parte do povo, orientado pela *virtude,* e considera que é próprio de um pequeno Estado como a cidade grega; chama *monarquia* ao regime em que o Poder é exercido por *um* só, de acordo com leis preestabelecidas, e orientado pela *honra,* e considera que é próprio de Estados médios como as monarquias europeias; chama despotismo ao regime de *um* só, sem predefinição jurídica, usando o *terror,* e próprio dos Estados orientais.

Embora nesta classificação atenda apenas à extensão territorial, e nunca ao desenvolvimento económico e social, é certo que sustentou que as leis de um povo não são habitualmente boas para outros, em virtude do que chamou *espírito do povo,* e procurou analisar a origem dessa marca da personalidade básica de cada um.

De qualquer modo, tal como Aristóteles, admitiu a alternância de modelos no tempo e no espaço, o que implica admitir que o Poder circula de sede

[6] Políbio de Megalópolis, *Historia universal durante la república romana,* Barcelona, 1968.

[7] *L'Esprit des lois,* Paris, 1961, 1.º vol.

em função da mudança de equilíbrio dos estratos sociais, dos grupos e das instituições. Mas a contribuição maior parece ser a de Políbio, visto sugerir a possibilidade da circulação do Poder, de um estrato social para outro e de grupo para grupo, mantendo a forma constitucional.

Ora, aquilo que os constitucionalistas do Estado racional-normativo haveriam de querer conseguir, ao implantar a moderna ideia de constituição, no seguimento da doutrinação enciclopedista e iluminista, seria a definição de um sistema cuja *forma* se mantivesse, não obstante a circulação do Poder.

Esta tipologia formal, que atende ao número dos que exercem o Poder, manteve grande popularidade, mas a sua utilidade é mais didática do que científica. Mesmo do ponto de vista formal, só ganha significado operacional na medida em que seja possível definir, para cada modelo, o conjunto das regras em função das quais se seleciona o *homem (herança, eleição, cooptação)*, ou o *grupo aristocrático (herança, habilitações académicas, pertença a um corpo militar, filiação religiosa), ou o corpo geral dos cidadãos* que governam a república *(critério censitário, étnico, idade, sexo).* Em si mesmas, as fórmulas *monarquia, democracia, aristocracia* encontram uma versão possível e correspondente de sede do Poder no *príncipe soberano, povo soberano, classe soberana.* Mas faltará sempre, a cada modelo, a indicação da ideologia orientadora para lhe alcançar o significado.

Para esse último elemento, correspondente como já se disse ao *sistema de crenças e de valores* da comunidade, foi Cícero quem primeiro e mais eloquentemente chamou a atenção (*De Republica*, II), ao tentar lutar contra a derrocada do sistema que tanto entusiasmou Políbio. Procurou demonstrar que a estabilidade do Estado depende da comunhão dos cidadãos no mesmo ideal, e procurou lutar contra a mudança invocando, em vão, uma conceção republicana do interesse público.

A experiência mostra que o apelo a esse elemento é apenas frequente nos *pontos críticos* da mudança, pelo que parece que a invocação da ética é sempre uma prece que antecede a morte do sistema.

2. Estados Monistas e Pluralistas

O principal elemento dos sistemas políticos é a *sede* do Poder, e todo o processo político se traduz essencialmente numa luta pela sua ocupação e manutenção. A manutenção da forma tem o objectivo primário já assinalado e relacionado com a obediência, e a *lei tendencial é que a sede do Poder será defendida.* Foi esta a grande contribuição de Maquiavel para o avanço da ciência política, obrigando a olhar para o *Poder* como um facto, despido de considerações éticas. Veremos oportunamente que o próprio Estado racional-normativo, atualmente, se arma de procedimentos alheios a qualquer ética, sempre que é a sede do Poder que está em causa.

O capítulo XVII de O *Príncipe* destina-se a introduzir esse ponto de vista na análise do processo político. Em vez de, como Aristóteles, procurar vincular o Poder a um *valor*, Maquiavel trata o próprio *Poder* como o mais importante dos valores. Por isso explica como é que o tirano mente e esconde a sua natureza sob a capa de uma completa honestidade, e como sabe estabelecer um pacto com o Diabo, não recuando na utilização dos meios para alcançar, manter e exercer o Poder.

Será que a ideia de constituição, de origem racionalista e iluminista, tal como ficou definida e inspirou as constituições liberais, se afasta deste conceito? Na sua definição *formal*, o critério racional-normativo, dominante no Ocidente, quis expressamente assegurar a rotação e a alternância das correntes que chegam ao Governo. Por isso se considerou ideologicamente neutro, repudiou as constituições programáticas, e muitas vezes consagrou o parlamentarismo como sendo o método socialmente menos custoso, e também mais maleável, de viabilizar a mudança. Mas isto é apenas a aparência das coisas.

Nenhuma constituição liberal, racional-normativa, foi ideologicamente neutra. Todas e cada uma consagraram, sem o dizer nos textos, um *sistema de crenças e valores dominantes*, uma ideologia orientadora, como veremos no capítulo próprio. Mas o que fizeram foi definir o *cidadão* em termos de selecionar o corpo político na base de uma comunhão ideológica, mais ou menos restrita.

A alternância no Poder correspondia ou apenas à mudança de grupos de interesses, ainda que recebessem o nome de partidos, ou à alternância de partidos que comungam na mesma conceção fundamental da sociedade, incluindo as tradições, os objetivos nacionais, os direitos do homem. A sede do Poder não estava nunca verdadeiramente em perigo, estava sim em perigo constante a continuidade no Poder do mesmo grupo ou partido.

Quando o princípio da luta de classes desafiou a estrutura, então viu-se claramente que o regime tinha uma ideologia e que a defendia, travando o passo à mudança radical. A colocação fora da lei, o empurrar para a clandestinidade, a guerra civil, e até a guerra internacional, documentam a reação. A adoção de constituições programáticas, com a ideologia expressamente proclamada, revela a mesma atitude.

Surgiu então o problema de a *alternância* dizer respeito não apenas à *ocupação da sede do Poder*, mas também a *conceções do mundo e da vida*, ao sistema de crenças, à ideologia orientadora. A regra da mudança pelo consentimento, de custos sociais menos elevados, tende a alargar-se ao campo ideológico, defendendo sempre a manutenção da *forma*.

Depois da última grande guerra, esta evolução deu-se na maior parte dos países ocidentais. Mas não se deu nas duas únicas grandes potências que sobreviveram à guerra, os EUA e a URSS. Nos primeiros, a ideologia comunista não é lícita; na segunda, a ideologia de raiz liberal é perseguida. Mas na Itália, na França, na Alemanha, na Escandinávia e, finalmente, na Península Ibérica, o problema da alternância ideológica foi colocado em termos constitucionais. A Itália é o melhor laboratório da experiência, e correntes atuais, como o eurocomunismo, os cristãos para o socialismo, a teologia da libertação, o que proclamam é a liberdade da alternância ideológica pelo consentimento.

Portugal é provavelmente o país onde o princípio fez um avanço menor, não obstante a Revolução de 1974, porque imediatamente implantou uma constituição programática de inspiração marxista, e declarou que tais disposições são insuscetíveis de revisão. Nesses domínios, que sobretudo respeitam à coletivização da economia, não quer admitir a alternância ideológica pelo consentimento.

Ora, uma classificação dos regimes que simultaneamente atenda à *forma*, à *sede* do Poder e à *ideologia* talvez os possa arrumar em duas categorias fundamentais, que são tipos ideais: *monistas* e *pluralistas*. Serão regimes *monistas* aqueles em que não se consente nem a circulação da sede do Poder nem a alternância ideológica, o que estabiliza facilmente a *forma* e encaminha o Estado para *autoritário* ou *totalitário*, conforme apenas propõe ou também impõe uma conceção ideológica à sociedade civil. Serão *pluralistas* aqueles em que a revolução legal está prevista, de tal modo que a *forma* torna viável a alternância no Poder e a alternância ideológica pelo consentimento expresso da sociedade civil.

As constituições mistas serão aquelas que, como sustentam os liberais de tipo americano, admitem a alternância no Poder, mas limitam a alternância ideológica, e aquelas que, como vai acontecendo com os populismos e terceiro-mundismos, não admitem a circulação da sede do Poder mas praticam a alternância ideológica.

Este último fenómeno corresponde ao que se chama a *polivalência do Poder*, isto é, a capacidade que o mesmo aparelho tem de servir ideologias diferentes sem alterar a sua pirâmide do Poder. Tal Estado é certamente o mais direto herdeiro de Maquiavel, caracteriza-se por um oportunismo da classe política, e não há dificuldade em o incluir no *despotismo* dos clássicos, eticamente mais degradado do que o *totalitarismo* que serve uma conceção do mundo e da vida em que acredita.

3. As Classificações do Desenvolvimento Político

a) A Nova Conjuntura

A temática política, até ao fim da última grande guerra, foi essencialmente ocidental, e o próprio marxismo não alargou a sua análise além dos modelos capitalistas. Num mundo dominado politicamente pela europeização, a que temos chamado «euromundo», os modelos políticos dos países sem voz internacional eram quando muito objeto do estudo da antropologia cultural, ou referenciados nos trabalhos que se ocupam da política colonial, não com o intuito de os analisar e compreender, mas para analisar e entender a articulação do poder colonizador com as sociedades submetidas.

A nova conjuntura internacional, que multiplicou em flecha o número de Estados independentes, também obrigou à adoção de pontos de vista alargados para o estudo, comparação e classificação dos modelos políticos. A ONU, entre outras organizações, fazendo convergir para um processo político mundial todos os poderes estabelecidos, desenvolveu uma natural tendência institucional para criar critérios gerais de avaliações das estruturas políticas dos seus membros, e ensaiou uma ética política, ou uma ideologia participada, para a qual todos pudessem contribuir ou nela colher inspiração.

Por intermédio da UNESCO, tentou mesmo fazer o inventário dos sistemas culturais existentes no mundo e descobrir o que poderá chamar-se o *património comum da humanidade,* atividade com expressão, entre outros documentos, na publicada *History of Mankind.*

O simples facto de a ONU publicar, em série, a totalidade das constituições formais dos novos Estados incitou a uma visão global do fenómeno político, antes nunca ensaiada. Os primeiros estudos não podiam deixar de ser normativos e formais, em vista do material disponível, mas rapidamente os estudiosos, sobretudo americanos financiados pelas muitas fundações, se espalharam pela Terra a estudar os modelos políticos concretos, num esforço de compreensão do mundo, que ajudaram a modificar sem o conhecer.

As monografias sucedem-se e há casos, como aconteceu com o Brasil, em que a literatura americana neste domínio é mais abundante do que a nacional. Entretanto, a ONU, envolvida no processo de descolonização, obrigada a discutir situações concretas as mais variadas, emitindo resoluções em torrente para responder aos problemas que se multiplicam, foi ela própria construindo um arquétipo ideal e normativo de Estado.

Os direitos do homem, a autodeterminação e a legitimidade do Poder, a guerra e a paz, o desenvolvimento económico e cultural foram temas que contribuíram para a definição de um modelo em função do qual os Estados e o seu comportamento são julgados.

Foi assim que a *ideia do desenvolvimento político* se implantou como mais um critério autónomo para a classificação dos regimes políticos, com total independência ou alheamento da questão teórica da relação entre o desenvolvimento económico e o desenvolvimento político. Trabalhos como os de Roy Macridis são pioneiros neste domínio[8].

Apoiados pelo Social Science Research Council, estudiosos como Gabriel Almond, Lucian Pye, James S. Coleman, Guy Pauker, Leonard Binder, Herbert Hyman, Joseph la Palombara, Sidney Verba, Myron Weiner desenvolveram a investigação nesse domínio, examinando por exemplo a relação entre a burocracia, a personalidade da liderança, a identidade nacional, a mudança social e o desenvolvimento político.

Paulatinamente começam a identificar critérios e variáveis para avaliar tal desenvolvimento, considerando o poder político como um fator autónomo. Trata-se de apreender, em conceitos operacionais, a passagem de um sistema tradicional a um sistema moderno, sendo que a modernidade é medida por critérios indemonstráveis logicamente, mas todos inspirados ainda pela tradição ocidental. Por isso não é de estranhar que o aparato semântico das primeiras tipologias ensaiadas não esconda a sua filiação nas clássicas categorias formais dos regimes políticos.

b) A Tipologia de Edward Shils

Uma das primeiras tipologias desenvolvimentistas que reteve a atenção foi a apresentada por Shils, rapidamente divulgada nos meios da ciência política[9]. A sua proposta é *a seguinte:* a) *democracias políticas*: apresentam dife-

[8] Roy Macridis, *The Study of Comparative Government*, Nova Iorque, 1955.

[9] E. Shils, *Political Development in the New States*, vol. 2, Haia, 1962; foi depois desenvolvida por Gabriel Almond, que lhe acrescentou novos termos, em "Political Systems and Political Change", in *The American Behavioural Scientist*, 1963.

renciação de funções e especialização de estruturas, cada uma tendendo a assumir uma função determinada, legislativa, executiva, judiciária. O Japão, a Turquia, Israel, seriam exemplos; b) *democracias tutelares*: a autoridade está concentrada no executivo, e o legislativo e o judiciário estão subalternizados. Seria o caso de Gana, que proclama o objetivo de democratizar o país; c) *oligarquias em via de modernização*: um grupo militar ou tecnocrata monopoliza o Poder. Falam pouco de democratizar, e concentram-se no desenvolvimento económico. Seria o caso do Paquistão; d) *oligarquias totalitárias*: em geral de orientação carismática, pretendem implantar um modelo desse tipo. Seria o caso dos regimes nazis, e de muitos populismos e terceiro-mundismos, todos totalitários; e) *oligarquias tradicionais*: em geral são monarquias tradicionais, e fazem concessões reformistas para diminuir as tensões e conservar o Poder. Seria o caso do Irão e da Arábia Saudita.

Como é fácil de verificar, o tipo superior das *democracias políticas* corresponde à ideia de constituição, tal como se perfilou no Ocidente, pelo que a ocidentalização é o critério de medida do desenvolvimento político. Quando conclui que nas regiões não ocidentais os regimes pertencem fundamentalmente aos outros tipos, recorre de facto à alternativa aristotélica da aristocracia sadia ou degenerada, apenas chamando a todas oligarquias.

c) A Tipologia de Almond e Powell

Por seu lado, Almond e Powell basearam-se na observação de que todos os regimes apresentam *elementos tradicionais* e *elementos modernos*, seja qual for a região do mundo, o que inspira ao Poder uma *vocação conservadora* combinada com uma *vocação inovadora*[10]. Para classificar os regimes políticos em função dessa mestiçagem, selecionam três variáveis: a) *diferenciação de funções*; b) *autonomia dos subsistemas*; c) *secularização*.

Pela diferenciação de funções entendem uma complexidade crescente de serviços para atender, com autonomia e especialização, às expectativas sociais; a autonomia dos subsistemas está relacionada com essa especialização de funções; a secularização significa a substituição progressiva das motivações tradicionais e emotivas, pela racionalização, na formação de decisões.

Com estes critérios, encontram três modelos ou tipos principais, depois ainda analisados em subsistemas que não vale a pena mencionar. Os tipos principais são os seguintes: a) *sistemas primitivos*, correspondentes largamente aos povos sem escrita, de que tradicionalmente se ocupava a antropologia cultural; b) *sistemas tradicionais*, onde o sistema político não

[10] G. Almond e G. Bingham Powell, *Comparative Politics*, Nova Iorque, 1966.

é comparticipado pela sociedade civil, em regra obediente e temerosa; c) *sistemas modernos*, onde a participação no Poder é geral, a divisão de funções é marcada, as infraestruturas políticas são sólidas.

Trata-se também, e mais uma vez, de colocar o modelo ocidental, sobretudo na sua versão americana, como ponto de referência. A principal contribuição tem sido a de investigar e dar a conhecer a constituição real dos países que servem de testemunha para a investigação.

4. A Tipologia de Max Weber

Como veremos ao tratar da sede do Poder, há vantagem em distinguir a *sede de apoio* e a *sede do exercício*. A primeira diz respeito aos grupos, estratos sociais e classes, que estão numa relação de obediência consentida com o aparelho do Poder, quer de uma maneira ativa, quer de uma maneira passiva, pelo que não constituem uma resistência que implique o eventual uso da força, nem uma fonte de competição para ocupar o Poder.

A segunda diz respeito ao próprio aparelho do Poder, e trata-se de saber onde está o homem, o grupo, ou a instituição, sem cujo consentimento e decisão a força não está disponível.

Pelo que toca à *sede do exercício* do Poder, uma das classificações mais célebres é a de Max Weber, que atende ao critério da legitimidade do Poder, e que enunciou três tipos ideais da autoridade: *tradicional, carismática e racional.*

A autoridade *tradicional,* também por vezes chamada *anónima,* parece compreender duas realidades distintas. Os grupos que foram o objeto tradicional da antropologia, em geral sem escrita, sem a noção do Estado, e que parecem governados por costumes invioláveis, mais do que pela intervenção criativa de qualquer aparelho do Poder, dão a impressão do anonimato da autoridade.

Por outro lado, há grupos em que a diferenciação institucional já existe e é desenvolvida, mas cuja autoridade se legitima pela tradição, pelo caráter sagrado do passado, como foi o caso dos regimes patriarcais, e das monarquias que mantêm a sede do exercício do Poder (Arábia Saudita). Estes são os grupos que se caracterizam pela *autoridade tradicional.*

A *autoridade carismática* assenta no *carisma* do chefe, isto é, numa graça ou dom. Como diz Weber, «caracteriza-se pela devoção pessoal dos súbditos à causa de um homem e pela confiança na sua pessoa na medida em que se singulariza por qualidades prodigiosas, pelo heroísmo ou por outras qualidades exemplares que fazem dele um chefe. Isso é o poder carismático que o profeta exercia, ou – no domínio político – o chefe de guerra eleito, o soberano plebiscitado, o grande demagogo ou o chefe de um partido político»[11]. As biografias de Plutarco e a teoria do herói de Carlyle são inspiradas por este conceito.

Neste aspeto, é importante fazer a distinção, proposta por Schwartzenberg, entre o *poder pessoal* e a *personalização do Poder,* sendo que apenas esta última corresponde ao carisma. O poder pessoal pode resultar do próprio sistema político, sem necessidade de qualquer carisma, como é o caso de todas as ditaduras, em que o ditador pode ser odiado, e das monarquias absolutas. O monarca hereditário absoluto tem o Poder sem carisma pessoal, embora este possa vir a acrescentar-se ao seu poder. A personalização do Poder acontece em qualquer espécie de regime, mesmo racional-normativo, e ainda que correspondendo exatamente à ideia de constituição do legado político ocidental. O caso de Churchill e de Roosevelt, durante a última guerra mundial de 1939-1945, correspondeu ao poder personalizado e carismático, embora os regimes políticos da Inglaterra e dos EUA sejam os que se apresentam como paradigmáticos do Estado racional. Os regimes terceiro-mundistas são frequentemente casos de poder pessoal sem carisma, e os regimes soviéticos frequentemente produziram chefes carismáticos[12].

Finalmente, a autoridade racional assenta num sistema normativo, no qual a autoridade resulta das normas, apoia-se numa burocracia, e o homem que exerce a autoridade fá-lo por ser o *suporte de um órgão vinculado a funções.* Como diz Weber, é «a autoridade que se impõe em virtude da *legalidade,* em virtude da crença na validade de um estatuto legal e de uma *competência* positiva fundada sobre regras estabelecidas racionalmente, isto é, a autoridade baseada sobre a obediência que se libera das obrigações em conformidade com o estatuto estabelecido. É o poder tal como o exerce o *servidor do Estado* moderno»[13].

Ao arrepio das previsões do racionalismo liberal, o poder personalizado, com ou sem carisma, não é um fenómeno que tenda para o desaparecimento. Ao contrário, a explosão de soberanias novas, que se seguiu à paz de 1945, multiplicou os regimes onde o poder pessoal se afirma, muitas vezes acrescido de carisma ganho na luta pela independência ou na luta revolucionária[14].

[11] Max Weber, *Le savant et la politique,* Paris, 1959, p. 102.

[12] Schwartzenberg, *L'État spectacle,* Paris, 1977.

[13] Weber, cit., p. 102.

[14] Sobre a relação entre o poder carismático ou simplesmente personalizado e a *anomia,* Bertrand de Jouvenel, *Du pouvoir,* Genebra, 1945, p. 541 e segs., e J. S. Coleman, *The Politics of the Developing Areas,* Nova Iorque, 1960, p. 537. Para o Terceiro Mundo, W. E. Mülhmann, *Messianismes révolutionnaires du Tiers-Monde,* Paris, 1968, e J. Lacouture, *Quatre hommes et leurs peuples,* Paris, 1969.

Capítulo IV
A Sede do Poder

§1º
Grupos e Partidos

1. Sociedade Civil e Aparelho do Poder

Vimos que, não apenas por organização conceitual, mas como resultado de uma evolução histórica, se distingue entre a sociedade civil e o aparelho do Poder, distinção que provavelmente só não é operacional para as sociedades que correspondam ao tipo de poder anónimo que ficou referido. Nesta perspetiva, o aparelho de poder ou Estado é entendido como um sistema que produz decisões irresistíveis, e o regime político é fundamentalmente a estrutura e dinâmica dos intervenientes na formação das decisões.

Que essa estrutura e dinâmica se repitam em mais de um modelo é o que permite, por comparação, elaborar tipos de regimes ou sistemas políticos. O método da *análise processual da formação das decisões políticas* parece ser o que mais longe pode levar no propósito de desvendar a real estrutura do aparelho do Poder. A dificuldade está em que, desejando o Poder afirmar uma *imagem*, em regra normativa e constante de leis constitucionais, torna inacessível ao investigador o conhecimento do processo real e dos reais intervenientes.

O método comparativo é que ajuda a suprimir as lacunas que a cortina da imagem provoca, acrescendo a cautela usual do aparelho do Poder em não documentar a formação das decisões, omitindo por exemplo fazer atas, e sobretudo publicá-las.

O principal problema do Poder é a obediência, e a experiência demonstra que, se tal obediência não for generalizada, o Poder é ineficaz. A força ou poder é, como se viu oportunamente, mais uma *relação* do que apenas uma *estrutura,* e depende da extensão da obediência consentida. O Poder lida com greves ocasionais, mas facilmente paralisa diante da greve geral; reduz motins, mas joga a própria existência na guerra civil; paralisa a manifestação esporádica, mas não tem modo de agir em face da simples resistência passiva generalizada; pode compelir o contribuinte relapso a pagar, mas não consegue dominar a greve geral de contribuintes. Utiliza um aparelho burocrático e um aparelho militar para executar as suas decisões, mas paralisa se o aparelho burocrático entrar em greve, ou se o aparelho militar decidir não intervir ou parar a intervenção. Por isso parece útil distinguir, no que respeita à sede do Poder, a *sede de apoio* e a *sede de exercício do Poder.*

A sede de apoio é uma noção que se torna clara ao examinar o funcionamento dos regimes mais ou menos parlamentares. A entrega da sede do exercício do Poder ao partido maioritário é uma conclusão decorrente do princípio da legitimidade democrática. Mas do ponto de vista da física do Poder é a entrega da sede de exercício ao partido que tem maiores probabilidades de ver as suas decisões voluntariamente obedecidas, por ser o que demonstra maior sede de apoio ou de adesão.

É fácil reconhecer que essa *sede de apoio* pode ser *ativa* e baseada na militância, e pode ser *passiva,* isto é, baseada no alheamento do processo e na obediência silenciosa a qualquer poder estabelecido.

Os regimes que se aproximam do poder racional são os que apresentam essa sede de apoio mais frequentemente ativa e militante; os regimes tradicionais são os que mais se caracterizam por uma sede de apoio passiva.

Quando os regimes soviéticos apelam para a solidariedade proletária, procuram definir uma sede de apoio, mesmo passiva, que abranja a maioria da população e torne possível e eficaz o exercício do Poder e o uso da força efetiva sempre que necessário. Quando os governos terceiro-mundistas apelam para a solidariedade étnica, ou para a solidariedade da condição de colonizado, têm o mesmo objetivo.

Sempre que os regimes personalizados, incluindo os soviéticos, exibem uma brutalidade desmedida na repressão das desobediências ocasionais, procuram alargar essa base de apoio passivo pela generalização do temor, como notou Montesquieu, ao mesmo tempo que mobilizam uma base de apoio ativa e minoritária, com a formação de um partido de massas.

Todos os totalitarismos procedem desse modo: o partido único de massas mobiliza a sede de apoio ativa, e a intervenção da força, nos casos concretos, procura ser exemplar no sentido de impor o apoio passivo pelo temor.

Simplificando operacionalmente o problema, temos que o Poder é uma relação entre a sociedade civil e o aparelho do Poder. Visto que o fenómeno central da política é a luta pela aquisição, manutenção e exercício do Poder, essa luta decorre em relação a cada um ou ambos dos termos dessa relação.

Trata-se de conquistar o aparelho do Poder e as condições de obediência ou de conquistar a sociedade civil para a desobediência ao poder estabelecido, procurando instalar um processo de transferência de fidelidades ou de obediência para um novo aparelho.

Tudo pode decorrer segundo normas padronizadas, mantendo a forma, como é a ambição dos regimes racional-normativos. Mas quer em regimes racional-normativos, quer em qualquer outro, os padrões normativos nunca cobram a totalidade do processo. Os instrumentos e processos de luta pelo Poder, pela sua manutenção e exercício, escapam com frequência ao normativismo ético ou jurídico.

O triunfo do normativismo liberal encaminhou os estudos no sentido de ignorar os processos sem cobertura jurídica, mas as circunstâncias tornaram evidente a insuficiência desse critério. A luta pelo Poder utiliza métodos amorais, definidos por uma relação meio-fim, que o triunfo leva muitas vezes a consagrar pela nova ordem jurídica estabelecida. *Do ponto de vista da ciência política, a lei é mais um instrumento do Poder do que um limite.*

2. Grupos de Interesses e Grupos de Pressão

Um dos primeiros intervenientes na luta política, que a análise autonomiza, são os chamados *grupos de interesses.* É fácil compreender a lógica da pirâmide que os autores formam com *grupos de interesses, grupos de pressão, partidos,* mas o acordo é difícil sobre a questão de saber se, na realidade, é possível distinguir um grupo de interesses de um grupo de pressão.

Quanto aos modelos, entende-se que um *grupo de interesses* corresponda a uma situação semelhante, a uma vizinhança ocasional, e que tenha apenas em vista a defesa de interesses estabelecidos que a lei protege. O interesse pode não ser necessariamente político, ter índole cultural ou religiosa, e agregar pessoas que apenas sustentam um gosto comum, ou uma atitude comum perante o mundo e a vida.

Mas a simples contingência da mudança de lei é fácil que obrigue o grupo a imediatamente intervir no processo político, como recurso necessário para precaver a sua identidade e viabilidade. Um grupo profissional pode subitamente lançar-se na política com fragor, como aconteceu com o famoso movimento de Pierre Poujade, em 1953, que mobilizou a União de Defesa dos Comerciantes. As associações de estudantes assumiram uma importância no processo político que a sua origem e prática antiga não indicavam. À falta de outros órgãos de expressão, sobretudo em regimes monistas, tais associações transformam-se em importantes grupos de pressão.

É por isso que não há desvantagem em manter a categoria autónoma, mas com a nota de que facilmente uma coisa se transforma na outra. Parece ter razão Jacqueline de Celis quando sustenta que um *grupo de pressão* é sempre um *grupo de interesses*, mas que um grupo de interesses não é necessariamente um grupo de pressão. Ao grupo de interesses tem de acrescentar-se alguma coisa para se transformar em grupo de pressão.

Terá David Truman encontrado a diferença específica quando qualifica os grupos de pressão como *grupos de interesses políticos?* Supomos que não, porque não são os interesses que são necessariamente políticos, é a intervenção no processo político para defender interesses de grupo que o transforma em grupo de pressão. O que o caracteriza, como diz Meynaud, são «as lutas empreendidas por uma categoria social qualquer para fazer com que as decisões dos poderes políticos sejam favoráveis aos seus interesses e ideais»[1].

A resistência de Truman a usar a expressão parece ter em vista a má reputação dos grupos de pressão, sobretudo na sua ação internacional, e muito principalmente nos EUA. Mas o fenómeno político tem ligação com essa amoralidade, que não se pode ignorar. A atividade que torna específico o grupo de pressão foi definida por Mathiot nestes termos: «*Toda a ação realizada junto de qualquer autoridade para influir sobre as suas decisões, através dos métodos apropriados, desde a propaganda hábil até aos meios de intimidação*».

A corrupção é uma das armas mais frequentemente utilizadas, umas vezes sem disfarce, outras vezes revestindo aparente legalidade. Em países em desenvolvimento chegou a ser justificada como um meio de criar uma classe média. Tornaram-se conhecidos casos em que o pagamento pela

[1] Jacqueline de Celis, *Los grupos de presión en las democracias contemporaneas*, Madrid, 1963; Jean Meynaud, *Les groupes de pression*, Paris, 1960; André Mathiot, "Les "pressure groups" aux Etats-Unis", in *Revue Française de Science Politique*, 1952, p. 455; Adriano Moreira, *Ideologias Políticas*, Lisboa, 1964.

corrupção revestiu a forma de ganho ao jogo público de cartas, e também a abertura de subscrição de ações em empreendimentos privilegiados, ao valor nominal, com a recompra ao preço do mercado logo que as ações sobem na Bolsa, algumas vezes por movimento artificial.

Os subsídios para fundos de propaganda eleitoral, a concessão de posições privilegiadas na comunicação social, a circulação dos postos políticos para as administrações das empresas fazem parte dos meios tornados públicos. Alguns escândalos internacionais, como o da companhia de aviação americana Lockheed, derrubaram governos ao redor da Terra, tantos foram os casos de corrupção denunciados pelo próprio Governo dos EUA, que todavia se absteve de indemnizar as empresas concorrentes lesadas e os erários públicos defraudados em favor da exportação americana. A denúncia não correspondeu em nenhum caso a um arrependimento ativo.

a) Tipologia dos Grupos

A classificação dos grupos em tipos tem sido ensaiada sem grande aparato técnico e recorrendo normalmente a critérios óbvios. Fala-se em grupos caracterizados pela *situação comum* dos seus membros, como seria o caso de minorias étnicas e religiosas, em países onde a integração não se deu. Os EUA são férteis em grupos desse tipo, em grande parte originados pelo problema dos negros[2].

As mulheres organizam-se em muitos países, não tanto por causa dos direitos políticos, como por aquilo que se chama a *condição feminina*, e que abrange uma série de problemas relacionados com a igualdade de emprego e remuneração, com o aborto, com o controlo da natalidade.

Os jovens organizam-se, por vezes paralelamente aos partidos, mas com autonomia assente na *condição da juventude*.

Outro critério é o de *atividade comum:* os industriais, os comerciantes, os agricultores, os exportadores criam os seus grupos.

Finalmente, o critério das *preocupações comuns,* no domínio da religião, da cultura, da filosofia, e até da política doutrinária.

Diferente critério de classificação é o que atende à *extensão* dos interesses em causa, que tem importância para avaliar da representatividade do grupo.

Também os *efetivos* são utilizados como critério de classificação, porque o número dos membros permite avaliar o possível efeito das suas atitudes no comportamento eleitoral geral.

[2] Georges Balandier, *Sociologie actuelle de l'Afrique Noire,* Paris, 1955; Lead Constantine, *Colour Bar,* Essex, 1954.

b) As Empresas

Em relação com este problema dos grupos de pressão, é conveniente autonomizar dois temas da maior atualidade. O primeiro diz respeito às empresas, hoje muitas vezes multinacionais, e cuja intervenção na ação política é frequentemente citada e discutida.

Deverão as empresas ser consideradas como grupos de interesses e até como grupos de pressão? O primeiro qualificativo parece que não é difícil de lhes ser atribuído, dependendo da sua dimensão. As pequenas e médias empresas, regra geral, não aparecem elas próprias a agir como grupos de interesses, antes se reagrupam em associações que desempenham essa função. Mas as grandes empresas, pela composição do capital, pelo relacionamento em conglomerados, pela ação internacional, merecem tratamento dentro do conceito formulado. Essa conduta é cada vez mais frequente[3].

c) A Burocracia e a Tecnocracia

Em vista das ações dos grupos de interesses e dos grupos de pressão, o *aparelho burocrático* do Estado aparece como um tema de grande importância neste domínio. Antes de mais porque, se a ação dos grupos visa obter decisões favoráveis, sem exclusão de meios, a burocracia é um instrumento, raras vezes dispensável, no processo de formação das decisões.

A ação dos grupos pode incidir diretamente sobre o aparelho burocrático, em escalão conveniente, para que o poder político seja levado à decisão desejada; ou o poder político deseja cobrir-se formalmente com os *atos de inteligência* do aparelho burocrático que darão apoio à decisão antecipadamente tomada sob a influência dos grupos.

As circunstâncias do Estado moderno mostram com frequência crescente que o poder político elimina muitas vezes esse intermediário da formação de decisões que é a burocracia, criando *burocracias paralelas* e flutuantes, recrutadas na base da confiança dos que têm o poder de decidir, e com uma interferência dependente da duração da classe política no Poder.

A ação dos grupos, nesse caso, dirige-se a essa burocracia paralela, que é mais uma burocracia da política do que uma burocracia da administração, e por isso mais seletiva nas influências, mais predeterminada para os compromissos políticos, mais ágil nas negociações, mais apta a racionalizar as decisões derivadas da intervenção dos grupos.

[3] Carlos von Doelinger, *Novos Padrões da Economia Internacional*, e Jacob Doelinger, "Influências e Interferências das Empresas Multinacionais", in *Curso de Relações Político-Económicas Internacionais*, coordenação de Adriano Moreira, São Paulo, 1977.

Já sabemos que a *burocracia* moderna se nobilita chamando-se *tecnocracia*, o que umas vezes significa uma aristocracia da burocracia, outras uma burocracia superlativa, coisa que não muda nada no que respeita ao processo de formação de decisões.

A principal questão que este fenómeno suscita, dentro da teoria dos grupos, é a de saber se a burocracia ou tecnocracia não deve ser ela própria tratada como um grupo de pressão, em várias circunstâncias da vida do Estado, e como um grupo de interesses em todas as circunstâncias. A tendência parece ser não apenas a de que funciona frequentemente como um grupo de pressão, como a de que tende para ocupar o próprio poder político.

d) A Teoria da Tecnocracia: Matriz Liberal

A compreensão do fenómeno faz logo recordar os vaticínios de Max Weber e as análises de Aron, Galbraith e Linneman, todos herdeiros da orientação que o primeiro fixou[4]. A sociedade industrial de Aron, a sociedade afluente de Galbraith, a tecnoestrutura de Linneman são ângulos diferentes da mesma realidade, que supera a diferença ideológica entre democracias capitalistas e democracias soviéticas.

A dificuldade está em que, como escreveu Will Rogers, «esta coisa chamada tecnocracia, não sabemos se é uma doença ou uma teoria».

A nota comum a todos os autores referenciados, depois de descreverem as novas sociedades avançadas como caracterizadas pela substituição do músculo pela máquina e da memória pelo computador, é a de que a tecnocracia se vai definindo como uma pilotagem da sociedade civil e política por cientistas, técnicos ou engenheiros, que se negam a qualidade de políticos, mas que exercem de facto o poder político, invocando uma legitimidade baseada na competência profissional e ciência.

A designação – tecnocracia – parece ser devida a William Smith, que a usou em 1919, e depois inspirou um movimento que, em 1930, liderado por Howard Scott e Walter Rautenstrauch, pretendeu remediar as consequências da grande crise de 1929.

Quando se diz que é uma doença, é porque os estruturalistas preveem que leve à morte da democracia ocidental pela imposição do férreo domínio

[4] Raymond Aron, *Dix-huit leçons sur la société industrielle*, Paris, 1964; Galbraith, *The New Industrial State*, Nova Iorque, 1964; Linneman, *Consequence of Economic Systems in East and West*, Nova Iorque, 1967.

da tecnologia. Mas outros, como Montgomery, acreditam que é a esperança da melhoria da qualidade de vida nos países em desenvolvimento[5].

Temos, por um lado, o facto de que o processo de formação das decisões políticas não dispensa hoje a intervenção científica e tecnológica, imposta pela complexidade crescente do processo social, e pelo avanço que as ciências e técnicas fizeram nos domínios da análise social e da previsão.

Por outro lado, o simples avanço científico e tecnológico denuncia os custos sociais da ineficiência do aparelho político, e os desperdícios do pluralismo, que não pode deixar de tratar por igual a competência e a mediocridade.

À falta de uma prática válida, ou de uma doutrina esclarecida, sobre as relações entre a política e a ciência, os tecnocratas desenvolvem uma ideologia própria que fundamentalmente acredita que o mundo pode ser melhorado pela planificação entregue a técnicos.

Ainda que nem sempre o digam, esta atitude implica uma nova teoria de legitimidade do Poder, que encontra antecedentes em algumas utopias, como a *Looking Backward* de Edward Bellomy, e nas primeiras contribuições do taylorismo[6].

No caso de se pretender indicar um pensador que sirva de matriz à orientação, provavelmente Saint-Simon é o que oferece o primeiro modelo de onde deriva este novo elitismo sem compromissos. Foi ele quem pela primeira vez anteviu e doutrinou uma sociedade cuja racionalidade se confundiria com o tecnicismo, e cuja direção seria uma *administração de coisas,* mais do que um *governo dos homens.* Augusto Comte, com a sua visão de uma humanidade que passara historicamente pelos três estádios, teológico, metafísico e científico, desenvolveu o pensamento do mestre, e anteviu a substituição dos regimes dirigidos por políticos por regimes nos quais a direção pertenceria a administradores qualificados pelo saber científico[7].

A matriz teórica é portanto o positivismo, e muitos sociólogos de renome, desde Durkheim ao autorizado Talcott Parsons, aceitando a visão de Weber, notam que a racionalidade social tende para confundir-se com a racionalidade meios-fins, com o seu instrumento inevitável na tecnocracia.

[5] John D. Montgomery, *Technology and Civil Life,* Cambridge, 1974.

[6] Sobre a tradição utópica da tecnologia, Mulford Q. Sibley, *Technology and Utopian Thought,* Mineápolis, 1966; Georges Gurvitch, *Industrialisation et technocratic,* Paris, 1949, com várias contribuições.

[7] Marcel Prélot (Georges Lescuyer), *Histoire des idées politiques,* Paris, 1975.

Mas Weber não supunha que uma burocracia de novo estilo pudesse ser ideologicamente neutra, antes pelo contrário entendia que ela não poderia deixar de refletir os valores ideológicos do estrato social em que fosse recrutada, o que no seu tempo, em vista da organização do ensino, implicaria tendencialmente que fossem os valores ideológicos das classes superiores.

Já então podia notar-se a tendência dessa nova *elite* para proclamar-se ideologicamente neutra, mas os factos também já mostravam que tendia para ser conservadora, e muito obviamente conservadora dos seus próprios interesses e valores, como grupo socialmente autonomizado.

Tal como no modelo asiático do marxismo, um saber secreto pela própria dificuldade de se tornar comum, em vista da sofisticação, seria a fonte de um novo poder que o aparelho político teria dificuldade em controlar. Como grupo, esta tecnocracia prezaria acima de tudo o seu próprio *status* social, a segurança e a ordem social tecnicamente definida[8]. Enquanto que Weber entendia que o fenómeno era comum a todas as sociedades avançadas, aquilo que hoje chamamos as sociedades industriais, afluentes e de consumo, independentemente de terem chegado a esse ponto pela via capitalista ou pela via soviética, Veblen debruçou-se particularmente sobre o modelo empresarial privado para concluir que o empresário capitalista tinha esgotado a sua função, e que a eficiência exigia a substituição dessa direção da economia, tradicionalmente apoiada pela classe política, pela nova *elite* dos tecnocratas[9].

Finalmente parece ser James Burnham quem claramente advoga a transferência do Poder para uma *elite* tecnológica, que não vemos que se distinga da nova classe de Djillas, e que tem de concluir-se que ele julga que implicaria, em todo o norte rico do mundo, a abolição da propriedade privada dos meios de produção e um apaziguamento ideológico no conflito leste-oeste[10].

Deste modo, e por esta via, de novo Mosca, Pareto e Michels encontrariam confirmada a sua teoria de que o Poder sempre finalmente vem a pertencer a *elites* restritas, variando apenas os critérios do recrutamento.

Por outro lado, os factos vão mostrando que pelo menos o *tipo* de tecnocrata previsto por Karl Mannheim já está em circulação e traduz-se no

[8] Henri de Saint-Simon, *Social Organization, the Science of Man and Other Writings*, Nova Iorque, 1964; James Burnham, *The Managerial Revolution*, Bloomington, 1960; Talcott Parsons, cit., Weber, cit.

[9] Thorstein Veblen, *The Engineers and the Price System*, Nova Iorque, 1963.

[10] James Burnham, *The Managerial Revolution*, cit.

interveniente no processo político que se reclama apenas da sua condição de intelectual, acima e descomprometido das ideologias partidárias e dos partidos[11]. Toda a teoria do apaziguamento ideológico, que veremos no lugar próprio, julga encontrar apoio nestas orientações.

e) A Teoria da Tecnocracia: Matriz Marxista

A matriz liberal, racionalista, individualista, elitista, capitalista, científica e devota da democracia formal olha para a nova criatura que é a tecnocracia com a apreensão do aprendiz de feiticeiro.

Ao despedir-se da vida pública, o presidente Eisenhower deixou uma famosa advertência sobre o crescimento de um Estado que traduzia num *complexo-militar-industrial,* ameaçado de ser a presa de uma *elite* técnico-científica. A literatura que tem esta advertência como premissa multiplicou-se nas sociedades ocidentais e, em França, Meynaud notabilizou-se pela sua análise da ameaça que a tecnocracia representa para a estabilidade constitucional democrática, evidenciando a *«infiltração da máquina governamental pelo elemento tecnocrático»*, e o crescimento da *«ideologia tecnocrática»*. Mostrou como esta nova classe progressivamente se arroga o Poder sem a responsabilidade, com a subordinação do representante eleito ao técnico nomeado[12].

Nos EUA, Don Price vai pelo mesmo caminho e inquieta-se com o facto de que a revolução americana aboliu os privilégios de classe do passado, mas está ameaçada por estes novos privilegiados que derrogam o princípio de que o interesse público deve ser definido pelos políticos[13].

André Philip adverte com tranquilidade que a sociedade francesa, em resultado do rápido progresso científico e tecnológico, verá a propriedade dos meios de produção realmente transferida progressivamente das mãos dos capitalistas e acionistas para as mãos dos gestores, com a pilotagem social e política entregue a uma minoria de técnicos[14].

Mas a matriz marxista examina o problema a uma diferente luz, naquilo que respeita às sociedades de modelo capitalista. A ênfase que os analistas ocidentais põem no exame da tecnocracia e no perigo que representa para os ideais democráticos do pluralismo parece-lhe um processo polí-

[11] Karl Mannheim, *Ideology and Utopia*, Nova Iorque, 1936.

[12] Jean Meynaud, *Technocracy*, Nova Iorque, 1969.

[13] Don K. Price, *The Scientific Estate*, Cambridge, 1965.

[14] André Philip, *La gauche. Mythes et réalités*, Paris; 1964. Mais dramático, L. Soubise, *Le marxisme après Marx*, Paris, 1967.

tico de transferência das responsabilidades, causado pelos efeitos negativos do capitalismo, para esta nova espécie de *bouc-émissaire* que seriam os tecnocratas.

Revertendo sempre, como costumam, à tipologia marxista das formas do Estado, e omitindo sempre a referência ao modelo asiático, sugerem que o princípio feudal de que o Rei nunca erra, quem erra é o ministro ou o conselheiro, teria agora esta versão no Estado capitalista. O objetivo político seria o de orientar a contestação social contra o tecnocrata, deixando intocado o capital monopolista.

As análises de P. Bauchard e J. Chewerny vão por este caminho. A burocracia, o seu produto final, que é a tecnocracia, seriam fenómenos que nascem, não em separado, mas em necessária interdependência com o desenvolvimento histórico do Estado capitalista. Este tipo de Estado implicou uma divisão do trabalho, com um grupo dominando as decisões políticas, e um instrumento de especialistas ocupando os ramos da administração.

O facto de os tecnocratas poderem ascender à classe política é, no seu parecer, um fenómeno de assimilação individual, não é uma mudança de estrutura. A crescente intervenção do Estado na vida económica ocidental tornou essa classe mais necessária, mas também mais dependente, solidária dos donos do Poder, mas nada demonstra que tenham substituído estes ou que a classe política dominante se tenha tornado ela tecnocrata, nem que os tecnocratas se tenham tornado os beneficiários da mais-valia que é o privilégio da classe burguesa.

Bauchard conclui que «os tecnocratas pensam ingenuamente que dirigem a política dos *leaders* no Poder, mas na prática são os *leaders* políticos quem usa os grupos de tecnocratas para os seus propósitos, mantendo-se na sombra, e pondo-os a eles na ribalta apenas quando necessitam de uma cobertura».

Por seu lado, Chewerny conclui que «a classe dos tecnocratas não tem poder e está completamente dependente da oligarquia dominante que contrata o trabalho e o lazer dos especialistas»[15].

O resumo é o de que, em regime capitalista, e vista a detenção dos meios de produção, os tecnocratas nunca poderão ser uma força política independente. Politicamente são polivalentes e servirão a manutenção do capitalismo ou o advento da sociedade socialista conforme as dominantes opções ideológicas.

[15] P. Bauchard, *Les technocrates et le pouvoir*, Paris, 1966; Chewerny, *Les cadres*, Paris, 1967.

Acontece porém que o ponto de vista tecnocrata é oposto à necessidade dessa opção, e aqui, supomos, está a raiz do problema de saber como enquadrá-los na luta pelo Poder. O ponto de vista tecnocrata parece bem expresso nestas palavras de Rougier: «Alimentar uma população, construir casas, aquecer, iluminar, vestir, fornecer trabalho e educação e manter uma moeda estável são tudo problemas técnicos que a ciência económica e as disciplinas sociais estão suficientemente avançadas para resolver sem a intervenção de sistemas apriorísticos ou de princípios preconcebidos. Aproximar-se de um problema com uma ideologia política é, pelo contrário, procurar uma solução conforme não aos resultados que se buscam e os meios disponíveis, mas aos princípios pelos quais cada um é inspirado»[16].

Todavia, a recusa, do ponto de vista da matriz marxista, de admitir a neutralidade política dos tecnocratas em países de modelo capitalista será sustentável para os regimes soviéticos? Os fundadores do marxismo-leninismo foram os doutrinadores de que a *administração das coisas* substituiria o *governo das pessoas*, o que bem pode traduzir-se no domínio da tecnocracia. Lenine não poupou apelos aos cientistas e intelectuais russos no sentido de se juntarem ao partido para ajudar à transformação revolucionária. O certo porém é que as coisas evoluíram no sentido de criar uma classe política que domina o Estado e não se confunde com a tecnocracia.

Esta tese da nova classe não é agradável aos governos soviéticos, que em geral insistem em que o seu grupo dirigente não tem uma composição estratificada e recruta os seus membros e assegura a sua renovação com elementos provenientes de todo o corpo social, exibindo muito a situação de trabalhadores dos pais de cada um[17]. A Constituição soviética de 1977 pelo menos documenta a intenção de controlar a tecnocracia pela política, mantendo os dois corpos em planos separados, mas é claro que não desmente a tese de uma nova classe política que pretende manter a supremacia e o controlo da tecnocracia.

f) Ambiguidade Terceiro-mundista: Tecnocracia Militar

O problema parece configurar-se de maneira diferente naquilo que tem sido chamado o Terceiro Mundo, no qual se define uma conjuntura que muitas vezes parece propícia ao completo florescimento da ambiguidade tecnocrática.

[16] L. Rougier, *L'erreur de la démocratie française*, Paris, 1963.

[17] Z. Brzezinski, S. Huntington, *Political Power: USA-URSS*, Nova Iorque, 1964. Análises estatísticas, para a origem dos dirigentes, podem ver-se em G. Wright Mills, *The Power Elites*, Nova Iorque, 1956, pp. 400-402.

Territórios de muito fraco enquadramento, em geral conduzidos para a independência política por uma geração de revolucionários que liquidou as autoridades políticas tradicionais, nem sequer se encontra, em termos quantitativos, uma massa de quadros que torne possível a dicotomia entre *administração das coisas* e *governo*.

As inquietações ocidentais no sentido de que a primeira absorva a segunda, e o otimismo soviético no sentido de que o segundo controlará a primeira, não encontram objeto. Simplesmente não há distinção possível ou não há gente para preencher a distinção. O que existe com frequência é o revolucionário, a pretender que é tecnocrata, assumindo até os títulos académicos, e os raros tecnocratas assumindo responsabilidades revolucionárias e de governo por imposição das circunstâncias.

Pretendendo dar a essa indefinida e talvez indefinível coisa, que é o terceiro-mundismo, uma certa racionalidade que ele próprio não produziu, talvez fosse útil distinguir entre o modelo chinês e o resto onde se insere uma tecnocracia militar[18]. O modelo chinês tem largas tradições culturais, corresponde a um povo com responsabilidades e experiências históricas tão longas e válidas como as dos povos ocidentais. Foi sempre bastante impenetrável para os observadores estrangeiros e não se encontra na ciência ocidental um esforço de compreensão global que verdadeiramente abranja aquela sociedade. As especulações de Hegel não ensinam nada sobre a realidade antropológica da área, e o modelo asiático da tipologia de Marx não foi explorado nem por ele próprio nem pelos seus herdeiros ocidentais.

Tornou-se corrente aceitar o ponto de vista de Karl Wittfogel, no seu *Oriental despotism*, segundo o qual o complexo sistema da organização social asiática se explicaria pela necessidade de controlar a irrigação para a agricultura, havendo quem recorra também à necessidade de militarizar sociedades baseadas na guerra e no saque.

Limitando o exame, com prudência, aos documentos publicados sobre as experiências socialistas em curso naquelas áreas e abandonando toda a pretensão de encontrar uma componente histórica e antropológica explicativa, parece certo que existe um voluntarismo político claro a comandar o processo.

Os métodos e as tecnologias em uso não são o resultado de um processo capitalista como no Ocidente ou da marcha para a industrialização como nas sociedades soviéticas, são o resultado de opções políticas para uma

[18] Para o conceito de Terceiro Mundo, Adriano Moreira, *A Comunidade Internacional em Mudança*, São Paulo, 1976.

programada intervenção, que obriga a manter um completo sistema de mobilização social e controlo.

Pretendem, e parece que conseguem, a incorporação de largas massas de população em processos importados das sociedades ocidentais, pelo uso de uma determinada engenharia social. O fator político é proeminente, a ameaça da oposição política é eliminada pela contenção do pluralismo, e a doutrinação ideológica intensiva é usada como uma variável fundamental.

Deste modo, a tecnocracia não pode ter a pretensão de ser uma variável autónoma do processo nem parece provável que se manifeste nos termos das sociedades ocidentais, capitalistas e soviéticas. Não se trata de os cientistas e técnicos dominarem a sociedade política e a sua pilotagem, trata-se de aproveitar as conclusões da ciência, incluindo as ciências sociais, para construir uma engenharia política voluntarista de condução da sociedade civil.

Aproveitam, para esse efeito, a desastrada experiência ocidental e procuram orientar-se pela ideia política de que as fronteiras do esforço humano, mobilizado politicamente, não estão no *outer-space,* mas na satisfação das necessidades correntes da humanidade. Dão a impressão de acreditar que a sabedoria aflorou no Ocidente apenas quando, em 1972, o Prémio Nobel da Paz foi atribuído a Norman Porlang pelo êxito do que se chamou a *revolução verde,* que trazia em si a promessa de resolver o problema da fome naquelas regiões com novas espécies de trigo, de arroz e de milho.

Talvez por isso, o comando político renunciou ao modelo tecnocrático ocidental, que as circunstâncias e as opções políticas lhe vedavam, e optou por uma via alternativa de tecnologias intermediárias, acessíveis à generalidade da massa que deve fornecer os agentes, e mais suportável pelos meios financeiros disponíveis.

A sofisticação das ciências sociais, fornecendo métodos de mobilização e controlo das massas, foi mais usada do que a sofisticação tecnológica. O que parece também é que a competição estratégica mundial obriga a desvios deste quadro de ação, e que a alta tecnologia, por causa dos problemas de defesa, está fazendo o seu aparecimento e a desenhar um setor privativo de manifestação[19].

No terceiro-mundismo africano, especialmente naquilo em que influenciou um terceiro-mundismo que a Revolução portuguesa herdou, talvez com nada mais, da descolonização, as coisas passam-se de maneira

[19] Sobre o modelo tecnológico chinês, E. F. Schumacher, *Small is Beautiful -Economics as if People Mattered,* Nova Iorque, 1973; Amory B. Lovins, *Soft Energy Paths,* Cambridge, 1977.

inteiramente diferente. Nem peso histórico, nem grandes e experimentados sistemas culturais, nem conceito nacional, nem sistema linguístico de comunicação geral são detetáveis.

Existe uma herança colonial que se traduz em fronteiras físicas artificialmente impostas pelo colonizador, a tradição curta de menos de um século de sujeição de populações diferentes a uma autoridade exterior unificadora, a necessidade de comunicar dentro desse espaço usando uma língua alienígena. Se quisermos usar a conhecida distinção entre *comunidades* e *sociedades*, temos em cada território algumas centenas ou milhares de *comunidades* sem qualquer fenómeno de *sociedades* que estabeleçam um tecido social conjuntivo entre elas.

Antes da chamada descolonização, a variável dominante foi um *poder político* comandando a implantação de um projeto de matriz capitalista. Depois da retirada dos poderes ocidentais, a variável dominante foi um *poder político militarizado* que alcançou a sua primeira meta, isto é, ocupar o Poder, e não tem projeto privativo sem apoio externo dominante.

O projeto é mais fornecido pela competição estratégica mundial do que por qualquer decisão autónoma do poder instalado. A única decisão que este claramente toma é a de manter-se no Poder, de acordo com a natureza das coisas, e para esse fim mostra-se polivalente na adoção dos projetos que lhe são acessíveis. Muda facilmente de orientação, desde que não mude de posição, isto é, desde que conserve o Poder.

O conflito estratégico tem decorrido favorável ao sovietismo, com acidentes ocasionais, e por isso o sinal dominante é soviético. Acontece porém que o aparelho militarizado é a única e fraca estrutura que localmente pode ser produzida, e que portanto revela alguma capacidade de receber, administrar e consumir os auxílios recebidos. Deste modo, com frequência que chega a parecer uma regra, seja qual for a origem da alimentação do sistema, é uma espécie de tecnocracia militar ou militarizada que se fortalece e que perdura.

O sentido em que pode ser chamada uma tecnocracia militar não tem nada que ver com o fenómeno tecnocrata ocidental. São técnicos no domínio das massas, da manutenção da obediência de populações daquele teor cultural, métodos em que frequentemente foram treinados em escolas especializadas.

No resto, os critérios políticos não têm definição precisa: a população tem fraca participação ativa no processo; as ideologias são flutuantes, salvo considerar a detenção do Poder como um valor em si próprio; os partidos políticos, quando o pluralismo é consentido, não têm capacidade de funcionar como intermediários entre a população e o Poder; os valores comunitários são os tradicionais; os valores políticos que existem são revolucionários; a burocracia é incipiente; a moral de responsabilidade não está implantada; a desigualdade social entre os donos do Poder e os outros é evidente; os verdadeiros e raros tecnocratas escolhem com frequência a emigração[20].

O símbolo mais extremo desta espécie de tecnocracia militar terceiro-mundista é o famoso e lastimável marechal Idi Amin do Uganda. Só por equívoco é que o conceito militar, no sentido ocidental, pode ser aproximado do terceiro-mundismo, mas o equívoco existe e opera na realidade social.

Ora, o fenómeno do militarismo, no sentido ocidental, que assume a responsabilidade tecnocrática, existe também e tem sido estudado: trata-se de o Exército decidir entrar na área da política e assumir a natureza de uma *força-tarefa tecnocrática*. Pode servir de guia o estudo de Victor Alba, que distingue entre: *militares de caserna*, *militares das escolas* e *dos laboratórios*[21].

Enquanto os primeiros manifestam uma atitude burocrática de executantes, os segundos demonstram uma mentalidade técnica e pragmática, tendencialmente oposta às ditaduras tradicionais e conservadoras. Neste sentido é que Fraga Iribarne estuda as muitas intervenções militares na América Latina na perspetiva de uma *segunda revolução*, embora reconhecendo que nem todas as intervenções são revolucionárias[22].

A síntese das análises é que a frequente intervenção militar como força-tarefa tecnocrática, nos países em desenvolvimento, é principalmente devida aos seguintes fatores: *a)* a convicção de que as sociedades respetivas devem ser encaminhadas para os modelos das sociedades industrializadas; *b)* o convencimento de que as *elites* no Poder se demonstraram incapazes desse arranque; *c)* a modernização das Forças Armadas, em homens e material, dá-lhes o sentimento do contraste com o resto da sociedade e inspira o projeto de transplantar o modelo castrense para a sociedade civil[23].

Há a tentação de admitir que quanto menos desenvolvida é a sociedade mais progressivo é o papel assumido pelos militares, mas não há apoio factual que o demonstre.

[20] Myron Weiner, *The Politics of Scarcity*, Calcutá, 1963; David E. Schmitt, *Dynamics of the Third World Political and Social Change*, Cambridge, 1974; Gunnar Myrdal, *The Challenge of World Poverty*, Penguin Books, 1970. Uma fonte de informação constante são os *Cahiers africains d'administration publique*.

[21] Victor Alba, *El militarismo*, México, 1959.

[22] Manuel Fraga Iribarne, *Sociedad, política y gobierno en Hispanoamerica*, Madrid, 1962.

[23] Morris Ganowitz e Jacques van Doom, *On Military Intervention*, Roterdão, 1971.

A intervenção militar na área da política não é porém sempre tecnocrática. Assim, de acordo com Alba e Fraga, as intervenções na América Latina, até ao fim da última guerra, foram predominantemente do tipo *oligarquia militar*, para manutenção dos interesses das classes possidentes, tal como também aconteceu na Ásia e noutras partes do mundo. Nesses casos, dificilmente os militares constituem um grupo diferenciado da classe a que pertencem por origem ou assimilação.

A intervenção pode ser *contrarrevolucionária*, como aconteceu no Brasil em 1964, na Argentina depois de 1965 e no Chile em 1973. Normalmente são orientados por um antissovietismo ou antipopulismo socialista, mas o conteúdo positivo da intervenção é mais difícil de detetar.

A intervenção começa a parecer tecnocrática quando instaura um *regime militar populista*, como foram a revolução kemalista na Turquia, a revolução nasserista no Egito, a revolução peronista na Argentina, a revolução peruana. Usualmente, os estratos sociais desfavorecidos não produziram lideranças capazes de os mobilizar, a classe dirigente é corrupta, a burguesia é pequena e fraca. A força-tarefa militar atua conjugando a maior capacidade técnica com uma ideologia em que convergem ideais nacionalistas, sentido do dever para com o povo, projetos socializantes não necessariamente marxistas, e a ambição de corresponder ao que sentimentalmente define como a vontade popular de que se assume intérprete[24].

O tipo de intervenção puramente *tecnocrática* seria a que tivesse em vista desencadear apenas o processo de modernização técnico-político-económico, sem opções ideológicas ou desejo de permanecer no Poder. O objetivo traduzir-se-ia na imposição das condições consideradas necessárias e suficientes para o arranque, de que a sociedade civil definiria definitivamente o sentido.

Algumas declarações dos responsáveis pelo 25 de Abril em Portugal e o publicado *Programa do Movimento das Forças Armadas* (MFA) pareciam apontar para uma intervenção desse tipo. Os factos mostraram facilmente que as opções ideológicas se impuseram em cadeia e que o abandono do Poder é uma decisão dolorosa mesmo para um tecnocrata militar[25].

[24] Manfred Kossok, *Changes in the Political and Social Functions of the Armed Forces in the Developing Countries: the Case of Latin America*, 1971.

[25] O comportamento tecnocrático dos militares tem sido objeto de alguns estudos. Helio Jaguaribe, "Elites Funcionais e Disfuncionais", in *Crise e Mudança Social*, Rio de Janeiro, 1974, para o Brasil; Janowitz, *The Military in the Political Development of New Nations*, Chicago, 1964; Alfred Stepan, *Authoritarian Brazil, Yale*, 1973; Bradey Tyson, *The Emerging Role of the Military as National,*

O sentido geral é que a *tecnocracia militar* rapidamente é obrigada a fazer opções ideológicas e a sofrer o processo normal de erosão de todo e qualquer aparelho do Poder.

g) A Tecnocracia como Grupo de Pressão

Admitindo que a síntese possível das várias contribuições é que a tecnocracia no Poder, seja ela civil ou militar, não se distingue de qualquer outro *aparelho do Poder* e que a manutenção da imagem democrática é temporária nessa hipótese, ambas as tecnocracias parecem encontrar um tratamento adequado na teoria dos grupos de interesses e de pressão. Esta condição é permanente e pode desenvolver-se em manifestações mais ou menos importantes e ostensivas, conforme as circunstâncias.

Os valores relacionados com o *status* social, a retribuição, os privilégios, são atuantes em ambos os grupos e variam no conteúdo, em função da diversidade de composição, papel social, tradições. Isto é assim, não importa o tipo de regime ou ideologia orientadora. A falta de alocação desses valores pelo poder político provoca fenómenos disfuncionais documentados. A tecnocracia civil transfere-se para a revolução, a tecnocracia militar retira os apoios.

Um dos processos da luta pelo Poder, que Althusser abordou, traduz-se por isso em invadir a tecnocracia militar e a tecnocracia civil, para suscitar esse processo de transferência. Tudo isto é muito contrário ao pensamento liberal, que imaginou que a ciência, vitoriosa na conquista da natureza, também acabaria por dominar a cultura e a política, de modo que a racionalidade que supunha encontrar na economia de mercado também se implantaria nas áreas do Poder. Os desgostosos positivistas de Comte, assim como os que seguiram a versão de Durkheim, acreditaram mesmo assim que o futuro seria comandado por um processo evolucionista que finalmente imporia a racionalidade total. Os marxistas, aceitando o conflito como motor social, prometeram todavia que a administração das coisas substituiria totalmente o governo dos homens. O único facto que permaneceu foi a luta pela aquisição, uso e exercício do Poder, na qual a tecnocracia, esse produto esperado da racionalização do Estado, veio a intervir como uma componente nova.

Modernizers and Managers in Latin America – The Case of Brazil and Peru, in David H. Pollock e Arch R. M. Ritter (ed.); *Latin American Prospects for the 1970's: What Kinds of Revolutions?* Praeger Publishers, 1973.

h) Ação dos Grupos de Pressão

Os grupos de interesses e de pressão atuam em primeiro lugar num plano de relação recíproca, que tanto pode ser de *oposição* como de *cooperação* em face do aparelho do Poder. O problema da greve, por exemplo, determina o aparecimento de variados esquemas desse tipo, assim como a obtenção de privilégios económicos.

Os processos utilizados para influenciar a formação das decisões políticas são vários e podem ser mais ou menos codificados: ação de *informação e mobilização* da opinião de todos os que estão ligados ao grupo ou dele dependem; utilização do *poder financeiro* disponível, legal ou ilegalmente, para corrupção ou persuasão; *ação individual,* participando em greves ou *lock-out,* recusa de pagar impostos, violência física, manifestações públicas, interrupção de comunicações, etc.; *recusa de cooperação* com os poderes públicos onde a este seja indispensável, que o obrigue a negociar nos domínios onde julgam necessário exercer a pressão.

Deste modo, os grupos vêm a intervir em vários escalões do processo político: na formação da *opinião pública,* que, em processo democrático, julgará politicamente os agentes do poder político; nos *parlamentos,* que passam por ser os órgãos de soberania mais sensíveis à ação dos grupos; agindo diretamente sobre o aparelho *administrativo,* para influenciar os *atos de inteligência* do processo de formação de decisões, usando os Franceses o termo *pantouflage* para designar a ação corruptora sobre os serventuários dessa administração; assumindo oficialmente a posição de *conselheiros* no processo de formação de decisões, ou em organismos ocasionais ou em órgãos institucionalizados.

A doutrina discute se os *grupos* exercem a sua pressão sobre os *poderes fracos* ou sobre os *poderes fortes.* Com esta questão pretende-se saber se em *regime parlamentar* preferem exercer pressão sobre o *Gabinete* ou sobre a *Assembleia,* e se em regime *presidencialista* preferem exercer pressão sobre a *Presidência* ou sobre o *Parlamento.* Não é fácil, nem tem grande vantagem, analisar as respostas, que não podem exibir base factual de apoio.

3. Partidos

No seu conceito essencial, *os partidos são organizações que lutam pela aquisição, manutenção e exercício do Poder.* Faz parte do ritual corrente do pessoal político declarar que não tem ambições políticas e anunciar o sacrifício e contrariedade com que assume postos governativos. Também faz parte do ritual que o pessoal em exercício do Poder considere e denuncie como ambiciosos todos os que os desejam substituir. Usando a técnica de Sauer, de formular tipos normativos dos agentes sociais, tem de reconhecer-se que a ambição de ocupar o Poder é uma característica essencial do político. A prática frequente de negar isso, e de atribuir a característica aos adversários como um ferrete, é provavelmente a manifestação de uma tendência assente na experiência secular dos regimes anteriores à revolução, para reclamar uma legitimidade carismática que se nega aos concorrentes.

O político pratica com frequência o verbalismo de ter sido convidado, solicitado, arrancado às suas ocupações, e não introduz no discurso a afirmação de que lutou pelos cargos, pediu, influenciou, e conseguiu. Em consequência, os meios de comunicação social, os técnicos de relações públicas, as agências especializadas são utilizados no sentido de fixar essa imagem que apela para o carisma, mesmo que não tenha qualquer coincidência com a realidade.

A julgar pelas imagens vendidas ao público, o pessoal político é geralmente composto de forçados que arrastam o peso do Poder, do qual não se livram apenas por falta de oportunidade e para não frustrar as súplicas do povo. Tudo isto é o contrário da realidade política, que não coincide com a imagem sugerida.

Na sua forma autêntica, o político quer o Poder porque julga ter uma solução para o interesse público, e na sua forma degenerada o político quer o Poder porque julga poder satisfazer assim interesses sectoriais e até privados.

O partido reflete este comportamento individual, e soma as energias dos que entendem que só a ocupação do Poder lhes permitirá executar um projeto que, na sua forma autêntica, diz respeito ao futuro da totalidade da comunidade política.

Usando o método da análise do comportamento para definir um conceito operacional de partido, La Palombara e Weiner reduziram a extensão do conceito com a proposta de uma série de características, que são as seguintes: a) *duração razoável da organização, que deve ter uma esperança de vida superior à dos dirigentes ocasionais;* b) *implantação local generalizada;* c) *decisão de vir a ocupar o Poder;* d) *busca de apoio popular usando as eleições e outros meios disponíveis.*

O interesse deste conceito operacional é sobretudo o de procurar fornecer critérios que ajudem a sistematizar a realidade política de cada modelo. A *continuidade* procura demarcar o partido das clientelas e camarilhas que se juntam a chefes ocasionais; a *implantação* procura demarcar o partido dos simples grupos parlamentares que manifestam tendências, cisões, conflitos de personalidades, mas que, tendo uma voz superior ao seu poder por simples uso da tribuna, não substituem a força do partido assente nas bases; a *vontade de exercer o Poder* é o que distingue o partido dos grupos de interesses e de pressão[26]. Vamos ver, numa perspetiva funcionalista, a origem e comportamento gerais dos partidos.

a) Origem dos Partidos

O problema da origem dos partidos tem importância para a análise conceitual das suas funções, porque, tal como para a análise do Estado, o ambiente desempenha um papel de relevo.

Os primeiros partidos modernos nasceram em relação com o *ambiente parlamentar,* no sentido de Easton, das sociedades políticas liberais ocidentais; nasceram em relação com o ambiente das *sociedades ocidentais industrializadas,* independentemente do ambiente parlamentar; nasceram em relação com o *desmantelamento do aparelho de intervenção estadual,* em geral gasto na guerra; nasceram no ambiente da *luta armada ou subversiva* contra os poderes coloniais.

O *ambiente* marcou em todos os casos a organização, as funções assumidas, a estrutura interna, o comportamento geral.

No seu trabalho, geralmente citado, *Les Partis Politiques,* Duverger utiliza a distinção entre partidos de *criação eleitoral* e partidos de *criação exterior.* Os primeiros são realmente aqueles que nasceram relacionados com o *ambiente parlamentar* das sociedades liberais; os segundos, que nasceram relacionados com outros ambientes, não parece que fiquem suficientemente caracterizados radicando-os no desenvolvimento de organismos exteriores à mecânica parlamentar, porque não se explicam assim as exigências do ambiente a que procuraram dar resposta.

A sugestão que fazemos, da relacionação com o ambiente, tem apenas esse objetivo, e só parece ter alguma utilidade para a segunda categoria de Duverger. Seguindo portanto a análise deste autor, quanto aos partidos nascidos em relação com o ambiente parlamentar liberal, vê-se que o seu aparecimento e desenvolvimento foi sobretudo tributário de duas variáveis: a extensão das *prerrogativas parlamentares* e o *sufrágio popular.*

[26] Duverger, *Institutions politiques,* Paris, 1960; *Les partis politiques,* Paris, 1969; J. la Palombara, M. Weiner (ed.), *Political Parties and Political Development,* Princeton, 1966.

Por um lado, a crescente importância das assembleias políticas, correspondendo a exigências do ambiente político, obrigou ao concerto frequente dos deputados, e assim apareceram os *grupos parlamentares.* A nossa época internacionalista viu este mesmo fenómeno repetido na Assembleia Geral da ONU, cuja intervenção progressivamente crescente nos problemas mundiais determinou a formação de grupos bem identificados, com regras próprias e organização específica, os quais correspondem, neste novo plano, aos grupos parlamentares.

Por outro lado, o alargamento do sufrágio, que durante todo o século XIX foi radicalizando o liberalismo no sentido democrático, obrigou a montar um esquema de intervenção que mobilizasse os votos, aparecendo os *comités eleitorais.*

O partido nasceu finalmente da federação desses elementos de base, coordenados pelos grupos parlamentares[27].

Os partidos de origem parlamentar decorrem naturalmente da estrutura política liberal, elitista, com um corpo eleitoral a princípio reduzido, e representam uma resposta ao alargamento do eleitorado e uma tentativa de o canalizar e orientar dentro da concepção liberal.

Mas os partidos nascidos fora do ambiente parlamentar já parecem melhor explicados a partir do conceito de *estratos sociais párias.* Representam respostas a ambientes estranhos ao projeto liberal, muitas vezes constituindo efeitos negativos do sistema. É assim que o aparecimento do *proletariado,* que o projeto liberal não previa, deu origem ao *sindicalismo* como forma de representação dentro da sociedade civil. Depois, porque os interesses a que correspondiam não estavam previstos no projeto liberal, originaram uma representação política própria, que muitas vezes foram os partidos socialistas, como muito claramente se passou com o Labour Party, nascido em 1899.

Os partidos agrários, que se encontram pela Europa, a democracia-cristã europeia, os partidos conservadores, como na Holanda, tiveram origem em associações ou até intervenção de igrejas.

A luta anticolonialista criou o ambiente que esteve na origem dos *partidos populistas* das zonas tropicais e subtropicais, monopolistas, autoritários, centralizados, muitas vezes militarizados, para responder às necessidades de populações párias, sem forma de expressão autónoma no mundo moderno, e sem capacidade para a organizar.

[27] D. Epstein, *Political Parties in Western Democraties,* Londres, 1967, concordando com a explicação de Duverger.

O partido moldou-se nas formas do poder colonial expulso, ou simplesmente substituiu-o, procurando assumir as mesmas funções e confundir-se com o Estado, que era a imagem que o poder colonizador transmitia. Ao monopolismo do aparelho colonizador corresponde o monopolismo do partido único que assumiu e preencheu o vazio do Poder.

Estes partidos, seguindo o modelo das instituições militares, tenderam para ocupar o Poder monopolisticamente, mesmo nos territórios onde o colonizador tinha instalado embriões de organização parlamentar e pluralista[28].

Em muitos lugares, mesmo na Europa, os partidos que nasceram do ambiente das sociedades industrializadas ou em vias de industrialização, inspirados pela ideologia marxista, e procurando assumir a função tribunícia do proletariado, assumiram o poder monopolista em consequência da derrocada do aparelho militar do poder que substituíram. Foi assim na Rússia depois da derrocada militar da guerra de 1914-1918, foi assim na Europa do Leste depois da derrocada da guerra de 1939-1945, foi assim na China depois da derrocada causada pela longa guerra contra o Japão.

Não se passou assim na Alemanha Ocidental nem no Japão, porque um dos vencedores da guerra, os EUA, ocuparam então o lugar do destruído poder político local e reorganizaram o ambiente político em termos de permitir soluções pluralistas.

b) As Funções Tradicionais dos Partidos

As funções dos partidos variam de acordo com o tipo de *ambiente* em que nasceram, visto que procuram dar resposta às exigências específicas de cada um. Os partidos nascidos no ambiente parlamentar-liberal, antes que tal ambiente fosse excedido pela evolução das sociedades ocidentais para industrializadas, afluentes e de consumo, viram as suas funções variando dentro de um quadro restrito, que a Constituição francesa de 1958 definiu como concorrer para a *expressão do sufrágio*, e a Constituição alemã descreveu como a função de concorrer para a *formação e expressão da vontade política*.

Esta função desdobra-se em três aspetos fundamentais: *formar a opinião pública, propor os candidatos à eleição, disciplinar os eleitos*. Entre os períodos eleitorais, o debate parlamentar é uma constante *alegação* dirigida ao *eleitorado*, a preparar a sentença política do *sufrágio*.

[28] Palombara, cit., p. 12.

Em alguns dos regimes ocidentais mais típicos, que se basearam nesse ambiente liberal, o executivo raras vezes é atingido nos períodos intermediários. É o caso dos EUA e da Inglaterra, onde o executivo evolucionou em termos de estar sujeito a escassos acidentes de percurso, nos períodos intercalares das eleições gerais.

A pregação dirigida à opinião pública da tribuna parlamentar fornece dados, críticas, valores, orientação ideológica, tentando racionalizar a futura escolha do eleitorado. Tal atividade encaminhou-se em termos de despersonalizar a eleição dos representantes, que deixaram de ser os *notáveis* regionais, para serem os *propostos* dos partidos.

Os partidos podem fazer a sua escolha de propostos entre os *notáveis* por razões de estratégia eleitoral, mas o eleitorado é colocado perante a necessidade de escolher entre aqueles que os partidos lhes oferecerem, de tal modo que, em termos políticos, *o mandatário é o partido, não são os deputados.*

Por isso se viu desenvolver a prática, umas vezes juridicamente consagrada, outras vezes assente em compromisso pessoal ou estatutário, de os dissidentes parlamentares renunciarem ao mandato, que se entende recebido do partido e não do eleitorado. É este ponto que Epstein pretende sublinhar ao falar na *função pragmática* e de *estruturação do voto* que atribui aos partidos[29].

O resultado visível desta evolução é que o conservadorismo dos regimes com partidos, que mantêm os *notáveis* no Poder em vista da origem familiar e da posição dominante na sociedade civil, é substituído por um *conservadorismo partidário,* que recruta e conserva os seus eleitos, e facilmente os torna submissos à direção interna do partido, porque sem a indicação do partido não terão possibilidade apreciável de se apresentarem ao eleitorado.

A manutenção de um clima democrático dentro dos partidos, evitando a implantação de uma oligarquia interna, é por isso uma dificuldade constantemente debatida e posta em evidência. Em alguns casos, e isso foi muito visível na evolução portuguesa depois da Revolução de 25 de Abril, os *notáveis* do regime anterior circulam para *notáveis* dos partidos, substituindo o conservadorismo da origem e da função social pelo conservadorismo partidário, algumas vezes dentro da máquina de partidos que ideologicamente se definiam como reformistas ou até revolucionários.

[29] Epstein, cit., p. 77. Igualmente, David E. Apter, *The Politics of Modernization,* 1969, p. 181. Um critério rigorosamente funcionalista, a partir do ambiente, é aplicado por Frank J. Sorauf, *Political Parties in the American System,* Boston, 1964.

O Poder, em todos os regimes, acaba sempre nas mãos de um grupo restrito de homens, mas o fenómeno com interesse neste caso é o de as *elites* dos estratos conservadores conseguirem circular para o corpo dirigente implantado pela revolução, com uma nova semântica, mas sem quebra de continuidade no Poder. Será um estudo útil verificar até que ponto a imagem tecnocrática deu cobertura a esta circulação e permanência.

Finalmente, a função de enquadramento dos eleitos é tão importante para os partidos que exercem o Poder, como para os que se encontram na oposição. Assim, na Inglaterra, o regime, pressupondo as liberdades públicas e a alternância periódica, assegura a um partido, por tempo determinado, o domínio completo da máquina estadual. Isto implica que o partido disciplina inteiramente o comportamento político dos eleitos[30].

Este modelo é que parece orientar a disciplina a que nos referimos, com variantes conforme os países e partidos tributários do ambiente liberal de origem. O *grupo parlamentar* deve apresentar-se disciplinado nas intervenções e sobretudo no voto. Este deixa de ser a expressão de uma opinião individual, e até de uma apreciação colegial do mérito das questões, para ser com frequência a expressão do acordo a que as *negociações* entre os partidos, fora do Parlamento, conduziram. A *concertação* substitui o exercício do mandato, e o objeto desse acordo é a partilha possível dos benefícios do poder. A disciplina do voto pode ser *rígida* ou *flexível*, mas é geral.

c) A Complexidade Crescente das Funções dos Partidos

Os partidos nascidos fora do ambiente parlamentar, e sobretudo os que nasceram nos ambientes da autodeterminação e do anticolonialismo, tiveram de corresponder a exigências muito mais complexas, justamente porque, como se disse, tenderam para se moldar nas formas do *poder colonial* expulso e assumiram a imagem do próprio Estado monopolista que se propunham substituir.

Em muitos lugares, porque seguiram o método da luta armada, assumiram de facto o lugar do Estado nas regiões que conseguiam controlar, e a distinção de funções, entre uma coisa e outra, deixou de ser possível.

A tendência para o totalitarismo tornou-se comum, e a personalização do Poder um traço frequente. Como notou Apter, o ambiente marca de tal maneira a forma dos partidos que eles aparecem, nesse aspeto, como variáveis dependentes do quadro sociopolítico a cujas exigências procuram dar resposta.

[30] Desenvolvimento deste ponto em A. Moreira, *Política Internacional*, Lisboa, 1950, cap. III.

Os funcionalistas, como Almond, Merton e Lavan, este em polémica viva com Duverger, fizeram um esforço considerável no sentido de conceptualizar operacionalmente as funções aparentes e latentes dos partidos nascidos destes novos ambientes.

Não tem grande interesse examinar as diferenças de detalhe em que se afastam, mas é útil recolher as categorias gerais em que concordam, as quais por sua vez influenciam os partidos tradicionais, obrigados a readaptar-se às novas formas de competição.

Não parece cometer-se erro apreciável concluindo que todos seguem, com maior ou menor rigor, o modelo de análise proposto por David Easton para a compreensão da dinâmica de resposta do próprio aparelho político. No fundo, os partidos são projetos de aparelho político e é natural que reproduzam o processo do aparelho que pretendem substituir e ocupar, de modo que, conforme o aparelho político invade ou ameaça invadir a sociedade civil, a estrutura do partido reproduz ou antecipa o projeto.

Nas sociedades contestatárias contemporâneas, a função que parece mais significativa, quer o partido tenha acesso aos órgãos do Poder, quer sobretudo quando o não tem, é a *função tribunícia*, identificada por Lavan, e que se traduz em ser a voz das aspirações párias ou não representadas da comunidade.

Quase todas as organizações da chamada *nova esquerda* se apresentam sobretudo com essa função. Os partidos comunistas europeus, na medida em que sistematicamente se afastaram das responsabilidades do Governo, mesmo quando tiveram ou lhe ofereceram essa oportunidade, optaram sobretudo pela função tribunícia.

Segue-se a função de *articulação de interesses*, que lhe vai dar a base de apoio na sociedade civil, e implica a federação dos grupos e dos indivíduos em relação aos quais quer exercer a função tribunícia. As técnicas usadas para a articulação dos interesses são muito variadas: a *negociação pragmática*, como nos EUA; a *vinculação ideológica*, como acontece com os partidos revolucionários; a *mobilização do sistema de crenças e valores*, como se passa com os partidos conservadores.

Uma *função de comunicação*, no sentido de Karl Deutsch, que mantém a circulação das informações entre as bases e as cúpulas, e entre o partido e o ambiente; *uma função de manutenção*, que se traduz em adaptar constantemente a máquina às variações da conjuntura para que se mantenha eficiente e operacional; uma *função de criatividade*, imaginando, divulgando e acreditando soluções para os conflitos de interesses; uma função de *responsabilidade política*, que se traduz na participação possível nas decisões do aparelho do Poder.

d) Tipologia dos Partidos

A tipologia dos partidos pode ver a sua utilidade contestada com o fundamento de que as realidades sociais e históricas só permitem compreender os partidos em relação com o seu meio social, ambiente nacional e peso histórico. O argumento prova de mais, porque tornaria inútil toda e qualquer tipologia, e sem esse apoio metodológico não se pode estudar nenhum problema social.

Chamar a atenção para o caráter puramente operacional dos tipos é apenas lembrar aquilo que a própria teoria metodológica começa por enunciar, e portanto ninguém pretende que reproduzam a realidade, todos sabem que a simplifica.

Acontece que o internacionalismo crescente da vida pública e privada, que neste domínio se traduz na importância progressiva das internacionais de partidos, cada vez mais exige uma tipologia que os permita racionalizar. A mais divulgada é a de Duverger, e a sua utilidade é geralmente reconhecida, com correções ou complementos que resultam das perspetivas de cada autor ou de necessidades suscitadas pela análise de modelos concretos.

A sua principal classificação é a que estabelece a distinção entre *partidos de quadros* e *partidos de massas.*

Os partidos de quadros foram os que nasceram no ambiente liberal, elitista por definição, magistrais por filosofia. O seu objectivo era sobretudo reunir os *notáveis* que exerciam uma magistratura política considerada natural na sociedade civil. Tudo estava de acordo com a limitação censitária do eleitorado, com a distinção liberal entre cidadãos ativos e cidadãos passivos, com a proclamada ideia de que a razão deveria presidir à vida política e que as assembleias políticas funcionariam como academias.

Os factos não corresponderam exatamente aos pressupostos, a compostura académica não saiu sempre respeitada, a razão não dominou os interesses e as paixões, mas o projeto era esse. Os atuais partidos liberais europeus, e os partidos conservadores, ainda se aproximam deste esquema, pelo que, na divisão corrente entre esquerda e direita, é sobretudo um modelo de direita. Os parlamentares em geral desfrutam de uma independência pessoal razoável na sua ação, a máquina partidária é flexível, o número de intervenientes nas decisões partidárias não é excessivo.

Onde os partidos de massas ganharam importância no debate democrático, como aconteceu na Inglaterra, os partidos de quadros viram-se obrigados a importar algumas características destes últimos, como acontece por exemplo com a disciplina de voto que o partido conservador também hoje pratica.

À medida que o eleitorado se alargou, e que os *cidadãos passivos* do regime liberal se transformaram em estratos sociais reivindicativos e participantes na vida pública, também deram origem à sua expressão específica, que foram os *partidos de massas*. Naturalmente, foram os partidos socialistas quem forneceu a fórmula, que seria sofisticada pelos comunistas, e copiada, por instinto de defesa, pelos *fascismos* e até pela *democracia cristã*. O conflito já não é entre *conservadores-liberais*, que participam largamente na mesma conceção do mundo e da vida, é entre *liberais-socialistas* que apelam para estratos sociais diferenciados e opostos nos interesses, nas tradições, nos objetivos.

A ideia de *classe* dá aos partidos a vocação de representar a sua na totalidade, e de desempenhar em relação a toda ela as complexas funções que ficaram antes enumeradas. É como que o projeto de um Estado, para vir a ocupar o Estado.

O desenvolvimento desta ideia até ao extremo limite virá a determinar a política de saneamento do *aparelho político* e do *aparelho privado*, tão larga e minuciosamente praticada em Portugal pela Revolução de 25 de Abril, sob comando comunista e pactuação de várias tendências socialistas, castrenses e civis. O partido de massas reproduz a própria orgânica do Estado que pretende implantar, tem um poder interno tão supremo como o poder político que deseja assumir, uma burocracia e uma tecnocracia obedientes, com frequência uma segurança militarizada, uma alimentação da tesouraria decalcada no sistema dos impostos, um poder legislativo interno e uma jurisdição sem apelo exterior. Segrega uma classe dirigente, oligárquica, poderosa e fechada, que permanece longamente no Poder: os chefes comunistas europeus e alguns socialistas são de facto vitalícios, e os fenómenos de contestação interna são raros e tanto quanto possível omitidos ao conhecimento público[31].

O modelo extremo foi definido por Lenine em 1902, em *O Que Fazer?* Tratava-se de forjar uma arma constituída por *revolucionários profissionais*, que dirigisse autoritariamente a massa considerada inconsciente dos seus próprios e verdadeiros interesses. O princípio elitista era a trave-mestra da ordem de batalha. Trotsky emitiu a previsão de que, por esse caminho, tudo

[31] R. Michels, *Les partis politiques*, Paris, 1914, p. 294.

se encaminharia para que «a máquina do partido tome o lugar do partido, o *comité* central substitua a máquina do partido, e, finalmente, um ditador tome o lugar do *comité* central».

A partir de 1924, o Komintern impôs a todos os partidos comunistas ocidentais a organização do partido leninista. Aquilo que se chama o *centralismo democrático* significa a autoridade indiscutida que vem do topo até às células, e a transformação das eleições internas em aclamação das decisões da hierarquia.

A organização de reação, de que foi tipo o Partido Nazi, acolheu francamente o modelo militar na estrutura interna. A esquadra, a secção, a companhia, o batalhão, o regimento, a brigada, a divisão foram os escalões da hierarquia. Por isso é frequente que os autores agrupem na mesma rubrica comunistas e fascistas, unindo-os pelo traço do totalitarismo: o Estado é para ser ocupado na totalidade, sem partilhas, e sem autonomia da sociedade civil[32].

Esta tipologia básica de Duverger tem sido aplicada tentativamente quer aos países subdesenvolvidos ou em desenvolvimento, quer aos países a caminho de serem sociedades pós-industrializadas. O primeiro caso mereceu a atenção de investigadores como Morgenthau, Coleman e Rosberg; o segundo foi objeto das análises de Epstein e Kirtchheimer.

Sem necessidade de expor todas as minúcias das diferenças que enriquecem as análises respetivas, julgamos que o fenómeno nos países subdesenvolvidos, principalmente nas zonas tropicais e subtropicais que ganharam personalidade política recente, leva a distinguir duas fases. Na primeira, que termina com a Segunda Guerra Mundial, os partidos foram muito moldados nas tradições ocidentais, liderados por indivíduos saídos das universidades europeias, desejosos de encontrar raízes nacionais para os seus povos, cultores das tradições e dos costumes ancestrais. O seu objetivo foi mobilizar os notáveis, definidos agora pela cultura local, no sentido de servir um nacionalismo copiado dos ideais europeus aos quais a realidade local não se adaptava. O modelo dos partidos de enquadramento era o que tinham em vista.

Mas o avanço da doutrinação marxista, a experiência da segunda grande guerra, a liderança assumida por homens que já não vinham das universidades europeias, mas sim da banca do trabalho e dos postos inferiores do Exército, inclinou no sentido de adotar o modelos dos partidos de massas, hoje dominante nessas regiões.

[32] Schwartzenberg, cit., p. 497 e segs.

O afastamento deste modelo do partido de massas dá-se sobretudo em regiões limitadas da África francófone, como o Senegal e a Costa do Marfim, mas a incidência do partido monopolista, centralizado e totalitário, é a regra geral, usando de uma violência que, como se viu recentemente na Etiópia, transfere para a vida política interna os métodos da guerrilha.

Nos países a caminho de pós-industrializados, a novidade anda a ser enquadrada nos chamados partidos *attrape-tout*, nascidos da abundância, do consumo, do apaziguamente ideológico. Os partidos da direita, do centro e da esquerda seriam compelidos a essa pescagem indiscriminada de eleitores, usando com frequência a personalidade irradiante dos candidatos.

O seu método é a *concertação*, o ajustamento negociado dos conflitos em clima tecnocrático, com uma hierarquia fluida, civilizada, sem agressões verbais nem incompatibilidades intransponíveis. Talvez o partido centrista espanhol, que, sob a aprovação do rei, conduziu a passagem do franquismo para a nova democracia espanhola, seja o exemplo mais típico dessa forma nova de partido. O problema está em saber se o partido *attrape-tout* não corresponde apenas ao equívoco do apaziguamento ideológico, uma teoria que examinaremos a seu tempo, e que ganhou certo apoio, depois do fim da guerra, entre os analistas das sociedades industrializadas.

Os factos parecem demonstrar que o apaziguamento ideológico foi apenas uma ilusão criada pela circunstância de os velhos partidos ficarem subitamente sem representatividade, em muitos países, porque o pós-guerra transformou de tal modo as condições do ambiente interno e internacional que os antigos conflitos foram substituídos por uma nova e inesperada tabela de confrontos.

Todas as antigas lideranças, que tinham passado anos em lutas ideológicas, se encontraram como que aposentadas, sem encontrarem já na sua frente os conflitos do passado. Para elas, e para os seus partidos, era de facto o apaziguamento ideológico, ou aquilo que Leibnitz chamaria "a paz dos cemitérios".

Mas os factos, como muito visivelmente se passa em Espanha, mostram que, enquanto o partido *attrape-tout* preside à tranquilidade formal da concertação tecnocrática, a vida real da sociedade civil se multiplica em conflitos novos, sem enquadramento estável, sem representatividade assegurada, e em busca de novas formas de expressão que afloram nas centenas de pequenos partidos em busca de uma base e de um projeto[33].

[33] Otto Kirchheimer, *The Transformation of the Western European Party* in J. la Palombara, cit., p. 177 e segs.

Convém não confundir este tipo de partido com as *Uniões,* forma de organização política que se diferencia dos grupos de interesses e de pressão, e dos partidos. De facto é um agrupamento político sem grande homogeneidade ideológica, salvo a proclamação de alguns princípios muito gerais e de conteúdo variável, que se destinam a apoiar a intervenção de um poder personalizado.

A chefia é o elemento fundamental, e a sua viabilidade depende de um carisma político, que pode ter sido ganho de várias maneiras, incluindo a chefia prévia na guerra, a liderança em períodos de crise aguda, a intuição comprovada, a sabedoria política que leva à aceitação de uma espécie de arbitragem geral.

A União Nacional do regime corporativista da Constituição Política Portuguesa de 1933 era uma organização desse tipo, e também teve essa natureza o partido de Nasser no Egito, que aliás copiou largamente a forma constitucional portuguesa dessa época.

É característica deste tipo de organização a vocação para o esgotamento, porque não sobrevive ao desaparecimento do carisma da chefia, não serve a institucionalização da vida política, faz com que a Administração se sobreponha à política, facilita a criação de clientelas sem contestação, solidariza interesses de pessoas mas não de correntes, não tem processo corretor dos erros.

Outra das suas insuficiências, enunciada por Weber, é que o *carisma* não produz sucessão, mas notaremos que não elimina a ambição de suceder não apenas no cargo, mas também no carisma. E como as técnicas de condicionamento da opinião pública permitem criar carismas fictícios, coisa que Schwartzenberg analisou magistralmente no seu *Estado Espetáculo,* a manipulação da propaganda ensaia vencer as leis da sociologia, inventando o carisma, e o desastre. Foi o que se passou em Portugal com a Ação Nacional Popular, que tentou a continuidade da esgotada fórmula da União Nacional, pelo uso intensivo e dirigido da propaganda, sem resultado. Os partidos aparecidos em Portugal depois da Revolução de 25 de Abril de 1974, embora condicionados todos pelas imposições contratuais do Movimento das Forças Armadas, apelaram, cada um, para tipos diferenciados.

§ 2º
Domínio da Sociedade Civil

1. Mobilização da Comunidade Política

Vimos que o *Poder* é uma relação, que um dos termos dessa relação é a *sociedade civil* e que nesta se encontra a *sede de apoio* ativo ou passivo ao aparelho do Poder e aos instrumentos de luta pelo Poder.

A sede de apoio ativo é que verdadeiramente constitui a *comunidade política,* dividida entre os projetos que pretendem o domínio do aparelho do Poder. A própria origem e constituição dos partidos assenta num juízo sobre a composição real da *comunidade política* e sua relação com o que hoje se chama a *maioria silenciosa,* em vista do crescente alheamento dos indivíduos em face da luta política.

O problema da *forma* do Poder tem aqui relevância, porque existe com frequência uma falta de coincidência entre a *definição legal* da comunidade política e a *definição política* dessa comunidade. A definição legal da comunidade política traduz-se no *eleitorado,* com este ou outro nome, e existe em todas as formas de regimes, embora formalmente seja uma criação do Estado racional-normativo. Abrange todos aqueles cujo consentimento concorre legalmente para a formação da pirâmide do Poder: os cidadãos da cidade antiga, os notáveis do regime feudal, os cidadãos ativos do liberalismo, o cidadão dos regimes democráticos, o membro do partido monopolista.

Mas a realidade política não se confunde com a definição legal, e pode ser mais extensa ou menos extensa do que a norma inculca e proclama, para afirmar a imagem desejada pelo Poder.

Nos regimes coloniais do século XX, as doutrinas do indigenato excluíam legalmente da comunidade política a generalidade dos nativos, mas a realidade política rapidamente se demonstrou diferente e bem mais extensa do que as leis consentiam.

Os regimes racional-normativos do Ocidente tendem para fazer coincidir legalmente a comunidade política com a totalidade da população maior, mas o processo político demonstra que ela é bem menos extensa e que os não participantes, os abstencionistas, crescem em termos de constituir a referida maioria silenciosa.

A luta pelo Poder dirige-se à comunidade política real e só parcialmente se mantém dentro dos limites normativamente definidos no contexto da forma que o Estado tenha adotado.

A mobilização da maioria silenciosa, que não utiliza a faculdade legal de intervir, em regra não tem necessidade de exceder os quadros legais. Mas as camadas párias, isto é, aquelas que não têm direito à oportunidade de participar, ou que encontram na estrutura social uma resistência que lhes não permite exercer de facto a participação, ou que não reconhecem legitimidade à representação legal a que o sistema conduz, constituem a base do apelo à mobilização que excede os quadros legais.

A filosofia racionalista que formulou a *ideia de constituição,* embora tenha inspirado uma revolução e ocupado o aparelho do Poder por via revolucionária, imaginou que o processo político passaria a decorrer disciplinado por uma racionalidade expressa num direito positivo. Daqui que a revolução passasse a ser encarada, de um ponto de vista normativo, como a violação das normas legais que disciplinam o acesso ao Poder, conceito puro que cobre uma gama muito variada de intervenções ilegais, desde o golpe de Estado, que mantém a forma e a estrutura e muda os homens, até à imposição de uma nova pirâmide do Poder, com diferentes critérios de legitimidade e de forma do Estado[34].

O processo político, todavia, o que faz é *usar as normas* como um dos dados do problema da aquisição do Poder, mas excede-as com frequência crescente. As normas jurídicas são um instrumento do Poder que pretende manter-se e um dos elementos racionalmente utilizados pelos que lutam pela sua aquisição. Uns e outros as excedem com frequência crescente, e este facto não pode ser ignorado.

2. O Poder de Sufrágio

A manutenção da luta pelo Poder dentro dos quadros legais, sobretudo depois da instauração dos regimes racional-normativos, levou à autonomização de um novo poder que se acrescenta à classificação clássica de Montesquieu. Logo no século XIX, pela pena de Pinheiro Ferreira, aparece esboçada a identificação deste poder, mas realmente foi o institucionalista Maurice Hauriou quem lhe deu direito de cidade[35].

Definindo o seu tema, escreve Hauriou que «o poder chamado sufrágio corresponde a esta operação da vontade que se chama consentimento, isto é, a esta operação que consiste em aceitar uma proposta feita ou uma

[34] Carlos Cossio, *El concepto puro de revolución,* Barcelona, 1936.

[35] Pinheiro Ferreira, *Cours de droit public interne et externe,* Paris, 1830, II vol., p. 355.

decisão tomada por outro poder. A eleição é uma das funções deste poder, pela qual dá o seu consentimento a uma candidatura; o referendo é uma outra das suas funções, pela qual dá o seu assentimento a uma lei votada pelo legislativo; podemos chamá-lo poder de sufrágio, com a condição de manter à palavra sufrágio o seu sentido primitivo, que é o de assentimento e de confiança, porque o assentimento repousa essencialmente sobre a confiança»[36].

Esta construção, puramente jurídica, apresenta-se ligada aos primeiros textos constitucionais inspirados pelo racionalismo da Revolução Francesa e procurou um enquadramento lógico para o *corpo eleitoral* dentro de um sistema baseado no princípio da *soberania nacional.* Mas se a Nação é considerada como uma realidade que transcende os indivíduos, é difícil entrepor entre ela e os poderes representativos essa realidade concreta e viva que são os eleitores. A *soberania popular,* que não é a mesma coisa que a *soberania nacional,* encarna nesse corpo intermediário que são os eleitores, encarregados de fazer a transferência dos poderes nacionais aos órgãos do legislativo e do executivo. O esforço lógico é talvez criticável, mas permite fazer funcionar o modelo do contrato, ou do acordo, em que se baseava toda a estrutura jurídica racional-normativa.

Simplesmente, do ponto de vista político, as coisas passam-se de maneira diferente. Do que se trata, pelo que toca aos instrumentos da luta pelo Poder, é de *capturar* o poder eleitoral. Práticas nascidas no período áureo do constitucionalismo racional-normativo, como o caciquismo político, o voto de cabresto, a falsificação dos cadastros, o voto dos mortos, o compadrio, correspondem à realidade da luta travada.

O *voto* é a expressão jurídica e formal do poder de sufrágio e satisfaz o normativismo inspirado pelo modelo contratual. Mas politicamente exprime a submissão ao poder que o captura e que não se embaraça excessivamente sobre os meios de o obter. Podem ser meios legais, por coincidência, mas antes de mais são os meios capazes de levar à definição de uma sede de apoio que permita, respeitando a legalidade formal, ocupar a sede do Poder.

As coisas não são muito diferentes nos EUA, organizados formalmente segundo a doutrina dos federalistas, mas onde constantemente explodem os escândalos relacionados com as práticas ilegais destinadas a capturar o poder eleitoral, incluindo a corrupção e a violência.

[36] Maurice Hauriou, *Précis de droit constitutionnel,* Paris, 1929, p. 351.

À margem desta panóplia de intervenções, a manipulação da opinião pública, pelo abuso dos meios de comunicação, pela campanha feroz contra os adversários, pela calúnia, pela injúria, pela injúria difamatória, são demonstrações, algumas vezes marginais, mas significativas, da verdadeira natureza do fenómeno.

A *captura do poder de sufrágio* é portanto apenas um aspeto da luta pela constituição de uma base de apoio, ativa e passiva, na sociedade civil que a ocupação da sede de exercício do poder permitirá governar.

A autenticidade da vida pública, de que a Suécia parece aproximar-se mais do que a generalidade dos países, tende para fazer coincidir os meios de captura do poder de sufrágio com os meios legais e diminui a intervenção do pragmatismo imoral.

É sabido que uma imprensa independente e arbitral contribui poderosamente para esse efeito, e aponta-se como exemplo recente e histórico a ação do *Washington Post* que levou à demissão do presidente Nixon. Mas por isso mesmo a captura dos meios de comunicação é uma das tarefas a que se dedicam as formações que lutam pela captura do Poder, e a experiência da Revolução portuguesa de 25 de Abril foi uma das demonstrações mais descobertas dessa técnica.

A corrida para o domínio dos meios de comunicação, com o refinamento de pôr os encargos ao cuidado do orçamento público, foi uma das competições mais severas dos partidos em concorrência. Em vez de servir uma opinião pública esclarecida que tornasse independente e arbitral o poder do sufrágio, procurou-se dominar os meios de comunicação que permitem manipular a opinião pública em termos de captura do Poder.

Os regimes totalitários e monopolistas procedem de igual modo, e tratam de condicionar direta e indiretamente os meios de comunicação, porque reconhecem que o domínio da opinião pública é um instrumento fundamental para dominar a sociedade civil, ainda quando não seja mobilizando uma base ativa de apoio, pelo menos assegurando a passividade.

3. A Resistência Passiva de Gandhi

O fenómeno anticolonial do século XX, que contribuiu para o apuramento de vários processos do domínio da sociedade civil, deu origem ao aparecimento, definição e utilização do mais ético e eficaz dos meios de liquidação do Poder sobre a sociedade civil e de transferência das fidelidades, que foi a *resistência passiva* de Gandhi.

Toda a filosofia desenvolvida se reduz à evidência lógica de que o Poder só manda se lhe obedecem. Por outro lado, assenta na evidência factual de que nenhum poder está preparado para enfrentar senão a desobediência ocasional, e que, se a violência do Poder é eficaz contra a desobediência ativa, não é muito grande o espaço de manobra que lhe fica contra a simples passividade generalizada.

O aparelho do Poder consegue cobrar o imposto do contribuinte relapso, mas não tem grandes meios para vencer uma greve geral de contribuintes. É fácil proibir uma manifestação pública e deter os responsáveis pela provocação, mas é difícil resistir à avalancha dos manifestantes que fazem tudo para também ser presos pela desobediência persistente e sem agressão contra a autoridade. Se não é possível convencer o Poder a eliminar o imposto sobre o sal, é impossível ao Poder impedir que uma multidão marche em direção ao mar para colher e utilizar a água salgada.

Movimentos de multidões determinados por coisas tão simples de enunciar também apenas são possíveis quando o carisma acompanha o dirigente político. Esse foi o caso de Gandhi, uma das mais notáveis personalidades carismáticas da História.

Não tinha maior poder ou meios do que os que derivavam da confiança que obteve das pessoas. Nos momentos críticos da luta que conduziu contra o Império Britânico das Índias, iniciava a greve da fome e fazia tremer o colonizador com a antevisão do levantamento geral que a sua morte produziria pelo facto de ser atribuída à intransigência do Poder.

O carisma colocou-o numa situação privilegiada de tirar a razão política ao adversário pelo simples facto de se mostrar decidido a morrer, e todos deram por certo que a morte não seria atribuída à sua própria decisão, mas sim à teimosia do adversário em não ceder.

A passividade veio a ser utilizada pela *nova esquerda*, como veremos, nos próprios EUA, mas a mansidão nunca mais seria usada por ninguém com tal eficácia para obter a fidelidade da sociedade civil e promover a inoperância do aparelho do Poder.

Quando a Índia foi dividida em Paquistão e União Indiana, o mestre da não violência, para salvar o sonho da grande Índia, doutrinou que os Indianos, esmagadoramente maioritários, deveriam ceder e entregar-se ao poder muçulmano a troco da unidade. A sua proposta, dessa vez, defrontou-se com o demónio da política, da ambição do mando, e a satisfação dos projetos de cada grupo passou por cima dos cadáveres de centenas de milhares de indianos e paquistaneses, que o tinham seguido unidos no passado, e que foram vítimas recíprocas de uma das maiores matanças contemporâneas.

Para que o tremendo obstáculo do seu carisma e da sua doutrina não pusessem embaraços à execução dos projetos políticos em curso, ele próprio foi assassinado. Esta brutal conclusão de uma vida santificada demonstrou que a resistência passiva é um instrumento exclusivo de personalidades carismáticas. Nunca mais voltou a ser usada com a mesma eficácia e exemplaridade.

4. Terror

O domínio da sociedade civil pelo terror foi uma das práticas da Revolução Francesa, e Robespierre deu para isso uma significativa contribuição. Mas a prática transformou-se modernamente num instrumento de grupos minoritários e ativistas, que procuram a destruição da capacidade do aparelho do Poder de governar a sociedade civil pelo facto de o impedirem de oferecer a esta a segurança da vida quotidiana. Acreditam que o descrédito do aparelho do Poder terá como contrapartida o desencadear do processo de transferência da obediência para o aparelho revolucionário que pretendem instalar.

O terror é um procedimento que não exige excessivos meios materiais e humanos, está ao alcance de grupos restritos e tem um campo de ação quase ilimitado.

Os seus agentes têm demonstrado uma vasta capacidade de organizar a própria segurança e de transferir os custos para o próprio aparelho do Poder.

De facto conseguem demonstrar a extrema fragilidade do aparelho do Poder, que, tal como a desobediência passiva provou, só manda se lhe obedecem. Também não necessitam dessa coisa rara que é a chefia carismática e parecem procurar mais o suporte passivo e temeroso da sociedade civil do que a mobilização das participações ativas.

Os desvios de aviões, os raptos seguidos de resgate, o massacre ocasional, o rapto e assassínio de personalidades políticas, como o almirante Carrero Blanco em Espanha e Aldo Moro na Itália, a morte indiscriminada de agentes da autoridade como em Espanha, o atentado seletivo contra dirigentes da vida pública e privada como na Itália, tornaram-se instrumentos comuns da luta política, que fazem esquecer como coisas menores os atentados anarquistas do passado.

A guerrilha urbana, tal como foi praticada no Brasil na década de 60, também se inscreve no processo. O terror verbal, que destrói reputações, ataca valores individuais inseparáveis da personalidade, faz parte desses procedimentos destinados a dominar a sociedade civil.

A revolução portuguesa de 25 de Abril foi um vasto laboratório desta última forma de terrorismo. Os saneamentos espectaculares, os jornais de parede, o insulto organizado, a difamação sistemática, a ameaça, a devassa das vidas privadas, a vaia pública, o emporcalhamento das intenções, a expulsão dos lares, a ocupação dos lugares de trabalho, o esbulho, a prisão arbitrária, a tortura, tudo foram instrumentos de domínio da sociedade civil pelo terror, ao mesmo tempo que se provocava a emigração de milhares de técnicos qualificados, para deixar a sociedade civil sem qualquer direcção. As mortes por simples falta de capacidade para suportar a agressão não são tomadas em conta quando se afirma que a revolução não foi sangrenta[37].

5. A Força Sindical

Um dos mais importantes fenómenos da conquista do domínio da sociedade civil está a ser revelado pela força sindical, dentro das democracias formais ocidentais, e não nos países soviéticos, onde a sociedade civil não tem autonomia em face do aparelho totalitário do Poder.

Mas no Ocidente, nos países considerados modelos de democracia, Inglaterra, EUA e França, o poder sindical assume uma espécie de governo de sociedade civil à margem dos aparelhos políticos de intervenção, em conflito com eles, e até com repúdio dos partidos que tradicionalmente exerciam a função tribunícia dos trabalhadores.

Este fenómeno está a desenvolver-se dentro de um quadro de dificuldades económicas e sociais que a mitologia política atribui, em grande parte com fundamento, à incapacidade ou imperícia do aparelho do Governo. Este não foi capaz de manter a economia a funcionar com regularidade e desencadeou um processo de crescentes demandas sociais com base numa filosofia de bem-estar progressivo que lhe pareceu o antídoto capitalista contra a subversão marxista.

Parece ter acreditado que a inflação era um motor suficiente para um crescimento económico contínuo, capaz de responder às demandas

[37] O recurso à violência gratuita, antecedente desta técnica, agora com empenhamento político, talvez deva encontrar a sua filiação em Augusto Blanqui (1805-1881), estudado por Dommanget, *Les idées politiques et sociales de Auguste Blanqui*, Paris, 1957.

implantadas pela demagogia eleitoral. As chamadas despesas sociais foram consideradas intocáveis, e assim a sociedade ocidental pareceu querer comprar a estabilidade política, enquanto que os Estados socialistas ofereceram a conquista do Poder sem mencionarem os encargos sociais.

A sociedade civil ocidental viu entretanto nascer um novo institucionalismo, representado pelos sindicatos, que a filosofia liberal não tinha previsto, e que a experiência medieval parecia ter demonstrado ser inevitável. Por muito que às ideologias repugnem as palavras antigas, é um novo corporativismo que se implanta, brotando das necessidades da sociedade civil, e sem qualquer necessária intervenção de um Estado doutrinário.

Os chefes sindicais, nos EUA, na França, na Inglaterra, em nome dos interesses sectoriais, falam com autoridade ao Poder, obrigam os partidos e os candidatos a negociar, estabelecem plataformas de ação e decidem da orientação eleitoral de grande parte do eleitorado.

Enquanto o fenómeno sindical se manteve no campo das relações de trabalho, as implicações políticas não pareceram senão indiretas, designadamente pelos efeitos nos custos de produção, e nos custos da segurança social que a comunidade assume.

Mas os factos evolucionaram em termos de o sindicalismo se implantar como um poder da sociedade civil que desafia o poder político e domina a totalidade da vida coletiva.

O problema político principal é que a representação sindical não tem que olhar mais do que para os interesses sectoriais que lhe estão confiados, e as ações que desencadeia afetam o interesse geral, pelo qual não é responsável. É assim que, na Inglaterra de 1979, o movimento sindical, reivindicando exclusivamente a satisfação de interesses, sectoriais, paralisa a totalidade da vida do país e torna completamente inoperante o poder político.

A Constituição portuguesa de 1976 diz no artigo 59 que *«compete aos trabalhadores definir o âmbito de interesses a defender através da greve, não podendo a lei limitar esse âmbito»*. As palavras da lei admitem designadamente que a greve seja desencadeada por causa da definição ou falta de definição dos objetivos do aparelho político. Deste modo, admite a existência de um *poder* na sociedade civil que frontalmente desafia, critica, e obriga o poder político. Acontece que não define em parte alguma os *trabalhadores* aos quais é confiado este ilimitado poder, não disse a que entidade pertence a função tribunícia nem previu um recenseamento especial para este setor da sociedade global. De facto, nesta data, é aos sindicatos, a todos e cada um, que parece reconhecer a legitimidade desta ação, mas de direito a atribuição é indefinida e deixa margem a qualquer movimento. E como o *Poder é mais funcional* do que *material*, qualquer grupo que domine um setor vital pode desencadear a paralisação da sociedade civil e a inoperância do poder político[38].

6. Substituição de Valores

a) A Contracultura

A substituição dos valores dominantes da sociedade civil é um dos processos hoje mais elaborados de aquisição do seu domínio ativo e passivo e deve distinguir-se da manipulação da opinião pública. Trata-se daquilo que os antropólogos chamam o *sistema de crenças* e constitui um dos aspetos importantes da luta ideológica.

No capítulo respeitante às ideologias veremos as principais matrizes desta luta. Aqui importa apenas referir os procedimentos que se inscrevem na luta pelo domínio da sociedade civil, usando a alteração desse sistema geral de crenças e de valores. Tendo sido um objetivo de todos os grandes movimentos de ideias do passado, incluindo o cristianismo, a reforma, o enciclopedismo, o iluminismo, o liberalismo, o socialismo e o marxismo, é hoje um domínio especializado da *nova esquerda,* em relação à qual todas as outras correntes atuam como conservadoras e reacionárias.

As correntes organizadas em partidos que se tornaram clássicos, incluindo os socialistas e soviéticos, olham com desprazer e crítica esse esquerdismo que repudia a crença nas correntes profundas da História, para dar um lugar mais destacado ao voluntarismo.

Debray escreveu que «onde o esquerdismo quer instantes, a revolução quer processo...». O esquerdismo responde, por exemplo, pela voz de Daniel Bensaïd, que se pode duvidar da vitória, mas não da proximidade dos combates futuros, nos quais esse esquerdismo voluntarista pretende desempenhar um papel qualitativamente diferente do que desempenhou no movimento de maio de 1968 em França.

Para além dos movimentos juvenis, antes desencadeados em vários países a começar nos EUA, das doutrinações da contrassociedade, da criação tumultuosa de novos modelos no vestuário, na música, no lazer, no amor, no convívio, que as sociedades ocidentais testemunharam depois do fim da última grande guerra, maio de 1968 marca o ponto crítico dessa decisão de

[38] Soares Martinez, *Comentários à Constituição Portuguesa de 1976*, Lisboa, 1978, onde se encontram os elementos de direito comparado e uma crítica técnico-jurídica fundamentada.

conquistar a sociedade civil pela implantação de novos sistemas de crença e de valores.

O grito *l'imagination au pouvoir* é mais do que uma fórmula poética, é realmente um programa de total mudança, que apela para a criatividade e repudia simultaneamente o fatalismo histórico e o conservadorismo histórico.

Mas maio de 68 foi apenas o anúncio poético de uma ação que tende a sistematizar-se numa metodologia, que recolhe muitas vezes do passado técnicas que foram usadas pelas grandes correntes inovadoras que se impuseram ao património cultural agora atacado. A doutrinação, a propaganda, a crítica dos modelos de conduta são complementadas pela ação que se pretende exemplar e pedagógica.

O objetivo é desenvolver um papel qualitativamente diferente do de maio de 68; logo que a rutura da paz civil se manifeste, visto que geralmente aceitam que, em tempo de paz social relativa, não poderão promover uma alteração sensível das forças subordinadas aos partidos clássicos, mesmo de esquerda.

Pretendem portanto acumular experiências parcelares que deem, ao que já chamam a parte ativa do proletariado, uma capacidade de ação com alcance social. O famoso caso da fábrica de relógios *Lipp*, que em 1973 prendeu as atenções do mundo pela experiência de autogestão em pleno regime capitalista, foi um dos primeiros exemplos importantes.

Em França, as greves de 1974, em que avultou o caso do Banco Crédit Lyonnais, todas tiveram o mesmo sentido: preparar uma força de intervenção de vanguarda para o caso, por exemplo, de uma greve geral.

Em Espanha, as comissões operárias de Euskadi já foram coordenadas por essa nova esquerda, que pôde tomar a iniciativa de seis greves gerais. Bensaïd considera que a Revolução de 25 de Abril em Portugal não levou à implantação de um modelo da nova esquerda porque lhe faltaram as minorias treinadas nesse espírito. Mas a tarefa que principalmente se atribuem é a de implantar novas perspetivas de valores sociais, que orientem as escolhas da ação política.

A doutrina da autogestão é um dos seus pontos favoritos, e queixam-se de que os partidos existentes, da esquerda à direita, reconhecem a eficácia do método, e se defendem procedendo a uma espécie de furto semântico do tema. Reivindicam a infiltração de novos valores nas Forças Armadas, origem das inquietações dos atuais responsáveis pela segurança nacional[39].

[39] Daniel Bensald, *La révolution et le pouvoir*, Paris, 1976.

Para além deste intervencionismo revolucionário, a substituição de valores da sociedade civil já se encontra sistematizada em correntes e métodos que ganharam identidade. Todos podem ser agrupados sob a designação geral de *contracultura*, embora não coincidam nos projetos de substituição propostos. Todos se abstêm de formular uma ideologia política e formulam uma conceção de vida da sociedade civil. Todos recusam a sociedade industrial e proclamam a rutura com os valores tradicionais. Uma das sínteses mais divulgadas é a conhecida por «movimento *Hippie*»[40].

Nascido na década de 60 em São Francisco, teve a sua espécie de capital em Haight-Ashbury. Herdaram a mansidão de Gandhi, mais do que a cristã, e tornaram célebres *slogans* como: *Make love, not war.* Pregaram contra a sociedade de consumo descrita por Marcuse, e que à competição capitalista se deveria substituir um ideal de pobreza, frugalidade, fraternidade e liberdade.

Praticaram as pequenas comunas, orientadas por um comunismo primitivo. A famosa ópera *Jesus-Christ Superstar* deu uma versão do legado cristão que pretendiam assumir. Procederam a uma tentativa de sincretismo, somando a tradição do budismo *zen* às suas convicções, tirando corolários como a importância da solidão e a moral permissiva.

A droga foi acolhida como um processo de libertação da violência estrutural da sociedade industrializada. J. J. Rousseau voltou a ser um escritor lido e a lenda do bom selvagem recebeu novo impulso. A volta à natureza foi uma conclusão necessária.

Os seus instrumentos de comunicação específica foram a música, as canções de protesto, a literatura, o teatro, o cinema. O resultado esperado é a *revolução pacífica* pela mudança da sociedade civil.

Na linha de Revel, concluiu Edgar Morin, ao examinar este movimento de mudança dos valores: «Mudar a vida, a sociedade e o mundo não consiste apenas em mudar o Estado ou as relações de propriedade e a estrutura jurídica. Alguma coisa de diferente deve impregnar o tecido da existência quotidiana»[41].

O projeto político que se pode atribuir a esta tendência, que ao mesmo tempo reverencia Rousseau e Nietzsche, o cristianismo e o budismo, o amor da natureza e a droga, Marx e Marcuse, é o de uma contrassociedade submetida a uma nova democracia, sem definição, salvo a de que o Estado deve desaparecer.

[40] Jean-François Revel, *Ni Marx ni Jésus, la nouvelle révolution mondiale est commencée aux États-Unis*, Paris, 1970; Vance Packard, *The Status Seekers*, Nova Iorque, s. d.; *The Cox Commission Report, Crisis at Columbia*, Mass., 1968; Bernard Plosseau, *Pourquoi n'êtes vous pas hippie?*, Paris, 1970.

[41] Edgar Morin, in Schwartzenberg, cit., p. 308; Edgar Morin, *Journal de Californie*, Paris, 1970.

É fácil incluí-la na linha utópica que se caracteriza pela fuga do real, com a reserva de que muito claramente atuam intencionalmente sobre a realidade. A sua realidade mais acessível é a dos marginais, contestatários, desajustados, e parecem arrastar para essa franja os convertidos e assimilados que desertam dos estratos sociais integrados no sistema vigente. Tudo faz lembrar a *Revolta das Salamandras* de Kapeck, marginalizados e revoltados para conquistar o mundo, mas recusando a violência.

Parecem aceitar o pessimismo anarquista que Proudhon *(Idée générale de la Révolution)* exprimia nestas palavras famosas: «Ser governado é, a cada operação, a cada transação, a cada movimento, ser registado, recenseado, taxado, selado, medido, quotizado, patenteado, licenciado, autorizado, exortado, admoestado, impelido, reformado, encaminhado e corrigido, é, sob pretexto de utilidade pública e em nome do interesse geral, ser exercitado, encarcerado, explorado, monopolizado, convencionado, oprimido, mistificado e roubado; depois, à menor resistência, à primeira palavra de queixa, reprimido, multado, vilipendiado, vexado, perseguido, maltratado, garrotado, preso, fuzilado, metralhado, julgado, condenado, deportado, sacrificado, vendido, ferido, e, para cúmulo, escarnecido, zombado, ultrajado, desarmado. Eis o Governo, eis a sua justiça, eis a sua moral». Mas não aceitam a fuga de Cabet e a sua *Voyage en Icarie,* que levou à fundação de uma sociedade utópica comunista nos EUA em 1848. Querem realmente mudar a sociedade civil, e não fugir dela.

b) A Racionalização da Contracultura

Esta contracultura é um fenómeno das sociedades avançadas, que vai contaminando as sociedades mais ou menos suas dependentes, mas não é um fenómeno dos povos do Terceiro Mundo. Não se transforma politicamente numa ideologia e por definição não o deveria querer ser, mas já forneceu contributos a ideologias actuantes, como é a do movimento dos ecologistas.

Por outro lado, foi efeito e objeto de várias tentativas de racionalização. Em primeiro lugar a contribuição de Freud, ao considerar que a civilização é sobretudo uma forma de repressão. A ordem social, o casamento, a família ocidental, as instituições religiosas e a sua ética, tudo são formas de assegurar a sobrevivência da espécie pelo sacrifício da liberdade, pela repressão dos instintos, pela disciplina da libido. Mas viu nisso uma forma de sublimar o instinto, dirigindo a energia assim disciplinada no sentido de fins sociais úteis e superiores.

A sua terapêutica foi uma tentativa de reconciliar os indivíduos com essa disciplina necessária, mas a causa do que chamou a angústia na civilização é que ficou a servir de ponto de arranque para terapêuticas que, ao contrário de reconciliantes, se propuseram revolucionárias.

É assim que Wilhelm Reich, seguido por Erich Fromm, Norman Brown e David Riesman, coloca em termos de reforma das estruturas sociais a possibilidade de reconciliação dos indivíduos consigo próprios. A morte da angústia passa pela transformação da sociedade. A compatibilização de Freud e Marx parece ser a sua linha orientadora.

Marcuse foi, depois da última guerra, o teórico mais conhecido dessa contracultura, e chegou a ser um ponto de referência mundial quando o vento de maio de 68 soprou por todas as universidades ocidentais. Companheiro acidental de Aron e Galbraith, onde o primeiro viu a sociedade industrial, e o segundo a sociedade afluente, ele viu a sociedade de consumo.

Pareceu-lhe que o pessimismo repressivo de Freud não podia ser a premissa de uma sociedade que correspondia às características que ficam indicadas, e que, apoiada nas espantosas possibilidades económicas e tecnológicas à sua disposição, tinha as condições objetivas para se transformar em permissiva.

A sublimação de Freud correspondia a uma passada sociedade de penúria. Mudada em sociedade de abundância, deveria substituir os seus valores calvinistas identificados por Weber, isto é, o trabalho, a poupança, o investimento, o lucro, tudo coisas que teriam levado à própria inversão do princípio do mercado. O homem unidimensional, isto é, consumidor, não comanda o mercado exigindo a satisfação de necessidades, é vítima da criação de necessidades para estimular o mercado: assim fica massificado, burocratizado, administrado, tal como Proudhon o vira com grande antecedência.

A unidade ideológica desta sociedade é que dá uma só dimensão ao homem, subjugado por essa cultura estratificada. Não existe já um ponto ómega que vive de ideal, e até o proletariado de Marx perdeu o ardor revolucionário, luta apenas pelo nível de vida. A esperança de revolta contra esta violência estrutural está apenas nos marginalizados, os negros da sociedade americana, os submissos dos territórios dependentes, os jovens ainda em processo de integração.

A escolha é entre a submissão pela obediência às regras da estrutura existente ou a rutura com a falsa democracia das sociedades industrializadas do norte rico do mundo. Mas a revolução é sobretudo cultural, de mudança de valores, de conquista da sociedade civil. Trata-se de uma *nova qualidade de vida,* que implantará socialmente a sensibilidade, a sensualidade, a calma, a ternura, a beleza[42].

Muitas destas inquietações foram recolhidas pelos movimentos políticos nacionais e internacionais e encontraram expressão na doutrina e nos programas partidários. É assim que o famoso *Clube de Roma,* composto do máximo de cem membros recrutados entre responsáveis de vários setores económicos e científicos, encomendou ao MIT (Massachussets Institute of Technology) um estudo sobre os *limites do crescimento.* Em 1972 o relatório produzido foi publicado sob o nome *Alto ao Crescimento,* e denunciou a penúria crescente da alimentação, o esgotamento dos recursos naturais, a degradação da produção industrial em luta com a falta de energia e matérias-primas. Um novo milenarismo era anunciado, agora fixado por alturas do ano 2000, data presumível da catástrofe no caso de a sociedade não se reformar. De então em diante, e não só por coincidência, o problema demográfico, o problema ecológico, o problema energético, passaram a ser temas obrigatórios dos debates, dos programas e das lutas políticas.

§ 3º
A Luta Escalonada

1. Controlo do Aparelho Militar

A doutrina da divisão dos poderes, que Montesquieu introduziu na ideia de constituição do Estado racional-normativo, não foi uma doutrina do poder dividido. Foi uma defesa contra o despotismo, definido como a concentração dos poderes nas mãos de um só homem, e facilmente sujeito à degenerescência. Para evitar essa doença ética, o *poder político* seria organizado em termos de exigir a concorrência de vários órgãos no processo de formação de decisões, com a cautela de nenhum homem poder pertencer simultaneamente a mais de um desses órgãos.

O legislativo, o executivo e o judicial não eram poderes separados e ignorando-se, eram faculdades ou funções, conforme o ponto de vista, que

[42] Erich Fromm, *Société saine, société aliénée,* Paris, 1956, que foi um crítico severo das propostas de Marcuse; Freud, *Malaise dans la civilisation,* Paris, 1973; Marcuse, *L'Homme unidimensionel,* Paris, 1968; Marcuse, *Contre-révolution et révolte,* Paris, 1973; Guérin, *Essai sur la révolution sexuelle,* Paris, 1969; para uma crítica política, no sentido de enquadrar os fenómenos da contracultura, Brzezinski, *La révolution technotronique,* Paris, 1971.

se equilibravam para obrigar a respeitar a ética estabelecida, e que convergiam na efetividade da pilotagem da comunidade política.

Os aparelhos de intervenção, militares e burocráticos, deveriam implementar as decisões com total obediência e neutralidade perante as lutas políticas pelo domínio da sede do Poder.

Na lógica do modelo, a captura do poder de sufrágio determinava o domínio do sistema e nessa arena devia decorrer o conflito pelo mando.

As coisas não se passaram nunca com a pureza sistémica da proposta, e as preocupações sempre se manifestaram grandes, em primeiro lugar, com o aparelho de intervenção militar. A Constituição dos EUA teve o cuidado, não repetido por outras, de estabelecer no *2.º Amendment* o seguinte: «Sendo necessária uma milícia bem organizada para a segurança de um Estado livre, não poderá ofender-se o direito do povo de possuir e de portar armas».

Os direitos individuais andaram, pela conquista do Oeste, apoiados na pistola de cada um, e até recentemente as Forças Armadas americanas nunca constituíram um problema político nem tiveram o relevo social que tradicionalmente lhes pertenceu na Europa e particularmente nos países do Sul.

É possível que as coisas comecem a passar-se diferentemente naquele país, e que o peso das Forças Armadas no processo decisório tenha alcançado uma importância que não ocorreu aos fundadores da República. Mas a regra, em todas as democracias formais, foi a de ter presente que o Poder é a força e que esta não tem nada de metafísico, é simplesmente a capacidade de impor as decisões. Essa capacidade manifesta-se, nos pontos críticos, quando a razão é posta de lado com a intervenção militarizada.

Toda uma teoria, que não será aqui recordada, estabeleceu uma espécie de hierarquia valorativa entre as formações armadas, no sentido de vincular uma parte mais diretamente à sustentação dos valores do consenso (integridade nacional, defesa da Constituição) e de assinar a outras, chamadas polícias e guardas, os valores mais prosaicos da vida quotidiana (ordem pública preventiva e repressiva). Mas é do braço armado do Poder que se trata em todos os casos.

Quando a luta abandona o plano pacífico da tentativa de capturar o poder de sufrágio, não vai sempre diretamente ao objetivo de ocupar de golpe a sede do Poder. A ocupação das parcelas, a luta escalonada, é uma ordem de batalha possível e praticada.

Muito obviamente, a infiltração do aparelho militar, a sua conquista para novos valores, a transferência das suas fidelidades, é uma ação prioritária. A análise marxista do Estado, com expressão acabada em O *Estado e a Revolução*, de Lenine, sempre considerou o Estado principalmente como um *aparelho repressivo*, ou máquina de repressão de uma classe em favor dos interesses de outra. Nesse aparelho repressivo deu especial relevância às Forças Armadas, como instrumento supremo da intervenção.

Na doutrina inicial, tal como aparece resumida por Louis Althusser, o princípio tático da luta seria o seguinte: 1) o Estado é fundamentalmente o aparelho repressivo; 2) é necessário distinguir o *poder* do Estado do *aparelho* do Estado; 3) o objetivo da luta de classes diz respeito ao poder do Estado, e consequentemente à utilização, pelas classes (ou aliança de classes, ou de frações de classes) detentoras do poder do Estado, do aparelho do Estado em função dos seus objetivos de classe; 4) o proletariado deve ocupar o poder do Estado para destruir o aparelho do Estado burguês existente e, numa primeira fase, substituído por um aparelho de Estado completamente diferente, proletário, para depois, nas fases ulteriores, pôr em prática um processo radical, o da destruição do Estado (fim do poder do Estado e de todo o aparelho do Estado)[43].

Mas a prática revolucionária mostrou que a conquista progressiva do aparelho do Estado pode anteceder a conquista do Poder, por retirar a este a capacidade de intervenção repressiva. Neste caso, a relação entre a sociedade civil e o aparelho militar, como acontece com os restantes aparelhos de Estado, aparece como uma variável dominante.

Por um lado, é necessário considerar o enquadramento permanente das Forças Armadas, que é constituído pela hierarquia; por outro lado, a massa flutuante das encorporações, que, sobretudo a partir do princípio dos exércitos nacionais enunciado por Maquiavel, estabelece uma corrente contínua entre a comunidade política e as Forças Armadas.

Nas sociedades estabilizadas, mais conservadoras do que inovadoras, o ponto de referência para a conquista do aparelho repressivo é sobretudo representado pelo enquadramento permanente e, neste, pela oficialidade.

A teoria e prática do golpe de Estado, que muda os titulares da sede de exercício do Poder, mas conserva os aparelhos de intervenção e a estrutura da sociedade civil, toda se passa ao redor desse enquadramento profissional, com respeito pela hierarquia tradicional. O general é a peça fundamental

[43] Louis Althusser, *Positions*, Paris, 1976.

desse tipo de intervenções, quando menos para manter a imagem da salvaguarda da hierarquia.

Revoluções recentes desenvolveram-se em duas fases: a primeira, utilizando a imagem da hierarquia para ocupar a sede do Poder; a segunda, estabelecendo uma nova hierarquia para revolucionar o aparelho do Estado e a sociedade civil.

Foi assim a revolução do Egito, onde o general Naguib foi utilizado na primeira fase para usar a imagem da hierarquia, e depois afastado sem dificuldade para que a revolução nasserista se desenvolvesse.

Na revolução portuguesa de 25 de Abril, as coisas passaram-se de maneira semelhante. Na primeira fase, incluindo todo o processo da descolonização, houve sempre um general aparentemente no topo da hierarquia, pelo que a imagem da cadeia do comando funcionou em todos os territórios e exércitos, facilitando o manejo e obediência do aparelho militar; na segunda fase, a hierarquia revolucionária afastou os generais utilizados, e, no período chamado *gonçalvismo*, procurou transformar o aparelho militar, como diz Althusser, num aparelho completamente diferente para destruir as estruturas sociais tradicionais e socializar o País.

A revolução precisa de conquistar para os seus valores o aparelho militar de intervenção porque em nenhum lugar, salvo o caso de prévio esgotamento e destruição desse aparelho na guerra, pôde instalar-se sem essa operação prévia. Nesse caso, a infiltração do aparelho repressivo transfere para as Forças Armadas o processo de substituição de valores da sociedade civil.

Analisa cuidadosamente o recrutamento do enquadramento permanente, e os factos vão mostrando que a democratização dos quadros, pela ascensão das pessoas oriundas dos estratos sociais mais desfavorecidos ao oficialato, obriga o Poder a reformar a sua orientação para acompanhar a mudança de valores dominantes da oficialidade.

Nas repúblicas sul-americanas, o próprio aparelho se autoanalisa, e o poder reacionário reprime um recrutamento do enquadramento nos estratos predominantemente marginais, por exemplo, impedindo de facto o acesso de negros aos quadros da marinha e das forças terrestres e aéreas.

Mas a simples pressão dos factos, as elementares necessidades quantitativas de pessoal, não permitem que esse tipo de política mantenha as Forças Armadas como uma sociedade fechada, e os sargentos são o primeiro escalão que introduz a mudança de valores nas Forças Armadas. A independência dos intelectuais, tão posta em evidência por Mannheim, e que os despega das origens sociais perante as opções ideológicas, também abre caminho à representação dos novos valores sociais no enquadramento superior das Forças Armadas, à medida que elas veem crescer uma tecnocracia privativa.

Finalmente, a conquista da sociedade civil por novos valores faz com que a corrente contínua das encorporações mude a concepção da obediência e a interpretação dos valores cuja defesa lhe está assinada.

A conquista do aparelho vai seguindo todos esses caminhos, e o objetivo final é aquele que o gonçalvismo proclamou em Portugal, a união Povo-Forças Armadas, que na versão prática comunista foi traduzida por união MFA (Movimento das Forças Armadas)-Partido Comunista. E evidente que esta conquista do aparelho muda de sinal conforme as ideologias dominantes, mas não muda de técnica nem de objetivos.

2. Controlo dos Aparelhos Ideológicos

Foi da análise destes fenómenos relacionados com a infiltração, conquista e transferência de fidelidades do aparelho repressivo, que Althusser partiu para a análise, que se tornou famosa, dos aparelhos ideológicos do Estado.

A conquista parcelar dos aparelhos do Poder aparece nos seus escritos, que lograram uma popularidade mais vasta e anterior à do perseguido Gramsci, como uma alternativa para a tomada violenta do Poder segundo o modelo da Revolução Soviética.

Como haveria de sublinhar Santiago Carrillo, essa tomada violenta do Poder só foi geralmente possível onde o aparelho de intervenção militar foi previamente destroçado na guerra internacional ou colonial, e o moderno eurocomunismo, do qual falaremos na altura própria, aceitou aparentemente o mesmo conceito.

A captura do Poder de sufrágio tem como instrumento fundamental a opinião pública, e a captura da opinião pública depende cada vez mais da utilização dos aparelhos ideológicos. De facto, a doutrina de Althusser é uma aplicação da análise de Gramsci, segundo a qual o *poder político* não se traduz apenas no *aparelho repressivo,* mas compreende também uma série de instituições da *sociedade civil:* a Igreja, a Família, a Universidade, os Sindicatos[44].

Cidadelas da resistência à mudança teriam de ser objeto de uma conquista tal como o aparelho do Poder. Foi este o ponto de partida de Althusser.

[44] Gramsci, *Lettres de la prison,* Paris, 1975.

Convém tornar desde já claro que a análise é feita na perspetiva marxista, que justamente repudia a perspetiva liberal e institucionalista da autonomia da sociedade civil, da independência das suas instituições e da legitimidade própria do seu Governo.

A intenção totalitária do projeto marxista faz com que olhe para a sociedade civil, em qualquer regime, como submetida a um totalitarismo que o modelo soviético pretende substituir. Não vê, da sua perspetiva, que as autoridades das instituições da vida civil representam valores diante dos quais o Estado pára, considera-as antes e sempre como elementos solidários e subordinados do mesmo sistema político que pretende derrubar. A conquista da sociedade civil não está por isso necessariamente ligada à conquista do poder de sufrágio.

A conquista do poder de sufrágio é porém, nos regimes de democracia formal, um caminho óbvio para o domínio global da sociedade civil, e este é o ponto central da nova tática do eurocomunismo. Na análise de Althusser estão globalmente tratados os dois aspetos, e enumerou os seguintes *aparelhos ideológicos do Estado,* sem distinguir entre setor privado e setor público, por imposição da sua perspetiva totalitária: *religioso* (o sistema das diferentes Igrejas); *escolar* (o sistema das escolas públicas e privadas); *familiar; jurídico* (que participa do aparelho repressivo); *político* (incluindo os partidos); *sindical; informação* (imprensa, rádio, televisão, etc.); *cultural* (letras, belas-artes, desporto, etc.). O seu axioma é que *nenhuma classe pode duravelmente deter o poder do Estado sem exercer ao mesmo tempo a sua hegemonia sobre e nos aparelhos ideológicos do Estado.*

Isto *é* o mesmo que afirmar que não basta implantar uma *ideologia política* no sentido corrente da ciência política, é também nécessário substituir o *sistema cultural.*

Este parentesco de Althusser com a contracultura, que afirma exatamente o mesmo, com a diferença de geralmente repudiar a violência, torna bem evidente que o projeto marxista de chegar ao Poder pela captura do poder de sufrágio é incompatível com a manutenção posterior da democracia formal, porque esta não abriga o pressuposto de impor a destruição das autoridades institucionais, das cidadelas de sociedade civil, do pluralismo cultural, ainda que minoritário.

Em resumo, o *pluralismo cultural* é incompatível com a ideia de que todas as autoridades institucionais são elementos do mesmo *aparelho do Poder* e que a substituição desse aparelho, ou do seu comando, implica o derrube de toda a estrutura da sociedade civil. Mas a análise, integrada na perspetiva da matriz marxista, tem como conclusão tática a da invasão progressiva dos chamados aparelhos ideológicos do Estado. A expressão é tomada no sentido amplo que ficou assinalado, e que Althusser, embora se reclame da originalidade da sua contribuição, não deixa de a procurar filiar como é de regra nesta perspetiva, em palavras do próprio Karl Marx: «Quando se consideram tais desordens (uma revolução social), é necessário distinguir entre a desordem material – que podemos verificar de uma maneira científica rigorosa – das condições de produção económicas e as formas jurídicas, políticas, religiosas, artísticas ou filosóficas, nas quais os homens tomaram consciência desse conflito e o levaram até ao fim»[45].

A revolução portuguesa de 25 de Abril foi um exemplo vasto da aplicação desta técnica, quer no próprio aparelho de intervenção militar, quer nos aparelhos ideológicos públicos e privados. Não só as Forças Armadas se encontraram ocupadas em termos de a hierarquia intermédia expulsar toda a outra com o nome de saneamento, como os aparelhos ideológicos, no sentido marxista, se encontraram estrategicamente infiltrados em termos de o saneamento de todo o pessoal não vinculado ideologicamente à revolução se ter efetuado com extraordinária rapidez, na Universidade, nos jornais, na televisão, na rádio, e na direção da economia privada. Provavelmente nunca houve uma demonstração tão cabal do realismo da análise de Althusser.

As cidadelas da sociedade civil, sobretudo a Igreja e a família tradicional nortenha, é que não puderam ser dominadas, e foi delas que partiu a reação que levou à paralisação do processo, e a uma nova força que parece caracterizar-se, em 1978, pela tentativa de institucionalizar o poder do sufrágio.

Esta inversão a partir da base é a que todos os poderes totalitários fazem a partir do vértice, quando o processo começa pela tomada imediata do Poder. Nos territórios portugueses que se tornaram independentes foi esse o procedimento desencadeado pela mesma Revolução de 25 de Abril, que assim esteve no centro de duas técnicas conducentes ao mesmo resultado de subordinar completamente a sociedade civil ao aparelho do Poder.

3. Controlo do Legislativo

O controlo dos parlamentos, sede principal do legislativo, é o objetivo primacial da luta pela captura do poder do sufrágio. Mas, como vimos ao mencionar a teoria dos jogos, ganhar a maioria não é sempre a finalidade

[45] Althusser, cit., p. 87.

da batalha eleitoral. O objetivo pode ser apenas alcançar o poder parlamentar suficiente para impedir a formação de maiorias estáveis e coerentes que forneçam uma sede de apoio ao executivo. Nesse caso, o descrédito do legislativo, e a correlativa ineficiência e instabilidade do executivo figuram entre os objetivos da luta para derrubar o sistema.

Os sistemas eleitorais hesitam entre dar primazia à estabilidade ou dar primazia à justiça. Mas o facto de estar em causa a captura do poder de sufrágio explica a batalha das Constituintes, ou das câmaras normais, sobre as regras do jogo, visto que, eleitos os representantes, o voto vinculado aos partidos que os conduziram à eleição reduz todos problemas a uma questão de aritmética: para onde for a decisão do partido, vai em regra a totalidade dos votos dos deputados.

A primeira regra do jogo está na definição do corpo eleitoral. Do ponto de vista normativo, a definição de quem faz parte do eleitorado é uma questão de direito positivo. Politicamente é a primeira imposição dos que tiveram conseguido capturar a sede do Poder e que a partir daí constroem a imagem normativa que a Constituição vai afixar. A democracia liberal, a começar pelos EUA, proclamou a igualdade de todos os homens: mas, nos próprios EUA, excluiu do eleitorado aquilo que pudicamente chamou *the peculiar institution,* e que eram os milhões de escravos sem os quais a economia do Sul não podia funcionar; no continente europeu, instituiu um regime confessadamente elitista, que excluiu do eleitorado os milhões de homens considerados *cidadãos passivos;* nos territórios coloniais, os impérios democráticos excluíram do eleitorado os *nativos* ou *indígenas,* que constituíam a população local; nos países governados por etnias dominantes, como a África do Sul, excluem do eleitorado os negros, que constituem numericamente a maioria.

A Constituição que resultou da revolução militar de 25 de Abril em Portugal revelou um procedimento político extremamente inquieto com a definição do eleitorado. Como se viu, começou por salvaguardar a imagem da *cadeia do comando,* mantendo a aparência de que um *general* detinha a chefia das *forças armadas,* o que facilitou enormemente a manipulação do *aparelho militar* até à consumação do objetivo principal de retirar dos territórios coloniais, entregando ali o Poder aos movimentos armados de obediência marxista.

Dominado o *aparelho militar,* com a utilização dessa imagem que tradicionalmente legitima a obediência, toda a aparência já inútil foi dispensada e o poder militar foi assumido publicamente pelo MFA (Movimento das Forças

Armadas). Este MFA contratou então uma classe política, individualmente selecionada, que foi encarregada, de acordo com as cláusulas contratuais, de organizar as tendências ideológicas admitidas em exclusividade a tomar lugar no projetado cenário político.

O princípio de Schwartzenberg do *Estado Espetáculo* recebia assim rigorosa aplicação. Todas as restantes tendências foram proibidas de se organizar, e o eleitorado, ainda a definir, desde logo colocado na alternativa de se abster ou de escolher entre o que lhe impunham.

Do contrato entre o MFA e a recrutada classe política constavam as cláusulas programáticas da futura Constituição, que deveriam necessariamente ser ali incluídas, que seriam declaradas insusceptíveis de revisão e que definiriam um projeto coletivista da economia.

A futura Constituição reconheceria também necessariamente a supremacia do *poder militar* revolucionário, que se institucionalizaria num órgão tutelar, o qual foi depois o chamado Conselho da Revolução.

Neste tiveram assento, sem eleição, nem popular nem dos próprios ramos das Forças Armadas, os militares revolucionários que capturaram a proeminência na direção do processo.

Foi excluído do eleitorado, pelas disposições constitucionais, todo um novo indigenato constituído pelas lideranças que poderiam afetar a projetada captura do poder do sufrágio, e o próprio MFA se viria a ocupar casuisticamente dessa prevenção, usando o simples expediente burocrático de mandar um oficial fazer de ministro nos departamentos convenientes, e até demitir em fornadas, num rigoroso critério de polícia do aparelho, todos os que não inspirassem a confiança da submissão revolucionária.

Foi assim que o sistema educacional, a começar pela Universidade, se viu destruído a golpes de despachos de ministros militares cujo nome e habilitação ninguém chegou a saber, porque se tratava apenas de ação de polícia. A regra de Althusser, de sanear os aparelhos que chamou ideológicos, foi aplicada. Posto o sistema a funcionar, a reação progressiva da população contra o esquema imposto, e a instabilidade crescente, levaram à publicação, em 1978, de uma famosa lei chamada antifascista, que se popularizou com o nome de *Lei Celerada*, e cujo objetivo é impedir que o eleitorado seja capturado por correntes que não aprovam ou a teoria ou, sobretudo, a prática do sistema instalado.

Esta lei organiza a intervenção preventiva e repressiva contra toda a espécie de organização que possa ser qualificada de fascista, abstendo-se porém de fornecer a definição do conceito. Em termos políticos, é uma lei de defesa da segurança do aparelho político instalado, que não pretende ver desenvolver nem sequer aquilo que já foi chamado a *revolução legal*, isto é, a intervenção do poder do sufrágio conquistado para outros valores, para outra pirâmide de poder e para outros dirigentes.

A regra de que o Poder se captura e não se larga voluntariamente mantém aqui a sua vigência secular, indiferente às épocas, aos regimes, às ideologias.

Postos de lado os problemas ideológicos, os critérios que o poder político costuma utilizar para limitar o corpo eleitoral dentro dos quadros quantitativos e qualitativos que lhe parecem convenientes são os seguintes: a) *censitário*, isto é, a situação de fortuna, com o fundamento liberal de que a riqueza assegura a independência da opinião e a ponderação de quem tem alguma coisa a defender e manter; b) *instrução*, de modo a excluir os analfabetos que, na data da instauração do modelo liberal, constituíam a enorme maioria da população; c) *sexo*, que mantinha a supremacia masculina tradicional; d) *família*, que apela para o voto institucional do pai; e) *idade*, que exclui a falta de experiência de acordo com os critérios culturais de cada comunidade.

Estes critérios, que definem a capacidade ativa, tendem para ser eliminados pelo sistema do *sufrágio universal*, que preconiza a aplicação da regra *cada homem um voto*. A experiência mostra que o critério do *sufrágio qualificado* e o critério do *sufrágio universal* são princípios-guias utilizados estrategicamente, conforme a conjuntura da luta política.

O movimento descolonizador da ONU foi todo orientado pela regra *cada homem um voto*, porque era suposta evidente a esmagadora unidade a favor da retirada do colonizador. Os movimentos negros sul-africanos sustentam o mesmo princípio, porque é suposta a unidade contra o predomínio da etnia branca. O colonizador defendeu sempre o *voto qualificado*, e as minorias étnicas dominantes seguem o mesmo princípio.

Os poderes instalados nesses territórios autodeterminados rapidamente evoluem para o *voto qualificado*, ou mais simples e geralmente para regimes monopolistas onde o voto não desempenha qualquer função.

O controlo do eleitorado ainda é procurado pela definição de uma *capacidade passiva restrita*, de tal modo que, para muitos cargos públicos eletivos, são necessárias qualificações, ou técnicas ou ideológicas, que restringem severamente o recrutamento.

Mas o principal instrumento do mecanismo eleitoral veio a ser o de restringir a capacidade de ser eleito ao que tiver a qualidade de *candidato*, e só tem essa qualidade quem for selecionado e apresentado ao eleitorado pelo partido. Como os partidos acabam sempre dominados por uma oligarquia restrita, de facto a classe política vem a ser selecionada por um corpo muito limitado de indivíduos, que nem sequer precisam de ser apresentados eles próprios ao sufrágio.

O sufrágio funciona portanto intimamente dependente dos partidos, o que tudo representa a negação do princípio revolucionário de 1789, que definiu o deputado como representante de toda a nação, e não do setor populacional que tecnicamente intervinha na sua escolha. Os eleitos não são hoje representantes senão do seu partido, que é politicamente o mediador e o representante real do eleitorado.

4. Controlo do Judiciário

O controlo político do judiciário, a invasão do aparelho, como aspeto da luta escalonada pelo Poder, aparece rarissimamente mencionado, talvez pelo peso ideológico da tradição da independência do poder judicial.

Os EUA, origem do Estado racional-normativo, foram muitas vezes definidos como um Governo de juízes, em vista da função de guarda da Constituição que é atribuída ao Supremo Tribunal. Acontece porém que a nomeação dos juízes tem na base a iniciativa do Presidente da República, que este é o agente de um partido, e que não descuida nunca invadir o Supremo com os magistrados vinculados à ideologia que serve.

A formação filosófica dos juízes é assim um dado constantemente presente nas lides judiciárias que deles dependem, e são publicamente conhecidos e identificados pelas suas tendências, que terão a maior das influências na evolução de um direito baseado no precedente e numa espécie de engenharia social.

Nos países europeus, a prática de constituir tribunais especializados para lidar com as matérias que respeitam à Administração e à política, sempre abonada normativamente em razões decorrentes da especialidade do domínio em causa, de facto procura organizar um acesso do poder político à composição desses tribunais, nem sempre para intervir nas decisões concretas, mas sempre para assegurar a adesão intelectual do investido à filosofia do Poder.

Mas o fenómeno com maior interesse é o de procurar o domínio do judiciário pela técnica da interpretação das leis. A regra de que o tribunal aplica o direito objetivo, o qual politicamente é um instrumento do Poder, faz da interpretação do direito objetivo uma arma de ataque ao poder instalado.

Não se trata apenas da luta judiciária em que o advogado procura romper os quadros literais dos preceitos em vigor, para fazer aceitar como lícitas as aspirações novas, pelo método de alargar ou modificar o entendimento dos conceitos velhos. Nem da nunca abandonada posição de atacar nos tribunais o direito objetivo em nome de um direito natural, tão negado como invocado, e de novo com grande atualidade na luta ideológica pelos Direitos do Homem.

As doutrinas e teorias da interpretação das leis são também um domínio onde se reflete a luta pelo Poder e um caminho pelo qual as novas orientações, contestatárias do sistema estabelecido, procuram chegar a capturar o judiciário.

Os sistemas políticos têm secular consciência desse facto e tentam introduzir no direito positivo regras de interpretação do direito que produzem, com a ambição de dar ordens à inteligência e controlar a compreensão do sentido daquilo que decretam.

Mas acontece, como a teoria das ideologias demonstrou, que a Lei é uma criatura livre do criador, e está mais à mercê dos intérpretes do que dos autores. As teorias e técnicas da interpretação das leis afetam por isso severamente esse instrumento da obediência que é o direito positivo, e, desde as escolas do direito livre à crescente influência da semiótica, sobretudo na América Latina, semiótica que afinal doutrina a incomunicabilidade total entre o legislador e os destinatários, os caminhos de acesso ao judiciário passam cada vez mais por essa disputa aparentemente técnica e doutrinal. Depois da Revolução de 25 de Abril, as ásperas críticas que o Governo (socialista) dirigiu na própria Assembleia da República ao Poder Judicial, por este desautorizar detenções efetuadas nos Açores, foram um significativo afloramento desta pretensão de invadir e dominar o judiciário.

§ 4º
A Luta Armada

1. Tipologia da Violência

O problema da violência na luta política começa também por enfrentar as habituais dificuldades conceptuais. Desde que se adote a perspetiva do Poder e se entenda que o fenómeno político é sobretudo uma luta pela captura, manutenção e uso do aparelho do Poder, tem de aceitar-se que a violência é inerente a todo o processo.

De resto, o Estado é por essência a força, e só não a torna efetiva enquanto o desafio não excede um certo grau de desobediência ativa ou passiva. Mas há um limite, que fica metodologicamente no ponto em que a dialética socrática deixa de ser utilizada para manter ou mudar a atitude do Poder, quando a luta deixa de ser conceitual e ultrapassa o uso do discurso como instrumento de ataque e de defesa.

A partir deste ponto, a escalada da violência, isto é, o uso dos meios destinados a vergar a vontade do adversário, recebe formas variadas. Todas elas podem reconduzir-se ao conceito que Karl von Clausewitz formulou da guerra: «A guerra é pois um ato de violência destinado a obrigar o adversário a executar a nossa vontade»[46]. A violência, neste sentido, implica o regresso ao estado da natureza entre os adversários, visto que não reconhecem uma legitimidade ou legalidade comuns. Por isso Clausewitz fala na «subida aos extremos», isto é, a transformação da disputa numa luta de morte. Na lógica do conceito, o recurso à força não teme o derramamento de sangue, e o adversário tem de adotar a mesma atitude para não sucumbir; cada adversário dita esta lei extrema ao outro, porque a salvação de cada um depende da derrota do outro; os esforços recíprocos são função dos meios disponíveis e da vontade de vencer.

De facto, a racionalidade limita a escalada, na esperança de que as circunstâncias mudem, e alguns meios devem ser preservados para essa eventualidade.

Em relação com o aparelho do Poder, podemos tentar uma tipologia da violência que, aproveitando parcialmente a sistematização de Baechler, tenha como linha divisória ou o objetivo do *simples protesto violento,* ou a *tomada do aparelho.* Podemos chamar às formas abrangidas pelo primeiro critério *marginalidades ativas,* e reservar para as segundas a designação de *revoluções*[47].

a) Marginalidade Ativa

Aquilo que caracteriza as marginalidades ativas é uma espécie de violência poética, isto é, sem objetivo concreto em relação à ocupação da sede do Poder. A maior parte dos movimentos ocidentais, anteriores ao Iluminismo, foram desse tipo.

Por vezes, como aconteceu no período da Reforma, são massas enormes de homens que se movimentam em cólera, e produzindo destruições

[46] *De la guerre,* Paris, 1955.

[47] Jean Baechler, *Los fenomenos revolucionarios,* Barcelona, 1974.

consideráveis, mas que são dominadas subitamente e de maneira quase inexplicável.

Depois, com o seu ponto crítico em 1789, a violência sistematiza-se para a tomada do Poder e substituição do modelo político. Um dos exemplos apontados para a primeira espécie é o das chamadas *guerras dos camponeses.* Estes movimentos parecem sempre relacionados com o problema da subsistência, tornada difícil pelas más colheitas e agravada por acontecimentos políticos, como as guerras, ou os excessos tributários, as modificações da estrutura agrária. Com autonomia, em relação às chamadas guerras dos camponeses, apontam-se as *revoltas da plebe,* um fenómeno urbano de que são exemplo os tumultos romanos, causados por uma espécie de rutura do contrato social que obriga a aristocracia a protegê-la, e cuja paz é comprada pelo controlo dos preços, pelas distribuições de alimentos e pelo fornecimento de ocupação.

Finalmente, autonomizaram-se os levantamentos estudantis, tradicionais desde que os estudantes foram concentrados em centros universitários. Umas vezes contra as formas de ensino, outras vezes, como tem acontecido neste século um pouco por toda a parte, como maneira de protestar contra a estrutura social. Maio de 68 foi o mais espetacular desses levantamentos, em França, mas nem foi uma novidade, nem teve uma motivação inédita na história universitária[48].

b) Utopismo e Fuga do Real

Esta violência poética, à qual não ocorre tomar o Poder, mas apenas protestar violentamente contra os efeitos do sistema, tem uma espécie de ponto de passagem para a revolução no fenómeno do utopismo e fuga do real. Este processo parece seguir duas formas inteiramente distintas, uma que se traduz na conquista das mentalidades e atitudes pelo aparecimento de um *modelo teórico,* outra que se manifesta na organização de verdadeiras *contrassociedades.*

[48] Roland Mousnier, *Fureurs paysannes. Les paysans dans les revoltes du XVIIe siècle,* Paris, 1967; Davies, "Les révoltes populaires en Angleterre (1500-1700)", in *Annales ESC,* 1960, n.º 3; Gellner, "Patterns of Rural Rebellion in Morocco: Tribes as Minorities", in *Arq. Europ. de Sociologie,* 1962; Carcopino, "Des Gracques à Sulla", in Glotz, *Histoire Générale,* Paris, 1952; Hobsbamn, *Les primitifs de la révolte dans l'Europe moderne,* Paris, 1966; Jean Gagé, *Les classes sociales dans ?Empire Romain,* Paris, 1964; André Coutin, *Huit siècles de violence au Quartier Latin,* Paris, 1969; Louis Menash e Ronald Rodosh, *Teach-ins: USA, Reports, Opinions, Documents,* Nova Iorque, 1967; *The Cox Commission Report, Crisis at Columbia,* Nova Iorque, 1968.

Os modelos teóricos também, por sua vez, obedecem a linhas de orientação que não são coincidentes. Acontece ainda que os utopismos teóricos estão relacionados com o tipo de sociedade contra a qual representam um protesto.

Temos assim uma *tradição utópica reformista,* que procura transplantar o género humano para condições teóricas diferentes do real, desenvolvendo um modelo que elimina as injustiças sociais. O clássico escritor desta linha, e cuja obra batizou toda a corrente, foi Thomas Morus, o crítico do *ancien régime*[49]. Influenciado pelos descobrimentos, mereceu referência, ao lado de outros utopistas, do nosso João de Barros[50].

O seu livro, *Utopia,* corresponde à grande crise da Reforma, e já foi entendido como o programa de governo de um futuro chanceler, embora forneça escassa base para esse entendimento. Nele se encontram muitas antecipações de Saint-Simon e Karl Marx, o que, num tempo como o nosso, onde a convergência entre cristãos e marxistas está provocando tanta perplexidade, não deixa de ter interesse, visto tratar-se de um santo da Igreja Católica.

A importância desse pensamento reformista foi evidenciada em 1966, quando Morus foi escolhido para patrono do XVI Curso do College d'Europe. Dedicado à construção da Europa unida, foi em Morus que o Colégio encontrou a inspiração do ideal de harmonia entre as nações, do respeito pelos tratados, do pacifismo internacional[51].

Morus, antigo chanceler de Henrique VIII, foi decapitado em 1535, por se ter recusado a reconhecer ao rei o título de Chefe Supremo da Igreja da Inglaterra, e foi canonizado pela Igreja Católica em 1935.

Pela mesma época, Francis Bacon (1561-1626), chanceler do rei Jaime de Inglaterra, teve ocasião, nos lazeres da cadeia a que foi condenado por irregularidades no exercício do cargo, de escrever uma utopia chamada *Nova Atlântida,* que é um apelo direto à necessidade de subordinar o governo dos povos aos ditames da razão e da ciência[52].

Assim como estes e outros utopistas, como Campanella, autor de *A Cidade do Sol,* são doutrinadores da fuga do real no desmoronamento do mundo feudal, também os efeitos negativos da economia liberal, levando

[49] Para as utopias do *ancien régime, Les utopies à la Renaissance. Colloque internacional* (abril, 1961), Bruxelas-Paris, 1963.

[50] *Ásia,* década terceira, prólogo, p. 9, da ed. da AGU.

[51] Veja-se esta matéria desenvolvida, e bibliografia, em Adriano Moreira, *Política Internacional, cit.*

[52] *La Nueva Atlantida,* Buenos Aires, s. d.

a uma tensão crescente entre os estratos sociais, dariam origem a um utopismo reformista, já mais convicto de poder intervir na constituição social.

Talvez possam incluir-se neste grupo escritores como Robert Owen (n. 1771), Charles Fourier (n. 1772) e, dando o passo para as *contrassociedades*, Louis Blanc, Leroux e Cabet.

Owen, talvez responsável pela voga da expressão *socialismo,* em vista do seu livro *What is Socialism?* (1841), tornou-se célebre pela sua experiência de *um armazém de trocas,* que falhou, e doutrinou o cooperativismo num livro chamado *The New Moral World.* A sua experiência do National Equitable Labour Exchange contribuiu para implantar a ideia de abolir o lucro dos intermediários *(profit-maker)* e implantar o método cooperativo[53].

Por seu lado, Charles Fourier pregou a utopia do *regresso ao campo,* dando-lhe forma no *Falanstério, uma* espécie de grande hotel moderno, para cerca de mil e quinhentas pessoas, divididas as acomodações em cinco classes conforme as possibilidades de cada uma, e sem esquecer uma classe gratuita. Teve a noção da *segurança social* que veio a ser um ideal dominante das sociedades industrializadas.

Finalmente, Louis Blanc tornou-se notado por um pequeno trabalho de 1841, chamado *Organisation du Travail.* Teve experiência de administração no Governo provisório francês de 1848 e na Terceira República. O seu modelo de *oficina social,* que é uma cooperativa de produção industrial em grande escala, faz com que o seu utopismo represente a viragem da fuga do real para a conquista do aparelho do Poder.

É que, ao contrário do utopismo tradicional, que pensa virar as costas ao regime em vigor, Blanc procura utilizar o aparelho do Poder para reformar a sociedade. Começa aqui o socialismo de Estado, de que Rodbertus e Lassale virão a ser os doutrinadores.

c) As Contrassociedades

As *contrassociedades* como que exemplificam o pensamento utópico, e se representam um passo no sentido da violência efetiva, muitas vezes é porque provocam a intervenção repressiva do poder instituído e não porque tomem a iniciativa do ataque. Em regra não mobilizam grande número de adeptos, ao contrário do que acontece com a violência poética das revoltas dos camponeses e da plebe, e, adotando uma ideologia e uma organização internas, oferecem-se como alternativas para a sociedade existente.

[53] Robert Owen, *Textes choisis,* Paris, 1963 (introdução e notas de A. L. Morton).

Passar da ação exemplificativa à violência efetiva, até como resposta à repressão dos poderes instituídos, não é invulgar, mas as contrassociedades em geral não desenvolvem uma estratégia e uma ordem de batalha para a conquista do poder global.

Como exemplo das contrassociedades, que atuam pedagogicamente, podem indicar-se, além das experiências comunistas falhadas, como a de Cabet *(Le voyage en Icarie)* nos EUA, que durou de 1848 a 1899, as sociedades monacais.

As grandes ordens contemplativas, que se multiplicam no Baixo Império e nos séculos XI e XII, além de procurarem instalar as condições necessárias para viver com intensidade a fé religiosa, são modelos que recusam pelo exemplo os vícios que reprovam na sociedade civil e política.

Nas últimas décadas, a multiplicação de experiências comunitárias nos EUA, especialmente na Califórnia, muitas vezes adoptando formas religiosas aberrantes e violentas, são também fenómenos de contrassociedades que chegam a assumir o direito de punir, pela morte, cidadãos que lhes parecem exceder intoleravelmente os padrões de conduta que pregam. Situam-se na margem da passagem da ação exemplificativa para a violência efetiva e sistematizada.

Os valores que adotam são os negativos da ordem dominante, e no capítulo das ideologias veremos a sistematização dessas atitudes.

Um dos fenómenos importantes das nossas sociedades industrializadas, afluentes e de consumo, é que têm os desperdícios suficientes para sustentar um número crescente dessas contrassociedades que as negam. As contrassociedades são, do ponto de vista da produtividade, um custo parasitário que todavia é pago em decorrência de uma filosofia pluralista e permissiva que o poder instituído respeita. É por isso que os antropólogos introduziram o critério de as estudar como *subculturas,* e não apenas, ou não sempre, do ponto de vista da patologia social ou da criminologia[54].

Uma das mais recentes manifestações da contrassociedade foi o grupo chamado *Templo do Povo,* que, dirigido pelo reverendo Jim Jones, se instalara na Guiana. Em novembro de 1978, na sua colónia agrícola de Jonestown, foram visitados por uma comissão voluntária de americanos, liderados pelo deputado Leo Ryan, e que procurava inquirir sobre as notícias de escravidão e violência que se praticariam na comunidade.

[54] Jean Monod, *Les bargots, essai d'ethnologie des bandes de jeunes,* Paris, 1968.

Os dirigentes desta não apenas massacraram a delegação, atacada a tiro quando embarcava de regresso aos EUA, como também ordenaram o chamado suicídio coletivo dos membros, num total estimado em quatrocentas pessoas, incluindo mulheres e crianças. Esta comunidade tinha-se instalado mercê de facilidades concedidas em face de recomendações e influências de algumas personalidades americanas.

Ora, as contrassociedades agressivas apresentam-se sob formas variadas. Aparecem sob a forma de *seitas* que se caracterizam por uma *heterodoxia* em relação a uma *ortodoxia* dominante, habitualmente de natureza religiosa. Outra forma é a *banda armada,* cuja liderança se transforma numa espécie de modelo popular de heroicidade, exercendo a vingança contra uma organização opressora. O que caracteriza esta ação é a seletividade na escolha das vítimas, em regra comerciantes, coletores de impostos, proprietários considerados exploradores das comunidades agrárias.

A quebra desta linha seletiva transforma a banda, aos olhos da comunidade, em pura delinquência. As conjunturas políticas em que o invasor procura estabelecer o seu poder são as mais propícias a esta forma de ação violenta. Ficaram célebres figuras como a de Fra Diavolo, que lutou, na Itália, contra os franceses de Napoleão, e em certas regiões, como na Andaluzia, foi secular a tradição dessa forma de protesto, que levou, em 1844, à criação da Guardia Civil.

Na América Latina, tornou-se lendária, já neste século, a ação de Lampeão, que durante muito tempo desafiou com êxito as Forças Armadas e se transformou num verdadeiro herói popular brasileiro.

O historiador Hobsbawn propõe acrescentar a esta tipologia corrente um novo tipo constituído pelas *mafias.* A proposta parece ter fundamento, no sentido de que procura autonomizar um tipo de contrassociedade em que convergem características dispersas nos outros tipos conhecidos.

São frequentemente marcadas por opções políticas, colocando-se ao lado das aspirações autonomistas, como aconteceu na Sicília contra os Bourbons; incorporam aspirações sociais dirigidas contra latifundiários e absentistas; optam pelo conservadorismo tradicional da vida privada; obedecem a chefias carismáticas e organizam rituais, normativismos de conduta, e formas de justiça privativas; asseguram a proteção dos seus membros e simpatizantes, mesmo contra os poderes governamentais; recrutam as bases nos marginais, e a direcção, com frequência, em *elites* desviadas do aparelho dominante.

A sustentação é parasitária, e por isso a via da criminalidade comum é rapidamente adotada, e pode tornar-se dominante em relação às outras características.

Finalmente, aparecem autonomizados, e objeto de uma vasta bibliografia, os chamados *milenarismos*. Todos se caracterizam pela fé de que haverá proximamente um dia da redenção. São fenómenos que manifestam, mais intensamente do que todos os outros, a existência de uma sociedade pária, no sentido de Weber.

Entre os autores que se ocupam deste tipo de movimentos, incluindo Mühlmann, Norman Cohn, Hobsbawn, Trupp, e Maria Isaura Pereira de Queirós, há uma coincidência de atribuição de características, que são as seguintes: trata-se de uma redenção colectiva de uma situação pária que afeta todo o grupo; é na Terra, e em relação a uma situação vivida, que a redenção se dará; será uma redenção súbita e sempre iminente; as estruturas sociais injustas desaparecerão; habitualmente essa redenção depende de um messias[55].

A generalidade dos escritores filia os milenarismos no modelo judaico e na esperança cristã. Pereira de Queirós distingue três tipos, que são, respetivamente, *nacionalistas, reformistas, revolucionários,* e que parecem suficientes para enquadrar os fenómenos que interessam à luta política.

Conviria hoje acrescentar a esta tipologia, que já pode chamar-se clássica, das contrassociedades aquilo que a nova esquerda americana chama as *colónias internas das sociedades industriais*. Nos EUA são constituídas fundamentalmente por *negros, mexicanos, porto-riquenhos* e *índios*[56]. O mesmo fenómeno, pretendem alguns que se verifica no Mercado Comum europeu, *com as comuni*dades de emigrantes, falando a tal respeito em colónias interiores[57]. A importância destes grupos no processo político levou à tentativa, na Suíça, de promulgar uma lei (Schwarzenbach), em 1971, que procurava limitar a presença dos estrangeiros residentes em cada cantão, mas que só obteve quarenta por cento de votos e foi portanto rejeitada.

[55] Maria Isaura Pereira de Queirós, O *Messianismo no Brasil e no Mundo,* São Paulo, 1977; Norman Cohn, *Les fanatiques de l'Apocalypse,* Paris, 1962; Hobsbawn, *Les primitifs de la revolte dans l'Europe moderne,* Paris, 1966; S. L. Trupp (ed.), *Millenerial Dreams in Action,* Haia, 1963.

[56] Eldridge Clever, *Panthère noire,* Paris, 1970; Rachel Ertel, Geneviève Fabre, Elise Matienstras, *En marge. Les minorias aux Etats-Unis,* Paris, 1971.

[57] Sartre e Jean-Pierre N'Diaye, "Les pays capitalistes et leurs "colonies intérieures"", in *Tricontinental,* 1970, n.° 2.

2. O Utopismo Anarquista

Este problema das sociedades párias vai fornecer elementos para as motivações ideológicas das atitudes que decidem tomar o Poder pela violência e utilizá-lo depois como instrumento de ação. Mas convém antes mencionar a reação anárquica, que olha, não para setores isolados da sociedade política, mas para toda ela no seu conjunto, como uma sociedade pária e alienada no sistema político.

Aquilo que lhe ocorre é destruir o aparelho político, que considera a violência institucionalizada, usando para esse efeito, eventualmente, a violência que julga purificadora.

A corrente anárquica revestiu pelo menos dois aspetos: *individualista* e *coletivista*. O primeiro é de ordem intelectual, visa conquistar a atitude da sociedade civil, e principalmente das *elites*. Tem a sua expressão mais divulgada na obra de Stirner, de seu verdadeiro nome Kaspar Schmidt (1805-1856). Foi do grupo de discípulos de Bruno Bauer e defendia a absoluta liberdade de espírito, contra toda a forma de ordem, cristã, capitalista, ou comunista. Chamaram-se a si próprios *homens livres*, e foi contra eles que Marx e Engels escreveram *A Sagrada Família*.

Stirner não encontrava sentido aos valores da sociedade ocidental. Reclamava «o direito de derrubar Jesus, Jeová, Deus, etc., se o puder fazer». A única sociedade legítima parecia-lhe ser a *união dos egoístas*. Mas a corrente que veio a ter reflexos na ação política foi a do anarquismo coletivista.

Esta tendência foi pacifista com Proudhon, violenta com Bakunine e Kropotkine, confiante com todos na razão e na ciência, incluindo Elisé Reclus e Jean Grave. O seu objetivo, nas palavras de Proudhon, é: «Encontrar uma fórmula de transação que, estabelecendo a unidade entre as divergências de interesses, identificando o bem particular com o bem geral, apagando as desigualdades naturais pelas da educação, resolva todas as contradições políticas e económicas» *(L'idée générale de la Révolution au XIXème siècle)*. Ataca o regime capitalista, porque, diz Reclus, «a vida, sempre imprevista, sempre renovada, não pode adaptar-se às condições elaboradas para uma época que já não existe» *(La société future)*. Em substituição dessa violência estrutural, imagina Kropotkine uma nova sociedade «composta de uma multidão de associações, unidas entre si por tudo o que reclama esforço comum... Todos esses grupos combinarão livremente os seus esforços para um recíproco entendimento... A iniciativa individual será animada, e combatida qualquer tendência para a uniformidade e para a centralização» *(Autour d'une vie)*.

O estabelecimento desta nova ordem implicará portanto a eliminação do Estado, instrumento de proteção da propriedade privada e opressora. Ainda que geralmente digam aborrecer o sangue, ele entendeu que «a questão consiste menos em saber como devem evitar-se as revoluções do que em encontrar o meio de obter os melhores resultados, impedindo o mais possível o alastramento da guerra civil, restringindo o número das suas possíveis vítimas e pondo nessa luta, reciprocamente, um mínimo de ferocidade» *(Autour d'une vie)*.

A luta sangrenta e implacável é o remédio que propugna, e, nos estatutos da Aliança Socialista Internacional, defende a revolução universal: «Queremos, simultaneamente, a revolução universal, social, filosófica, económica e política, a fim de que da atual ordem de coisas, fundada na propriedade; na exploração, no domínio e no princípio da autoridade quer religiosa, quer metafísica e burguesmente doutrinária, quer mesmo jacobinamente revolucionária, não fique, primeiro na Europa, e depois no resto do Mundo, pedra sobre pedra»[58].

Da própria definição anarquista resulta que, como observa Baechler, há tantos anarquismos como anarquistas. Mas em determinadas regiões e épocas históricas de desagregação do Estado, como aconteceu na Catalunha, na Andaluzia e na Ucrânia, o anarquismo atuou como força paradoxalmente organizada. Todavia, o que lhe é natural é inspirar atuações marginais, onde os atentados são formas comuns de intervenção.

3. A Racionalização da Violência

A racionalização da violência significou o abandono da violência poética do passado e a sua substituição pelo pragmatismo do presente. Talvez o cura Meslier, morto pela greve da fome em 1730, deva ser considerado como o doutrinador dessa mudança, dando à violência o objetivo de ocupar a sede do Poder. No testamento que deixou dizia que já há tempo demasiado que «*os ricos e os grandes da Terra pilham e oprimem os povos pobres*». Para modificar a situação parecia-lhe necessário «*derrubar os tronos e as dominações*». Antecipando atitudes que o leninismo vulgarizou, proclamava: «*A nossa salvação está nas vossas mãos, a nossa libertação não dependerá senão de vós, no caso de serdes capazes de vos pôr de acordo*».

[58] Um livro essencial sobre o pensamento socialista, em todas as tendências, é o de G. D. H. Cole, *History of Socialist Thought*, Londres, 1962.

A Revolução de 1789, durante a qual a violência se foi estruturando ao sabor da experiência quotidiana, definitivamente deu um código à violência na política, e definiu-a como um instrumento para agir sobre o mundo e não apenas para protestar contra o mundo. Mas a violência burguesa, que conduziu essa revolução, desembocava no reino da razão liberal, num sistema de leis racionais que asseguraria para sempre o funcionamento pacífico da sociedade.

A corrente democrática, igualitária e adversária do elitismo de Condorcet, Sieyès, Boissy d'Angglas, Dupont de Nemours, Voltaire, Kant foi a verdadeira herdeira da violência como instrumento político. Entre os homens de 1789, muitos preferiram a matriz de Morelly, que em 1755 publicou o seu *Le côde de la nature*, onde preconiza a total abolição da propriedade privada, base fundamental do elitismo liberal. Nesta linha de pensamento destaca-se o padre Jacques Roux, que Marx, em *A Sagrada Família*, considera um antecessor do comunismo. A morte de Robespierre (27 de julho de 1794) marca o retorno ao espírito de Montesquieu, mas não o desaparecimento da corrente antiliberal.

Esta prefere a República à Monarquia, o governo colegial ao governo individual, a soberania popular à soberania nacional, a igualdade cívica à igualdade censitária, a democracia direta à indireta, encurta a duração dos mandatos políticos, fomenta novas formas de campanha eleitoral e subversiva, recorre quando necessário ao cesarismo e à chefia carismática, proclama o plebiscito como forma de relação direta entre o povo e a pilotagem política.

Na sua conclusão *marxista-leninista*, colocará finalmente o *proletariado* no lugar do *soberano* de Bossuet, do *verdadeiro povo* de Robespierre, da *nação* de Mably, dos *cidadãos ativos* de Sieyès.

Nesta meditação destacam-se Babeuf e Blanqui. O primeiro, segundo o *Manifesto* da frustrada *Conspiração dos Iguais*, devido a Sylon Marechal, traça já um caminho para a revolução democrática eficaz, que Augusto Blanqui (1805-1881) codificou: a sua principal contribuição foi substituir a revolta das massas pelo recurso às minorias conscientes, agindo pela violência a favor das massas. A codificação leninista aparece antecipada por ele: estabelecimento da ditadura dessas minorias de vanguarda; o saneamento e destruição dos elementos dirigentes do aparelho derrubado, designadamente do Exército, da magistratura, da burocracia e da Igreja; a militarização do aparelho do poder revolucionário.

O *voluntarismo político* é a perspetiva que introduz na linha revolucionária, e de facto nunca foi abandonada nem pelo marxismo-leninismo, nem pelo anticolonialismo moderno, nem pela nova esquerda contemporânea.

Por seu lado, a corrente liberal também não excluiu a violência dos instrumentos de ação política que adota. Herdeira de toda a doutrina do tiranicídio, que parte de São Tomás e se desenvolve e fortalece na crise da Reforma, encontrou duas matrizes fundamentais para a sua atitude contemporânea: no domínio da ação, a independência dos EUA quando os federalistas enriqueceram a doutrina da política internacional com o proclamado *direito à insurreição*, que o anticolonialismo moderno não deixou de adotar e de praticar; no domínio da teoria, o direito de *apelar para os céus*, que o individualista e racionalista Locke sustentou e desenvolveu.

Trata-se de consagrar o *direito à rebelião*, que lhe pareceu não colocar em perigo a regularidade da vida do Estado, pelas seguintes razões: *a)* a inércia natural do povo, que apenas se revolta na última extremidade; *b)* quando a tirania se torna insuportável, não há teoria da obediência que resista aos factos; *c)* nada há que justifique a paz dos cemitérios na vida civil, que é a simples ordem exterior e imposta do Estado, com desconhecimento dos Direitos do Homem.

Foi porém a tradição democrática de 1789, antiliberal, que melhor sistematizou e usou a violência como instrumento da luta pela ocupação do aparelho do Poder. Na síntese de Paul Nizan, a base é esta: «Acontece que há homens vivos. Homens que reivindicam a riqueza de que estão privados, e esta liberdade que não exercem de facto e são forçados a apenas imaginar. Foi-lhes necessário elaborar provisoriamente sonhos e projetos sobre qualquer estado simplesmente possível da vida humana. Mas eles não gostam que os sonhos fiquem em sonhos e que as possibilidades fiquem indefinidamente sem atualidade e sem conteúdo.»[59].

4. A Intervenção Armada

As principais formas adotadas pela intervenção armada, no sentido de ocupar a sede do Poder, foram muito determinadas pela luta anticolonialista do século XX, e podem reconduzir-se a quatro modelos principais: a) guerra das massas populares; *b)* técnica do *foco* insurrecional; *c)* guerrilha urbana; *d)* terrorismo interno e internacional.

[59] Paul Nizan, *Les chiens de garde*, Paris, 1969.

a) Guerra das Massas Populares

Os principais teóricos desta forma de luta pelo Poder foram Mao e Giap, o primeiro instaurador do novo regime comunista chinês, e o segundo conduzindo o Exército Popular do Vietname e dando o extraordinário exemplo de um general vitorioso que resiste politicamente à vitória e continua no comando.

Também deve notar-se que nenhum deles era um militar profissional, vieram da vida civil para o comando dos exércitos, passando pela organização revolucionária da luta contra o poder estabelecido[60].

Centrando-se na questão da conquista do poder interno, Mao definiu as características da *guerra popular*, começando por lhe atribuir o objetivo de assumir a sede do Poder, que faltou aos tradicionais movimentos de camponeses. Observando que «as espingardas dos comunistas russos criaram o socialismo», tornou célebre a fórmula segundo a qual «o Poder está na ponta da espingarda». Analista da fragilidade do Poder, doutrinou que o imperialismo e os reacionários em geral são «tigres de papel». A luta na China durara um século para liquidar o imperialismo externo e o feudalismo capitalista interior, porque eram tigres; mas a vitória de 1949 teria mostrado que se tinham transformado em tigres de papel.

Comandando a revolta numa sociedade pobre, e liderando as camadas mais pobres dessa sociedade, conclui que o fator decisivo da guerra popular são os homens e não o material. Esta observação é uma das que mais claramente demonstram o *voluntarismo* de toda a teoria revolucionária. Esta exige a mobilização das massas, as quais, contra a superioridade técnica do adversário, constituem uma «muralha verdadeiramente indestrutível».

Por isso sustentou sempre que, embora organizado já o exército regular, este e as milícias populares são como as duas mãos de um homem. Valorizou as forças dos camponeses revoltados, sustentando e praticando que o campo pode vencer a cidade. O campo é a retaguarda sólida do exército, a partir da qual o inimigo será vencido. A guerra revolucionária é uma guerra de milícias camponesas dirigidas pelo Partido Comunista.

O princípio leninista da função dirigente do partido traduz-se em que este comanda as milícias e fixa-lhes os objetivos políticos, usando o exército popular de libertação como instrumento.

[60] *Six écrits militaires de Mao Tsé-tung*, Pequim, 1970; *La guerre révolutionnaire*, Paris, 1962; General V. N. Giap, *Guerre du peuple*, Paris, 1968; *Le président Mao Tsé-tung sur la guerre populaire*, Pequim, 1967.

As *duas mãos* são ambas instrumentos do partido. Pelo que respeita à utilização das milícias camponesas, tornaram-se famosos alguns dos seus axiomas: *dispersar as forças para a tarefa de revoltar as massas, e concentrar as forças para enfrentar o inimigo; se o inimigo avançar, recuar; se o inimigo pára, cercá-lo; se está esgotado, atacar; se recua, persegui-lo.*

A ordem de batalha também aparece reduzida a máximas, segundo o estilo que adotou e parece derivado do estilo dos adágios populares: *atacar, prioritariamente, as forças isoladas e dispersas; ocupar primeiro os aglomerados pequenos do campo, e só depois as grandes cidades; preferir destruir as forças inimigas a ocupar o terreno; nunca aceitar o combate sem a probabilidade de esmagar o inimigo; manter o espírito de sacrifício das tropas; utilizar a guerra de movimento; escolher, nas cidades, os pontos fracos; incorporar o material e os soldados inimigos; no repouso, doutrinar os combatentes.*

Esta última recomendação corresponde ao dogma, também de Maurras, de que a política vem antes de tudo, ou, como disse Lin Piao, «*a política deve estar no comando, ela é a alma, em tudo*».

Este foi também o princípio fundamental de Giap, que no seu livro constantemente sublinha o benefício que retirou das experiências soviética e chinesa. O principal fator da vitória no Vietname contra os Franceses foi que a ação correspondeu às aspirações populares, e visou «reconquistar a independência e a unidade da Pátria, dar e garantir aos camponeses o direito à terra e defender as conquistas da Revolução de agosto». Também guerra de camponeses, foi, por definição, «de longa duração», o que implica uma técnica apurada no sentido de preservar e aumentar as forças combatentes.

Considerando a relação de forças favorável ao inimigo e as deficiências em material e técnica das forças populares, é necessário criar formas de combate adaptadas às circunstâncias. A *guerrilha* é a forma conveniente para uma luta «de massas populares de um país economicamente atrasado que se lança contra um exército de opressão poderosamente equipado e bem treinado».

É sobretudo uma *guerra de movimento*, na qual: se o inimigo é forte, evita-se; se é fraco, ataca-se; ao armamento moderno responde-se com o heroísmo, combinando as ações militares com as ações políticas e económicas; a linha de batalha está onde estiver o adversário.

Também Giap sustenta que o papel dirigente e aglutinador pertence ao partido, que organiza a *frente nacional.* Esta deve ser «uma vasta união, deve unir todas as forças suscetíveis de serem unidas, neutralizar todas as forças suscetíveis de neutralização, dividir todos os que puderem ser divididos, dirigir o aríete da luta contra o principal inimigo da revolução, o imperialismo invasor».

Esta mobilização das massas deve ser acompanhada da organização da *outra mão*, o exército popular, eminentemente politizado.

Finalmente, Giap evidencia a internacionalização da nossa época e considera essencial o apoio dos *povos progressistas*, especialmente da URSS e da China, contribuintes de ajuda financeira, técnica e ideológica.

b) O Castrismo

Aquilo que se chama o *castrismo*, em vista da experiência cubana, tem como doutrinador *Che Guevara*, um médico guerrilheiro, e como divulgador Régis Debray, um filósofo contestado pelos marxistas.

Capturado e morto em 8 de outubro de 1967 na Bolívia, quando ensaiava lançar uma nova vaga revolucionária na América Latina, Che recebeu do seu companheiro e chefe Fidel de Castro este título póstumo: «Um *artista da guerra de guerrilha.*»

Os princípios de Guevara são fundamentalmente os seguintes: *as forças populares podem ganhar uma guerra contra exércitos regulares; não é necessário esperar que estejam reunidas todas as condições para a vitória da Revolução, o foco revolucionário pode fazê-las surgir; na América subdesenvolvida, é no campo que se encontra o terreno fundamental da luta*[61].

Foi na sequência destes princípios que intentou a sua última aventura revolucionária, e morreu na Bolívia. A primeira regra que recomenda ao guerrilheiro é: *dá o golpe e foge.* Deve ganhar o apoio das populações, cujas aspirações serve, de modo a sentir-se, tal como recomendara Mao, como o peixe na água. Deve proteger a sua vida, desferir golpes imprevisíveis, atuar de surpresa. A guerrilha não ganha a guerra, mas treina, e permite progressivamente passar do nomadismo à instalação nas imediações das cidades.

Deste modo, abandonou a ortodoxia dos partidos comunistas sul-americanos, e defendeu a independência, autonomia e criatividade dos guerrilheiros contra o centralismo clássico dos Soviéticos.

Esta espécie de anarquismo recebe muito da inspiração missionária, das virtudes monacais, do ascetismo, da mitologia popular do herói que protege os fracos contra os poderosos. Disse ele: «Preferimos não comer, a tirar a comida a um camponês sem lhe pagar».

[61] Che Guevara, *Oeuvres, I, textes militaires*, Paris, 1968.

Os objetivos também são proclamados singelamente: possuir a terra, ter um salário melhor. No exercício da guerrilha, prepara-se para o exercício final do Poder, cuja primeira tarefa é punir os traidores, expropriar as propriedades e bens do adversário e distribuí-los pelos pobres. A subversão dos campos precede a subversão das cidades[62].

Para tal efeito, o exército de libertação fornece os quadros que se instalam clandestinamente nas cidades e organizam uma quadrícula de apoio. O trabalho administrativo e logístico fica a cargo de um responsável pelos transportes, um responsável pela informação e um responsável pelas finanças. Mas o papel principal é do responsável pelas ações armadas, ao qual pertence executar os traidores e os torturadores ao serviço do regime, proceder a raptos e sabotagens.

O combate é a melhor arma da propaganda, e o objetivo, tendo em mente a experiência ganha em Cuba, é *transformar a Cordilheira dos Andes numa nova Sierra Maestra,* e criar no mundo numerosos Vietnames, que afundarão a capacidade imperialista: «*Pouco importa onde nos surpreenderá a morte: que ela seja bem-vinda, desde que o nosso grito de guerra seja escutado, que outra mão se estenda para empunhar as nossas armas, e que outros homens se decidam a entoar os cantos de tristeza com um acompanhamento de metralhadoras e novos gritos de guerra e de vitória.*»

Levar esta mensagem ao mundo foi o que Che parece ter esperado de Régis Debray, quando iniciou a sua ação final na Bolívia[63]. A técnica do foco revolucionário é recomendada e definida nestes termos: uma organização minoritária de revolucionários profissionais procura levantar as massas, não depois, mas antes da conquista do Poder, condição essencial para a vitória final.

Esta minoria instala-se no ponto mais vulnerável do território nacional e institui um foco que se espraia, como uma nódoa de azeite, pelos campos, pelas pequenas cidades, até chegar à capital.

c) A Guerrilha Urbana

Na orientação de Che a guerrilha precede o partido, e a tomada do Poder pelo exército popular até parece dispensá-lo posteriormente. Logo após a sua morte, em outubro de 1967, Carlos Marighella parece ter-se proposto como sucessor de Guevara e formulava as suas instruções para a guerrilha

[62] Che Guevara, "Instructions pour les cadres destinés au travail urbain", in *Tricontinental,* 1968.

[63] Régis Debray, *Révolution dans la révolution?,* Paris, 1969; *Essais sus l'Amérique Latine,* Paris, 1967.

urbana[64]. Nesse trabalho, e depois no *Manual do Guerrilheiro Urbano* (1969), preconiza uma estratégia mundial baseada em três formas de luta complementar: *guerrilha urbana, guerrilha rural e guerra psicológica.*

Em vista da extensão territorial do Brasil, rejeita a instituição de um *foco* localizado em favor de uma infraestrutura desenvolvida para desencadear uma guerra de movimento. Por outro lado, considera que o trabalho de propaganda e divulgação não é possível senão nas cidades, onde a população adere aos guerrilheiros à medida que a repressão governamental aumenta.

O guerrilheiro urbano deve ser astucioso, ter uma atividade ostensiva normal, discreto na vida corrente, *confiscando* os meios de que necessita para si e para o movimento, hábil no uso e fabrico das armas, munições e explosivos.

Os grupos de ação são compostos de pequeno número de agentes, com armas ligeiras, e com larga margem de iniciativa para assaltar bancos, proceder a execuções, fazer propaganda, desencadear a guerra de nervos. Atacam de surpresa, retiram imediatamente, escolhendo pontos nevrálgicos.

A desorganização do aparelho do Estado e da própria sociedade civil é procurada pela realização de uma série de ações que Marighella enumerou: ataques, ocupação de lugares públicos, emboscadas, combates de rua, interrupções do trabalho e das atividades escolares, *expropriação* de armas, libertação de prisioneiros, execução de espiões e traidores, morte de polícias e de informadores, sabotagens, atentados terroristas, guerra de nervos.

5. A Luta Armada Revolucionária

Toda esta doutrinação se reduz a um princípio: à *violência estrutural da sociedade construída pelo Ocidente, e condenada, tem de responder-se com toda e qualquer forma de violência física que a destrua.*

O marxismo-leninismo foi a primeira teorização desta atitude, tendo em vista o *Estado capitalista* que deverá ser substituído por um *Estado proletário.* A forma de organização era salvaguardada, a sua estrutura e finalidade mudariam de natureza.

Formulada em pleno domínio do mundo pelos povos ocidentais, à teorização marxista-leninista pareceu que todos os povos do mundo poderiam ser mobilizados contra o sistema capitalista que dominara as metrópoles pela detenção dos meios de produção, e dominava o resto da Terra usando as técnicas da colonização.

[64] Carlos Marighella, *Pour la libération du Brésil,* Paris, 1970.

Mas a doutrinação maoísta introduziu uma variável fundamental na doutrina, porque pareceu-lhe ver o inimigo nos *povos ricos do mundo,* na *cidade planetária* que seriam os povos do hemisfério norte, exploradores do *campo* constituído pelas zonas dos três AAA: Ásia, África, América Latina. A luta muda de sinal, e a URSS não fica excluída do ataque subversivo, parecendo mesmo que está a tornar-se num inimigo prioritário pelo que respeita à Ásia e à África.

A violência estrutural do Ocidente não se confunde com o capitalismo, confunde-se com a industrialização e, frequentemente, com a etnia branca que construiu esse tipo de sociedade.

Por outro lado, sobretudo depois de maio de 68, volta a pôr-se em causa o próprio Estado como forma de viver, ressuscitando, com maior alarde filosófico, o velho ideal anarquista da sociedade civil sem governo, na base de uma doutrina dos direitos do homem que nenhum aparelho político parece capaz de respeitar integralmente.

Estas orientações fundamentais, todas aceitaram a violência como instrumento de ação, e o mundo transformou-se num palco de lutas desencontradas que empurram o Estado, em todos os lugares, para o abandono dos critérios clássicos da legalidade e do Estado de direito.

Não apenas os movimentos subversivos e revolucionários, mas também os aparelhos de governo das democracias mais avançadas, recorrem a tipos de luta semelhante, internacionalizando as técnicas e os apoios.

Vejamos agora alguns dos movimentos que se tornaram característicos da nossa época, e que são tributários da doutrinação que ficou mencionada, para depois examinar algumas das práticas que os próprios governos instalados assumiram à margem das leis internas e do direito internacional.

Em primeiro lugar devem mencionar-se os movimentos subversivos e anticolonialistas que se desenvolveram nos territórios ultramarinos portugueses. Todos adotaram a técnica da guerrilha, todos utilizaram o método do *foco* insurrecional, muitas vezes instalado em território estrangeiro, como aconteceu com a Guiné, Angola e Moçambique, todos se apoiaram na solidariedade internacional, todos usaram os métodos recomendados pelos técnicos da guerra subversiva.

Deste apoio internacional veio a utilização do método da conquista gradual dos instrumentos do aparelho do Poder, neste caso especialmente as Forças Armadas, tendo como agente o Movimento das Forças Armadas (MFA). Do que se conhece, foi este último o fator determinante, que levou à renúncia à luta e à geral capitulação perante a guerrilha, a qual, por si, não teria conseguido um resultado tão espetacular.

A presença das tropas cubanas, depois de 25 de Abril de 1974, especialmente em Angola, demonstra a natureza internacional do movimento e a filiação doutrinal da ação empreendida. O MFA, em todos os territórios, entregou o Poder aos movimentos marxistas, e não autorizou qualquer plebiscito, eleição ou disputa partidária.

Outro movimento, de projeção mundial, que utiliza toda a doutrinação da guerrilha, é o palestino[65]. Este movimento, chefiado por Yasser Arafat, não só encontrou a base territorial ou santuário em territórios de soberania árabe fronteiros de Israel, como pretendeu assumir o controlo dos próprios países que lhe forneceram o santuário, coisa que nunca aconteceu com os movimentos africanos.

Foi assim que, instalado na Jordânia, deu causa a uma ofensiva das tropas jordanianas, desencadeada em 17 de setembro de 1970, que causou cerca de quatro mil mortos e onze mil feridos, tudo para salvaguardar a soberania do hospedeiro. A paz então estabelecida, em 13 de outubro de 1970, incluiu a obrigação do rei Hussein de fazer do seu reino «*a base da revolução palestina*», isto é, o foco insurrecional. Logo no ano seguinte, as tropas jordanianas procederam a novo massacre, que permitiu ao rei anunciar, em 22 de julho de 1971, que «a calma e a tranquilidade reinam no país».

A instalação principal dos *fedayin* na Síria e no Líbano teve consequências semelhantes, de tal modo que o Líbano foi conduzido a uma quase completa destruição, ainda em curso.

Paralelamente, os *fedayin* desencadearam ações seletivas de terrorismo em mais de um lugar do mundo, ficando particularmente célebre o massacre que, em 4 de setembro de 1972, cometeram contra os atletas israelitas que representavam o seu país nos Jogos Olímpicos de Munique. O mais significativo deste movimento, em termos de política internacional, é que, não tendo território nem povo, tem uma indiscutível personalidade política internacional, e o seu Comité Executivo da Organização para a Libertação da Palestina, por intermédio do seu chefe Arafat, toma parte em conferências internacionais, assina acordos, faz a paz e a guerra, discursa na Assembleia Geral da ONU, enquanto todos os governos conde-

[65] Lorand Gaspar, *Palestine, année 0*, Paris, 1970; Natham Weinstuck, *Le mouvement révolutionnaire arabe*, Paris, 1970.

nam os atos de guerrilha mundial que não deixam de lhe atribuir direta ou indiretamente[66].

Outro caso de foco abrigado nas garantias do direito internacional é o da República do Iémen do Sul, proclamada em 30 de Novembro de 1967. Aqui não se tratou nem de *santuário* fornecido aos movimentos subversivos e revolucionários, como aconteceu no caso da África Portuguesa, nem de os ocupantes do *santuário* tentarem assumir o controlo do hospedeiro, como se passou na Jordânia e no Líbano: foi o próprio Governo da nova república que se proclamou como «*a base da retaguarda da revolução*». São, neste caso, os emirados do Golfo que estão em causa, mas as notícias não são muitas sobre o que se passa nessa região, onde o massacre é o ponto final preferido por todos os contendores.

Na África de 1978, os casos em curso mais importantes são os da Rodésia, em relação à qual é Moçambique que funciona de santuário, e Namíbia, em relação à qual o santuário parece ser fornecido por Angola.

Outras organizações, como as Brigadas Vermelhas italianas, desenvolvem o mesmo tipo de atividades destinadas a dominar a sociedade civil pelo terror e a desacreditar o Estado pela ineficácia. Os raptos, os assassinatos indiscriminados, o desvio de aviões, a chantagem, os assaltos a bancos, os atentados contra multidões, tudo se transforma numa rotina em que se misturam o ideal político com a criminalidade comum, pondo em causa a credibilidade de todas as instituições tradicionais.

§ 5º
A Violência do Poder

1. O Mito da Estrita Legalidade

Um dos valores fundamentais anunciados pelo Estado racional-normativo, saído da Revolução Francesa, e já adotado antes pela Revolução Americana, foi o da estrita legalidade. Esta dizia sobretudo respeito ao direito criminal, de tal modo que não haveria crime nem pena sem lei que previamente os definisse. A intervenção da força estaria disciplinada pela lei de todos conhecida, e o eleitorado controlava o poder legislativo na sua qualidade de soberano.

[66] A FPLP (Frente Popular de Libertação Palestiniana) disputa também a liderança, chefiada por Georges Habache, usa com extremismo os mesmos métodos, mas não alcançou a mesma audiência internacional.

De facto, trata-se de um ideal que não foi realizado, na totalidade, em parte alguma. O objetivo era proteger a liberdade, que aparece definida em vários sentidos. Numa primeira aceção, a liberdade é tomada negativamente, isto é, como ausência de constrangimentos físicos, psicológicos ou morais[67]. Depois, em sentido positivo, significa ter o direito de praticar um ato. A primeira é a base natural da segunda, que já é jurídica. No caso de se entender que tal liberdade tem como objetivo servir os fins do indivíduo, faz parte da autonomia dele utilizá-la nos limites em que não prejudica outro. Mas entendendo que a liberdade tem uma qualidade social, ela é uma função que não tem nada a ver com o projeto individual de vida, mas sim com os objetivos sociais. Deste modo, a estrita legalidade já não será a mesma, ou não terá o mesmo sentido, em vista da tónica recebida pelo ordenamento jurídico.

Assim, enquanto os Estados liberais a entenderam, no domínio penal, como exigindo uma tipicidade rígida das incriminações, os Estados totalitários, nazis e soviéticos, admitem a analogia nas incriminações, o arbítrio judicial, e até a substituição do processo judicial pelo processo administrativo.

O Estado de matriz liberal pode acrescentar à liberdade de cada um o fornecimento dos meios indispensáveis para que ele possa realizar o seu projeto de vida; o Estado totalitário considera-se legitimado para condicionar o indivíduo em termos de fazer coincidir o seu projeto com o projeto social, submetendo-o por exemplo a internamento psiquiátrico para tal fim.

Na medida em que os governados controlam os governantes e guardam a possibilidade de alternarem no comando, diz-se que procuram uma *liberdade de participação* que lhes permita intervir na definição do seu próprio futuro político; na medida em que os governantes estão impedidos de ultrapassar certos limites da autonomia do indivíduo, diz-se que este tem uma *liberdade de autonomia.*

Os regimes totalitários negam uma e outra, porque uma e outra decorrem da filosofia que inspirou o Estado liberal, sendo que a liberdade de participação radica no contratualismo de Rousseau, e a liberdade de autonomia decorre do liberalismo de Locke e de Montesquieu.

A chamada *estrita legalidade é uma* defesa da liberdade de autonomia contra o próprio Estado, e realmente tem em vista cada uma das suas clássicas funções: defesa contra o *abuso da função legislativa*, o que se procura, por

[67] V. F. A. Hayek, *La route de la servitude*, Paris, 1970.

exemplo, considerando as Declarações de Direitos Individuais como superiores em hierarquia ao direito ordinário e organizando o controlo da constitucionalidade das leis; *defesa contra a Administração*, criando um sistema de controlo dos atos contrários às liberdades individuais; defesa contra os indivíduos que são os *suportes dos órgãos do Estado*, organizando uma definição e efetivação da sua responsabilidade pessoal por abusos cometidos[68].

Politicamente, o *Estado de direito* teria assim a vantagem de deter a força, e o limite de apenas a poder usar de acordo com leis conhecidas, e nas condições exatas que as leis definem; os seus adversários, sujeitos à ameaça de sanções legais, teriam porém a vantagem da criatividade, a possibilidade de utilizar qualquer meio de ataque, mesmo violento, para se apoderarem da sede do Poder.

O Estado totalitário, esse assume claramente a mesma criatividade e não se embaraça com a lei escrita para selecionar os meios de intervenção destinados a assegurar a manutenção da sede do Poder. Enquanto que para o Estado de direito, de raiz liberal e democrática, a lei é também um instrumento, mas, desde que em vigor, funciona como um limite, para o Estado totalitário a lei é um princípio-guia, um quadro geral indicativo, e um instrumento que pode a todo o momento ser substituído ou complementado por outro mais eficaz.

Acontece porém que, tanto na vida interna como na vida internacional, o Estado, em toda a parte, seja de matriz liberal ou de matriz totalitária, excede os quadros legais e estrutura e sistematiza formas de intervenção que escapam inteiramente à predefinição jurídica.

Os contratualistas só reconheceram o estado de natureza na vida internacional e descreveram esta como uma arena onde o combate estava sempre na iminência de começar. O certo é que a conservação interna do poder remete para o estado da natureza com muita frequência, e a ética, o direito natural, o próprio direito positivo ficam em suspenso nessa oportunidade. Assim como a luta pelo Poder compreende uma violência subordinada apenas ao racionalismo meios-fins, assim também a conservação do Poder implica que esse racionalismo seja adotado pelo aparelho político em exercício. Isto é extremamente frequente no domínio das relações internacionais, mas não é invulgar nas relações internas.

[68] Jacques Ribert, *Libertés publiques*, Paris, 1971.

2. A Clandestinidade do Estado

Tudo isto implica que a ciência política tenha de abrir um capítulo, ainda por construir, sobre a clandestinidade do Estado. Existem depoimentos numerosos, pouco dignos de total confiança, justamente porque lidam com factos que dificilmente podem ser submetidos a uma crítica objetiva e fundada.

Mas aquilo que é possível é conceptualizar as atividades clandestinas do Estado, incluindo neste conceito operacional todas as ações que excedem os quadros legais. Tentaremos aqui, com brevidade, indicar alguns dos tipos de ação clandestina do Estado, e que são característicos da nossa época.

Em primeiro lugar, a *desinformação*, que se traduz numa actividade destinada a ocultar os factos, a divulgar versões inexatas, tendenciosas ou propositadamente equívocas. Já foi chamada e defendida como a doutrina da *mentira plausível ou razoável* por um dos estadistas de maior renome contemporâneo. É frequente no domínio das relações internacionais, mas não é menos frequente nos domínios da política interna.

O *manejo das estatísticas* para deturpar os índices de inflação, do custo de vida, do custo dos serviços, das despesas sumptuárias é facilmente identificável.

O controlo direto ou indireto dos *meios de comunicação social* é procurado pelo aparelho do Poder, justamente para se habilitar ao exercício eficaz da desinformação. Daqui resulta a importância de meios de comunicação social livres da influência do Estado, como foi demonstrado nos EUA pelo *Washington Post na* campanha que levou à demissão do presidente Nixon.

Pode também identificar-se a *violação* da intimidade, que engloba as atividades destinadas a surpreender a vida privada dos cidadãos, usando a violação de correspondência, a escuta telefónica, a fotografia não autorizada, o registo clandestino das conversas. Nos Estados onde a luta partidária não é disciplinada em termos suficientes, os próprios partidos utilizam os seus filiados que trabalham em serviços ligados à comunicação para procederem a essa violação sistemática do direito à intimidade, com todos os corolários da chantagem, da difamação, das pressões morais e económicas.

Sob a designação de *operações especiais* podem incluir-se todos aqueles atos que se relacionam com a atividade no exterior, e que por vezes são encargo de serviços sofisticados, como a CIA e a KGB. De facto, dizem também respeito à política interna, na medida em que se ocupam de adversários do regime que residem no exterior, e o uso da violência não é excluído. Alguns casos recentes de rapto de adversários dos governos ficaram a documentar este tipo de clandestinidade.

A *corrupção* é outra das atividades típicas da clandestinidade do Estado e reveste as formas mais variadas. No exterior abrange a compra da adesão de políticos ou militares influentes, designadamente para ganhar concursos públicos de fornecimentos vultuosos nos domínios da defesa. No interior, a oferta de empregos públicos e privados a troco de acordos ou oposições desejadas, a barganha para a distribuição de altas dignidades a troco de alinhamentos eleitorais, a concessão de contratos proveitosos, e assim por diante, são métodos desse capítulo da clandestinidade do Estado.

Nos EUA, esta clandestinidade do Estado foi designada como *The Bissell Philosophy, a* partir de uma reunião do Discussion Group on Intelligence and Foreign Policy, realizada em 8 de janeiro de 1968. A minuta dessa reunião foi divulgada pelo *Africa Research Group,* e tornada célebre por um livro dos jornalistas Victor Marchetti e John D. Marks[69].

Finalmente, a campanha a favor dos *Direitos do Homem* desencadeada pela administração Carter, tornou geralmente conhecidas as práticas de *violação da dignidade humana* que se verificam indiscriminadamente em todos os países, incluindo soviéticos e ocidentais: a privação ilegal da liberdade física, os espancamentos, a morte clandestina, os asilos psiquiátricos, a perseguição étnica são práticas comuns da clandestinidade do Estado. Uma organização privada, com sede em Londres, chamada Amnistia Internacional, tem documentado de maneira impressionante a extensão e importância dessa atividade.

§ 6º

A Estrutura do Poder

1. Bem Comum e Teoria dos Conflitos

O exame da estrutura do Poder é tributário de duas atitudes fundamentais: a primeira, que radica nos clássicos e foi de São Tomás, encara o Estado sempre como uma comunidade, onde todos estão unidos por um interesse comum: a segunda considera que o Estado é uma forma mediadora de conflitos de interesses, que são o fenómeno dominante, sendo portanto secundário o problema do interesse ou do bem comum.

Na história das doutrinas políticas, o modelo baseado no conceito de bem comum, minimizando os conflitos e subordinando-os sempre àquela

[69] V. Marchetti e J. D. Marks, *The CIA and the Cult of Intelligence,* Nova Iorque, 1974.

noção, foi o tradicional. O conflito devia ser um acidente, e não a tónica do fenómeno político. O próprio direito de resistência ao déspota foi tratado em termos de moderação tal que só era confiado aos notáveis, e legitimado no caso de não provocar um dano maior ao bem comum. A concórdia era o valor dominante e a base da teoria política.

Mesmo na crise ocidental provocada pela Reforma de Lutero, católicos e protestantes sentiram-se obrigados a referir-se, implícita ou explicitamente, à doutrina que São Tomás de Aquino expusera no capítulo VI do seu *De regime principum,* ao definir as condições em que poderia ser exercido o direito de resistência.

Dissera ele que, se «alguém consegue a supremacia em face do tirano, é daqui que precisamente derivam a miúdo as contendas mais graves entre o povo, porque a multidão se divide, durante a revolta e na sua repressão, ainda mais em fações, para decidir como haverá que organizar-se o Governo».

A tradição de estabelecer o consenso, assente no interesse ou bem comum, como a base fundamental do fenómeno político e da ciência política, encontra-se desde Aristóteles e exprime-se na persistente doutrinação da obediência devida ao poder constituído.

No capítulo IV do livro III da *Política* afirma ele que a condição inerente a um bom cidadão deve consistir tanto em saber mandar como em saber obedecer. O acatamento da autoridade constituída é um dever do cidadão, e isto significa a proeminência do critério do bem comum, relegando os conflitos para um plano secundário.

Na doutrina católica, logo São Pedro, na *Epístola* enviada aos cristãos de Ponto, Galácia, Capadócia, Ásia e Bitínia, recomenda-lhes: «Por amor do Senhor, sujeitai-vos a toda a instituição humana: já ao imperador, como soberano; já aos governadores, como seus delegados para o castigo dos malfeitores e elogio dos bons. Tal é a vontade de Deus, que, praticando o bem, amordacemos a ignorância dos homens insensatos.»

Por seu lado, São Paulo, na famosa *Epístola aos Romanos* (XIII, 1, 6) definia a tradicional doutrina da origem divina do Poder: «Estais todos submetidos às autoridades superiores. Por isso não há autoridade que não venha de Deus, e as que existem, por Deus foram estabelecidas. Assim, pois, quem se enfrenta com a autoridade enfrenta-se com a ordem estabelecida por Deus. E quem se enfrenta com ela atrai para si a própria condenação.»

Mais tarde, Santo Agostinho, no capítulo XXXIII, do livro IV da *Cidade de Deus,* afirma que «os tempos de todos os reis e reinos estão dispostos e ordenados pelo decreto e poder de Deus».

É nesta ideia de que o Poder é exigido pelo bem comum, e fiador da realização desse bem comum, que parece encontrar-se a coerência da doutrina das *duas espadas*, formulada no século v pelo Papa Gelásio na sua *Oitava Carta* ao imperador Anastácio[70].

A regra da obediência a todo o poder precisa de obstar a que o Poder se transforme em tirânico, e esse objetivo procura-se submetendo-o a uma ética que o transcenda, e que tem a Igreja como mestra. Por isso Gelásio exorta o Imperador: «Sabes, efectivamente, que, embora estejas à frente do mundo inteiro do teu tempo, inclinas reverentemente a tua fronte ante os guias nas coisas da religião e a eles pedes os meios para a tua salvação, ó meu filho clementíssimo, apesar da tua alta dignidade».

Toda a organização feudal, por outro lado, se baseou também na recusa da legitimidade dos partidos, superada pela obediência estrita ao Poder. Segundo Boutruche, o juramento dos vassalos, em toda a parte, traduzia-se nesta fórmula: «Naquilo que eu saiba e possa com a ajuda do Senhor, sem engano nem rebeldia de nenhuma espécie vos servirei, e ajudarei fielmente com o meu conselho e auxílio segundo a minha ocupação e pessoa para que possais guardar e exercer o poder que Deus vos há concedido segundo sua vontade para vossa salvação e dos vossos vassalos»[71].

Francisco de Vitória, ao defender a origem indireta do Poder, também não olhava para o fenómeno político como traduzindo-se essencialmente num conflito de interesses, mas sim como uma exigência do bem comum. É por isso que escreve que: «...no Estado, os seus chefes, inclusivamente os monarcas puros, entende-se que receberam (o poder) da comunidade, e que, portanto, a vontade desta não é mera condição, mas antes fundamento constitutivo e título de legitimação; por outro lado, condena os homens corrompidos de orgulho e de ambição que se levantam contra os seus príncipes»[72].

A minimização dos partidos e das fações, em face do bem comum como fulcro essencial da política, só abre brecha com Maquiavel, que, ao ocupar-se da república romana, nos seus *Discorsi* (I, 4) escreveu: «Parece-me que quem condena a luta entre a nobreza e o povo também condena a principal causa da conservação da liberdade em Roma. Quem presta mais atenção ao

[70] Publicada in *Legado Político do Ocidente* (coordenação de A. Moreira, Bugalho e Celso Albuquerque), Rio de Janeiro, 1978.

[71] Boutruche, *Seigneurie et feodalité*, Paris, 1973.

[72] In Eustaquio Galin, *La teoria del poder político según Francisco de Vitória*, Madrid, 1944; Touchard, *Historia de las ideas políticas*, Madrid, 1972.

tumulto e gritaria de tais conflitos do que ao seu bom resultado não pensa que em toda a comunidade política são diferentes a opinião popular e a dos grandes, e que ao entrarem em conflito surgem todas as leis ditadas em benefício da liberdade».

De facto, a marginalização doutrinal dos partidos parece uma atitude comum até ao século XIX. Então, o conflito de interesses começa a aparecer como o fenómeno principal da política, em detrimento da ideia-mestra tradicional do bem comum. O liberalismo introduziu a ideia de competição e de conflito de interesses individuais que justificaram, em autores tão distanciados como Hobbes e Locke, a instituição contratual do Poder.

A sociologia dos conflitos, com Gumplowicz e Ratzenhofer, examinou esse problema com os critérios darwinistas transpostos para a análise das sociedades humanas. Mas foi o marxismo que definitivamente introduziu a ideia de conflito de interesses classistas como sendo o fenómeno social básico e relegou para segundo plano o tradicional ponto de vista do bem comum.

Progressivamente, seja qual for a matriz ideológica originária, todas as correntes acabaram por adotar o ponto de vista do conflito de interesses, dando ou não lugar ao bem comum, para o exame do fenómeno político.

Na síntese de Klaus von Beyme, os *liberais* advertiam que o Estado é a soma de interesses individuais e de grupos concorrentes entre si; os *marxistas* sustentaram que se trata de oposição de classes e que o Estado, representante exclusivo da classe dominante, acabará absorvido numa sociedade civil que se autorregula sem necessidade de poder político; os *conservadores* viram principalmente o conflito entre a *elite* e as massas[73].

O certo é que toda a ciência política está hoje informada pela ideia de conflito e toda a sua semântica reflete essa atitude básica: *nações, partidos, oposição, divisão de poderes, modernização, revolução, guerra, classes, grupos, elites.*

A teoria da estrutura do Poder, nos analistas, anda porém relacionada apenas com três conceitos operacionais: *classes, grupos, elites.* Independentemente das conclusões doutrinais sobre a sede da soberania, em regra considerada radicada no povo, o problema importante é o do *exercício do poder político, isto é, a capacidade efetiva de mobilizar e usar os meios de constrangimento em que o Poder se traduz.* Trata-se então, não do problema da legitimidade, que está ligado ao da raiz da soberania, mas sim do problema da sede do poder efetivo, que pode ou não estar legitimado.

[73] Beyme, *Teorias Políticas Contemporâneas,* Madrid, 1977.

2. A Teoria das Elites e do Elitismo Pluralista

O problema é portanto o de saber quem é que realmente detém o poder político nas sociedades modernas. Logo o fundador da ciência política, que foi Maquiavel, ao sustentar a autonomia do fator político, hoje adotada por todos os escritores que genericamente são chamados *maquiavélicos,* definiu o critério que domina o ponto de vista elitista da estrutura do Poder[74]. Uma noção pessimista da vida política, talvez cínica no sentido clássico da palavra, leva-os a admitir que, em toda a parte, a desigualdade política é a regra, e o poder é exercido por um grupo restrito. A distinção básica, no exame da estrutura do poder, é entre massas e *elites.*

A história da luta pelo poder, é nessa orientação uma história da luta entre *elites* diferenciadas e opostas. Mas a importância moderna da teoria elitista derivou de uma confrontação com a teoria marxista das classes. E foi sobretudo uma doutrina italiana, talvez porque ali as desilusões do parlamentarismo liberal foram mais pesadas do que noutros lugares: Vilfredo Pareto, Gaetano Mosca, Roberto Michels e George Sorel são os principais defensores deste ponto de vista.

Parece que a palavra *elite* designava, no século XVII, os géneros de qualidade, e depois foi usada para identificar os grupos sociais elevados na escala social[75]. No seu conceito mais extenso, não está ligado à detenção de meios de coação, mas sim à capacidade de produzir modelos de conduta, que influenciariam a evolução da sociedade civil e do Estado.

Também no domínio da política o conceito de *elite* apareceu ligado não apenas à detenção do poder, mas à detenção do poder pelos melhores. Assim acontece com o conceito de governo dos sábios de Platão e com o conceito de Saint-Simon. Mas, com frequência, a filiação da teoria elitista em Maquiavel levou a formulá-la em termos completamente amorais.

Maquiavel entendia que a política não era um problema das massas, mas sim de grupos dirigentes em conflito, e notava que o Direito não era o método que os resolvia, mas sim a força, como entre os animais. Por isso estabeleceu uma tipologia sumária de políticos, comparando-os a lobos e leões. Interpretando a corrente, o citado Burnham, com inaceitável simplismo, sustentou que o elitismo compreendia as seguintes teses: todos os processos sociais traduzem um conflito entre massas e *elites;* o objetivo da

[74] James Burnham, *Les machiavéliens, défenseurs de la liberté,* Paris, 1949.

[75] Beyme, cit., p. 351.

elite é manter o Poder, usando a violência e o engano, com pouco lugar para a ética e para a coerência[76].

Aquilo que parece evidentemente comum a todas as correntes elitistas é a aceitação do primado do voluntarismo na política, e a afirmação de que as variáveis económicas não são as determinantes causais do processo social. A *vontade do poder* de que falava Nietzsche, o *incansável desejo do poder* que mencionava Hobbes, pareceu-lhes presente em todos os aspetos da vida social. Por isso o renascimento da teoria das *elites* aparece como uma reação contra a dialética marxista, e repetidamente se diz que a afirmação de Pareto – «a *história é um cemitério de aristocracias*» – representa a tomada de posição contra o axioma do *Manifesto Comunista* – «*a História até ao presente é a história da luta de classes*».

Até à Segunda Guerra Mundial, a doutrina, sem recorrer ao estudo empírico das *elites* que só depois dessa data se desenvolveu, repousou fundamentalmente na *perspetiva psicológica* de Pareto, na *perspetiva organizacional* de Mosca e Michels, e na *perspetiva económica* de Burnham.

Vilfredo Pareto (1848-1923) iniciou o tratamento do tema com um estudo de 1901, reeditado em 1968 com o título *The rise and fall of the elites*[77].

Depois, no monumental e discutido *Tratado de Sociologia Geral*, traduzido em várias línguas, toma posição contra o critério marxista da luta de classes e adianta a tese de que a história se traduz numa *circulação de elites*, de tal modo que há uma substituição contínua de uma *elite* por outra concorrente e vitoriosa. A sociedade deve ser examinada segundo esta distinção entre *massa* e *elite*, e esta última é que dá caráter ao corpo político.

No Tratado, escreve que «a noção principal do termo *elite* é a de superioridade... Em sentido amplo, entendo por *elite* de uma sociedade as pessoas que possuem em grau elevado as qualidades de inteligência, de caráter, de perícia, de capacidade de todas as espécies».

Esta *elite* divide-se em duas categorias: a elite *governamental* que direta ou indiretamente participa do poder; a elite *não governamental*, que compreende as restantes.

As *elites* não são hereditárias, necessariamente, e as camadas inferiores da sociedade vão fornecendo as novas *elites* que substituem as antigas, e assim determinaram o fenómeno da mudança social.

Toda a *elite* se esgota, decai, e é substituída, num movimento incessante que permite compreender o fenómeno das transformações sociais e políticas.

[76] Beyme, cit., p. 352.

[77] Nova Iorque, 1968, com introdução de Hans L. Zetteberg.

Esta substituição cíclica implica uma constante luta, na qual o maquiavelismo tem o seu lugar.

Tal circulação de *elites* é socialmente benéfica, porque assegura a mobilidade e ascensão das novas forças e o restabelecimento dos equilíbrios sociais.

Há vantagens em que as *elites* não sejam inteiramente fechadas e estejam prontas a absorver a renovação que sobe das camadas inferiores da sociedade, porque, se a circulação pacífica for impedida, a revolução violenta trará a destruição do exterior, assim como a decadência ameaçará o grupo do interior.

Mas a *elite*, para se conservar, deve ter a vontade do poder, porque, afirma, «toda a *elite* que não está disposta a travar batalha para defender as suas posições está em plena decadência; não lhe resta mais do que deixar o lugar a outra *elite*, que tenha as qualidades reais que lhe faltam».

Esta construção, feita de uma *perspetiva psicológica*, foi considerada anunciadora do fascismo, embora Pareto não tenha recebido essa revolução com entusiasmo e, de facto, o voluntarismo não é necessariamente fascista, e muito claramente é leninista e populista. Trata-se realmente de alguma coisa que diz respeito à própria essência do fenómeno político, e que portanto não está dependente do acidente das ideologias.

Na continuidade desta linha de pensamento, Gaetano Mosca (1858-1941) sustentaria que a teoria das *elites* é tão aplicável às sociedades capitalistas como soviéticas, e, nos seus *Elementi di scienza política* (1896), avança o conceito operacional de *classe dirigente*. No seu entendimento, é impossível a participação geral no poder, como doutrinava a democracia liberal, assim como não seria provável o monopólio do Poder por um só homem. Os factos demonstram que o Poder só pode ser exercido por uma minoria organizada, e tal minoria organizada constitui uma *classe dirigente* ou *classe política*.

Um dos seus textos mais citados é este: «Em todas as sociedades – desde as menos desenvolvidas e civilizadas até às mais avançadas e poderosas – aparecem duas classes de pessoas: uma classe que governa e uma classe que é governada. A primeira, sempre a menos numerosa, assume todas as funções públicas, monopoliza o Poder e goza de todas as vantagens que envolve, enquanto a segunda, a mais numerosa, é dirigida e controlada pela primeira, de uma maneira mais ou menos legal, mais ou menos arbitrária e violenta»[78].

[78] In Schwartzenberg, cit., p. 219.

A condição para que esta classe política se mantenha no Poder é a sua organização, na base de critérios de interesses, de sangue, de cultura. Esta homogeneidade do grupo disposto a mandar traduz-se numa força que domina os setores desorganizados da sociedade. A minoria que assume o Poder justifica-se por uma doutrina ou por uma ideologia, na qual radica a legitimidade que se arroga.

Um dos fatores da capacidade de domínio da *classe política* está na sua própria organização hierárquica interior, que entrega a supremacia a um pequeno grupo de dirigentes. O problema da mobilidade das *elites,* que preocupou Pareto, mereceu-lhe também grande atenção, e conclui que aquilo que caracteriza as sociedades democráticas modernas é a extrema mobilidade. Deve notar-se que mais uma vez este voluntarismo de Mosca não pôde ser identificado com o fascismo, porque ele próprio, em 19 de dezembro de 1925, recusou votar no Senado as leis que definiam os poderes do novo chefe de Governo, Mussolini.

A independência do critério elitista em face das ideologias, consentiu que, ao contrário, Roberto Michels (1876-1936) defendesse o elitismo e apoiasse o fascismo italiano. Num trabalho de 1911, sustentou que o governo direto das massas é uma impossibilidade técnica, e que a realidade, em todos os regimes, leva ao aparecimento de uma *oligarquia* que se apodera do aparelho do Governo. Isto é assim no campo político, e também no interior dos partidos e dos sindicatos. A necessidade de organização, a especialização das funções, a profissionalização, tudo implica que a sociedade esteja submetida a uma *lei de bronze da oligarquia.* Os dirigentes tendem inevitavelmente a formar um círculo mais ou menos fechado e a perpetuar-se no exercício do Poder, seja qual for o regime político em vigor[79].

Estas orientações basearam-se em largos balanços da História, mas, talvez por causa da tradição normativista europeia, não procuraram evidência factual de apoio no estudo das sociedades contemporâneas. Depois da última grande guerra, a aproximação das sociedades capitalistas e soviéticas levou a análises mais agarradas aos factos e ao estudo empírico do papel das *elites* em ambos os tipos de democracia, aproximadas pela natureza comum de *sociedades industriais* que lhes foi sendo reconhecida. O ponto de arranque para essa experiência foi talvez o célebre livro de Lasswell *Politics. Who gets what, when, how?* (1958).

[79] "Les partis politiques", *Essai sur les tendences oligarchiques des démocraties,* Paris, 1971.

Desligando o problema de toda a transcendência, amarrou o conceito operacional de *elite* ao pragmatismo do maior proveito na distribuição dos valores sociais: «*The influential are those who get the most of what there is to get. Available values may be classified as difference, income, safety. Those who get the most are elite; the rest are mass*».

A partir de então, multiplicaram-se os estudos, quer do próprio Lasswell e Lerner *(Revolution and the development of international relations)*, quer de investigadores como Preradovitch, Jaeggi, Schluchter e Fürstenberg, debruçados sobre os problemas da mobilidade social conforme as épocas históricas. Mas as investigações e meditações com maior interesse para o estudo da conjuntura política atual são as que foram suscitadas pela recusa do critério marxista de basear a evolução social no conflito de classes, e a ocupação do aparelho do Poder na detenção dos meios de produção.

É assim que Manheim conclui que, mesmo nas democracias modernas, das sociedades industrializadas, a classe política que detém o Poder é selecionada segundo a combinação dos fatores do *sangue*, da *propriedade* e do *mérito*. Mas James Burnham, num trabalho que fez época, chamado *The Managerial Revolution*[80], sustentou que a *burguesia capitalista* que Marx tivera em vista, e foi a *elite* política do século XIX, tinha sido substituída, nas sociedades industriais, pelos *managers*, dotados da competência necessária para a gestão das empresas e do Estado, mas que não são detentores da propriedade dos meios de produção. Constituem um grupo animado pelo desejo do bom salário e do Poder e assentam essa agressividade na competência técnica. A conclusão era que o capitalismo clássico desaparecerá, mas não será substituído pelo socialismo, porque ambas as sociedades estariam a evolucionar da mesma maneira.

É neste ponto da análise que ganham relevo as considerações que investigadores como Aron, Galbraith e Marcuse desenvolvem sobre as características das sociedades ricas que ocupam o hemisfério norte. O primeiro, num trabalho célebre, sustentou que «as sociedades soviéticas e capitalistas não são mais do que duas espécies de um mesmo género, a sociedade industrial progressiva»[81]. Estas sociedades são caracterizadas pela substituição do músculo do homem pela máquina, da memória pelo computador, da produção personalizada pela produção em massa, pelo fenómeno urbano, pelo aumento da expetativa de vida, pelo apaziguamento ideológico.

[80] Nova Iorque, 1940. Tradução francesa, *L'Ère des organisateurs*, Paris, 1947.

[81] *Dix-huit leçons sur la société industrielle*, Paris, 1962. Desenvolveu os seus pontos de vista em *Démocratie et totalitarisme*, Paris, 1965, e *La lutte de classes*, Paris. 1964.

Deste conceito de sociedade industrializada se aproxima o conceito de Galbraith de *sociedades afluentes* caracterizadas por um excesso de meios que lhes permite realizar todos os projetos. Ainda o conceito de Marcuse de *sociedade de consumo*, onde o mercado cria as necessidades em vez de ser arrastado por elas.

A análise, conduzida neste plano de Aron, conclui sempre pelo voluntarismo, pelo primado do fator político sobre os fatores económicos. Comentava ele, em *La lutte des classes*, que «a teoria maquiavélica recorda oportunamente que o poder político é exercido, em toda a parte e sempre, por uma minoria e que o *poder político* conta tanto como o *poder económico*. Os marxistas detestam esta teoria, porque ela se aplica mal às sociedades ocidentais, mas aplica-se admiravelmente bem à sociedade soviética».

Parece difícil de negar que a revolução soviética é a que melhor corresponde ao conceito maquiavélico do primado do fator político. O Poder foi assumido por uma minoria que nem detinha os meios de produção, nem representava a massa dos trabalhadores, nem pertencia à *elite* dominante, mas, ocupando o Poder, pôde utilizá-lo para distribuir como entendeu os benefícios sociais. O que não está demonstrado é que a *classe política* corresponda, nas sociedades industrializadas, à tecnocracia de Burnham, visto que na URSS, pelo menos, os *apparatchiki*, os membros do aparelho do partido, parecem continuar a dominar o aparelho do Poder.

De tudo resulta que a tese elitista dá por demonstrado que o exercício do poder pertence sempre a um grupo restrito de indivíduos, como pretendeu Mosca, mas não postula nada a respeito de critérios gerais sobre a origem e sistema de renovação do grupo, variáveis no tempo e no espaço.

No domínio da ciência política, a tese que levou a análise mais longe, a partir deste conceito teórico, e referindo-se às sociedades industrializadas pluralistas, foi a de Wright Mills[82]. Adaptando o ponto de vista de Weber ao exame da sociedade americana, admite que a oligarquia do Poder é um «grupo de *status*» e não uma *classe* no sentido marxista, coisa que não contraria as análises de Aron, Galbraith, Burnham ou Lasswell. Mas o que acrescenta, e tornou o seu livro popular na própria URSS, é que o *status* resulta da detenção de funções estratégicas na dinâmica social.

Esta afirmação decorre da verificação de que, nas sociedades modernas ocidentais, o Poder se encontra institucionalizado em três pirâmides fundamentais: a *instituição política*, a *instituição económica*, a *instituição militar*.

[82] C. Wright Mills, *The Power Elite*, Nova Iorque, 1956.

Os indivíduos que conseguem o domínio da hierarquia de cada uma das pirâmides também procuram o comando estratégico da estrutura social. Em conjunto, fazem depender de si as *key decisions* da pilotagem política da sociedade.

Ao mesmo tempo que o Poder se concentra nas mãos de poucos em cada uma das instituições ou pirâmides, a solidariedade e interdependência das instituições desenvolvem-se e a circulação dos dirigentes facilita-se. Os militares transitam para a direção económica, os capitães da indústria assumem a direção política, a direção política circula pela direção da economia.

A isto chamou o *triângulo do Poder*, o qual abrange os «círculos políticos, económicos e militares que, num conjunto complexo de grupos entrecruzados, partilham as decisões de importância pelo menos nacional. Na medida em que os acontecimentos nacionais são objeto de decisões, a *elite* do Poder é o conjunto das pessoas que as tomam».

Examinando o processo de formação de decisões nos EUA, chegou à conclusão de que a própria *elite* política é hierarquizada, de tal modo que apenas um pequeno grupo toma as decisões fundamentais. E acontece ainda que, não obstante o princípio democrático constitucional, são mais importantes os chamados *political outsiders*, isto é, pessoal nomeado, do que os eleitos.

O recrutamento desse pessoal, que entra diretamente no alto nível do executivo, faz-se nas instituições económicas, fundamentalmente, conclusão que explica o sucesso do livro de Mills na URSS. Daqui resulta que a sede verdadeira do executivo não coincide com a definição constitucional formal, e por isso tem tanta importância o problema, para o qual chamamos repetidamente a atenção, de a Constituição corresponder sobretudo à imagem desejada pelo Poder. É na constituição real que se deve procurar a sede do Poder, e não na constituição formal.

Isto não significa que a tese de Mills não deva ser corrigida em detalhes significativos, mas na essência utiliza um bom método e chega a conclusões dificilmente recusáveis[83]. É frequente opor a esta conclusão geral a tese chamada pluralista, que é a de Aron, Riesman, Galbraith, Truman, Dahl e G. Parry[84]. Supomos que não se trata realmente de oposição de teses, mas sim de diferentes conclusões na aplicação da tese a modelos concretos, no caso especialmente os EUA.

[83] No mesmo sentido, Domhoft, *Who Rules America?*, Englewood Califs, 1967; Floyd Hunter, *Community Power Structure*, Chapel Hill, 1953.

[84] Ver uma minuciosa exposição das correntes elitistas em Klaus von Beyme, *Teorias Políticas Contemporâneas*, cit.

Assim, Aron sustenta que, nas sociedades modernas, existem, além da *elite* política, cinco categorias mais de *elites* dirigentes: os detentores do *poder espiritual*, os *chefes* das forças militarizadas, os *gestores* dos meios de produção, os *dirigentes* das massas, os detentores do *poder administrativo*. *Mas* ele próprio sublinha que os regimes de tipo soviético se definem por uma diferenciação muito menor de *elites* dirigentes[85].

Por seu lado, Riesman[86] sustenta que nos EUA, depois do *New Deal* de Roosevelt, a classe dirigente foi substituída por uma pluralidade de grupos de interesses e de pressão (veto *groups*), cada um com o poder de neutralizar o adversário, de modo que as decisões não resultam de uma sede do Poder definida e persistente, mas de concertações ocasionais e flutuantes de grupos interessados.

Galbraith parece ver o princípio do equilíbrio de poderes, acolhido na Constituição em obediência à doutrina liberal, substituído na realidade social e económica pelo que chama o *countervailing power*, ou contrapeso: desaparecida a concorrência imposta pela noção liberal de mercado, o equilíbrio já não se dá entre produtores concorrentes, mas entre *produtores*, *fornecedores* e *consumidores*[87].

No mesmo sentido se manifestam Truman e Robert Dahl, para os quais a sociedade americana é uma verdadeira poliarquia, que exige a arte do compromisso e da negociação entre os grupos rivais[88].

Ora, estas conclusões *elitistas pluralistas*, que muitos partilham, de facto apenas demonstram que a *sociedade civil* pode ser mais ou menos autónoma perante o *poder político*. Mas não demonstram que, na esfera que lhe compete, o poder político supremo não seja detido por uma *elite* restrita e homogénea, antes todos realmente o reconhecem. O que se conclui é que, quanto mais pluralista for a sociedade, maior terá de ser a base de apoio ativo obtida pela sede do Poder, através da negociação e da plataforma que define os interesses que serve.

As *elites* da sociedade civil correspondem às cidadelas de resistência de que falava Gramsci. Porque é que uma sociedade é mais ou menos pluralista, porque é que a sociedade civil é mais ou menos autónoma perante o aparelho do Poder, é uma outra questão. Mas é certo que os regimes *totalitários* não precisam da concertação que é necessária aos regimes *personalistas*,

85 *La lutte de classes*, 1964, cit.

86 *La foule solitaire*, Paris, 1964.

87 *Le capitalisme américain*, Paris, 1966.

88 *A Preface to Democratic Theory*, Chicago, 1956.

porque a esfera de ação que dominam é absorvente da maior parte da vida da sociedade civil.

Na generalidade dos regimes populistas tropicais, não parece que o elitismo pluralista seja uma chave de interpretação de valor operacional; nos regimes de tecnocracia militar, também se passa o mesmo; nos regimes soviéticos, o *elitismo pluralista* não tem cabimento porque a sociedade civil não tem qualquer autonomia perante o aparelho do Poder.

Nos regimes personalistas, mesmo de grande autoridade, então aparecem as instituições ou grupos da vida civil, com governo próprio, e dentro deles a tese da *classe dirigente* também tem cabimento: mas a esfera de ação do *aparelho do Poder* é limitada por essa autonomia da sociedade civil, e a sede de apoio ativo tem de ser obtida por negociação e consentimento, ao passo que nos regimes totalitários é a sede de apoio passivo que se torna relevante, e o aparelho do Poder espraia-se sobre uma tábua rasa de obediências impostas.

Em qualquer dos tipos de sociedade política, monista ou pluralista, é logicamente impensável que não haja um centro final de decisões, representativo e intérprete do interesse comum, sob pena de a teoria dos conflitos se traduzir na própria negação da existência do Estado e na visão do mundo como o estado de natureza que os contratualistas supuseram. Desta feita, a guerra não seria do homem contra o homem, mas dos grupos contra os grupos. Esta situação pode ser atingida e levar à dissolução do Estado, mas então já estaremos a tratar de um problema diferente.

3. A Tese Institucionalista

A propósito das matrizes teóricas da ciência política, já tivemos oportunidade de falar sobre a matriz institucionalista. Conviria desenvolver aqui o tema, para a confrontar com a *tese elitista* e com a tese do *elitismo pluralista*.

A teoria dos conflitos é primariamente de origem liberal, e não é de estranhar que se tenha desenvolvido particularmente nos países onde o capitalismo foi a doutrina dominante. Assim como a teoria clássica do Estado, no Ocidente, partiu do bem ou interesse comum como trave-mestra da sociedade e analisava os conflitos como processos subordinados à manutenção daquele interesse, sem o qual a unidade da sociedade não teria explicação; a teoria dos conflitos parte do pressuposto teórico de que o estado de guerra entre os indivíduos (Hobbes) ou entre as classes (Marx) é que corresponde à natureza das coisas, que o interesse comum é um derivado e uma exceção, e implica um acomodamento constante, ou autoritariamente imposto (Marx, Mussolini) ou negociado contratualmente (Rousseau).

Logicamente, para a teoria dos conflitos parece ter de aceitar-se que o Estado está sempre em vias de dissolução. A experiência acessível não parece fornecer evidência factual que apoie essa concepção, porque mesmo os fenómenos de luta armada pelo domínio do Estado, incluindo a guerra civil e a revolução, o que mostram é que as fações lutam pelo poder total sobre a sociedade de que todos se consideram parte. Só não é assim em casos em que a secessão é o objetivo, como nos fenómenos do anticolonialismo, mas isto justamente confirma a observação de que há um interesse comum a determinar o movimento.

Em suma, a clássica observação de que o homem vive em sociedade, e não pode viver senão em sociedade, não tem desmentido aceitável, e a teoria dos conflitos só mantém o seu rigor quando subordinada ao pressuposto de que o interesse social é uma variável autónoma e que enquadra os conflitos individuais e de grupos.

Problema diferente é o de saber se o Estado, tal como o conhecemos, é a única forma de viver que corresponde a essa sociabilidade necessária, e aqui a resposta é negativa, de acordo com a evidência histórica. Nem existiu sempre nas formas que hoje coexistem, nem é de supor que se mantenha como a forma definitiva de viver.

O facto permanente é apenas o da sociabilidade, e a isto é que a teoria da instituição dá uma resposta que parece válida tanto para o caso de o Estado existir, como para o caso de se extinguir. O que o institucionalismo sustenta, com base na observação, é que existem duas subjetividades a considerar, uma autónoma na pessoa e outra na comunidade organizada institucionalmente.

Trata-se, neste último aspeto, de pertencermos necessariamente a grupos para cuja atividade concorremos e dos quais recebemos eventual apoio, mas que não resultam de qualquer contrato. O corrente conceito de comunidade corresponde a tal forma de sociabilidade, e a família é o exemplo mais característico, porque não se escolhe, acontece a cada um.

O que o institucionalismo acrescenta ao conceito de comunidade é a afirmação da subjetividade, que não significa qualquer vontade coletiva à maneira de Rousseau, mas sim a existência de uma *ideia orientadora,* em que os membros participam, e para a realização da qual se encontram submetidos a uma autoridade e a regras sociais próprias de conduta.

É essa *ideia orientadora* que representa na vida social a categoria do duradouro, do permanente, e que faz com que a instituição sobreviva aos fundadores e à mudança dos mentores do grupo e das gerações. Os homens perpetuam-se biologicamente pela reprodução, e espiritualmente pelas ideias institucionalizadas.

A institucionalização dá-se por um *ato-fundação*, e um dos fenómenos que o institucionalismo sublinha é que a força pode estar na base da criação da instituição. Esta porém só existe quando, seja qual for a natureza do ato-fundação, encontramos, como oportunamente se disse, «uma ideia de obra ou de empresa, que se realiza e dura no meio social, mediante um poder que a realiza, e havendo entre os indivíduos que formam o meio social manifestações de comunhão dirigidas pelos órgãos do Poder e regulados por processos» (Hauriou). A teoria das *elites* é aplicável ao exame da estrutura do poder nas instituições.

A sociabilidade pode revestir outras formas, e logo a mais evidente é a de *sociedade*, no conceito também corrente e contraposto ao de comunidade, onde o processo tende, com base na vontade contratual fundadora, para a institucionalização.

Finalmente, a forma menos próxima da *institucionalização* é a dos grupos assentes na simples vizinhança, tanto no sentido físico como no sentido moral, incluindo interesses materiais transitórios. Aqui cabem os grupos de interesses, os grupos de pressão, e os partidos.

O facto de, não apenas o indivíduo, mas também as instituições e fenómenos de sociabilidade aproximados, terem uma esfera de autonomia em face do *poder político*, na qual esfera é ao seu poder privativo que pertence a criatividade, é que permite medir o grau de submissão da sociedade civil ao Estado, e naturalmente faz variar a composição da pirâmide do poder político. Quanto menos totalitário for o Estado, maior aplicação terá o conceito do *elitismo pluralista;* quanto mais totalitário for o Estado, mais evidente será a aplicabilidade do conceito restrito de Mills.

A contradição não está nas duas perspetivas, que apenas se completam, a contradição está nos tipos de sociedade política que não coincidem. Certas correntes que apareceram, mesmo na Europa, e que genuinamente correspondem a um primário terceiro-mundismo, sabem isto, e justamente procuram destruir as instituições da sociedade civil, para construir um poder baseado numa exclusiva tecnocracia militar.

O leninismo, que é a única possível base teórica desse terceiro-mundismo, também não dispensa essa destruição prévia para a instalação do *elitismo* partidário em que se traduz o chamado *centralismo democrático.* É por isso que o institucionalismo, para além de uma análise objetiva das formas de sociabilidade, não se dispensa de uma perspetiva normativista e doutrinária, rodeando os poderes institucionais de uma justificação jusnaturalista que apareça como um limite ético à ação do *poder político,* tal como as doutrinas dos direitos do homem intentam fazer para o precaver, como indivíduo, dos abusos do Poder.

4. A Tese Marxista

A perspetiva marxista, sem o querer admitir, foi sempre elitista desde a publicação do texto básico que é o *Manifesto* de Karl Marx e Engels. A chamada definição *objetiva* da classe proletária, independente da consciência que os proletários possam ter da sua pertença a essa classe, implicou a construção de uma doutrina de justificação para o papel do *partido comunista,* chamado sal da classe, e de facto uma minoria que assume a direção do movimento revolucionário.

Isto não é senão a adoção de um ponto de vista elitista, de resto levado ao extremo limite pelo chamado *centralismo democrático,* que dá o domínio do partido a um restrito grupo de dirigentes formando o *comité central,* e entrega geralmente o domínio desse pequeno grupo ao *secretário-geral.* Toda a questão, que foi chamada a luta contra o *culto da personalidade,* e que se desencadeou depois da morte de Estaline, foi o público reconhecimento deste facto, mas se, em alguns lugares, pode ter instalado a *colegialidade* na direção dos partidos, em nenhum lugar se afastou do princípio elitista que obriga a entregar o Poder a poucos.

O problema começaria a ser posto em termos equivalentes aos da análise do *elitismo* e do *elitismo pluralista,* depois que as alterações da conjuntura política europeia levaram os analistas marxistas a prestar atenção crescente às teses de António Gramsci (1891-1937), que passou grande parte da sua vida nas prisões italianas, e viu as suas ideias proibidas de circular pelos marxistas a que pertencia.

A paralisação do avanço dos exércitos soviéticos na Europa, a impossibilidade subsequente de os utilizar para instalar os partidos comunistas no governo dos países europeus que ficaram fora da Cortina de Ferro, obrigou a meditar sobre uma diferente estratégia, e as teses de Gramsci pareceram então apropriadas e dignas de crédito.

A novidade elitista não era grande, mas a valorização do ponto de vista teve realmente novidade. A questão é que, tradicionalmente, a análise marxista partia do primado da *infraestrutura económica* sobre a *superstrutura ideológica*, considerando esta como um simples reflexo daquela, sem eficácia causal no processo social e político. Mas a resistência das estruturas ocidentais à doutrinação e ao avanço comunista soviético obrigou a meditar, como fez Gramsci, sobre a autonomia e eficácia causal das até então minimizadas superstruturas.

Por isso prestou atenção especial à *sociedade civil*, um conceito que o cristianismo levou três séculos a implantar na comunidade ocidental. Reconheceu que esta, quando não tem instituições próprias, que são *cidadelas* de resistência ao poder político, é facilmente dominável pelo *aparelho do Poder*, e que a revolução, nesses casos, quando ocupa o *aparelho coercitivo*, também domina facilmente a sociedade civil e pode conduzi-la de acordo com modelos impostos, como aconteceu na Rússia.

Mas quando a sociedade civil, como acontece na generalidade dos países ocidentais, está organizada em sólidas instituições, que cobrem a religião, a economia, a ciência, a cultura, a família, essas *fortalezas e casamatas* precisam de ser conquistadas para que o aparelho do Poder domine.

A observação convencia-o de que a *burguesia*, adversária política por excelência do marxismo, tinha impregnado toda a sociedade civil dos seus valores dominantes. Daqui deduziu o seu conceito de *hegemonia*, que se traduziria no facto de uma classe conseguir fazer aceitar o seu poder como necessário pelo conjunto da sociedade civil. Muito claramente, este passo da interpretação traduz-se em substituir o clássico critério do *interesse comum* pelo critério do *conflito*, para interpretar exatamente a mesma realidade social.

Aquilo que ao entendimento clássico pareceu a implantação de um património comum de valores, e que inspirou a ideia da nacionalidade e o princípio do Estado nacional, é aqui entendido como uma técnica de domínio e, se quisermos, como uma mistificação das classes proletárias.

De qualquer modo, um facto que a análise não poderia esquecer é que a física do Poder se traduz em que a classe hegemónica não precisa de defender pela força a sua posição, visto que as classes dominadas aceitam tais valores como seus, e por isso os defendem.

Ao analisar o triunfo da burguesia na Revolução Francesa, de facto assenta em que a conquista da sociedade civil precedeu a conquista do aparelho do Poder. Esta implantação de valores, que solidariamente ligam dominadores e dominados, num *bloco histórico*, é obra de intelectuais, na opinião de Gramsci, os quais, durante toda a Idade Média, teriam sido os clérigos. A ideologia comum, implantada por tais agentes, é o cimento dessa solidariedade histórica entre a infraestrutura e a superstrutura.

Na ausência dos exércitos, como aconteceu no Leste da Europa, o caminho aconselhado é repetir o processo em sentido inverso, de forma que os proletários devem assumir a direção cultural e moral da sociedade civil, por implantação dos seus valores, de modo a transformarem-se numa classe dirigente a caminho de ser uma classe dominante[89].

Foi nesta linha que Althusser construiu a sua já referida teoria dos *aparelhos ideológicos do Estado*, encarregados de produzir e manter os padrões da ideologia dominante, e que hoje se traduziriam fundamentalmente no aparelho escolar, apoiado pelos meios de informação, pelos meios de apoio político, e pelos meios religiosos. Trata-se realmente de complementar a análise de Gramsci, com a indicação de uma ordem de batalha para a conquista da sociedade civil, que deve preceder a conquista do aparelho político.

A impressão que fica é que esta análise, longe de contrariar, apoia a tese do elitismo pluralista. Mas escritores marxistas, como Nicos Poulantzas, atacam essas explicações com o fundamento de que pretendem exclusivamente fazer esquecer a realidade do poder da classe capitalista, dando a ilusão de que o fator político é autónomo e de que o Estado pode ter uma função puramente arbitral e inspirada no interesse geral. Aquilo que Mosca, Pareto, Mills, e outros, apresentam como uma classe política autónoma é para ele apenas um grupo serventuário da classe economicamente dominante[90].

Poderia acontecer que não tivessem consciência disso, mas as relações objetivas entre o Estado e a classe dominante implicariam que o facto seja esse. Admite que a classe dominante tenha frações, mas aconteceria que o grande capital é sempre a fração hegemónica, o que não impede que o pessoal político seja fornecido por frações não hegemónicas como a classe média e a pequena-burguesia: a estrutura objetiva da sociedade capitalista implica que tal pessoal esteja exclusivamente ao serviço do grande capital, sem qualquer autonomia.

[89] Macchiocchi, *Pour Gramsci*, Paris, 1974; Schwartzenberg, cit., p. 92.

[90] Nicos Poulantzas, *Pouvoir politique et classes sociales*, Paris, 1968.

Parece evidente que, posta de lado a hipótese da prévia conquista violenta do Estado, como aconteceu no Leste Europeu, estas críticas explicam mal, ou não explicam, como é que, fora da linha de Gramsci, uma *elite* ao serviço do proletariado, num período em que este não tem a hegemonia social, vai conquistar a sociedade civil, tornando possível a posterior ocupação do aparelho do Poder. O certo parece ser que a velha doutrina leninista do partido-sal da classe, definido para a conquista violenta do Poder, é tão elitista como a nova tática de Gramsci, definida para a conquista pacífica do Poder, e que tanto viria a influenciar o chamado eurocomunismo. A teoria e a prática comunistas nunca forneceram argumentos que destruam a perspetiva elitista e elitista-pluralista. Forneceram, sim, uma definição ideológica revolucionária, que comanda uma nova visão dos valores da sociedade civil e do Estado.

Capítulo V
As Ideologias

§ 1º
Ideias e Ideologias

1. História das Ideias Políticas

O tratamento académico da evolução do pensamento que tem por objeto o fenómeno político é tradicionalmente subordinado ao título de *história das ideias políticas*. O exame dos trabalhos que obedecem a esta designação mostra porém uma diversidade muito grande de objeto e de método. Referindo-nos apenas a livros que se tornaram clássicos, podemos destacar algumas das orientações principais, que nos ajudarão a entender o alcance operacional do conceito de ideologias, com o qual lidam hoje os politólogos. O fim deste exame implica que as obras, que servem de testemunho, não tenham de ser consideradas cronologicamente.

Notemos assim, em primeiro lugar, a obra de M. Jean-Jacques Chevallier, que ganhou enorme difusão no ensino. O seu método traduziu-se em selecionar uma série de obras que considerou fundamentais, analisando cada uma delas em termos de reconstruir sistematicamente o pensamento dos respetivos autores. O seu critério de seleção foi o de averiguar previamente a influência que teriam exercido em relação a padrões gerais do pensamento político, concretamente o absolutismo, o antiabsolutismo, a reestruturação liberal, o socialismo e o nacionalismo[1].

[1] M. Jean-Jacques Chevalier, *De Machiavel à nos jours, les grandes oeuvres politiques*, Paris, 1949.

Independentemente do critério selecionador dos padrões gerais, que pode ser contestado, o acento tónico da investigação é posto em autores individualizados, e o esforço de neutralidade científica diz respeito a um pensamento assinado.

Mas fica evidente que existe um padrão geral do pensamento político que não é o património exclusivo de nenhum dos autores, e que algumas vezes parece uma resultante na qual se lhes atribui participação.

A preocupação da neutralidade, em relação aos pensadores individuais, desenvolveu-se, especialmente nos EUA, em termos de os professores organizarem coleções de textos originais de uma teoria de escritores, escolhidos os autores em atenção também a padrões gerais de pensamento, e os textos selecionados de modo a reproduzirem, quanto possível, sínteses feitas pelos próprios escritores em causa.

Que tais escritores tenham influenciado a conduta real do Estado, é um pressuposto que os expositores recolhem da história política, e tal influência é referida a mais de um critério: influência sobre os gestores identificados do Estado, designadamente os soberanos em regimes de monarquia; influência sobre agentes da revolução, também identificados; influência na formação de uma corrente de herdeiros intelectuais, que finalmente pesam nas decisões dos gestores e revolucionários.

Este último critério é o que orienta os trabalhos mais clássicos, ou gerais, como os divulgadíssimos de M. de Soto, Gaetano Mosca e Gaston Bouthoul, Labrousse, George H. Sabine, Jean Touchard, V. S. Pokrovski[2]; ou parcelares, como a famosa *Histoire de la philosophie morale et politique dans l'Antiquité et les temps modernes* (1858), de Paul Janet, ou os trabalhos de Félix Ponteil, de Sinclair, de Mesnard, de Henry Michel[3].

Outros, como o influente Marcel Prélot, partindo do critério de que a ciência política é diretamente feita pelas ideias políticas, «na medida em que influenciam as instituições ou a vida política na sua formação e no seu desenvolvimento», tratam as ideias como um elemento da realidade. Mas são elementos da realidade tratados, quanto possível, de maneira intemporal,

[2] M. de Soto, *Histoire des idées politiques*, Paris, 1950; Gaetano Mosca e Gaston Bouthoul, *Histoire des idées politiques de l'antiquité jusqu'à nos jours*, Paris, 1965; Labrousse, *Introduction d la philosophic politique*, Paris, 1959; George H. Sabine, *A History of Political Theory*, Londres, 1937; Jean Touchard, *Histoire des idées politiques*, Paris, 1959; S. Pokrovski, *Historia de las ideas políticas*, México, 1966.

[3] Félix Ponteil, *Histoire des idées politiques depuis Montesquieu*, Paris, 1960; T. A. Sinclair, *Histoire de la pensée politique grecque*, Paris, 1953; Pierre Mesnard, *L'essor de la philosophie politique au XVIe siècle*, Paris, 1935; Henry Michel, *L'idée de l'État, essai critique sur l'histoire des théories sociales et politiques en France depuis la Révolution*, Paris, 1896.

de modo a construir uma espécie de «direito constitucional comparado imaginário» que vem a refletir-se em revoluções como a inglesa de 1688, a americana de 1774, a francesa de 1789, a soviética de 1917.

Isto traduz-se na busca de arquetipos gerais, cada um dominado por um valor fundamental, e que na sua orientação são os seguintes: o *civismo antigo*, o *sacerdotismo medieval*, o *absolutismo moderno*, o *liberalismo dominante*, a *reação política e intelectual*, a *revolução social, a democracia constitucional*[4].

Dentro de cada uma destas orientações, ainda surgem problemas de delimitação do objeto, que não encontram unanimidade de resposta. A primeira diz respeito à questão de distinguir entre *teorias* e *doutrinas* políticas, um problema suscitado pela nomenclatura, já referida, e adotada pela UNESCO, ao enumerar as matérias típicas dos Institutos de Estudos Políticos.

É de notar que a enumeração feita, com base no relatório de Jacques Chapsal, omite qualquer referência ao estudo das *doutrinas*, falando apenas em *teorias* e *ideias*. A impressão que se colhe é a de que não se pretendeu fazer uma distinção entre *ideias e doutrinas*, compreendendo as segundas nas primeiras, justamente porque é difícil encontrar um autor que se limite a tentar *exprimir, com neutralidade, a representação que o seu espírito alcançou do fenómeno político (ideia)*, sem lhe acrescentar *um julgamento valorativo sobre os factos e um projeto mais ou menos geral de reformas* (doutrina).

Sobre as *teorias* já é mais pacífico o conceito, porque geralmente se entende que correspondem à *sistematização, explicação, generalização, e previsão dos factos*, matéria própria da sociologia em geral, e da ciência política em particular.

A história das ideias políticas ocupa-se preferentemente das ideias e doutrinas, sem distinção de planos. Acresce que o estudo das ideias políticas pode ser feito, como geralmente acontece, sem referência às ideias económicas, religiosas, científicas, filosóficas, que formam com elas uma constelação atuante em cada época, mas também acontece que os estudos, mais raramente, pretendem dar uma lata visão global das ideias coexistentes em cada um desses domínios. As grandes sínteses que procuram dar essa visão global pertencem já à filosofia da cultura.

[4] Marcel Prélot (Georges Lescuyer), *Histoire des idées politiques*, Paris, 1975.

2. As Ideologias

De qualquer modo, o estudo feito, em qualquer dos planos que ficam indicados, pertence àquilo que Julien Benda chamou, talvez com exagero, «a história aristocrática das ideias», querendo com isto significar que tal estudo não diz nada sobre o processo de deformação que as ideias sofrem até se transformarem num princípio atuante da vida social.

É aqui que intervém a ciência política, com um ponto de vista completamente autónomo em relação ao estudo das ideias políticas. Não se trata apenas, como de resto sugere Prélot, de estudar as ideias como factos, mas sim de as estudar como factos com peso social.

Vimos que, ao selecionar os autores representativos, os historiadores das ideias os escolhem em função da influência que julgam ter identificado sobre os padrões gerais do pensamento político, quer diretamente, por intermédio dos gestores do Estado ou dos agentes da revolução, quer indiretamente, pela geração de uma herança doutrinal que finalmente influencia os agentes do processo político.

Acontece porém que os padrões gerais do pensamento político atuante não são realmente as formulações dadas pelos doutrinadores que solicitam a obediência do poder a certos princípios, são antes as respostas que os agentes sociais deram a tais solicitações. Podemos estudar o *marxismo* como a doutrina formulada por Karl Marx, e os seus textos doutrinários constituem o material de base da investigação: mas o padrão geral produzido, somatório de contribuições recolhidas de muitas outras fontes, é o *sovietismo* que não coincide com a doutrina formulada.

Podemos estudar o *liberalismo* de Locke e de Montesquieu, como doutrinas assinadas e imputáveis a uma paternidade conhecida: mas o padrão geral produzido, que conserva muito do *ancien régime* e acrescenta de outras fontes, é o *demoliberalismo*, com versões desencontradas conforme os países.

O *iluminismo político* dos estadistas não foi a doutrina dos escritores que se filiam nessa perspetiva, foi o conjunto de respostas que os poderes absolutos deram aos problemas do seu tempo, aceitando seletivamente as propostas iluministas, e acrescentando um conservadorismo de que não abdicaram, e um pragmatismo sem doutrina que a estabilidade do poder exigia.

Os *padrões* de vida política real não se confundem necessariamente com os *padrões* que, a partir do estudo das ideias políticas dos doutrinadores e ensaístas, são identificados pelos analistas e historiadores para autonomizarem famílias de pensamento. O absolutismo iluminado dos doutrinadores não é o absolutismo iluminado dos estadistas, nem das fações, nem das massas eventualmente chamadas a intervir como base ativa ou passiva do Poder.

As ideias, tal como são formuladas pelos seus autores, não são as mesmas ideias que finalmente assumem um peso social. Quando os historiadores das ideias declaram que as estudam como factos sociais, já com isso querem significar que o sentido das ideias, tal como são apreendidas pelos destinatários da mensagem, não coincide necessariamente com o sentido que o autor lhes pretendeu atribuir. A ideia circula como uma criatura livre do criador, mas não livre dos intérpretes que necessariamente a reformulam.

Foi neste sentido que Northcote Parkinson, nem sempre bem entendido, repudiou o estudo dos clássicos e advogou que o estudo das doutrinas políticas deveria ser feito com os métodos dos antropólogos e etnólogos[5].

Esta orientação é muito sensível na problemática corrente entre os autores americanos, que tanto estudam os grandes sistemas imputáveis a autores individuais como as ideias com peso social: é o que chamam *literature* e *belief systems.* Já referimos que a preocupação da objetividade os leva, no primeiro domínio de actividade, a considerar pouco interessante reformular as ideias dos outros, e por isso oferecem diretamente à meditação dos alunos fontes selecionadas dos escritos dos autores em causa, método menos objetivo do que pretendem porque a seleção já implica escolha pessoal.

Mas quando se trata dos *belief systems,* então a objetividade assegurada pelos métodos da sociologia é muito mais evidente, e leva à identificação de padrões gerais, quer nacionais, quer regionais, quer de estratos sociais, que exprimem as conceções políticas do Mundo e da vida tal como efetivamente atuam na vida social. Estamos então no domínio das ideologias, que provisoriamente sugerimos que possam ser definidas como *o conjunto de conceitos existenciais que orientam a luta pela captura, manutenção e exercício do poder político.*

Isto não exclui que as ideias assinadas possam ter um peso social no processo político, designadamente quando o doutrinador é também o conselheiro do Príncipe, quando o governante é também o próprio doutrinador, quando o doutrinador domina o processo legislativo. Tudo depende do regime político, mas a regra é que as ideias assinadas sofram um processo de degradação ou modificação antes de se incorporarem ao processo social e político como factos que integram a superstrutura.

[5] M. C. Northcote Parkinson, *L'évolution de la pensée politique,* Paris, 2 vols., 1965.

Acontece-lhes inspirarem conceitos existenciais que, embora tenham a mesma fonte, variam e até se opõem conforme os níveis de análise: o marxismo não é o mesmo nas suas várias versões estaduais em vigor, nem para todos os partidos marxistas que lutam pelo Poder, nem para as várias camadas sociais que neles se inspiram, desde a comunidade científica que diz apenas aceitar a metodologia, até aos grupos ativistas que se reclamam de constituir a nova esquerda.

Na conceção tradicional do Estado, que rejeita a predominância da teoria dos conflitos, o *ideal nacional* é uma ideologia de composição histórica que se distingue das *ideologias partidárias* conjunturais, que nem todas participam de fontes comuns; ao nível institucional, a *ideia de obra ou de empresa* congrega um conjunto de conceitos existenciais limitados aos fins institucionais, o que não dispensa os indivíduos envolvidos de participarem de ideologias mais vastas e do ideal nacional. Este, mantendo um núcleo central, sob pena de desaparecer, varia todavia conforme as regiões, a maior ou menor homogeneidade cultural de grupos integrados no todo, a instalação do grupo no próprio território nacional ou formando comunidades instaladas no estrangeiro.

a) O Conceito Operacional de Ideologia

O resultado é que se procedeu a uma espécie de divisão do trabalho e que os livros de ciência política parecem dedicar cada vez menos espaço à história do pensamento político, que consideram uma ciência auxiliar do seu ponto de vista.

Seria completamente errado, com esta atitude, querer ir além de uma divisão de trabalho e minimizar a importância do estudo dos grandes sistemas de ideias, porque tal orientação, como sublinhou Meynaud, traduzir-se-ia na frequente impossibilidade de explicar a formação das ideias com peso social. Do que se trata é de estarmos como que em face de uma pirâmide seccionada, na qual teríamos de distinguir a doutrina, a *praxis,* a vulgarização, os símbolos e representações coletivas[6].

Numa aproximação operacional, podemos, com Aron, caracterizá-las do seguinte modo: destinam-se a obter uma adesão emocional dos indivíduos, o que distingue as ideologias das puras ideias; procuram justificar os interesses de grupos humanos de composição e extensão variáveis; assumem uma forma sistemática ou lógica, que cobre os objetivos interesseiros ou emocionais[7].

[6] Jean Touchard, *Histoire des idées politiques*, I, Paris, 1959.

[7] "Les idéologies et leurs applications au XXe siècle", *Res Publica* (1910, n.º 3).

A reserva a fazer diz respeito à consideração das ideologias como expressão falsamente desinteressada da defesa dos interesses de um grupo ou classe social. Isto porque, como bem observa Meynaud, se não pode esperar-se que normalmente as ideologias não coincidam com os interesses dos grupos que as sustentam, não faltam casos de ideologias que sobrevivem para além de qualquer interesse real ou possível dos seus defensores.

As ideologias precisam de ser examinadas como factos com peso objetivamente verificável na vida social, e relevantes sempre e enquanto sejam um elemento da ação política[8].

O que se diz das ideologias diz-se das ideias, que são a matriz originária e que se multiplicam em ramos divergentes, pela diversidade de entendimento e pela agregação de juízos de valor, percepções, emoções, mitos, que produzem sínteses das quais se pode dizer, com Weidle, que são *sistemas de ideias que já não são pensadas por ninguém.*

Os sistemas de ideias que presidem à luta política, orientando os agentes individuais e coletivos nessa competição pela captura, manutenção e exercício do Poder, é que constituem as ideologias políticas que interessam à ciência política.

São conceitos existenciais, isto é, não aqueles conceitos que traduzem a representação dos pensadores individuais, mas sim os que se tornaram efetivos, e na forma em que se tornaram efectivos, como padrões do comportamento político dos indivíduos, dos grupos de interesses e de pressão, dos partidos e dos aparelhos do Poder.

A análise de cada ideologia operante permite sempre distinguir elementos *racionais, emotivos* e *míticos* que entram na sua composição. Nos primeiros cabe a presença residual das ideias dos pensadores cuja contribuição foi significativa através do processo de interpretação, degradação e adaptação às circunstâncias da luta política; nos segundos cabem os juízos de valor, que apelam para uma coerência valorativa que nem sempre permite aceitar as consequências lógicas das ideias matrizes; nos últimos, intuições e esperanças coletivas, onde se acomodam as ideias milenaristas, os sebastianismos, a sociedade futura do pão gratuito e da paz perpétua.

Por exemplo, o princípio da autodeterminação tem uma filiação racional e assinada, e, quando transposto para a ação política, permitiu decidir abandonar o ultramar português; mas os limites emocionais e valorativos que não permitiam a muitos portugueses nem encarar nem aceitar essa

[8] Jean Meynaud, *Destin des ideologies,* Paris, 1961; *La science politique,* Paris, 1960.

conclusão lógica parecem ser os mesmos que, contraditoriamente, não autorizam os responsáveis políticos por essa retirada a consentir na independência dos arquipélagos do Atlântico; a crença numa função universal portuguesa, que esteve na base da construção do império, também animou o mito do V Império, e parece andar a tomar forma nova em pretensões que se traduzem ainda vagamente numa possível e futura reconstituição de qualquer unidade dos povos de língua portuguesa, ou na possível função intermediária entre a África e o Ocidente.

b) A Tese do Apaziguamento Ideológico

Na opinião de algumas correntes, todas de inspiração tecnocrática e aparecidas no rescaldo da última grande guerra, teríamos entrado num período de apaziguamento ideológico por motivos que nem todos definem de igual modo.

Os pontos de partida para esta tese são a Conferência de Milão de 1955, sobre o futuro da liberdade, e os Colóquios de Rheinfelden, cujas atas foram publicadas em Paris em 1960, sob a responsabilidade do Congresso para a Liberdade da Cultura. O relator foi Raymond Aron, e de facto não pode haver tese de apaziguamento ideológico sem tese de despolitização, isto é, sem aceitar que o Estado tende mais para ser uma administração de coisas do que um governo de pessoas. Neste sentido continuou a desenvolver o seu pensamento em trabalhos posteriores[9].

Tratar-se-ia da perda de sentido da velha distinção entre direitas e esquerdas. Escrevia: «Propriedade privada contra propriedade pública, anarquia do mercado contra planificação, exploração capitalista contra igualdade – os três temas da doutrina socialista perderam largamente a sua ressonância. Quer se trate do estatuto da propriedade, da planificação ou da igualização dos rendimentos, trata-se agora menos de escolher entre dois termos de uma alternativa do que de combinar, em certa medida, duas modalidades complementares, de ir mais ou menos longe numa dada orientação».

Quer nesta formulação, quer na de Maurice Duverger, tratar-se-ia de uma tendência verificada nas democracias estabilizadas, correspondentes aos conceitos de sociedades industriais ou afluentes.

Mas surgiram teses que parecem mais ambiciosas, como a de John Galbraith, para o qual todas as querelas ideológicas anteriores ao *New Deal* de

[9] Aron, *L'opium des intellectuels*, Paris, 1955; *Fin des idéologies, renaissance des idées*, Paris, 1965; Adriano Moreira, *Ideologias Políticas*, Lisboa, 1964.

Roosevelt devem considerar-se ultrapassadas, porque as preocupações técnicas ultrapassaram já as políticas[10]. Os sinais desse pacifismo seriam detetáveis na evolução dos partidos socialistas, todos de origem marxista com exceção do trabalhismo britânico, e que todos teriam evolucionado para o «socialismo democrático».

Nesta linha, certamente não deixaria de ser mencionado o chamado *eurocomunismo* dos partidos comunistas italiano, francês e espanhol, ao qual adiante se fará a devida referência. A indiferença dos cidadãos pelas lutas partidárias e um certo renascimento da importância das *personalidades*, ultrapassando a importância dos partidos, seria uma prova adjuvante. A eficácia seria o valor dominante a ser considerado nas opções, e a tecnocracia a resposta adequada para as novas circunstâncias.

A explicação desta evolução foi procurada por Galbraith na expansão espetacular das forças produtivas que se seguiu à paz, tanto mais que ela não teria necessitado de se basear em métodos condenáveis do passado, designadamente as conquistas de territórios, a sujeição colonial de outros povos, a subordinação dos países menos desenvolvidos aos países ricos[11].

Uma explicação de cunho mais sociológico procurou assentar numa nova definição do capitalismo – o neocapitalismo –, que teria implicado modificações no espírito e nas práticas tradicionais, tudo impulsionado por uma nova *elite* dirigente de formação tecnocrática. Estar-se-ia a caminho de um *capitalismo sem complexos*, que induziria os trabalhadores a considerarem os interesses da empresa como superiores aos interesses do sindicato.

A evolução posterior não forneceu elementos que favoreçam este otimismo, que se apoiou, em grande parte, na camaradagem que a guerra criou, na resistência e nos exércitos, entre os filiados dos partidos tradicionais. Já por esse tempo, analistas ocidentais, como Jean Meynaud e Real, advertiam contra o que lhes parecia um erro de perspetiva e assinalavam o nascimento de novos e graves conflitos, designadamente o anticolonialismo, o reaparecimento de um conflito leste-oeste nascido logo a seguir à paz, os movimentos autonomistas europeus[12].

Por outro lado, a crítica marxista sempre entendeu que o capitalismo defrontava uma nova crise, revelada pela desagregação dos impérios coloniais e pela agudização dos conflitos interiores.

[10] John K. Galbraith, *Economics and the Art of Controversy*, New Brunswick, 1955.

[11] Galbraith, *L'ère de l'opulence*, Paris, 1961.

[12] M. Jean Meynaud, *Le déclin des idéologies*, Lausana, 1961; Alberto Ramon Real, *Las ideologias político-sociales*, Montevideu, 1964.

De facto, aquilo que aconteceu foi que a guerra marcou o fim de uma época, aquela em que o governo do mundo pertenceu em exclusividade aos povos ocidentais, de etnia branca, e criadores de um euromundo iniciado pela expansão peninsular e consumado até ao fim do século XIX[13]. Todos os velhos temas envelheceram e todas as ideologias, nascidas para um diferente panorama de conflitos, se mostraram desatualizadas para enfrentar os novos desafios.

A expansão económica, que tanto entusiasmou Galbraith, não se baseou na reencontrada inocência de processos políticos que assinala, porque os EUA e a URSS procuraram ocupar, com novas formas de predomínio, o vazio deixado pelas soberanias inglesa, francesa, belga e portuguesa, que retiraram de muitos territórios coloniais, frequentemente enfrentando dificuldades estimuladas pelos EUA. Assim aconteceu com o Norte de África, com a Indochina, com o Congo Belga e com o desastre que foi a chamada descolonização portuguesa.

Os conflitos, os modelos de conduta, os valores afirmados, as ideias novas, as ideologias de síntese deixaram de ser predominantemente ocidentais, e o internacionalismo contribuiu com novas tendências e estímulos ignorados no passado.

No interior das sociedades ocidentais, objeto da meditação dos que sustentam as teses do apaziguamento ideológico, as revoltas da juventude, a reivindicação de legitimidade pelas contrassociedades, a revisão das crenças religiosas e do papel das igrejas, um novo conceito do dever militar, a explosão das autonomias e dos separatismos interiores, a degradação da capacidade do Estado, o aparecimento de grandes espaços politicamente organizados e de autoridades internacionais não políticas mas funcionais, tudo correspondeu a uma nova temática e à necessidade do aparecimento de novas ideologias.

O problema parece ter sido de desatualização das velhas ideologias, que só enfraqueceram porque o panorama dos conflitos mudou, e novas ideologias disputam a presidência dessa infindável luta pela captura, exercício e manutenção do poder político.

De todos os fenómenos que pesaram na mudança, provavelmente a internacionalização foi o de maior relevo e de mais importantes consequências. O *Ocidente dos Estados*, anterior à guerra de 1939-1945, já conhecera um grande desenvolvimento desse princípio, que disse então sobretudo

[13] Adriano Moreira, *A Comunidade Internacional em Mudança*, São Paulo, 1976.

respeito à internacionalização da doutrina e do pensamento que circulavam sem grande respeito pelas fronteiras.

Politicamente, e em desafio aos poderes estabelecidos, já o sovietismo, acantonado dentro das fronteiras da URSS, lançara a política da solidariedade horizontal das formações comunistas, ligadas a Moscovo na base do princípio ideológico de que a Rússia era a pátria dos comunistas de todo o mundo.

Mas a interdependência dos interesses não afetara sensivelmente a soberania dos Estados, e a existência de autoridades internacionais era esporádica. O fim da guerra desencadeou uma internacionalização dos interesses, das formações da sociedade civil, das autoridades, e também uma internacionalização das ideologias e dos seus componentes. Da herança do euromundo em processo de desastre, a doutrina cristã, e muito especialmente a doutrina católica, foi a componente com maior importância que se manteve presente no debate ideológico em curso.

§ 2º
Os Cristãos e a Política

1. Autonomia da Sociedade Civil

Os modelos políticos da civilização clássica, incluindo a experiência da cidade grega, na qual radica o ideal democrático dos nossos dias, não conheceram a distinção entre a esfera religiosa e a esfera política. Anaxágoras, o amigo de Péricles, teve de abandonar Atenas por ser acusado de pôr a religião em perigo e, portanto, a segurança da cidade. Por seu lado, Sócrates foi acusado de ateísmo, e a defesa, que nos ficou como legado, não impediu a condenação à morte.

Então, como hoje, a principal diferença entre os homens, naquilo que respeita ao que pensam da sua própria natureza, encontra-se neste ponto: ou excluem uma origem divina para o género humano ou acreditam participar na divindade. Os últimos, os crentes, não são unânimes quanto à formulação das maneiras segundo as quais o homem participa e se liga com essa fonte e modelo, nem sequer sobre os métodos válidos para o conhecimento da vontade divina.

Na tradição ocidental, a problemática que rodeia estas atitudes está centrada ao redor de um livro que consideramos diferente de todos os outros, a Bíblia, isto é, o livro que se ocupa de Deus e do Homem. Para os crentes, é sagrado e revela a palavra de Deus. Os não crentes reconhecem a importância social e política da Bíblia, mas tratam o livro com os mesmos métodos e atitudes com que examinam a *Odisseia*. Para estes, a religião tem uma origem natural em tendências humanas averiguadas, e um valor de componente dos sistemas culturais que não difere da ciência ou da filosofia. Para os crentes, das várias tendências, a religião tem um fundamento sobrenatural na revelação e autoridade de Deus.

Antes de qualquer teoria das relações entre a Igreja e o Estado, com os seus temas clássicos da tolerância e da liberdade de culto, esta divisão entre os homens levanta uma fundamental questão prévia, que não é de direitos e liberdades políticas: é a questão de estar certo ou equivocado nas crenças e procedimentos religiosos. Aos que comungam na crença em Deus, e aderem ao que acreditam ser um mandamento revelado, não parece possível aceitar, nesse domínio, alternativas de conduta. Realmente, não são livres nem de escolher nem de pactuar.

A disputa entre os que acreditam e os que não acreditam, assim como o conflito entre os que acreditam de maneiras diferentes, não parecem suscetíveis de ser resolvidos pela dialética socrática. Não há cedência possível para o crente sem deixar de o ser. Para os não crentes, a Bíblia, como qualquer outro livro, pode ser inconsistente, falsa ou incoerente. Para o crente, a Bíblia não está dispensada de interpretação, mas está acima de qualquer possível contestação.

Esta espécie de rocha inabalável, que a fé religiosa reveste, facilmente deixa entender o totalitarismo da cidade antiga, preocupada com a unidade de comando e de obediência em função da crença comum nos mesmos deuses.

O pluralismo religioso implica a necessária mudança da natureza do Estado. Na dolorosa tradição ocidental, a pluralidade de religiões levantou durante séculos a questão de cada uma excluir o convívio das outras: idólatras, supersticiosos, heréticos, cismáticos, condenados, são adjetivos reciprocamente usados sem continência. O sangue correu abundantemente, numa luta em que se envolveu o poder político, para além das batalhas verbais.

Porque a fé tem esta importância para o Estado: o crente não é livre, em consciência, de desobedecer aos mandamentos divinos. Se o Estado entende que uma certa forma de acreditar e honrar a divindade faz parte do que chamaríamos hoje a sua ordem pública, toda a fé diferente é um inimigo potencial. E como o Estado é, por definição, a força, este argumento final nunca deixou de ser usado pelo Estado confissional. Procederam assim a cidade antiga, Estados católicos e protestantes, judeus e maometanos.

Independentemente das questões dogmáticas, os três primeiros séculos da experiência cristã parecem ter sido consagrados, do ponto de vista da ciência política, à implantação da novidade da distinção entre o que pertence a Deus e o que pertence a César.

Foi um desafio à conceção da cidade antiga, e por isso mesmo retribuído com o martírio frequente, que ainda hoje atinge aqueles que decidam pôr em causa aquilo que o Estado totalitário moderno decreta ser o domínio da sua ordem pública e da segurança nacional.

Tão dramáticos foram a definição e relacionamento de ambas as esferas, e tão inabalável é a matéria do mandamento revelado, que os cristãos muitas vezes não hesitaram, quando mais tarde o Estado incluiu o cristianismo na sua ordem pública, em usar o braço secular contra os negadores e desafiadores do dogma.

Por outro lado, os Estados soviéticos e populistas dos nossos dias, ainda quando adotam a regra de que a religião é o ópio do povo, são obrigados a pactuar, a maneirar, a negociar com as autoridades eclesiásticas das várias confissões. Quando um cardeal Midzentzi simplesmente se deixa espancar diariamente nas prisões da Hungria, ou, depois, decide constituir-se refugiado durante anos na Embaixada dos Estados Unidos em Budapeste, o sovietismo toma isso como uma ameaça considerável. Quando o padre Camilo Torres decide morrer ao lado dos guerrilheiros, as forças no Poder inquietam-se com o que consideram ser um adicionamento significativo à consistência do adversário. O problema parece ser, em todos os casos, exatamente o mesmo: o crente não tem liberdade de consciência para agir contra os mandamentos, e a conduta que lhe parece decorrer da lei divina é irrenunciável.

Daqui resulta a importância da distinção entre a sociedade civil e a sociedade política e, mais restritamente, entre o aparelho de governo da Igreja e o aparelho de governo do Estado, um dos exemplos mais importantes das fidelidades múltiplas. Quando a rocha da fé se instala na sociedade civil, seja qual for a confissão religiosa, o aparelho do Poder sabe que a resistência às ordens que contrariam os mandamentos é inevitável. Em termos políticos, a fé diz portanto respeito à ordem pública, e aparece como uma variável que condiciona a eficácia do Poder em dois sentidos. Se o Poder observa os mandamentos, a sua eficácia aumenta; se o Poder contraria os mandamentos, o desafio à desobediência cresce.

Deste modo, a distinção entre a sociedade civil e a sociedade política, a regra de dar a Deus o que é de Deus e a César o que é de César, traduz-se politicamente em mais alguma coisa do que reclamar a liberdade de culto para os crentes. De facto, é uma limitação da área de intervenção do aparelho político e, acima disso, a implantação de valores sociais que não dependem do Estado, e em nome dos quais a ação do Estado é julgada. Temos sugerido que, no exame deste problema, será mais indicado falar sempre em aparelho governativo ou do Poder, mais do que em Estado. A razão é que, quando Cristo formulou a regra da distinção, o modelo concreto da sociedade judaica era o de uma comunidade pária, em sentido weberiano, submetida a um aparelho político exterior. Os conflitos posteriores serão também com aparelhos políticos, em toda a parte, e não com as sociedades civis respetivas. A luta cristã de hoje é com aparelhos políticos totalitários, soviéticos e populistas, não é com as sociedades civis que esses aparelhos dominam.

Quando Constantino e Licínio reconheceram o direito dos cristãos ao livre exercício do culto, foi porque aceitaram o facto de que a sociedade civil se modificara e que não podia ser governada ignorando essa nova força. Em termos políticos, o facto é equivalente ao que obrigou os governos capitalistas a decretar a liberdade de ação dos partidos comunistas, ao que obrigou os poderes coloniais a reconhecer a legitimidade dos movimentos de independência, e ainda ao que se espera que venha a obrigar o regime soviético a aceitar a legitimidade dos dissidentes.

Mas aconteceu que a cristianização do aparelho do poder romano e o facto de, até este século XX, o fenómeno político mundial ser eminentemente ocidental, de tradição judaico-cristã e greco-romana, tudo concentrou a temática das relações entre a Igreja e o Estado no problema de saber como se relacionam uma Igreja cristã, que em regra foi católica, e um aparelho do Poder que aceitava a fé como elemento da sua própria ordem pública.

Foi assim Constantino quem convocou o I Concílio Ecuménico (Niceia, 325). Quando Justiniano assume o papel de defensor e organizador da Igreja Católica, a definição das relações entre a Igreja e Estado assenta num fundo institucional e cultural que é de ambas as instituições. Este comum património permitiu à Igreja sacralizar as instituições políticas, e estas assumiram o objetivo de instaurar o regime da Cristandade. O problema das relações entre as duas espadas, equacionado por Gelásio I no século V, domina toda a problemática histórica posterior.

2. A Laicização Liberal

Tem importância reter que esse problema foi vivido dentro de um contexto ocidental, com as soberanias cristãs, mesmo protestantes, prestando tributo a um sistema cultural comum.

Mas a questão mudou radicalmente a partir da Revolução Atlântica, expressão com a qual abrangemos convencionalmente a independência dos Estados Unidos da América e dos territórios da América do Sul, a revolução francesa de 1789 e a perda do poder temporal do Papa em vista da unificação da Itália.

A experiência da Igreja vai decorrer agora num quadro inteiramente diferente daquele em que se processou a experiência vivida desde Constantino. Dá-se o fenómeno da laicização do Estado, decorrente da filosofia liberal; a sociedade civil é confrontada com filosofias políticas, em que avultará o marxismo, que também sabem que a conquista da sociedade civil para outros valores implica a ineficácia do Poder; entretanto, o Estado laico e liberal lança-se na construção dos impérios coloniais modernos, e nessa tarefa não dispensa a colaboração das instituições religiosas que repudiou nas metrópoles. Finalmente, o anticolonialismo do século XX e a competição estratégica mundial parecem ter definido uma nova ocasião de meditar sobre todas as contradições envolvidas neste processo complexo, a exigir uma nova tentativa de definição da posição da Igreja e dos cristãos perante o fenómeno político.

A laicização liberal do Estado, com o corolário histórico do termo do poder temporal do Papa, encontra uma primeira resposta sistematizada com Pio IX e Leão XIII. O primeiro foi menos ágil em enfrentar a nova situação, porque não podia alhear-se da circunstância existencial de ter sofrido a perda do poder temporal.

Quando, aproveitando da guerra franco-alemã, a capital do novo reino italiano se instalou em Roma, em 20 de setembro de 1870, Pio IX considerou que se tratava de um esbulho que afetava a independência espiritual da Igreja e também que estava em causa um poder pelo qual era responsável em face dos católicos de todo o mundo.

Por outro lado, examinando o problema doutrinal, a famosa encíclica *Quanta Cura* e o seu anexo *Syllabus Errorum* enunciavam oitenta afirmações liberais consideradas inaceitáveis pela Igreja. Entre elas, a reivindicação do monopólio do ensino pelo Estado, a hostilidade para com as ordens religiosas, a afirmação de que todas as religiões são equivalentes, a doutrina de que a sociedade civil deve abstrair dos mandamentos divinos, a laicização das instituições, a separação da Igreja e do Estado, a total liberdade de cultos e de imprensa. Deste modo, por via negativa, ensaiava-se o perfil católico do Estado moderno, e muitos não católicos viram no *Syllabus* a prova da total incompatibilidade da Igreja com o mundo da época. Durante quinze anos, até ao advento de Leão XIII, a cena política foi dominada pelos extremistas, os liberais radicais por um lado e os ultramontanos por outro.

Leão XIII decidiu porém encarar os factos, e programou a liquidação dos conflitos existentes com as soberanias, ao mesmo tempo que fez um enorme esforço teórico para integrar as instituições liberais numa visão católica da sociedade. Por isso, incitou os católicos a utilizar as liberdades do novo constitucionalismo em favor da causa cristã.

Na encíclica *Libertas* (1888) procura tornar claro, em face dos princípios católicos, o que é que existe de admissível nas ideias modernas referentes às liberdades de consciência, de culto e de imprensa. Lembrando o exemplo da Igreja primitiva, incita os católicos a participar na vida pública, ainda que o aparelho do Poder professe uma filosofia contrária aos ideais cristãos. A Igreja, com todas as hesitações decorrentes do peso da História, vai-se preparando para não ser a familiar do Poder, embora os regimes concordatários na Europa e o problema das missões nos territórios coloniais permanecessem ainda muitos anos como a expressão da secular interdependência.

No conflito com o Estado demoliberal, a Igreja é a expulsa, não é ela que toma a iniciativa do afastamento. No problema colonial moderno as coisas passam-se de maneira diferente: a iniciativa do afastamento pertence-lhe.

Entretanto, em 1848 Marx publica o *Manifesto Comunista,* e só em 1891 Leão XIII publicava a famosa *Rerum Novarum.* Durante o meio século que decorre entre as datas de ambos os documentos, os católicos não ignoraram as consequências do liberalismo capitalista, mas, entre 1860 e 1890, viram na ação social um meio de chamar as massas populares à sua causa pelo uso do método paternalista. Uma certa nostalgia pelas estruturas do passado, incluindo o desmantelado corporativismo medieval, e a condenação do objetivo de querer colocar o Estado no lugar da Providência deram a tónica à sua ação, apoiada em textos como a *Quanta Cura de* Pio IX.

Mas Leão XIII, depois de meio século de avanço do ideal socialista, claramente se dá conta de que não é apenas o aparelho político liberal que se afasta da Igreja, é a sociedade civil que se encontra em vias de ser ocupada por uma nova força que nega a divindade e considera a própria Igreja como inimiga.

Repudiando o paternalismo romântico da ação anterior, assume a realidade social do seu tempo e coloca-se num plano reformista, advoga o amparo do movimento operário dentro das novas instituições políticas, aceita o sindicalismo como forma moderna de enquadramento social e de facto nega o caráter revolucionário das novas aspirações, ao contrário das convicções da maioria do mundo burguês mesmo católico.

Os católicos conscientes aceitaram a necessidade da mudança, e, se os mais tímidos ficaram pelas novas soluções corporativistas, os mais esclarecidos começaram a envolver-se nas vias da democracia cristã. Muitos dos que advogaram esta linha foram considerados marxistas pelos outros. Em alguns lugares, fizeram-se preces para que Deus livrasse rapidamente a Igreja deste papa franco-mação. Mas foi ele quem dotou a Igreja de uma doutrina social para os novos tempos, definindo a intervenção de um Estado laico, mas não totalitário, em favor das novas classes produzidas pelo liberalismo capitalista.

3. O Colonialismo Demoliberal

Se o Estado demoliberal afastou a Igreja, os Estados que adoptaram a via corporativa preferiram o regime concordatário, e assim aconteceu com Portugal e Espanha. A última forma deste regime concordatário com Espanha constou da Concordata de 1953. Correspondia a uma secular confissionalidade do Estado espanhol, como foi lembrado pela Declaração da Conferência Episcopal Espanhola de 23 de janeiro de 1973. Nesta declaração, depois de se afirmar que a Igreja não renuncia aos direitos fundamentais em ordem ao cumprimento da sua missão, atesta-se que a Igreja não pretende continuar a possuir quaisquer privilégios nem a reconhecê-los ao Estado. A principal questão era a do foro privativo dos clérigos no que respeitava à Igreja e o direito de apresentação dos bispos no que tocava ao Estado.

Na Concordata com Portugal de 1940, o ponto mais discutido era o do divórcio dos casados catolicamente, coisa que desapareceu por acordo depois da Revolução de 25 de Abril de 1974. Por seu lado, a Constituição portuguesa de 1933 afirmava que a moral cristã era a tradicional do País, e que o Estado reconhecia essa moral como limite ao seu poder, coisa também desaparecida na Constituição em vigor.

Se o Estado demoliberal repudiou a associação com a Igreja e lhe negou os privilégios tradicionais nos países que antes se declaravam de soberania católica, o mesmo Estado procurou a colaboração estreita da Igreja quando construiu os impérios coloniais do século XX, que a nossa época viu desmoronar. Esta associação fez-se sem ignorar, mas sem lembrar, o pensamento colonial da Igreja formulado nos séculos XVI e XVII, e que teve entre os seus responsáveis Francisco de Vitória, Las Casas, João de Solvezano e o nosso padre António Vieira.

Nos impérios coloniais do século XX, ainda quando as missões se transformaram em igrejas locais, as ligações políticas com a soberania colonial foram inegáveis. É certo que Pio XI, quando foram sagrados os primeiros bispos chineses, em 1926, escreveu estas palavras, dirigidas aos vigários apostólicos na China: «Ninguém ignora – e a história de todos os tempos o demonstra – que a Igreja se adapta às leis e às Constituições próprias de cada nação ou país; ela tem em conta e inculca o respeito pela dignidade daqueles que estão legitimamente à testa da sociedade civil; ela não reclama para os seus trabalhadores evangélicos e para os seus fiéis mais do que o direito comum, a segurança e a liberdade».

Mas as palavras não correspondiam exatamente ao que se passava. As missões, designadamente na China, foram as protegidas e associadas dos poderes coloniais, e também aconteceu que os privilégios concedidos pela Igreja aos Estados sobreviveram para além daquilo que era um serviço esperado. O caso mais notável foi o Padroado Português do Oriente, cujo último elemento só caducou no mês de agosto de 1978, quando Malaca deixou de depender da diocese de Macau. Mas também esteve em vigor até 25 de Abril de 1974 o chamado Acordo Missionário entre a Santa Sé e Portugal para os territórios que nesse ano se tornaram independentes. Por tal acordo, a Igreja assumia a obrigação de proceder à conversão dos nativos não apenas à religião católica, mas também ao portuguesismo. Não se tratava apenas de fazer cristãos, mas sim de fazer cristãos portugueses.

Já antes da Revolução de 25 de Abril, quer por atos ostensivos da Santa Sé, quer por intervenções públicas de alguns missionários, a Igreja ia tornando claro que pressentia o fim da soberania portuguesa nesses territórios, e preparava-se para uma ação independente nesses lugares, em relação direta com os novos governos de inspiração marxista.

Temos, portanto, que a laicização do Estado, a perda do poder temporal dos papas, a derrocada da hegemonia ocidental no Oriente e a queda das últimas soberanias europeias nos trópicos definiram uma nova conjuntura na qual a Igreja se defronta, por toda a parte do globo, com Césares que não aceitam a filosofia de Constantino. Inserida na sociedade civil, ela e o povo cristão são obrigados a meditar de novo nas suas relações com o poder político no nosso tempo.

4. A Conceção Cristã do Estado

Antes de tentar definir os traços gerais da conceção cristã do Estado na época em que vivemos, julgamos apropriado vincar o erro de olhar para a Igreja com os critérios da divisão entre direita e esquerda que habitualmente servem para a análise das ideologias políticas em confronto. A Igreja Católica não é de direita nem de esquerda, os católicos é que, no mundo político, podem optar e agir nesse contexto. A Igreja, guarda da doutrina imutável que recebeu do Fundador, é a mestra da exegese e pode variar na interpretação dessa doutrina: mas é sempre, da mesma doutrina que se trata, e não de qualquer mutável atitude ideológica para as diferentes conjunturas.

Enquanto mestra da doutrina, a Igreja define, para usar uma linguagem familiar aos juristas, a premissa maior que deve presidir às decisões concretas do aqui e agora de cada época. E a nossa época, levando a superar os modelos do tradicional e ocidental convívio entre Igreja e Estado, mostrou em primeiro lugar que o Estado é uma forma bem transitória de viver. As soberanias nascem e morrem, os países aparecem e desaparecem, os aparelhos políticos instalam-se para durar pouco. O Império Romano, as autoridades feudais, o Estado plural, o Estado nacional, tudo apareceu e desapareceu ao longo dos tempos. As fidelidades verticais que o Estado exige já o marxismo respondeu com o desafio das fidelidades horizontais entre as formações proletárias. A pobre sociedade civil, vítima e objeto de todas essas alterações, paga sempre o preço social da mudança.

O Concílio Vaticano II, convocado pelo bom e amado Papa João XXIII, foi uma chamada à reflexão, não sobre a premissa maior da Fé, mas sobre as relações entre a fé cristã e os problemas do nosso tempo. Poderíamos talvez dizer que foi sobretudo uma reflexão sobre a premissa menor de contornos fluidos conforme a evolução da História, que altera constantemente os dados económicos, sociais, políticos e culturais de cada sociedade.

Como afirmam repetidamente, e tendo ern conta «a diversidade de tempos e situações», o ensino da Igreja tem de descer à vida prática para procurar a sua realização. Nas palavras de João XXIII, «hoje mais do que nunca é preciso que esta doutrina não fique apenas em conhecimento e reverência, mas sim que seja levada à prática por todos os meios e procedimentos que as diversas circunstâncias dos tempos e lugares permitam e exigam» (NM n.º 221).

Os documentos conciliares mais importantes neste domínio parecem ser estes: decreto *Apostolicam Auctoritatem*, sobre o apostolado dos seculares;

decreto *Ad Gentes* sobre a atividade missionária da Igreja; decreto *Christus Dominus,* sobre o ofício pastoral dos bispos; declaração *Dignitatis Humane,* sobre a liberdade religiosa; constituição dogmática *Dei Vervo,* sobre a revelação divina; declaração *Gravissimum Educacionis,* sobre a educação cristã da juventude; constituição pastoral *Gaudium et Spes,* sobre a Igreja no mundo atual; decreto *Inter Mirifica,* sobre os meios de comunicação social; constituição dogmática *Lumen Gentium,* sobre a Igreja; decreto *Prebisterorum Ordinis,* sobre o ministério e vida dos presbíteros; constituição *Sacrosantum Concilium,* sobre a sagrada liturgia; decreto *Unitatis Redintegratio,* sobre o ecumenismo.

Depois, a encíclica *Mater et Magister,* de João XXIII (15 de maio de 1961), sobre o desenvolvimento da questão social à luz da doutrina cristã; a encíclica *Pacem in Terris,* de João XXIII (11 de abril de 1963), sobre a paz entre todos os povos, a qual deve basear-se na verdade, na justiça, no amor e liberdade; a encíclica *Populorum Progressio,* de Paulo VI (26 de março de 1977), sobre a necessidade de promover o desenvolvimento dos povos, definiram a maneira de olhar a conjuntura de acordo com aquilo que Paulo VI chamou algures *«a nova psicologia da Igreja».*

Esta nova psicologia da Igreja procurou o seu instrumento no retorno ao princípio da colegialidade e, por toda a parte, ao redor do globo, os bispos começaram a debruçar-se sobre a realidade existencial dos territórios e povos onde lhes coube serem os pastores do povo de Deus.

Os documentos coletivos dos episcopados católicos de todo o mundo sucedem-se. Passemos em revista os principais, com indicação da síntese da sua doutrina para a conjuntura, para depois, com base nessa revisão, procurarmos sintetizar a conceção cristã do Estado para os tempos que vivemos.

Em Espanha, que tem o interesse de ser um dos últimos países concordatários, entre 1966 e hoje, os documentos das conferências episcopais evidenciam as inquietações com a liberdade religiosa, a pobreza social e cívica, a consciência social e o compromisso político-social, a necessidade de potenciar a participação dos cidadãos na vida pública.

A Conferência dos Bispos da Alemanha Federal preocupou-se com o acentuado recuo do respeito pelos valores humanos que se verifica no país, a excessiva influência do Estado sobre os cidadãos, o crescimento da violência, os deveres dos governantes perante as realidades da vida política, para que não se quebre o equilíbrio entre o Estado e a vida civil livre.

Os bispos da Bélgica preocupam-se com a solidariedade mundial entre povos ricos e povos subdesenvolvidos. Os bispos franceses interpelam os cristãos para que intervenham na vida política no sentido de implantar os valores cristãos.

Os bispos da Itália fazem igual exigência para que sejam preservadas as conceções cristãs da família e do ensino. Os bispos portugueses apelam para o respeito pelos direitos humanos e incitam os católicos a participar na vida pública.

Os bispos jugoslavos atacam as causas da psicose de medo que se instalou dentro dos cidadãos e a falta de autenticidade constitucional quando diz respeitar a liberdade de consciência, de religião e de prática do culto: consideram necessário atacar a tese marxista de que o cristianismo é prejudicial para a sociedade civil e repudiam que o Estado se permita educar os filhos dos crentes no sentido do ateísmo.

Na América Latina assumiram excecional relevância o documento-base e as conclusões da II Conferência Episcopal Latino-Americana (Celam), celebrada em Medellín, entre 26 de agosto e 7 de setembro de 1968, inaugurada com um discurso do próprio Paulo VI, pronunciado em 26 de agosto na Catedral de Bogotá.

A importância fundamental de Medellín é que *«não falou de uma terra imaginária, mas sim de um continente vivido. Não programou para circunstâncias ideais, mas sim para condições concretas: América Latina, tal como a experiência vital a apresenta»*. E afirma: «É inegável que o continente se encontra, em muitas partes, em atitude revolucionária, que exige transformações globais, audazes, urgentes e profundamente renovadoras».

As conferências episcopais, em todo o continente, multiplicaram as declarações, as exortações, os incitamentos. A Conferência Episcopal da América Central e Panamá, em 2 de junho de 1970, ataca «o egoísmo dos setores economicamente satisfeitos» e, «verificando as constantes violações de alguns direitos do homem», nota que «muitos cidadãos foram submetidos a torturas físicas e morais», o que, dizem, constitui «a expressão mais terrível de uma violência que, em nome de Deus, condenamos, seja qual for a sua índole: institucionalizada ou de rebeldia».

Na Argentina, a Comissão Permanente do Episcopado, em 6 de agosto de 1971, denuncia «a persistência de estruturas e desequilíbrios que marginalizam vastos setores do povo das tarefas cívicas nas suas dimensões decisivas» e concita o povo de Deus à tarefa da mudança.

Na Bolívia, em 4 de fevereiro de 1968, condenam «o sistema económico vigente», baseado num «liberalismo sem freio», e autocriticam-se reconhecendo que «contribui para a manutenção desta situação a timidez da Igreja boliviana – hierarquia e laicado –, que não falou com suficiente clareza em muitas ocasiões e, sobretudo, faltou com o testemunho autêntico do compromisso cristão no temporal».

No Chile, depois da queda de Allende, em 13 de setembro de 1973, pedem o respeito pelas melhorias conseguidas por operários e camponeses e o esforço de todos para a restauração da ordem. Em El Salvador, em 22 de fevereiro de 1971, condenam a violência.

No México, em 18 de outubro de 1973, pedem aos cristãos um compromisso vital com os pobres, os oprimidos, os marginalizados.

Na Nicarágua, em 1972, advogam a mudança das estruturas.

No Panamá, em 1971, pedem justiça nas relações internacionais.

No Paraguai, em carta de 29 de julho de 1972, pedem respeito à ação da Igreja, visto que *«se chegou a chamar subversivos e comunistas aos que se esforçam por realizar a justiça e a verdadeira paz»*.

No Peru, em 1971, declaram querer falar *«em nome dos que não têm voz»*, e sofrem as consequências de um sistema de dominação e exploração produzido pelos centros de poder económico.

No Uruguai, em 22 de novembro de 1970, condenam a violência e procuram formular a resposta que a Igreja deve dar em apoio aos que há a tentação de chamar sediciosos porque desejam uma justa renovação.

Na Venezuela, em 14 de julho de 1973, chamam os cristãos a procurar novos modelos de sociedade que não sejam nem o capitalismo nem o marxismo.

Na África, por toda a parte, pedem com agonia o respeito pelos direitos do homem e pelos direitos da Igreja.

Em França, a Declaração de 1972, chamada *Política, Igreja e Fé*, é um verdadeiro ensaio de filosofia de ação política inspirada pelo cristianismo.

Nos Estados Unidos da América, já em 18 de novembro de 1966, preocupam-se com o planejamento familiar, a discriminação racial, a luta contra a pobreza, a paz e os armamentos modernos.

No Brasil, documentos sucessivos afirmam o dever de pôr em prática a doutrina social da Igreja, a qual exige «reformas que não significam a subversão da ordem, mas sim a substituição de estruturas arcaicas, obstáculos flagrantes para o desenvolvimento». Na mensagem de 18 de fevereiro de 1968 não hesitaram em afirmar que a posição do Governo «torna possíveis medidas arbitrárias» e que «corre o risco de lançar muitas pessoas numa perigosa clandestinidade». Em 16 de outubro de 1970 disseram: «Renovamos a nossa firme condenação do comunismo. Não obstante, uma maneira de fomentá-lo é, inegavelmente, a de impedir a ação da Igreja, desfigurar a sua imagem, mutilar a sua doutrina, controlar a sua atividade, difamar e caluniar os seus pastores».

Vejamos, em linhas gerais, o que é que mudou entre Leão XIII, que defronta a laicização do Estado, e o Concílio Vaticano II, que reconhece que entretanto a própria sociedade civil foi objeto de uma conquista marxista. Leão XIII, na *Diuturnum,* condenava os excessos da liberdade que o demoliberalismo instalara, e de facto rejeitava o contratualismo de Rousseau, que lhe parecia «um estimulante perpétuo para as paixões populares, que se viam crescerem cada dia em audácia e prepararem a ruína pública». Na *Immortale Dei* sustenta que «nenhuma sociedade pode existir sem um chefe supremo», embora a soberania não esteja «necessariamente ligada a forma alguma política», porque todos podem servir o bem comum.

Sustenta que são contrários ao entendimento cristão «os princípios modernos da liberdade desenfreada», porque o Estado não pode ser o reflexo da «multidão soberana». Sublinha que «a liberdade de pensar e publicar os próprios pensamentos, subtraída a todas as regras, não é por si um bem de que a sociedade tenha de se felicitar, antes é a fonte e a origem de muitos males». O Estado poderia acolher moderadamente o princípio democrático na sua constituição desde que respeitasse a doutrina católica sobre a origem e o exercício do poder público.

Em 1890, ao lançar a *Sapientiae Christianae,* nota que o progresso material tem sido acompanhado do retrocesso da ética, que manda ao cristão amar e defender as suas «duas pátrias». Na *Rerum Novarum,* de 1891, aborda finalmente a questão social e repudia a luta de classes como princípio, para doutrinar a cooperação entre elas, utilizando preferentemente os sindicatos mistos. Isto porque, segundo afirma, a natureza não armou «os ricos e os pobres para se combaterem mutuamente num duelo obstinado».

O Estado deve funcionar no sentido de remediar os abusos, fazendo convergir os interesses no conceito global de bem comum. Como que fazendo a síntese do seu pensamento, na *Graves de Communi,* de 1901, repudia expressões como socialismo cristão, cristianismo social e ação popular cristã, para se fixar na defesa da democracia cristã: esta compreende a defesa da propriedade legítima, conciliação entre as classes, obediência à autoridade justa que se conforme com a Lei de Deus. Traduzir na prática esta orientação era um problema da sociedade civil, na qual os cristãos deveriam intervir ativamente.

Tudo isto se passa num mundo ainda totalmente dominado pela estrutura política ocidental, onde a recordação e o peso histórico das coroas católicas era enorme, quando o marxismo não assumira o Poder em parte alguma, e quando ainda poucos anteviam, salvo os marxistas, o fim dos impérios coloniais ocidentais.

Mas tudo isto se afundou a partir de 1918, e muito particularmente depois da guerra de 1939-1945. O sovietismo assumiu o Poder em países que foram exemplo de fidelidade ao catolicismo, como aconteceu na Polónia, e nas várias nacionalidades que em tempo constituíram o império da catolicíssima Áustria. Nestes lugares, não só o Estado deixou de incluir a ética cristã na sua ordem pública, como passou a considerar a Igreja como inimiga, de acordo com o princípio de que a religião é o ópio do povo.

No mundo tropical e subtropical, o triunfo do anticolonialismo moderno expulsou as soberanias europeias cristãs, ou católicas ou protestantes, e, se nem em todos os lugares o sovietismo assumiu o Poder, em nenhum aconteceu que o aparelho soberano instalado fosse cristão de qualquer dos sinais. Na grande esmagadora maioria dos países que têm assento na ONU, o catolicismo é alheio à ordem pública em vigor, e até não é, sequer, uma componente apreciada dos respetivos sistemas culturais. Os católicos foram perseguidos, as hierarquias destroçadas ou limitadas, e as Igrejas do silêncio reapareceram.

Nesta destruição das estruturas políticas tradicionais, com nacionalidades que desaparecem, genocídios que se consumam, torna-se evidente que o povo de Deus, minoritário na população do globo, tem uma identidade que se mantém e avulta para além do desastre e das alterações das soberanias. É Roma quem lhe fala do ponto ómega, do reino final já começado na Terra, da permanência da identidade na mudança.

A Igreja tem de reconhecer que a maioria das soberanias instaladas no mundo não dão crédito à sua origem divina, e que o César de cada um desses lugares é tão cético como foi Pilatos, quando não lhe é oposto por religião diferente ou pelo conceito marxista. Sem ter dúvidas possíveis sobre a validade da doutrina que lhe está confiada como mestra, a Igreja teve de debruçar-se sobre a premissa menor da política que é a mutável e desconcertante conjuntura de cada lugar e povo. Encontrando a sociedade organizada politicamente, a Igreja nota em primeiro lugar que ela é – «o povo dos que optaram absolutamente e para sempre pelo Evangelho de Cristo ressuscitado».

Nas circunstâncias concretas de qualquer Estado existente, a Igreja não opta, isto é, não escolhe um grupo excluindo outro. A sua opção é pela totalidade de um povo, que procura converter totalmente em povo de Deus. Isto não é incompatível, antes pelo contrário, com o facto de que a Igreja se coloque preferentemente ao serviço dos pobres, que são todos os que se encontram em situações que contradizem a sua dignidade humana. Trata-se, como diz Paulo VI, na Carta Apostólica Octogésima *Adveniens*, publicada no aniversário da *Rerum Novarum* de Leão XIII, de «respeito privilegiado dos pobres», mas só disso.

O povo de Deus vive porém no interior de um tecido social constituído por uma série de estruturas: estruturas de comunicação que proporcionam o estabelecimento de relações entre os seus membros (linguagem e meios de comunicação); estruturas de pensamento (opiniões, ideias, ideologias); estruturas morais (preconceitos, costumes, regras de conduta); estruturas sociais (que determinam as relações mútuas dos grupos); estruturas jurídicas (que regulam os direitos e deveres dos grupos e pessoas); estruturas económicas (que ordenam o emprego das forças e meios produtivos); estruturas políticas (que regulam a forma de participação de pessoas e grupos no exercício do poder político); estruturas religiosas (destinadas a exprimir e viver a relação com Deus, e a visão e valoração última que o grupo tem do universo).

A estrutura política condiciona severamente todas as outras, e nem sempre inclui a doutrina cristã na sua ordem pública, antes, pelo contrário, a esmagadora maioria dos Estados atualmente existente é alheia à doutrina. Este facto é tanto mais importante quanto é certo que a socialização crescente do mundo aumenta a importância da política, e faz crescer a intervenção do poder público em todas as outras estruturas.

A Igreja respeita todas as autoridades legítimas, visto que, como disse o Concílio, todas as realidades que constituem a ordem temporal têm um valor próprio. Mas a Igreja, defrontando-se com uma esmagadora quantidade de poderes políticos que se inspiram noutros sistemas culturais, ou religiosos ou ideológicos, só aceita, como disse Pio XII, «a legítima e sã laicidade do Estado» (discurso de 23/3/1958).

Ao adjetivar deste modo a atitude do Estado, o que pretende dizer é que não aceita o indiferentismo religioso e moral, antes requer respeito e favorecimento para a vida religiosa e o reconhecimento da liberdade efetiva para o desenvolvimento dessa vida. Nas suas orações pede por todas as autoridades legítimas – compartam elas ou não a fé do Evangelho – para que a luz e a força de Deus as guiem nas decisões políticas e administrativas. Para ela própria, não reclama privilégios, mas sim as garantias do direito comum que devem ser reconhecidas a todos os corpos intermédios e a todas as instituições que integram a sociedade civil.

Com estes pressupostos, difíceis de conseguir no mundo de hoje, o Concílio afirmou que *«as modalidades concretas com que a comunidade política dispõe a sua própria estrutura e a regulamentação da autoridade pública podem ser diferentes segundo o génio de cada povo e a marca da sua história»* (GS n.º 74).

Esta homenagem ao historicismo e à experiência existencial de cada povo não impediu a Igreja de formular juízos sobre os principais arquétipos da vida política. É por isso que a Assembleia do Episcopado Latino-Americano afirmou em Medellín: «O sistema capitalista e a tentação do sistema marxista parecem esgotar no novo continente as possibilidades de transformar as estruturas económicas. Ambos os sistemas atentam contra a dignidade da pessoa humana: pois um tende a consagrar a primazia do capital, seu poder e sua discriminatória utilização em função do lucro; o outro, ainda que ideologicamente sustente o humanismo, olha preferentemente para o homem coletivo, e na prática traduz-se numa concentração totalitária do poder do Estado» (Celam, 1.10).

Este julgamento sobre os arquétipos da organização política estende-se às opções políticas concretas que se refletem nas várias estruturas em que o homem está integrado. Não se trata ainda de qualquer opção política. Trata-se de reconhecer que a Bíblia manifesta um certo número de exigências éticas: o respeito pelos povos, a defesa dos fracos, a proteção dos estrangeiros, a desconfiança das riquezas, a condenação do domínio exercido pelo dinheiro, a condenação dos totalitarismos.

Em vista destes critérios, incita os cristãos a encontrarem-se e pronunciarem-se sobre questões urgentes do nosso tempo: a exploração dos trabalhadores imigrantes, a situação do Terceiro Mundo, a sociedade de consumo, a especulação económica, a economia ao serviço de oligarquias ou de nações, a condição de assalariado, a condição feminina, a terceira idade, a escola de privilegiados, a corrida armamentista, a luta contra a miséria.

Ao suscitar a meditação destes temas, sabe que obriga os cristãos a pensar seriamente na mudança dos sistemas socioeconómicos. Mas não oferece receita para a reestruturação social, política ou económica; assinala apenas os valores em função dos quais os cristãos devem avaliar a conjuntura, fazer as suas opções e intervir na política. Ela própria, encontrando os cristãos a agir no interior de todo o leque das opções políticas possíveis, não opta por nenhum partido ou sistema determinado. São os cristãos quem opta.

A prudência destinada a evitar que a Igreja seja comprometida nas opções concretas leva mesmo a recomendar com frequência que a hierarquia e os sacerdotes não participem na política ativa para evitar a impressão de uma Igreja excessivamente centrada na política. Mas esta atitude tem limites, porque os bispos e sacerdotes não podem deixar de encontrar-se com a política, porque esta é uma das estruturas fundamentais da sociedade, e porque, homens entre os homens, também são cidadãos.

De acordo com as conclusões da II Reunião do Sínodo dos Bispos, celebrada em Roma em setembro de 1971, «toda a Igreja, e com ela os bispos e sacerdotes, estão obrigados, em toda a medida das suas responsabilidades, a escolher uma forma concreta de atuar quando estão em jogo os direitos humanos fundamentais, que há que defender, a causa da justiça e da paz, que se há de procurar, por meios que, evidentemente, estão sempre de acordo com o Evangelho». Isto é assim porque o Evangelho não é neutral, e os bispos e sacerdotes também não o podem ser.

5. O Cristão na Política

A doutrina que as conferências episcopais vão definindo, em qualquer parte do mundo, não interessa apenas ao povo da sua jurisdição; interessa a toda a cristandade, que é só uma. Os princípios não são uns aqui e outros além, o que varia é a realidade concreta, a premissa menor da política, a circunstância existencial das gentes e territórios.

Sobre essa realidade concreta é que os povos esperam que a hierarquia se concentre, denunciando as infrações aos direitos humanos, prevenindo contra as ameaças em curso e reprovando os atentados consumados, exigindo reparação das violações conhecidas, incitando os cristãos a participar na vida pública para que a sociedade civil não seja a vítima, menos das agressões do que de uma abstenção que as torne possíveis.

Mas, para além disso, e esclarecido sobre a doutrina, o cristão não pode esperar que a Igreja se substitua à sua responsabilidade pessoal e exclusiva de optar pelas formas de intervenção que lhe pareçam apropriadas para salvaguardar o tipo de sociedade civil em que deseja viver. Essa é o que poderíamos chamar a grandeza da solidão cívica do cristão, que não pode transferir para ninguém, nem para o partido, o peso da opção. É um homem aconselhado, mas não é um homem obrigado senão pelas suas convicções.

Por isso, na vida política não há nenhum partido ou formação que possa arrogar-se a qualidade de filho dileto da Igreja. Nenhum pode esperar com legitimidade que para ele corram necessariamente os votos dos cristãos. Na vida política também é verdade que são as ações que rezam, não são as palavras. O que muito concretamente significa que não são os programas, mas sim a ação, que demonstra a legitimidade das formações políticas para esperarem os votos do cristão.

O marxismo é um limite inultrapassável e, neste domínio, a semântica não é um argumento. A preservação da sociedade civil conforme à doutrina cristã é que dá o crédito. A doutrina manda intervir na vida pública, conforme as circunstâncias, a doutrina manda impedir que a sociedade civil seja dominada por um totalitarismo destruidor da sociedade cristã, o que muito concretamente significa nos dias de hoje que seja sovietizada. A doutrina, tal como vai sendo definida pelas conferências episcopais ao redor da Terra, manda votar, condena o abstencionismo, e ordena uma opção entre as correntes, partidos e homens que servem a defesa da liberdade cristã e os que ameaçam essa liberdade.

Mas, para além disso, o julgamento da formação mais apta, da estratégia mais conveniente, da utilidade conjuntural do voto, é coisa do foro individual, da opção pessoal, da solidão em que o cristão, aconselhado pela doutrina, decide da sua ação na Terra e das responsabilidades pelas quais acredita que será julgado.

6. Cristianismo e Violência: Camilo Torres

O Concílio Vaticano II, e muito especialmente as encíclicas *Mater et Magister* (João XXIII) e *Populorum Progressio* (Paulo VI), deram nova atualidade ao problema das relações entre a doutrina cristã e a violência na política.

Enquanto que a Comissão Justiça e Paz, organizada no Vaticano, estuda as possibilidades da aplicação universal da doutrina enunciada, regionalmente, e em especial na América Latina, multiplicaram-se tendências e organizações que aceitam que a violência é legítima no sentido de tornar realidade a doutrina católica.

É típica a declaração da Ação Católica de São Paulo (Brasil): «Até quando seremos explorados? Sem pão, sem liberdade, sem justiça. Até quando seremos explorados e esmagados pela máquina capitalista, que nos priva vergonhosamente dos nossos direitos de viver e de trabalhar dignamente? Quando seremos respeitados como seres humanos? Estamos fartos de suportar tantas repressões e humilhações sem ter o direito de gritar para obter salários normais, escolas e hospitais... Basta já de extermínio, de fome, de violência, decisões arbitrárias contra um povo desarmado, numa falsa democracia, onde tudo são palavras, que apela para o sentimento patriótico do povo sem lhe dar a possibilidade de serem homens, e menos ainda patriotas. Sabei que somos seres humanos, e que, por esta razão, gritamos, a fim de sermos escutados»[14].

O mais audacioso dos bispos foi Hélder Câmara (Recife), por alguns chamado o arcebispo vermelho. Entre as suas declarações significativas, conta-se esta: «É uma corrida, ou se ganha ou se perde. Ou ganhamos mobilizando todas as boas vontades, ou perdemos tudo, e nada poderá ser salvo. Espero que esta transformação possa ser feita com meios pacíficos. Estou contra a violência. Mas compreendo a violência. Respeito os homens que escolheram a violência. Devemos ser conscientes dos nossos erros, e os erros da Igreja são enormes. Durante muito tempo, a Igreja foi uma força alienada e alienante. É a verdade. A religião não deve ser o ópio do povo, deve contribuir para a libertação dos homens». Comparou a morte de Camilo Torres com a do pastor Martin Luther King e afirmou repetidas vezes que as massas são violentadas por uma pequena minoria de privilegiados[15].

Mas esta denúncia repetida e continuada da situação sul-americana, que em muitos países é feita pela hierarquia, justificará cristãmente a revolução violenta? O episcopado, na sua maioria, responde negativamente, e o próprio Papa, na mensagem dirigida ao Sacro Colégio em 1968, disse: «Convidamos todos a afastar a tentação da violência, para procurar sábia e cristãmente uma paz dinâmica e construtiva, fonte de desenvolvimento e progresso civil».

Mas isto não impediu uma efervescência na Igreja sul-americana, que vai lembrando a doutrina clássica sobre a violência. É assim que, em 1967, dezoito bispos do Terceiro Mundo, apoiados na *Populorum Progressio*, afirmavam: «As revoluções não são necessariamente boas. Existem algumas que não são mais que revolta de palácio, e não desembocam senão em mudanças na forma de manter a opressão do povo... mas a História mostra que certas revoluções eram necessárias e se afastaram da sua antirreligiosidade momentânea, dando bons frutos. Ninguém impugna a de 1789, em França, que permitiu a afirmação dos direitos do homem»[16].

[14] In Jean Chevalier, *La política del Vaticano*, Madrid, 1970.

[15] *Le Monde*, 26 de abril de 1968; José de Broucker, *Don Hélder Câmara. La non-violence d'un pacifique*, Paris, 1969.

[16] *Témoignage Chrétien*, 31 de agosto de 1967.

Com isto não se entende que a violência é admitida, mas tem de admitir-se que a revolução não é considerada desnecessária. É por isso que bispos como Mc Grath (Panamá) declaram que «temos já a teologia da revolução graças à encíclica *Populorum Progressio*, mas daquilo que precisamos é de uma teologia da violência, que defina o que é legítimo e aquilo que não o é. A violência pode destruir numerosos valores humanos de uma maneira permanente. É um problema de consciência. Não conheço nenhum país da América Latina onde pudesse afirmar que a violência está justificada, mas eu não conheço toda a América Latina»[17].

O problema parece portanto ser o de se reconhecer que existe uma violência estrutural em muitos lugares, em admitir que nesses casos uma revolução é necessária, mas fica por decidir se a violência pode ser um instrumento dela. Noutros termos, pergunta-se se não existe um direito de legítima defesa, que também é violência, contra essa violência estrutural que condena milhões de homens a uma vida sub-humana.

A raiz doutrinal da resposta está, como sempre, em São Tomás, que, na *Suma Teológica* (I, II, XCIII, 3, ad. 2) escreve: «Uma lei humana não merece esse nome senão na medida em que se conforma com a justa razão; por essa razão, deriva da lei eterna. Mas, na medida em que se afasta da razão, é iníqua. Tem menos o carácter de uma lei do que o de uma certa violência»[18].

Vem porém ligada à lei iníqua uma dificuldade doutrinal, que reside no facto de ser originada num poder destinado a legislar, e a origem divina do poder torna à doutrina difícil concluir pela legitimidade da violência. A prudência hermenêutica sempre levou a exigir que a multiplicação das leis iníquas atinja o bem comum, para que então o Poder seja considerado tirânico e com perda de legitimidade.

Surge finalmente o problema de saber quem pode declarar que esse ponto de rutura da legitimidade foi alcançado, e, com grandes hesitações, parece concluir-se que a hierarquia se reservou essa competência. Este ponto esteve sempre presente na já citada Conferência Episcopal de Medellín, que à doutrina da *Populorum Progressio* acrescentou uma definição: «A tirania não é necessariamente a de uma pessoa, pode também ser a das estruturas mantidas por uma classe de homens que se opõem de uma maneira injusta às transformações que poriam fim à miséria».

Ora, quer em Medellín quer agora em Puebla (1979), esteve presente, como interlocutor, o espírito de um morto na guerrilha, que foi o padre

[17] *La Documentation Catholique*, n.º 1477.

[18] J. Chevalier, cit.

Camilo Torres, abatido em 15 de fevereiro de 1966. Juntamente com Che Guevara, é um dos ídolos da revolução violenta sul-americana.

Foi em 1963, no Congresso de Sociologia de Bogotá, que desenvolveu sistematicamente o seu pensamento. A Colômbia era um cenário de violência permanente, que somava às injustiças sociais os atentados individuais frequentes. Abstraindo da sua condição de sacerdote católico, dedicou-se ao estudo da violência com uma metodologia sociológica, concluindo que ela era o resultado de múltiplos fatores sociais, e que, por outro lado, tinha consequências vantajosas: acelerava o processo de organização dos camponeses, dando-lhes consciência das suas muitas carências; a atitude tradicionalmente passiva é substituída por um dinamismo coletivo, que segrega novas chefias e define o interesse do campesinato com autonomia em relação aos interesses partidários.

Reconhece que essa violência não é harmónica com as necessidades de desenvolvimento económico, mas a alternativa teria sido um desenvolvimento planificado pelas classes dirigentes, que nunca a quiseram adotar.

Concluía, portanto: *a)* as mudanças de estrutura nos países subdesenvolvidos não poderão dar-se sem uma pressão da classe popular; *b)* as possibilidades de revolução pacífica dependem da previsão da classe dirigente, pois a sua vontade de mudança é difícil de obter; *c)* a revolução violenta é uma alternativa bastante provável, vista a dificuldade que experimenta a classe dirigente em prever.

Chegando aqui, no plano das investigações sociológicas, não se adiantou todavia nada quanto à pergunta respeitante à legitimidade da revolução violenta. Ora, a este propósito, na *Pacem in Terris,* de 11 de abril de 1963, João XXIII, admitindo com muita prudência a colaboração com outras correntes e ações políticas, advertia: «Não faltam homens de coração generoso que, colocados em face de situações pouco conformes ou contrárias à justiça, são arrebatados pelo seu zelo a empreender uma reforma completa, e cujo impulso, queimando etapas, toma então aspetos quase revolucionários».

Foi justamente aqui que Camilo Torres se afastou da disciplina. Pareceu-lhe que, no caso de uma tomada de poder pelos marxistas, não seriam autoridades tradicionais que lhe poderiam impor condições para a liberdade da vida cristã, mas sim as novas autoridades que emergissem de um «compromisso revolucionário», da ação empreendida contra as estruturas violentas que não adotaram a preconizada revolução pacífica.

E por isso adotou a revolução violenta, com estas razões: *a)* como colombiano, porque não podia manter-se alheio às lutas do seu povo; *b)* como sociólogo, porque se convenceu de que não podia haver soluções técnicas eficazes sem revolução; *c)* como cristão, porque a essência do cristianismo é o amor ao próximo, e o bem da maioria só pode ser obtido pela revolução; *d)* como sacerdote, porque a entrega de si mesmo ao próximo é uma condição de caridade fraternal indispensável para o exercício da sua missão.

Não aceita, ou não pode esperar, que seja a hierarquia a julgar que o Poder em exercício é despótico e justifica a legítima defesa: «A medida suprema das decisões humanas deve ser a caridade, deve ser o amor sobrenatural. Correrei todos os riscos que esta medida exija de mim».

O parágrafo 31 da *Populorum Progressio* era assim ultrapassado na medida em que julgar da oportunidade de uma «insurreição revolucionária» era proclamado como um juízo do cristão em face das suas responsabilidades[19].

§ 3º
Os Marxistas e a Política

1. A Matriz Marx-Engels

Do ponto de vista da ciência política, o método cristão originário foi o da prévia *conquista da sociedade civil* que levou à transformação do Estado. O método marxista originário teve como premissa principal a *conquista do aparelho do Poder,* para depois transformar a sociedade civil.

O ponto de partida foi o mundo desesperante que ambas as orientações enfrentam, e que parece ter alcançado um ponto crítico no século XIX, quando se tornaram gritantes as condições às quais o método capitalista tinha conduzido aquilo que se chamaria o proletariado.

Escreveria Bernard Shaw, ao historiar a sua própria intervenção no movimento fabiano inglês, que «a filosofia de Karl Marx não exercera nenhum efeito sobre a opinião daqui e de outras partes; mas, quando publicou os factos sobre as condições a que o capitalismo havia reduzido as massas, produziu-se um efeito idêntico ao da remoção da tampa de um caldeirão em ebulição no Inferno»[20].

Não é porém exato que a denúncia fosse marxista, antes esses factos tinham sido o ponto de partida de muitas e anteriores reacções contra as

[19] Camilo Tórres, *Écrits et paroles*, Paris, 1968; *Zanarini, Paul VI et les temps présents*, Paris, 1966; Jean Chevalier, *La política del Vaticano*, cit.

[20] In "Prefácio" a Sidney e Beatrice Webb, *A New Civilization*, trad. portuguesa, com o título: *URSS – Uma Nova Civilização*, Rio de Janeiro, 1945, 2 vols.

consequências económicas do liberalismo. Albino Luciani (Papa João Paulo I), numa das suas cartas, dirigida a Charles Dickens, recorda a importância de obras como *Oliver Twist* e *David Copperfield,* que tanto contribuíram no plano social para reformas importantes da legislação do trabalho[21].

O talento de Marx e Engels foi ensaiar a síntese de todo o pensamento crítico do século XIX, relacionando os legados da filosofia alemã, da economia inglesa e do socialismo francês. Rompendo com o normativismo dominante e recusando a fuga do real que a linha utopista inculcara, assentaram em que a crítica do Céu deve transformar-se em crítica da Terra, que a crítica da Religião deve transformar-se em crítica do Direito e que a crítica da Teologia deve transformar-se em crítica da Política.

Esta mudança de critério implicou o rompimento com Hegel, pelo repúdio de que o Estado e o Direito sejam a encarnação de uma ideia absoluta, porque simplesmente parecem a Marx que são a superstrutura das relações de produção da sociedade, os instrumentos de domínio da classe dominante sobre a classe dominada.

Disse que assim como não é a religião que cria o homem, mas ao contrário é o homem que cria a religião, também não é o Estado que dá origem à sociedade, é esta que cria o regime do Estado e o seu direito.

A primeira vez em que este critério parece ter-lhe ocorrido foi quando, trabalhando como jornalista na *Gazeta Romana* a partir de 1842, publicou um artigo contra a lei sobre o furto da lenha nas florestas, um delito das classes pobres sem terra. Escreveu a tal propósito uma famosa passagem: «Todo o órgão do Estado se transforma em ouvidos, olhos, mãos, pés, mediante os quais, no interesse do proprietário do bosque, escuta, observa, aprecia, protege, prende e desaparece». É também nesse período que suscita a questão de ser inevitável uma luta revolucionária e chega a formular a ideia da necessidade de um partido.

O exame da realidade concreta do Estado e a intuição da revolução e dos seus pressupostos táticos antecedem a tentativa de racionalizar a evolução social. Esta atitude realista passa pelo manuscrito sobre a *Crítica da Filosofia do Direito,* de Hegel, e pelo artigo, publicado em 1844, sobre a *Crítica da Filosofia Hegeliana do Direito.*

Tendo especialmente em vista a situação da Alemanha, já concluía que os proletários constituíam a classe que até então nada representara na vida do Estado, mas que seria a única capaz de modificar a realidade social e política.

[21] Albino Luciani, *Ilustrísimos señores,* Madrid, 1978.

Expulso da *Gazeta Romana*, fixa-se em Paris, de onde, na sequência das suas atividades revolucionárias, é expulso em 1845. Mas aqui teve a experiência da tradição socialista francesa, e define, em contradição com Proudhon, as vias de ação revolucionária. Este, em 1846, publicara a sua famosa *Filosofia da Miséria*, onde se declarava adversário da violência e do totalitarismo estatal. Marx, responde com a *Miséria da Filosofia*, onde sustentou que a contradição entre o proletariado e a burguesia teria como resultado inevitável a revolução proletária e a ditadura do proletariado.

Entretanto, Engels adquiria na Inglaterra a experiência do socialismo inglês, e em 1845 publica um livro histórico, *A Situação da Classe Trabalhadora na Inglaterra*, onde, como observa Lenine, se encontra o primeiro claro incitamento no sentido de organizar o proletariado numa classe revolucionária. Este livro é talvez o primeiro onde claramente se afirma a natureza classista do Estado e do direito burgueses.

Encontrando-se ambos em Paris, no outono de 1844, publicam o primeiro trabalho comum, *A Sagrada Família*, onde lançam as bases do método dialético, tomando posição contra o hegelianismo de Bruno Bauer e o anarquismo abstencionista: definiam as massas populares como o agente da História, começando assim a perfilar-se o pensamento da missão histórica do proletariado.

No ano seguinte, com a *Ideologia Alemã*, completam as teses fundamentais do materialismo histórico, repudiando a passividade política e preconizando a luta de classes. O princípio da ditadura do proletariado é afirmado e, por oposição aos utopistas, começam a chamar à sua própria doutrina de *comunismo científico*.

A formação do seu pensamento básico é sempre feita por contradição com autores reputados influentes: o método é definido por contradição com Hegel; a ação é definida por contradição com Proudhon e Bruno Bauer; a teoria económica será definida por contradição com o otimismo dos clássicos, onde avulta Adam Smith.

Para a discussão científica, Marx transporta a linguagem apaixonada, violenta e ofensiva do revolucionário, parecendo que recolhe a tradição de um Lutero que não cuidava muito da forma, nem parece ter conhecido palavras proibidas.

Acontece raramente que os doutrinadores sejam também homens de ação, mas em Marx e Engels as duas coisas são inseparáveis. O famoso *O Capital* será uma tentativa de racionalização das teses proclamadas e ensaiadas na ação, e por isso as teses políticas intuídas têm muito maior importância na evolução do marxismo do que as demonstrações tardias. Pesaram imediatamente como dogmas ideológicos, e não como conclusões racionais ou científicas, tal como também se passara com as teses de Lutero.

A passagem à ação tem como passo inicial mais importante a fundação da Liga dos Comunistas, para cujo II Congresso, realizado em 1847, escreveram o *Manifesto do Partido Comunista,* que ficou, até hoje, como o documento-base da luta comunista. Lenine escreveu sobre ele estas palavras: «Nesta obra se expõe com genial precisão e clareza a nova conceção do mundo, o materialismo consequente que se estende também aos domínios da vida social, a dialética apresentada como a ciência mais vasta e profunda da evolução, a teoria da luta de classes e do papel histórico revolucionário do proletariado, criador de uma nova sociedade, a sociedade comunista».

O *Manifesto* aparece na época que culmina com a Conferência de Berlim de 1885 e que marca o apogeu do euromundo e do domínio político ocidental sobre a totalidade do globo. As revoluções que entre 1848 e 1849 afetaram a França, a Alemanha, a Itália, a Hungria e outros países pareceram servir apenas para consolidar alguns dos princípios dessa sociedade construída pelos Ocidentais: a livre iniciativa, o princípio das nacionalidades, o parlamentarismo, a predefinição jurídica, a sociedade industrializada, a proclamação das missões nacionais.

Mas os marxistas viram nisso o começo do fim, interpretaram a construção dos impérios coloniais pelas democracias ocidentais como uma consequência das contradições internas do capitalismo, e tudo como um esforço de manutenção por um Estado que lhes pareceu uma *comissão administrativa dos interesses comuns da classe burguesa.*

O *Manifesto,* definindo o poder político como «*o poder* organizado de uma classe para a opressão de outra», evidenciou a necessidade de o proletariado se apoderar desse poder, que então seria libertador. A sublevação de Paris de 1848 inspirou-lhe a metodologia da passagem à ação e, em 1864, a fundação da I Internacional e do Partido Social-Democrata Alemão são o ponto de arranque para a luta subversiva.

Dirigindo a nova *Gazeta Romana,* concluem que a lição de 1848 era a da inutilidade do parlamentarismo e da impossibilidade da colaboração das classes. Engels, em *A Revolução e Contrarrevolução na Alemanha,* e Marx, em *A Luta de Classes na França* e *Dezoito de Brumário de Louis Bonaparte,* procuram fundamentar essa conclusão e já adiantam a ideia de que a revolução nacionalista poderia ser o primeiro passo da revolução proletária.

O exame da natureza do Estado burguês encaminha-os para sustentar a necessidade de o destruir completamente e substituir por outro, coisa que dificilmente se distingue da recomendação de liquidar fisicamente os suportes dos órgãos do Estado a derrubar. Entendido que o quadro nacional é apenas um instrumento dos interesses da burguesia, proclamam a necessidade de internacionalizar a sede do poder proletário, à margem do nacionalismo, significado que tem a exortação à união dos proletários de todo o mundo.

É no seio da I Internacional que, em conflito com Proudhon e Bakunine, rejeitam o reformismo legal, e advogam a preparação das massas para a tomada revolucionária do Poder. A experiência da Comuna de Paris de 1871 ajuda a definir a teoria da ditadura do proletariado, emendando o prólogo do *Manifesto* para assinalar que não bastava ao proletariado apropriar-se do aparelho do Poder, necessitava de um *partido* que substituísse a antiga máquina estatal derrubada[22].

Livros como *A Guerra Civil em França,* de Marx, e os *Anti-During* e *A Origem da Família, da Propriedade Privada e do Estado,* de Engels, pertencem a esse período e defendem essa conclusão. Nela se baseou a *Crítica do Programa de Gotha,* de Marx, onde o programa do Partido Socialista Alemão, adotado em 1875 e inspirado por Lassalle e Eisenach, é violentamente atacado, rejeitando toda a possibilidade de cooperação com o Estado burguês.

Trabalhos como a *Circular,* de Marx, de 1872, *Os Bakuninistas em Ação,* de Engels, de 1873, e sobretudo o *Anti-During* e *Ludwig Feurbach e o Fim da Filosofia Clássica Alemã,* de Engels, sustentarão que não é o poder político que determina a economia, que tal poder é um instrumento da classe dominante, e que a classe é dominante em virtude da posição de detentora dos meios de produção. Reconhecem porém que o poder político e as superstruturas ideológicas são fatores com interação importante na evolução social, o que justifica a luta pela ditadura política do proletariado.

A demonstração científica das teses que a ação foi inspirando será tentada primeiro na *Crítica da Economia Política,* publicada em 1859, e depois em *O Capital,* cujo primeiro volume apareceu em 1867, e cujos tomos segundo e terceiro só apareceram em 1885 e 1894, depois da morte de Marx, e por iniciativa de Engels, um raro caso de fidelidade intelectual e política[23].

[22] Cornu, *K. Marx e* Engels, *leur vie et leur oeuvre,* 4 vols., 1955-1970; H. Bartoli, *La doctrine économique et sociale de Karl Marx,* Paris, 1950.

[23] H. Lefebvre (e outros), *Karl Marx: oeuvres choisies,* 2 vols., Paris, 1963-1969.

2. As Teses

A principal tese desenvolvida é a do materialismo histórico, que se traduz num materialismo dialético. De acordo com ele, é a evolução das *forças produtivas* (instrumentos de produção, força de trabalho e objetos relacionados com o trabalho) que determina a evolução da sociedade. A definição temporal das *forças produtivas* determina as *relações de produção,* isto é, as relações que se estabelecem entre os indivíduos por causa da produção.

O conjunto de ambos os elementos, *forças produtivas* e *relações de produção,* constituem o *modo de produção.*

As *relações de produção* determinam a repartição dos indivíduos em *classes sociais,* cada uma delas definida pela posição que os indivíduos ocupam no modo de produção.

Estas classes, correspondentes a uma definida estrutura social, produzem uma superstrutura de justificação, que se analisa em sistemas de crenças, de valores, de regras jurídicas e de formas políticas. O fenómeno político é portanto um reflexo das relações de produção, ainda que se admita uma ação e reação entre os dois fatores. Mas o fator político não tem autonomia causal, porque o regime político é resultado do sistema de produção.

É por isso que a cada sistema de produção corresponderia um diferente tipo de Estado: o estado *esclavagista* da antiguidade correspondeu a um sistema de produção baseado na distinção entre *escravos* e *senhores;* as técnicas agrícolas medievais engendraram o Estado baseado na luta entre *senhores* e *servos;* as técnicas industriais deram origem ao Estado burguês, com a luta entre *capitalistas* e *proletários.*

A evolução das técnicas industriais estaria a conduzir à supressão da propriedade privada dos meios de produção, à adoção do modelo socialista da produção, ao fim da luta de classes e ao próprio desaparecimento do Estado.

Em síntese, que ele próprio forneceu – *«não é a consciência dos homens que determina a sua existência, mas, pelo contrário, é a sua existência social que determina a sua consciência»*[24].

Assim, numa sociedade nómada, os cavalos seriam o meio mais importante de adquirir e acumular riquezas. Logo, como nota Ebenstein, com ironia fácil, os que possuíssem o maior número de cavalos seriam também os chefes políticos, e os conceitos sociais e culturais dominantes refletiriam

[24] H. Lefebvre, *Pour connaitre la pensée de Karl Marx,* Paris, 1956; *Sociologie du marxisme,* Paris, 1966; Galvez, *La pensée de Karl Marx,* 1956.

essa predominância dos possuidores de cavalos de tal modo que Deus deveria ser representado por um cavaleiro. No caso da economia agrícola sedentária, os donos das terras seriam também os donos do poder político, e os valores sociais e políticos seriam inspirados pelos interesses desses donos das terras e do Poder. Na moderna sociedade industrial, os donos dos meios de produção são igualmente os donos do Poder, e os modelos jurídicos, éticos e religiosos protegem o domínio desses capitalistas.

A mudança de um tipo de sociedade para outro é explicada deste modo na *Crítica da Economia Política:* «Em determinado momento da evolução, as forças sociais de produção material entram em contradição com as relações produtivas existentes ou, porque estas não passam de uma expressão normativa das mesmas, com as relações de propriedade que as condicionavam... Começa então uma época de revolução social, com a modificação das bases económicas, toda a superstrutura se modifica mais ou menos rapidamente». Trata-se portanto de a evolução tecnológica e científica comandar as relações entre o homem e a natureza, definindo em cada momento as *forças de produção;* para a utilização dessas *forças de produção,* estabelece-se um sistema de relações entre os homens, que são as chamadas *relações de produção* ou instituições sociais. Estas instituições sociais são organizadas no sentido de preservar uma hierarquia humana, na qual os homens que adquirem o domínio das *forças de produção* são também os *donos do poder político.*

Parece-lhe que, inevitavelmente, a capacidade tecnológica e científica dos homens evoluciona em termos de exceder a capacidade de controlo das instituições sociais, e a revolução é fatal para tornar possível a utilização dessa capacidade acrescida, com a consequência de mudar a composição dos estratos sociais que respetivamente são donos do poder e obedecem[25].

Aplicado o princípio à sociedade capitalista do seu tempo, a explicação adiantada para dogmatizar a ruína do sistema e a revolução proletária não parece que tenha respeitado o modelo geral de interpretação da História.

De facto, o princípio destruidor do capitalismo, que aponta, é a *lei da margem de lucro decrescente.* A gravidade deste facto reside em que o motor do sistema capitalista é o lucro. Para evitar o funcionamento da lei da taxa de lucro decrescente, os capitalistas procurariam desenvolver a eficiência tecnológica e a racionalização da empresa, o que levaria à eliminação dos mais débeis pela concorrência, e à concentração do poder económico em

[25] K. Axelos, *Marx, penseur de la technique,* Paris, 1961. Uma das melhores análises que podem ser consultadas é a de Paul M. Zweezy, *Teoria do Desenvolvimento Capitalista,* Rio de Janeiro, 1976.

cada vez menor número de pessoas, com a consequente proletarização da sociedade.

Outro expediente, de valor limitado pela natureza das coisas, seria investir em países subdesenvolvidos ou coloniais, mas fatalmente a lei da taxa de lucro decrescente acabaria por levar à morte do sistema por falta do estímulo. A existência de mais capital disponível, numa economia estacionária, levaria à perda de vitalidade do capitalismo e à morte.

A proletarização da sociedade tornaria fácil a tomada do Poder e a instauração do regime comunista. Foi isto que se chamou a tese catastrófica do marxismo.

Parece pois que a morte do sistema capitalista, entregue a si próprio, não resulta do avanço tecnológico, que ao contrário aparece como um expediente que ajuda a manter o sistema em funcionamento, atrasando os efeitos da lei da taxa de lucro decrescente. O fator que o mata é a falta da motivação essencial, o lucro, e não a mudança das forças de produção.

Por isso, a teoria que subsiste é a chamada *teoria do coveiro*, que se traduz na proletarização da sociedade. O facto de o capitalismo ser obrigado a organizar-se em empresas cada vez maiores, concentrando o capital, faz crescer o proletariado, que finalmente, esmagador em número e consciente da sua situação de classe, derrubará o Estado capitalista: os expropriados transformam-se em expropriadores, mas justamente por razões sociais e não económicas.

A luta de classes resulta assim na tese mais importante do marxismo. Diz-se no *Manifesto:* «A história de toda a sociedade até aos nossos dias é a história da luta de classes. Homem livre e escravo, patrício e plebeu, senhor e servo, mestre e companheiro, numa palavra, opressores e oprimidos, em oposição constante, conduziram uma guerra ininterrupta».

Este facto, como já foi referido, permitiu-lhe estabelecer uma *tipologia* do Estado: *Estado esclavagista, Estado feudal, Estado burguês, Estado socialista.* É em relação a cada um destes *tipos* que Marx faz aplicação da tipologia clássica, distinguindo várias *formas de regime político:* o *Estado esclavagista* pode ser democrático, oligárquico, monárquico, imperial, tirânico, tal como o *Estado burguês* pode ser totalitário, liberal, democrático, tal como o *Estado marxista,* pode revestir várias formas socialistas, desde o sovietismo ao maoísmo e ao titismo.

O importante seria sempre saber ao serviço de que classe se encontra o Estado, e por classe entende-se, na lembrada definição de Lenine, «grandes agrupamentos humanos que se distinguem pela sua posição num sistema histórico determinado de produção social, pelas suas relações (as mais das vezes fixadas por lei) com os meios de produção, pelo seu papel na maneira de receber a sua parte da riqueza social, assim como pela dimensão dessa parte. As classes sociais são agrupamentos humanos dos quais um pode apropriar-se do trabalho do outro em resultado do lugar que ocupa num dado regime económico».

Na sociedade capitalista, os donos dos meios de produção apropriam-se da mais-valia produzida pelos trabalhadores, e estes não recebem mais do que o suficiente para reproduzirem a sua força de trabalho. Daqui resulta a condenação ética do sistema capitalista, a partir da qual se constrói toda a doutrina revolucionária.

Mas isto é, como sempre aconteceu, fazer apelo a um jusnaturalismo, àquela lei inscrita no coração dos homens, de que falava Cícero, e que designadamente manda dar a cada um o que lhe pertence – *suum cuique tribuere.* Regra de conteúdo variável, como todo o direito natural, é deste modo preenchida pelo marxismo, e preenchida de outros modos pelas variadas orientações que não aceitam esse critério da mais-valia. Estamos num problema de escala de valores, sempre indemonstrável racionalmente.

No dia em que, segundo a visão de Marx e de Engels, se encontrassem em confronto uma burguesia restrita e excessivamente rica e um proletariado extensíssimo e empobrecido, a revolução aboliria a propriedade privada dos meios de produção e extinguiria a mais-valia individualmente apropriada, não por uma física social, mas porque a justiça amparava o desencadear desse movimento final. Como se diz no *Manifesto*, «*todos os movimentos históricos foram, até aqui, levados a cabo por minorias em benefício de minorias. O movimento proletário é o movimento espontâneo da imensa maioria em benefício da imensa maioria*».

O Estado acabaria por desaparecer por desnecessário, visto que se caminharia para uma sociedade de abundância, em que todos receberiam de acordo com as suas necessidades, a idade de ouro prometida por todos os milenarismos. Transitoriamente, a ditadura do proletariado seria o instrumento necessário da mudança, porque dessa ditadura, e não de alterações tecnológicas, é que finalmente se espera a edificação da sociedade nova[26].

[26] Ebenstein, *4 Ismos*, Porto, s. d.; K. Radjavi, *La dictature du prolétariat et le dépérissement de l'État de Marx à Lenine*, Paris, 1975. Esta matéria está desenvolvida em A. Moreira, "Sistemas Políticos da Conjuntura", último capítulo de *Política Internacional*, cit.

3. A Versão Leninista

A construção marxista acaba num voluntarismo político, que manda aproveitar a debilitação prognosticada do sistema capitalista para uma batalha final da tomada do Poder.

Os factos não demonstraram, porém, em parte alguma, que o sistema capitalista se deteriorasse em termos de tornar possível a revolução, em consequência de a concentração económica ter proletarizado a sociedade e pelo facto de a lei da taxa do lucro decrescente ter esgotado o modelo.

O que os factos mostraram foi que o capitalismo selvagem que Marx conheceu evolucionou para um capitalismo esclarecido nas sociedades industrializadas, com modificações radicais da estrutura social; que a revolução se deu em países de capitalismo débil e economias subdesenvolvidas, e não nos países onde a tecnologia transformou as sociedades em industrializadas, afluentes e de consumo; que a revolução foi apenas possível, em todos os lugares, quando o aparelho político de intervenção militar se esgotou e desorganizou na guerra colonial ou internacional; que essa revolução dependeu sempre da existência de uma força revolucionária agressiva capaz de aproveitar as circunstâncias, incluindo o apoio dos exércitos estrangeiros, como aconteceu no Leste Europeu.

Não aconteceu nunca, em suma, que o fator político não fosse o determinante da revolução, e que o ambiente económico não fosse apenas uma circunstância adjuvante; não aconteceu em parte alguma que a revolução fosse o epílogo de uma luta de classes, aconteceu sempre que a tomada do Poder precedeu a tentativa de mobilizar a sociedade civil em termos de luta de classes para construir a anunciada sociedade comunista que tornaria inútil o Estado; não aconteceu que o Estado fosse eliminado por inútil em nenhum modelo político conhecido.

De modo que, tal como lucidamente notou Bernard Shaw, não foram as análises científicas de Marx e Engels que assumiram importância revolucionária, foram as suas formulações ideológicas que pesaram no processo revolucionário contemporâneo.

As previsões chamadas científicas tiveram peso exatamente na medida em que definiram um elemento mítico da ideologia que é a crença na fatalidade de uma sociedade comunista futura, tal como a esperança atuou na revolução cristã ocidental, tal como o futuro reino da abundância animou os utopismos, tal como a certeza do paraíso galvanizou os maometanos, todos seguros, com ciência ou sem ela, por testemunho dos profetas ou por demonstração dos sábios, de estarem de acordo com a corrente da História e de servirem um jusnaturalismo indemonstrável pela razão e uma justiça anterior e superior à do Estado.

A responsabilidade de optar por uma escala de valores antecede todo o movimento revolucionário, e o decisionismo político é o motor da mudança. Foi isto o que entendeu Lenine, e por isso a sua intervenção, aproveitando os mitos marxistas, desenrolou-se ao arrepio de todas as previsões e certezas científicas proclamadas.

A análise teórica tinha chegado à conclusão da necessidade de instaurar o socialismo marxista simultaneamente em vários países, onde a concentração económica atingia o ponto crítico: resolveu fazer a revolução num país de economia atrasada e instaurar o comunismo num só país.

No jornal de Gorki, chamado *Novaia Gizn,* Zinoviev e Kamenev sustentaram a imprudência da Revolução de 1917 na Rússia, baseados na análise teórica, e Lenine cortou a questão mostrando lucidamente que os países burgueses, esgotados pela guerra de 1914-1918, não estavam em condições nem de a impedir nem de a combater.

A análise teórica supunha necessária uma classe proletária extensa e consciente, e Lenine decidiu que um partido armado podia tomar o Poder.

A análise fazia depender a revolução da evolução tecnológica, da concentração do capital, da lei da taxa de lucro decrescente, e Lenine compreendeu que a destruição do aparelho militar na guerra de 1914-1918 deixara o Estado russo desamparado e à mercê de uma minoria politicamente decidida, ideologicamente coerente, hierarquizada em termos militares e disposta a reger a sociedade civil segundo um modelo totalitário.

A análise exigia o repúdio do quadro nacional e a solidariedade dos proletários de todo o mundo: Lenine entendeu que deveria manter íntegro o Império, usar o internacionalismo como arma ideológica na propaganda exterior, mas apelar internamente para o orgulho nacional e para o patriotismo.

Quando, em *O Estado e a Revolução,* trata do papel do proletariado, daquilo de que fala é da ditadura de um partido monopolista, hierarquizado e violento. Quando, em *O Imperialismo, Estádio Supremo do Capitalismo,* se ocupa da internacionalização do capitalismo, é para afastar o pensamento de Kautsky de um possível apaziguamento e insistir em que esse fenómeno acrescentava as possibilidades da guerra. Nesse trabalho também afasta a necessidade da prévia evolução económica prevista por Marx e afirma a viabilidade da revolução em países subdesenvolvidos sem passar pela fase industrial. Em *A Doença Infantil do Comunismo,* afasta a orientação teórica da luta de classes, para afirmar um oportunismo maquiavélico que deve lançar mão de todos os meios legais e ilegais para enfraquecer os regimes burgueses e tomar o Poder[27].

4. A Ditadura sobre o Partido: Estaline

A ditadura do partido instalada por Lenine não impediu que, no interior do próprio aparelho, se mantivesse uma liberdade de expressão e uma direção colegial, que o carisma de Lenine podia suportar sem perigo de perder a proeminência.

Mas, depois da sua morte, em 1924, a luta entre Trotsky e Estaline pela sucessão terminou com a vitória deste, aplicando inflexivelmente um critério de luta pela captura pessoal do aparelho, o que determinou a liquidação física e sistemática dos raros concorrentes e adversários. O próprio Trotsky, embora obrigado a retirar-se da Rússia, foi assassinado no exílio.

Aquilo que Estaline vai desenvolver é uma pragmática técnica de captura do Poder, em termos ditatoriais e totalitários. Todo o cientifismo de Marx e Engels é definitivamente remetido para componente mítico da ideologia do Estado.

Em primeiro lugar, instaurou a ditadura do *grupo étnico russo* sobre todas as outras etnias componentes do império herdado do regime anterior, dando-lhe cobertura ideológica com a *doutrina das nacionalidades* que formulou para a Constituição da URSS. Quando lhe chamaram a atenção para a necessidade de, por coerência, consentir na autodeterminação das *repúblicas federais*, respondeu que não suprimia esse direito das leis só porque nenhuma delas o pretendia exercer, e que mantinha o princípio para tornar claro que os territórios exteriores à URSS poderiam determinar-se no sentido de se reunirem à unidade soviética.

Como a URSS tem no seu território uns duzentos grupos étnicos diferentes, avultando cerca de trinta milhões de muçulmanos, e apenas cinquenta e oito por cento da população é constituída por russos, ficou claro que o agente da colonização continuaria a ser a etnia russa, que a revolução foi russa, e que o partido seria o agente totalitário da integração[28].

[27] Lenine, *Que faire?*, Paris, 1966; *L'État et la Révolution*, Paris, 1971, com introdução de P. Gelard; *L'impérialisme, stade suprême du capitalisme*, Paris, 1916; *Le gauchisme, maladie infantile du communisme*, Paris, 1920; H. Lefebvre, *La pensée de Lenine*, Paris, 1957.

[28] Walter Kolatz, *La Russie et ses colonies*, Paris, 1954; Estaline, "Sur le projet de Constitution de l'URSS", in *Les Questions du Leninisme*, Moscovo, 1949.

O facto de o próprio Estaline não pertencer talvez à etnia russa não impedia a proclamação da doutrina justificadora do Poder, como o facto de Hitler não ser alemão não impediu que o racismo ariano fosse uma das componentes principais da sua ideologia.

Por outro lado, a questão do socialismo num só país deu origem à *doutrina do cerco*, justificadora de uma ditadura interna. Os puristas, como Trotsky, defendiam a doutrina da *revolução permanente*. Consideravam a tomada do Poder na Rússia como um acidente, de resto inteiramente imprevisível dentro dos quadros teóricos, e entendiam que esse facto deveria ser olhado apenas como o início da revolução conduzida em escala internacional, para terminar num plano mundial. Nenhuma revolução nacional lhe parecia mais do que um elo na cadeia mundial da revolução permanente[29].

Estaline, assumindo a responsabilidade de estadista, tratou de defender o Poder que o partido ocupara na Rússia e entendeu que a devia transformar numa potência poderosa. A ideia do cerco pelos países capitalistas, que de resto lhe forneceram um excelente pretexto com a política do *cordão sanitário*, destinada a impedir o alastramento da revolução, levou-o a claramente defender, no XVIII Congresso do Partido, a instauração de um regime interno totalitário.

Tal política traduziu-se em submeter a URSS à ditadura da etnia russa, o Estado à ditadura do partido e o partido à ditadura do secretário-geral, que era ele próprio. A sociedade comunista que a ideologia prometia, e que levaria à extinção do Estado, era afastada para um futuro longínquo, porque, como disse, o comunismo não se decreta, depende de uma base económica.

Tal base só existiria quando, pelo exercício da ditadura, se tivesse obtido a construção de uma sociedade industrial, com a agricultura coletivizada, e uma formação ideológica dos trabalhadores que lhes permitisse responder às exigências desse tipo de sociedade.

Deste modo, o Estado soviético, e isso foi sobretudo evidente na provação da guerra de 1939-1945, acabou por basear a sua ideologia de ação num patriotismo exacerbado, reservando o proselitismo revolucionário para a ação exterior, e para agir dentro dos outros Estados, em violação do tradicional princípio da não ingerência nos negócios internos de terceiros[30].

Quando a última guerra mundial tornou possível que os exércitos soviéticos impusessem o domínio dos partidos comunistas em países que vieram

[29] Trotsky, *La révolution permanente*, Paris, 1932.

[30] Adriano Moreira, *Política Internacional*, cit.

a ser chamados «satélites», Moscovo de facto assumia o projeto nacional antigo de ser a Terceira Roma do Ocidente. Nas palavras de Theophilus de Pskov, dirigidas no século XVI ao grão-duque de Moscovo: «A Igreja da Velha Roma caiu por causa das suas heresias; os portões da Segunda Roma (Bizâncio) foram derrubados pelos machados dos infiéis turcos. Mas a Igreja de Moscovo, a Igreja da Nova Roma, brilha mais luminosa do que o sol em todo o Universo... Duas Romas caíram, mas a Terceira mantém-se firme. Não pode haver uma Quarta». Nos anos seguintes ao fim da guerra, a autoridade de Estaline era indiscutível e, até 1953, data da sua morte, dominou a cena comunista mundial, com apenas o precalço da Jugoslávia, largamente compensado, transitoriamente, pela tomada do Poder na China.

5. A Liderança Colegial: Kruchtchev

A morte de Estaline marcou o início de um período de instabilidade, com lutas internas pelo domínio do aparelho político, mas sem reações da sociedade civil, completamente dominada. Nos satélites houve tendências centrífugas, com os dramas da invasão da Hungria e da Checoslováquia, e com um moderado triunfo autonomista da Polónia e da Roménia. A superioridade estratégica dos EUA era nítida. A crítica às brutalidades da ditadura de Estaline, denunciadas por Kruchtchev, e a luta contra o culto da personalidade, tornaram-se gerais. O primeiro agente da mudança foi justamente Kruchtchev, que, em 1958, parecia ter conseguido ocupar o lugar de Estaline, com a eliminação de Malenkov e de Bulganine.

Lançou a política da *coexistência pacífica*, que ficou conhecida pelo espírito de Camp David, o lugar onde, nos EUA, se reuniu com Eisenhower, em setembro de 1959, ao mesmo tempo que afirmava a sua presença na ONU e nas capitais ocidentais. No interior, a partir do XX Congresso de 1956, iniciou uma política de liberalização cultural, descentralizou a gestão económica, anunciou a desburocratização.

Finalmente, nos XXI e XXII Congressos (1959-1961), procede a uma reavaliação pública da situação da URSS. No plano internacional afirma-se apto a bater economicamente os EUA, que promete ultrapassar em 1970, assegurando que o povo soviético teria então o mais alto nível de vida. Assegura que a *fase da ditadura do partido* foi ultrapassada, e que o Estado soviético deixara de ser o instrumento de uma classe para se transformar no *Estado do povo inteiro*.

Estas expressões tinham um sabor de abandono da teoria dos conflitos, e do regresso aos velhos conceitos ocidentais do bem comum e do interesse geral. A missão deste Estado seria a preparação da passagem à verdadeira sociedade comunista, que tornaria o Estado completamente dispensável. Os velhos mitos batiam de novo à porta, assegurando que a autogestão da sociedade de abundância e sem conflitos estava próxima.

6. A Imagem e o Poder: Brejnev

O aparelho soviético parece ter-se apercebido de que Kruchtchev confundia a necessidade de criar uma *nova imagem* internacional, em vista do clima mundial posterior à guerra, com a necessidade de alterar o autoritarismo interior do Estado, que lhes não convinha. A substituição por Brejnev inaugurou uma época em que o cuidado com tal imagem não abrandou a preocupação com o reforço interno e externo do Poder. Os XXIII (1966), XXIV (1971) e XXV (1976) Congressos forneceram a ocasião de esclarecer os factos e as intenções.

A nova Constituição, aprovada pelo Soviete Supremo em 7 de outubro de 1977, aceitou o conceito de *Estado do povo inteiro*, nestes termos: «A unidade social e política da sociedade soviética, cujo elemento motor é a classe operária, afirmou-se. Uma vez levados a cabo os objetivos da ditadura do proletariado, o Estado soviético transformou-se no Estado do povo inteiro»[31].

Mas a verdade é que os factos do Estado não mudaram em nada, e que o artigo 6.º continua a afirmar que «a força dirigente e orientadora da sociedade soviética, o núcleo do seu sistema político e de todas as organizações estaduais e sociais é o Partido Comunista da União Soviética».

Por outro lado, parece ter desaparecido a prática da eliminação física dos dirigentes e adversários caídos em desgraça. No famoso relatório dirigido ao XX Congresso, afirmou-se que de 139 membros do Comité Central eleitos no XVII Congresso (1934) 98 tinham sido presos e fuzilados, e que de 1966 delegados ao mesmo congresso 1108 tinham sido presos.

Mas a prática de condenar os intelectuais dissidentes, os internamentos psiquiátricos dos desviacionistas, a expulsão de homens como Soljenitsine, não mostra que a repressão interior tenha abrandado, só mostra que mudou de costumes.

[31] Publicada in *Legado Político do Ocidente*, cit.

No exterior, a corrida armamentista, a *doutrina da soberania limitada* dos Estados satélites, obrigados a decidir-se tendo em conta os interesses da URSS, considerada dona da liderança, a intervenção na Checoslováquia e na Hungria, a expansão em África e no Médio Oriente, o conflito de lideranças com a China, tudo mostra que o projeto imperial não mudou, projeto que é russo, não é internacionalista.

Finalmente, o XXV Congresso (1976) viu renascer o *culto da personalidade,* tendo por objeto um Brejnev que reuniu de novo a chefia do Estado e do partido nas suas mãos. Aquilo que mudou foram as circunstâncias internacionais, que obrigam a mudanças tácticas e a cuidados com a imagem internacional.

7. A Intransigência Chinesa: Mao Tsé-Tung

O Partido Comunista Chinês parece ter-se impressionado com o que considerou desviacionismos soviéticos. Muitos analistas foram chegando à conclusão de que o aparelho político soviético se transformou na propriedade daquilo que Djillas chamou uma *nova classe,* em livro que ficou célebre, que Varga apelidou de *aristocracia burocrática,* e Bettelheim batizou de *burguesia de Estado.* Dissidentes como Sakharov não abrandam na mesma denúncia, dando razão póstuma aos temores de Trotsky[32].

As novas atitudes de Kruchtchev implicaram uma tomada de atitude pelo Partido Comunista Chinês, que, na famosa *Carta dos 25 Pontos,* publicada em 14 de junho de 1963, reafirmou os seguintes objetivos da revolução mundial: «União de todos os proletários do mundo, união de todos os proletários e de todos os povos e nações oprimidos do mundo para combater o imperialismo e a reacção dos diferentes países, assegurar a paz mundial, fazer triunfar a libertação nacional, a democracia popular e o socialismo, consolidar o campo socialista e aumentar o seu poderio, conduzir a revolução mundial do proletariado, etapa por etapa, à vitória total e construir um novo mundo sem imperialismo, sem capitalismo e sem exploração do homem pelo homem».

Os Chineses não aceitam a doutrina do *Estado do povo inteiro* porque, de acordo com a doutrina, não há Estado sem luta de classes, e a permanência desta é que explica a permanência daquele. A persistência da superstrutura capitalista, para além da perda do Poder, implica uma longa revolução cultural que elimina as raízes do antigo regime.

[32] C. Bettelheim, *Les luttes de classes en URSS,* Paris, 1974; Marc Paillet, *Marx contre Marx,* Paris, 1971.

Para evitar a formação de uma *nova classe burocrática*, os novos estatutos do partido (1973) insistem em que «a classe operária, os camponeses pobres e quase pobres e as outras massas trabalhadoras são os donos do país. Têm o direito de submeter a um controlo revolucionário os quadros do nosso partido e do nosso Estado nos diversos escalões».

A Constituição de 1975 procurou ser fiel à mais rigorosa ortodoxia marxista, insistindo na «ameaça de subversão e de opressão da parte do imperialismo e do social-imperialismo». O social-imperialismo é representado pela URSS, considerada um inimigo exterior mais perigoso do que as velhas potências ocidentais que, no século passado, impuseram à China os humilhantes *tratados desiguais*. Uma procurada liderança internacional dos países do Terceiro Mundo e um incitamento dos países europeus a uma atitude firme contra o imperialismo soviético marcam o regresso da China ao seio dos grandes debates internacionais[33].

8. A Nova Face Ocidental: Eurocomunismo

Em 1872, discursando em Amesterdão, Marx afirmou o seguinte: «Sabemos que temos de ter em conta as instituições, os usos e os costumes das diferentes regiões, e não negamos que há nações como a América, a Inglaterra, em que os trabalhadores podem conseguir os seus objetivos por meios pacíficos. Mas não é esse o caso em todas as outras nações»[34].

Este trecho não foi muitas vezes citado, mas as circunstâncias posteriores à guerra, e sobretudo a estabilização dos exércitos soviéticos no leste europeu, obrigaram os partidos marxistas a meditar no caso. O ponto de arranque parece ter sido o já citado XX Congresso do Partido Comunista da URSS, reunido em Moscovo em fevereiro de 1956. A denúncia dos métodos estalinistas, a reprovação com que os factos foram conhecidos mundialmente, a circunstância de os dirigentes comunistas ocidentais não poderem continuar a alegar a ignorância do que tantos há longos anos afirmavam, tudo obrigou a enfrentar esta simples realidade: a imagem do comunismo era a do sovietismo e a imagem do sovietismo era o denunciado terror estalinista.

Por outro lado, nos países desenvolvidos politicamente, o que é coisa diferente de serem ricos, o comunismo nunca tinha conseguido instalar-se,

[33] A. Moreira, *A Comunidade Internacional em Mudança*, cit.

[34] Ebenstein, cit., p. 24.

salvo apoiado em exércitos soviéticos, nessa data já paralisados na fronteira dos satélites.

As denúncias feitas e os fatores da situação internacional obrigaram a lembrar antigas palavras de Lenine: «É necessário ter presente que a revolução socialista em países avançados não pode começar com a mesma facilidade que na Rússia, país de Nicolau II e de Rasputine, onde uma parte enorme da população se desinteressava completamente do que se passava na periferia e do que eram os povos que a habitavam. Era fácil, nesse país, começar uma revolução; era levantar uma pena. Mas começar uma revolução sem preparação num país onde se desenvolveu o capitalismo, que deu uma cultura e uma organização democrática a todos os homens até ao último, seria um erro, um absurdo».

A Conferência de Helsínquia, cuja ata final é de 1 de agosto de 1975, tornou ainda mais evidente a mudança da conjuntura e a estabilização das fronteiras entre o bloco dos EUA e o bloco da URSS[35].

A inspiração teórica para uma nova atitude foi procurada em Antonio Gramsci. A principal novidade do seu pensamento foi chamar a atenção para a autonomia e importância das superstruturas, enquanto que a tradição marxista sempre colocou o acento tónico nas infraestruturas económicas. A experiência mostrara que mesmo a tomada do Poder pelos comunistas não implica a adesão das classes que dizem servir, porque estas se mantêm fiéis aos valores e tradições do passado.

Aceitou a lição clássica da distinção entre a sociedade civil e o aparelho do Poder e reconheceu que a primeira, desde que se encontre estruturada, com instituições próprias, como as igrejas, as universidades, os meios de informação, pode resistir ao aparelho político.

Nas sociedades avançadas, tal resistência resulta da íntima ligação entre a superstrutura da sociedade capitalista e a infraestrutura, que formam um *bloco histórico* dentro do qual a hegemonia pertence à burguesia. Foi esta que conseguiu implantar a sua tábua de valores entre os proletários, e por isso os domina para além da queda do aparelho político capitalista.

Até aqui a tese não se diferencia, salvo talvez na explicação, do entendimento de Marx sobre a necessidade e função de um partido revolucionário que supra a falta de consciência de classe dos proletários. Mas a tática recomendada é que se mostra original, em face da estrutura que reconhece diferente, das sociedades politicamente desenvolvidas do Ocidente.

[35] Publicada in *Legado Político do Ocidente*, cit.

Escreveu a tal propósito: «No Oriente, o Estado era tudo e a sociedade civil era primitiva e gelatinosa; no Ocidente, entre o Estado e a sociedade civil, havia uma justa relação, e atrás de um Estado vacilante descobria-se logo uma robusta estrutura da sociedade civil. O Estado não era senão uma trincheira avançada, atrás da qual resistia uma sólida linha de fortalezas e de casamatas».

A conclusão lógica é que os aparelhos ideológicos do Estado e da sociedade civil constituem uma unidade com o aparelho do Poder, e não basta ocupar este para dominar a sociedade civil. Enquanto a sociedade civil considerar válidos os valores da burguesia, o poder desta será considerado legítimo, e nisso se traduz o conceito de hegemonia. A conquista prévia da sociedade civil para novos valores, tal como a burguesia conseguiu fazer em França no século XVIII, é que torna a revolução imediatamente legítima no conceito popular.

Esta ligação entre dominados e dominadores, por intermédio da implantação dos valores dos detentores dos meios de produção, seria obra dos *intelectuais orgânicos,* como foram os clérigos na ordem feudal, os universitários na ordem capitalista, os tecnocratas na sociedade industrializada, afluente e de consumo. O *bloco histórico,* antes de ser uma aliança de classes, é uma relação orgânica desempenhada pelas ideologias.

A importância desse bloco é de tal ordem que pode frustrar a evolução da infraestrutura e das suas consequências previstas pelo marxismo. A saída é que os trabalhadores procurem fazer prevalecer os seus valores na sociedade civil, tornando-se uma classe dirigente e hegemónica mesmo antes de assumirem o Poder[36].

Foi na sua obra que se baseou a já referida teoria de Althusser sobre os *aparelhos ideológicos do Estado,* e a análise de Garaudy ao interpretar o *bloco histórico* como uma nova iniciativa operacional para a conjuntura. Parece certo que o conceito de *hegemonia* e do novo *bloco histórico* eram para Gramsci as bases de uma nova estratégia destinada à captura final do Poder, e, talvez, à ditadura do proletariado pelo consentimento da sociedade civil.

Mas o mais importante é que os chefes comunistas ocidentais, que se mantiveram na direção ativa dos partidos, desde Togliatti a Berlinguer na Itália, a Marchais na França, e a Santiago Carrillo na Espanha, acabaram por adotar o conceito gramcista do bloco histórico; para afirmarem a renúncia aos dogmas da tomada violenta do Poder e da ditadura do proletariado, oferecendo

[36] A. Gramsci, *Lettres de la prison,* Paris, 1971; *Écrits politiques,* 1.° vol., Paris, 1974; A. Leonetti, *Notes sur Gramsci,* Paris, 1973; A. Moreira, O *Novíssimo Príncipe,* Lisboa, 1977.

a alternativa das alianças possíveis, desde os católicos aos comunistas, e da via parlamentar para o socialismo[37]. Declarações sucessivas dos partidos comunistas italiano, espanhol e francês alinharam, em 1975, pela mesma orientação. No Ocidente, verdadeiramente só o Partido Comunista Português se manteve firme na linha leninista-estalinista, e de facto parece ter ensaiado a técnica do *foco* insurreccional, adaptada às circunstâncias peculiares da Península, com base no Alentejo.

§ 4º
Os Direitos do Homem

1. Antecedentes Políticos e Ideológicos

a) Não é rigoroso afirmar que, antes das grandes Declarações de Direitos, que exprimem a ideologia orientadora das revoluções americana (1776), francesa (1789), soviética (1917), não vigorasse o conceito de direitos naturais e inalienáveis do homem.

Houve de facto uma revolução, ainda em curso, mas este fenómeno não significa nunca o dilúvio que agrada aos revolucionários supor, imaginando que tudo vai começar e nada continua. Eles próprios são inevitavelmente os filhos do passado, uma expressão daquilo que este foi capaz de proporcionar. O julgamento valorativo das estruturas derrubadas começa pela avaliação dos agentes da mudança.

Foi o Estado absoluto que criou a Nação e colocou o indivíduo em diálogo direto com o Poder. Foi o imperialismo destrutor das independências que obrigou a sociedade civil, os povos alienados, a compreender o Estado como um sistema que pode ser dominado, alterado, substituído, dispensado, comparticipado. Foi a imposição da lei estrangeira que criou os messianismos, que revelou a precedência da moral sobre a lei, que obrigou a meditar sobre os valores anteriores e superiores ao Estado.

Verdadeiramente não há cronologia na vida dos ideais, mas antes flutuação na hegemonia das correntes, todas conviventes desde que aparecidas. Passam gerações, e subitamente Platão avulta, Aristóteles retorna, Santo Agostinho volta, demonstrando-se eficazmente presentes na unidade convergente da cultura onde pareciam desaparecidos. O jusnaturalismo tem uma garra no marxismo, assim como a teoria dos valores não ignora o ponto de arranque que foi a crítica da economia de mercado.

[37] Santiago Carrillo, *Eurocomunismo e Estado*, Rio de Janeiro, 1977.

Entre os méritos que podem reconhecer-se à atual Declaração Universal dos Direitos do Homem da ONU (1948), e às declarações e comissões regionais (Europeia, 1950; Americana, 1948; Árabe, 1968), está o de representarem uma tentativa de fazer convergir, no mesmo texto, tradições, correntes ideológicas, filosofias, que presidiram no passado a conflitos mortais, e que penosamente procuram o acomodamento exigido pela unidade da Terra e pelo crescente sentimento da unidade do género humano.

A corrente internacionalização da doutrina, dos procedimentos, dos problemas internos, são tudo reflexos dessa tentativa. Que os resultados venham a corresponder exatamente aos projetos, é o que não costuma acontecer. Um cético como Arnold J. Toynbee faz este comentário: «*A Revolução, tal como a guerra, é um recurso à violência, e por isso, tal como a guerra, é dispendiosa, e raras vezes ou nunca atinge os objetivos que os seus autores tinham em vista. Algumas vezes os seus efeitos são realmente a reposição e agravamento do* ancien régime *contra o qual se revoltaram e que os seus autores acreditaram ter expulso. Em França, por exemplo, reconhecíveis elementos do* ancien régime *reapareceram sucessivamente desde a Revolução de 1789. Na Rússia, o presente regime comunista reproduziu a tirania dos czares, não obstante o novo* establishment *comunista da Rússia proclamar ter feito uma completa rutura com o passado*»[38]. É de desejar que métodos de paz, em que se inscrevem as Declarações de Direitos, levem a resultados mais sólidos.

b) A esfera dos direitos humanos pode, como parece ter sido o caso da cidade antiga, reduzir-se a *um resto* que o poder político não invade, sem que isso signifique o reconhecimento de um valor autónomo da *pessoa*. Esse *resto* depende, quanto ao âmbito, da própria decisão do poder político, orientado por interesses que não são os da *pessoa*, mas sim dele próprio. Entre eles, avulta o da própria estabilidade do *aparelho do Poder*, que renuncia a mandar tudo para conseguir a obediência suficiente.

Tal circunstância é muito visível nos impérios, obrigados à tolerância para salvaguarda do sistema: muitos dos povos abrangidos no Império são tratados como simples material etnográfico em que não se toca para evitar a revolta, coisa que algumas vezes se confunde, no plano da imagem política, com a regra do respeito das culturas originárias por imposição de uma filosofia de valores.

[38] "The Idea of Revolution", "A Symposium", in *The Great Ideas Today*, William Bentom, Publisher, Londres, 1970.

Mas de facto não são práticas que correspondam à mesma moldura. Este último fenómeno pertence já ao conceito de *Estado universal*, do qual Alexandre da Macedónia foi o primeiro agente importante na construção do legado político ocidental, e o seu resultado procurado é a interpenetração cultural, a integração funcional dos grupos, a igualdade política final dos indivíduos, seja qual for o sinal que esta reveste.

A experiência dos modelos históricos revela que no primeiro caso a marcha para a conclusão de existirem direitos humanos originários é uma construção de defesa das *comunidades párias* ou *alienadas*, e que no segundo caso pode ser uma *componente final* do sistema político dominante. É evidente que este último modelo, que conta no seu ativo a construção de grandes nacionalidades contemporâneas, todas resultantes da integração de uma pluralidade étnica e cultural originária, não se processa sem dramas inerentes à substituição do *facto* da tolerância pelo reconhecimento do *valor* originário do homem, que limita a ação do Estado.

Talvez o conceito de Weber de *povos párias* e *camadas párias* cubra ambos os tipos de reivindicação, no primeiro caso avultando a exigência do reconhecimento da liberdade originária do grupo, e no segundo caso evidenciando-se a exigência da igualdade dentro do Estado que desempenha a função de representar a totalidade. Trata-se sempre de uma necessidade de *salvação* a partir de uma *indigência*. Todos os movimentos messiânicos da África contemporânea, que precederam ou apoiaram as revoltas contra o colonialismo, parecem reconduzir-se a tal esquema de indigência e salvação[39].

c) Talvez a definição dos direitos humanos, em curso, possa referir-se aos seguintes antecedentes fundamentais: *o reconhecimento da diferença entre a sociedade e o Estado; a diferenciação entre o direito privado e o direito público; o reconhecimento das comunidades intermediárias*, ou *simbióticas*, como lhe chamou Althusius; *a validade do conceito de direito subjetivo; a função instrumental do Estado e os direitos de participação no Poder, com o seu corolário das liberdades públicas.*

O eixo da revolução parece ser a doutrina jusnaturalista, com todas as suas variações históricas, e o seu valor nuclear é a liberdade, com as suas múltiplas variações entre dois marcos: *libertação de interferências e liberdade de realização pessoal.* Com uma permanente teoria de antinomias: *liberdade e lei, liberdade e justiça, liberdade e igualdade.*

[39] Maria Isaura Pereira de Queirós, *O Messianismo no Brasil e no Mundo*, São Paulo, 1977. Seria interessante analisar a coincidência em conclusões estoicas da generalidade dos messianismos.

Esta fenomenologia política é tributária de uma problemática moral, teológica e metafísica que a excede, mas que a condiciona: a *liberdade espiritual,* e a questão da *servidão das paixões;* a *liberdade pela razão;* a *liberdade pela submissão à razão prática; a liberdade,* o *acaso* e a *causalidade;* a *liberdade* e a *vontade de Deus;* a *liberdade do homem* e a *Graça divina.*

O legado político circunscreve-se porém ao problema da responsabilidade recíproca entre homem e sociedade, cuja relação se traduz no conceito existencial de liberdade. O preenchimento desse conceito depende das respostas circunstanciais, variáveis no tempo e no espaço, a interrogações permanentes: *a existência do Estado é um pressuposto ou um impedimento para a liberdade? A lei é sempre uma tirania, ou é a expressão da liberdade possível? A igualdade e a fraternidade* são *valores em posição dialética com a liberdade, ou facetas desta? A liberdade deve ser um valor comum da Humanidade ou só de alguns homens? A liberdade vem do Estado para o homem ou o homem organiza o Estado para salvaguarda da liberdade?*

As respostas parecem seguir duas linhas fundamentais. A primeira, da qual Hegel é a melhor expressão, afirma que: «A história do mundo não é mais do que o progresso da consciência da liberdade, mas esta é um produto da História, cujos desenvolvimentos são inevitáveis e não são um produto da liberdade»; outra corrente, que tem clara expressão em Tolstoi, sustenta que em toda a ação há uma combinação de liberdade e necessidade, de modo que esta não domina fatalmente a direção dos acontecimentos.

A síntese das respostas a estas questões, e outras conexas, condiciona em cada época, em cada modelo político, o conceito existencial de liberdade em vigor, isto é, a liberdade efetiva. Social e politicamente, é um conceito de conteúdo móvel. Mas terá um resíduo valorativo permanente, uma mónoda de valor que lhe garanta a identidade na mudança?

A resposta das doutrinas políticas, com expressão nos documentos normativos que exprimem o legado político do Ocidente, é que o homem pode e deve ser livre na sociedade organizada desde que: *não seja um instrumento do Poder, e, pelo contrário, o Poder seja exercido no interesse dos homens;* e ainda, *que a sua liberdade de autonomia não seja exercida a expensas dos interesses justos dos outros homens ou da sociedade onde se integra.*

O valor essencial do homem consiste em que, cada um, é um fenómeno que não se repete, capaz de desenvolver um projeto de vida: a personalidade jurídica é o reconhecimento desta liberdade única, a *caput* dos Romanos, que conseguimos analisar numa série de interesses ou fins originários, valores em suma, começando pela vida do corpo, e seguindo-se a integridade física, a liberdade de locomoção, e assim por diante.

Que tais valores sejam direitos subjetivos ou «direitos originais naturais», como lhes chamou o Código Civil Português de 1867; que sejam apenas valores dos quais decorre a necessidade ética de a lei positiva organizar e pôr à sua disposição *os poderes* de realização que caracterizam os direitos subjetivos, de tal modo que a personalidade não traz consigo direito algum mas apenas a susceptibilidade de os adquirir, não é uma questão puramente técnica[40]. Na doutrina política traduz-se no problema de saber se a liberdade existe quando o homem não tem uma participação no poder do Estado. E aqui é que surgiu a revolução que está nas origens das Declarações dos Direitos do Homem. O *Poder* foi questionado. Admitindo que a evolução o transferiu das mãos de cada homem para o Estado, com um trânsito sobretudo visível no domínio da justiça penal, a solução foi procurada em uma de várias alternativas: a interferência, *direta ou indireta,* de todos no Poder (Espinosa, Locke, Montesquieu, Rousseau, Kant, Mill); a interferência, *direta ou indireta,* de apenas alguns estratos sociais no Poder (Aristóteles, Gobineau, Marx, Engels, Lenine); manter o Poder independente da interferência dos destinatários (Séneca, São Paulo, Maurras, Mussolini); destruir o Estado (Proudhon, Bakunine, Kropotkine, Reclus, Grave).

A doutrina discute, em função das finalidades efetivamente prosseguidas pelo Poder, a legitimidade ou justiça do governo absoluto e solto da interferência dos destinatários, e podendo servir modelos e metas variados e até incompatíveis. Mas o legado dominante introduz ainda os seguintes requisitos, no conceito de liberdade: a *interferência dos interessados na governação; a supremacia da lei positiva controlável pelos destinatários; a ideia de Constituição,* como expressão dessa liberdade de participação no *poder político,* que monopoliza os *poderes* sem os quais não há efetividade dos direitos subjetivos.

2. A Crítica do Poder

a) O questionamento do *Poder* foi o fenómeno mais tardio na teoria dos direitos do homem. Primeiro, surgiu a necessidade de meditar a natureza de uma sociedade privada do Estado que possuíra. Foi o caso dos estoicos. Entre a *Política* de Aristóteles (384-322), testemunha do crepúsculo, e a

[40] Cabral de Moncada, *Lições de Direito Civil,* I, Coimbra, 1932.

«doutrina do pórtico», a Grécia tinha perdido o poder político. O cidadão transforma-se em súbdito.

Foi Plutarco quem primeiro relacionou as conquistas de Alexandre com o nascimento do estoicismo, no qual se destacam Zenão de Citium (322 a 264), Cleantre (264 a 232), e Chrysippa (232 a 204). Vão ser filósofos que falam ao ouvido do tirano, o qual é o poder que vem do exterior, o Estado invasor mostrando-se como *aparelho* separável da sociedade civil.

Esta deixava de obedecer à clivagem tradicional da cidade grega, e o império forçaria a pensar na mistura de etnias diferentes, de culturas separadas, obrigadas à convivência, reduzidas à mesma circunstância política. O helenismo demonstra ou mostra que são as culturas, e não as etnias nem as formas políticas, que têm a vocação da eternidade.

Nas palavras de Plutarco: «Zenão escreveu uma república muito apreciada cujo princípio é que os homens não devem separar-se em cidades e povos, tendo cada um as suas leis particulares; porque todos os homens são concidadãos, pois que existe para todos uma só vida e uma só ordem das coisas, como para um rebanho unido sob a orientação de uma lei comum».

Esta *lei natural* não é porém já a de Aristóteles, para quem a justiça tinha por fim estabelecer uma relação apropriada na repartição dos bens entre os homens que vivem na cidade, corpo político: o *direito* ou o *justo* é, para ele, a coisa repartida a cada um.

Os estoicos, desaparecida, com a independência da Pólis, a liberdade de participação política da tradição de Péricles, viram-se para a vida privada, contratual, da sociedade civil. Um Estado que pode ser julgado, porque é estrangeiro, ou alienado da sociedade civil, obriga à adoção de um ponto de vista independente e superior ao Estado. A *natureza* em que se baseiam já não é a *natureza cósmica* de Aristóteles, é a *natureza humana*. É a partir do homem que explicam a génese das sociedades.

Ficarão assim coexistentes, pelo menos, duas correntes de direito natural, segundo a análise de Michel Villey, ambas fornecendo um ponto de vista para julgar o Estado: uma que parte da consideração da Pólis como essencial à circunstância do homem; outra que parte da natureza do homem, tendo a Pólis como acidente da sua circunstância[41].

A segunda conduz à radicação do *direito subjetivo* como categoria; a primeira, à racionalização do direito positivo, submetido à crítica em função de valores exteriores e superiores ao Estado. A primeira tem os seus primeiros frutos importantes no direito privado romano; a segunda inspira a reforma

[41] Michel Villey, *La formation de la pensée juridique moderne*, Paris, 1975.

política da revolução. O ponto de encontro está na definição de uma doutrina para o *Poder*, entendido como um conjunto de meios materiais capazes de impor o respeito pelos interesses do indivíduo ou do Estado. O objetivo da convergência é assegurar ao homem, ao mesmo tempo, a *libertação de interferências* e a *liberdade de realização pessoal.*

O subjetivismo estoico, respondendo às necessidades de povos párias, foi também uma variável recebida pelo Império, um instrumento de estabilidade do sistema.

A meditação sobre este ponto encontra-se em Políbio, testemunha da ação de Cipião e do crescimento do Império. Quando, em 146, se instalou em Roma foi para escrever a *História Universal*, que cobre o período de 218 a 146[42]. Os louvores sobre a natureza mista da Constituição romana são um convite ao sentido de medida, que constituirá o drama do centrismo de todos os tempos, para evitar a perda da paz e a degenerescência, como acontecera com Atenas, com Creta, com Cartago.

O advogado do centrismo foi Cícero. O discurso que coloca na boca de Lelius é repetidamente citado como expressando a fórmula do direito natural: «Existe uma lei verdadeira, que é a reta razão, que está de acordo com a natureza, difusa em todos os homens, imutável e imperecível; que nos chama imperiosamente a cumprir os nossos deveres e que nos proíbe a fraude e dela nos afasta; cujos imperativos e proibições o homem honesto sempre observará, enquanto que os perversos não os escutam. Qualquer alteração desta lei seria sacrílega, e não é permitido revogar qualquer parte dela; não podemos ser dispensados dela nem pelo Senado nem pelo povo; não há possibilidade de procurar um *Sextus Aelius* para nos dar a exegese e a interpretação; esta lei não é uma para Roma e outra para Atenas; uma hoje, outra amanhã; mas é uma mesma e só lei, imutável, eterna, e abraça, em todos os tempos, todas as nações. Um Deus único, senhor e imperador de todas as coisas, a imaginou, deliberou e promulgou. Quem não obedece a esta lei aliena-se a si próprio, e, porque terá desconhecido a natureza humana, nisso sofrerá o mais grave dos castigos, ainda que escape aos outros suplícios...».

O Estado romano, caminhando para a cidadania de todos os súbditos, respeitando as formas de viver dos povos submetidos que não afetam a soberania, aceitando uma esfera do direito privado, consagrando a autonomia de *facto* do indivíduo, trata de se autolimitar, como concluiu Jellinek.

[42] Políbio de Megalópolis, *Historia universal durante la república romana*, Barcelona, 1968.

Impérios coloniais posteriores procederão de igual modo, independentemente do sinal ideológico de seus governos: França, Bélgica, Inglaterra, Portugal, URSS, com as suas teorias do indigenato, da administração indireta e das nacionalidades, aplicaram o critério romano da autolimitação. A medida desta é que depende da espécie de jusnaturalismo que fala ao ouvido do Príncipe, mas o primeiro objetivo é a estabilidade do sistema: não invadir tudo, para conseguir a obediência suficiente.

Até à Revolução, a história do direito natural é, do ponto de vista político, uma pedagogia da autolimitação do Poder.

O cristianismo teve, nesse domínio, a influência maior, mas em dois sentidos. Falou ao Príncipe, doutrinou a separação entre o que é de César e o que é de Deus, multiplicou os manuais para a educação do soberano, ensinou a responsabilidade perante Deus, a superioridade da lei divina, a necessidade de o direito positivo não se afastar da lei natural, tentou a subordinação do poder temporal ao poder espiritual, tudo para salvaguardar a dignidade da pessoa humana, uma cidadela de valor diante da qual o poder deve parar.

A síntese política desta atitude tinha já sido feita por Séneca em *De Clementia*, tendo em vista um príncipe tirano como era Nero. Resignado à inevitabilidade do Poder, não vê outro remédio, para conseguir o respeito dos valores impostos pela ética, do que a sabedoria do Príncipe, a autolimitação, o sentido de servir que se encontra doutrinado de Panetius a Marco Aurélio.

Este método para enfrentar os problemas do Estado é recolhido pelo cristianismo e tem o seu primeiro apoio no *Diálogo* dos Fariseus com Jesus: *«Diz-nos então o que te parece: é ou não permitido pagar tributo a César?» Jesus, sabendo a sua maldade, respondeu: «Porque me tentais, hipócritas? Mostrai-me a moeda com a qual se paga o tributo». E estes apresentaram-lhe uma moeda. Ele perguntou-lhes: «De quem são esta efígie e esta inscrição?» – «De César», responderam-lhe eles. Então Ele disse-lhes: «Dai a César o que é de César e a Deus o que é de Deus»* (*Mat.* XXII, 16-22).

São Paulo, o romano, escreve as palavras que durante séculos estão na base da atitude cristã diante do Príncipe: «Que toda a pessoa seja submissa às autoridades superiores; porque não há autoridade que não venha de Deus e as autoridades que existem foram instituídas por Deus. É por isso que aquele que resiste à autoridade, resiste à ordem que Deus estabeleceu, e os que resistem provocarão a sua própria condenação. Queres não temer a autoridade? Faz o bem e terás a sua aprovação. O magistrado é o servidor de Deus para o teu bem» (*Romanos*, XIII, 1-7).

Só que o *bem* não existe fora da *Cidade de Deus,* e disso é necessário convencer o Príncipe, pelo que também São Paulo, na linha dos estoicos, reconhece a existência de uma *lei natural* que serve de base para a crítica do direito positivo. Mas assim como se pretende que a *dignidade humana* limite o avanço do *Poder,* a pessoa limita-se diante do Poder por reverência à regra: *Nulla Potestas Sine a Deo.*

O direito positivo, como mais tarde ensinará São Tomás, deve ser, nesta linha, obra da razão, uma arte definida pela sua finalidade, que é o estabelecimento de relações justas. Deixa aos indivíduos uma esfera de ação que é um valor ou interesse protegido pelo Estado (direito subjetivo), mas apenas dentro da área que não afeta o Poder (direito privado).

Por isso o direito romano é sobretudo um *direito de ações.* O Estado é que detém o *Poder,* e também os *poderes,* meios necessários para a realização coativa dos interesses individuais. O direito subjetivo, quando recorre à ação, não é ainda o *direito armado e em pé de guerra* da doutrina liberal. É uma faculdade, um valor protegido, que pede ao Príncipe o uso dos poderes que permitam a sua realização.

Mas o cristianismo, como acontecera aos estoicos, também foi obrigado a meditar sobre uma sociedade privada do Estado que ajudara a moldar, e isto quando se deu a queda do Império Romano do Ocidente. Foi Santo Agostinho (354-430) o doutrinador da conjuntura: «*Dois amores construíram a Cidade: o amor de si próprio até ao desprezo de Deus fez a Cidade Terrestre, o amor de Deus até ao desprezo de si próprio fez a Cidade Celeste*» (*Cidade de Deus,* XIV, 28).

Também aceita que todo o *Poder* vem de Deus, mas não é este quem designa o regime ou o chefe concreto: isto depende de causas segundas. Mas Deus não deixou os impérios fora da Providência, que dá aos regimes e aos povos o destino que merecem, segundo um julgamento que escapa aos humanos.

O poder político é transitório: «*Roma não é eterna, porque apenas Deus é eterno*». A lei positiva morre com o Estado derrotado, mas a lei natural é eterna; o Estado tem limites territoriais, a Igreja não. O desejável é que o Estado se impregne de cristianismo, que se subordine à inspiração da Cidade de Deus, que haja uma relação de serviço mútuo entre as duas Cidades. Mas existe uma separação essencial entre a Cidade de Deus, que permanece, e a Cidade Terrena, que é perecível. A primeira pode viver sem a segunda.

O conflito, que terá expressão na questão das *Duas Espadas,* começa aqui. E também uma nova maneira de encarar os direitos subjetivos, que devem subsistir mesmo quando o Estado desaba. A ideia cristã do poder absoluto de Deus, a ideia do valor irredutível da pessoa inspiram o nominalismo de Duns Scot, *o doutor subtil*, professor em Paris no século XIII. E sobretudo inspiram a controvérsia em que intervém Guilherme d'Occam, professor de Oxford no começo do século XIV, a propósito das relações dos franciscanos com a Santa Sé.

São Francisco dera à Ordem a regra da pobreza, a exemplo de Cristo. Mas os bens cresceram, e a solução, para esta contradição de os frades serem pobres e a Ordem rica, foi reservar o *uso* para os franciscanos e a *propriedade* à Santa Sé.

O Papa João XXII, em discordância com os chamados «espirituais» franciscanos, extremistas da pobreza, quis obrigar a Ordem a retomar a propriedade e os encargos da administração. Bulas sucessivas, *Ad Conditonem Canonum, Cum Internonnullos, Quia Quorundam, Quia Vir Reprobus* (1323-1329), cobriram uma questão que parece marcar a mudança do conceito de *direito subjetivo* e lançar uma das raízes da atual doutrina dos *direitos do homem.*

O Papa João XXII, que canonizou São Tomás de Aquino, não admite que seja exato que os franciscanos se limitam a um *usus facti* das coisas, quando comem, moram nas casas, colhem os frutos das árvores. No exercício do seu poder de inovar o direito positivo, entendia dever alterar o contrato primitivo com a Ordem, libertando a Santa Sé de encargos que apenas serviam ao proveito dos frades.

A resposta de Occam, em defesa da sua conceção da pobreza franciscana, vai pôr em evidência a importância do *Poder* na definição do direito subjetivo, e, antes, na definição do direito divino e do direito positivo.

O voluntarismo substitui a *razão.* A legislação divina tem como fonte o *poder* de Deus. Foi ele também que, depois do pecado original, concedeu ao homem o *poder* de se apropriar das coisas. Para conciliar os limites das propriedades, concedeu-lhe o *poder* de instituir governantes *(potestas instituendi rectores),* que assim atuam por delegação do povo. A legislação positiva, que os governantes estabelecem, vem reconhecer aos homens os *poderes* em que se traduzem os direitos subjetivos, aos quais os indivíduos podem renunciar. O individualismo e o contratualismo encontram assim no *Opus Nonaginta Dieruns,* de Occam, uma de suas raízes.

b) O questionamento do *poder político,* o passo mais importante, é outra das raízes a ter em conta, e tem pelo menos dois aspetos: *o direito de mudar o homem que exerce o Poder; o direito de mudar o sistema.*

O primeiro encontra a sua mais grave expressão na doutrina do tiranicídio. Tradicionalmente faz-se uma distinção entre *déspota* e *tirano*. Os Gregos ligaram à ideia de *despost* a que os Romanos ligaram à de *paterfamilias;* a de *Tirannos* referia-se ao governo do Estado. Ambas se ligam no conceito de poder absoluto, mas Platão e Aristóteles falam de tirania para significar o poder exercido no interesse de quem manda, e não no interesse dos súbditos, e reprovam-na.

Dispor da vida do tirano foi uma prática de todos os tempos, sem necessidade de doutrina, e o Império Romano deixou abundantes exemplos desse remédio extremo. São Tomás, ocupando-se da tirania, diz o seguinte: «Um governo tirânico não é justo, porque é orientado, não para o bem comum, mas para o interesse privado do governante», como o filósofo afirma. Consequentemente, não há sedição quando se ataca um governo desta espécie, salvo no caso de a revolta ser tão desordenada que os súbditos sofram maior dano com a perturbação causada do que com o governo tirano[43]. Mas foram as guerras religiosas europeias que obrigaram a desenvolver, de ambos os lados, católicos e protestantes, as argumentações a *favor* da legitimidade do tiranicídio. Os mais significativos escritores ficaram conhecidos como os *monarcómanos*, isto é, os que combatiam os monarcas, palavra que parece ter sido cunhada por Barclay num trabalho de 1600.

Os calvinistas desenvolveram a ideologia da resistência ao tirano (católico), e uma série de panfletos e tratados vai-lhe afinando os fundamentos durante o século XVI. A ideia da soberania popular e da origem contratual do Poder, agostiniana e franciscana, é que fornece o fundamento normativo.

É verdade que, nesta primeira forma, os monarcómanos parecem influenciados pela prudência tomista, e confiam o direito de resistência ao rei apenas aos *notáveis*, numa espécie de antecipação dos *cidadãos ativos* do liberalismo. Nesta corrente se inscrevem Francisco Hotman, autor de uma obra chamada *Franco-Gallia*, escrita sob a impressão da noite de São Bartolomeu; Teodoro Beza, discípulo de Calvino, que escreveu *De Jure Magistratum in Subditos*, onde defende a legitimidade da insurreição armada; Junius Brutos escreve *Vindiciae contra Tyrannos* (1579), promovendo a ideia da soberania popular e a teoria da origem popular do Poder; Étienne de la Boétie (1530-1563) escreve o *Discurso sobre a Escravidão Voluntária*, onde verbera a submissão consentida à tirania.

Do lado católico, a defesa da origem contratual do Estado também se encontra em Suarez, Belarmino, Molina, mas a doutrina do tiranicídio

[43] *Summa Theologica*, Parte II da Segunda Parte, Questão XLII.

nunca abandonou a prudência tomista. Foi sobretudo uma doutrina dos jesuítas e os seus objetivos eram: reconhecer o facto da independência temporal do Estado moderno, recuperar as províncias perdidas para a reforma, salvar a liderança espiritual do Papa em relação a todos os Estados cristãos[44].

Militando em campos opostos, e assumindo posições teológicas incompatíveis, reformadores e jesuítas chegaram a conclusões semelhantes. Ambos os lados tinham a necessidade de sustentar a relatividade do dever de obediência, e o direito de rebelião era a consequência natural desta situação. Ambos concluíram pela origem contratual do Poder, pacto que pode ser revogado no caso de tirania.

Em Espanha, o famoso Juan de Mariana (*De Rege et Regis Institutione*, 1599), influenciado pela tradicional autonomia e foros do reino de Aragão, francamente aceitou o tiranicídio como remédio, que considerou bem usado quando do assassinato de Henrique III de França. Por seu lado, Francisco Suárez (*Tractatus de Legibus ac Deo Legislatore*, 1612) sustentou que o Estado é uma instituição puramente humana, e que o direito de governar é uma propriedade do grupo social. O *direito divino dos reis, ainda* encontraria defensores como Barclay (*De Regno et Regali Potestate*, 1600) e Jaime I de Inglaterra (*Trew law of Monarchies*, 1598), mas o Estado puramente laico é que vinha a caminho.

3. A Tomada do Poder

a) Os ingredientes principais da Revolução parecem ter as suas raízes nesta evolução sucintamente lembrada. A tomada do *Poder* aparece rapidamente como um passo mais lógico e eficaz do que o tiranicídio que muda o homem mas mantém o sistema. Os incitamentos virão dos *povos párias* clamando pela independência, e das *camadas sociais párias* exigindo a comparticipação.

A crítica do Estado e do seu direito positivo multiplica os pontos de vista contraditórios: *a)* a lei foi estabelecida por ordem divina, como no Velho Testamento e no Código de Hamurabi, e por isso lhe é devida obediência; *b)* a lei exprime a sabedoria dos séculos, o que demonstra o seu acordo com a vontade divina; *c)* a lei exprime a sabedoria dos homens exemplares do passado, com a evidente aprovação dos deuses; *d)* a lei apoia-se na moral eterna;

[44] Da literatura protestante, a *Vindiciae contra Tyrannos* foi o escrito mais famoso. H. J. Laski publicou uma versão inglesa em 1924, com o nome *A Defence of Liberty Against Tyrants*. A identidade de Junius Brutus continua incerta. Do lado católico, o doutrinador mais influente foi Belarmino, cujas obras principais foram *Disputationes* (1581), e *De potestade summi pontificis* (1610).

e) a lei exprime os princípios descobertos pela razão, pelo que os homens devem conformar-se com ela; *f)* a lei é o resultado do acordo dos cidadãos, e os pactos devem ser observados; *g)* a lei reflete a razão que governa o universo; *h)* a lei vem da autoridade soberana, e esta merece sempre obediência porque é instituída por Deus; i) a lei é o resultado de um processo histórico, e a liberdade um produto da História; *j)* a lei é um conjunto de preceitos impostos pela classe dominante; *1)* a lei é uma regra técnica de convívio[45].

Nesta floresta de atitudes, a Revolução foi especialmente tributária dos contratualistas. O *seu problema foi tornar efetivo um Estado do qual pudesse dizer-se que o homem é tão livre na sociedade como no estado de natureza.* O que realmente significa que é tão livre na *sociedade civil* como *na sociedade política,* visto que a experiência tinha mostrado que a primeira pode encontrar-se desamparada da segunda.

Do que se tratava era de alargar a doutrina dos *direitos subjectivos,* que se implantara no direito privado, e onde o contrato sempre desempenhou um papel fundamental, ao *domínio do Estado,* descoberto como um aparelho que podia vir do exterior, poderia entrar em colapso, podia tornar-se disfuncional, podia ser expulso, podia ser substituído e reformulado.

O déspota esclarecido, que mereceu o louvor de Aristóteles e Platão, também respeita as liberdades civis e as serve: agora trata-se das liberdades públicas, ou de uma interferência direta dos indivíduos sobre o aparelho do Estado. A doutrina dos direitos do homem vai formular um conceito existencial que abrange a totalidade da vida da Pólis, e a submete, em todos os aspetos, à regra contratual.

Os direitos originais são privados e públicos, não são apenas faculdades, e implicam que o *Poder* esteja na disposição dos seus titulares.

Não se pode ser muito original no comentário do contratualismo que imediatamente antecedeu a Revolução, e que teve como doutrinadores mais influentes Hobbes, Locke e Rousseau. Mas é difícil aceitar que o *estado de natureza* em que falam deva ser entendido como ausência da sociedade civil.

Em primeiro lugar, o único *estado de natureza* que esteve ao alcance da sua observação foi o da sociedade internacional de Estados, e a esta se referem também Kant e Hegel para explicar o que entendem por «estado de natureza». Aquilo que a observação lhes revela é que os Estados vivem, nas palavras de Kant, «como selvagens sem lei», soberanos porque não aceitam ordens, mas dependentes da contingência de serem dominados por outros. Mas, sem um poder superior, a sociedade internacional existia e funcionava.

45 Roscoe Pound, *An Introduction to the Philosophy of Law,* 1921.

O estado de natureza dos indivíduos é uma situação de independência limitada pela ameaça de uma força superior, mas é uma independência total em relação a um inexistente governo. Ora, aquilo que a observação mostrava era a existência de sociedades submetidas a aparelhos de Estado vindos do exterior, ou nativos mas despóticos, mas não fornecia exemplo de sociedades sem Estado.

Só quando o fenómeno colonial ultramarino, desencadeado pelos europeus, fez conhecer as sociedades sem escrita, onde o aparelho do Poder não foi logo reconhecido porque não tinha semelhança com a experiência do colonizador, é que a lenda do bom selvagem pôde aparecer como argumento gongórico aproximando essas sociedades da hipótese contratualista, isto é, uma sociedade civil sem Estado.

O estado de natureza foi um pressuposto lógico para a análise do Estado, um guia para a descida às origens, não foi a afirmação de uma realidade histórica. Mas foi um instrumento que se demonstrou operoso no sentido de submeter o Poder à comparticipação dos governados.

A estes pertence a *liberdade natural*, a qual, no sentido de Hobbes, não é a vontade livre, que não aceitava. A liberdade não é da vontade, é a liberdade do homem, e consiste «na ausência de impedimentos externos». Quando abandona o estado de natureza e entra na sociedade que devemos chamar política, abandona a liberdade natural em troca da liberdade civil. Esta consiste em fazer o que a lei do Estado não proíbe, e em omitir aquilo a que a mesma lei não obriga.

E sabido que Hobbes concebia o estado de natureza como uma situação de guerra, onde os conceitos de justiça e injustiça não vigoravam: «Onde não existe poder comum, não há lei; onde não há lei, não há justiça».

Mas Locke parecia mais próximo da verdade, e entendeu melhor a sociedade sem Estado: a *liberdade natural* consiste em ter apenas como limite de ação o direito natural, ou, se nos permitirmos transpor a linguagem para a experiência histórica, a ética que pregam todos os condutores, messiânicos ou não messiânicos, das sociedades párias, todos eles mais ou menos estoicos: a tensão moral de cada um é que assegura o interesse de todos.

A *liberdade civil* consiste em «não estar submetido a nenhum poder legislativo que não seja estabelecido pelo consentimento». É por isso que a liberdade civil pode ser definida como «*o direito de fazer tudo o que as leis permitem*». As leis são, neste caso, o direito positivo, mas um direito positivo decretado por um poder legislativo controlado pelos destinatários. Do ponto de vista político, a liberdade é o *voto*, que deve assegurar a participação no uso do Poder.

Mas o Poder não tem nada de metafórico, nem de puramente psicológico, ou ético: é realmente o conjunto de meios capazes de impor a obediência que está em causa. No 2.º *Amendment* da Constituição dos Estados Unidos está bem expressa a ideia de qual poder se trata. Diz assim: «Sendo necessária uma milícia bem organizada para a segurança de um Estado livre, não poderá ofender-se o direito do povo de possuir e de portar armas». As outras Declarações conhecidas foram mais cautelosas nas expressões, mas realmente o que está em causa é essa capacidade suprema de obrigar, e cujo desvio pode, como disse Locke, levar a «apelar para os céus», isto é, à insurreição.

b) Os problemas lógicos que a doutrina contratualista teve de enfrentar, designadamente a questão de saber como é que as minorias são livres sob a lei que não queriam, vieram a determinar um longo debate sobre a diferença entre a vontade individual e a vontade coletiva, e entre esta e a vontade geral, o recurso lógico de Rousseau.

Mas os problemas de coerência, determinados pela resistência do real ao racional, foram mais graves: Voltaire, Diderot, Condorcet, Sieyes, Boissy d'Angglas, Dupont de Nemours, Kant, Benjamin Constant, todos concluíram pela distinção entre *cidadãos ativos e cidadãos passivos,* segundo a qual para a *participação de todos* é suficiente a *participação dos melhores.*

Daqui uma constante distância entre as palavras das Declarações e os factos. A Declaração americana foi compatível com a manutenção do que chamaram a *peculiar institution,* que era a mão-de-obra escrava, sem a qual o Sul não podia funcionar. Mas este é apenas um entre muitos exemplos. Todas as Declarações foram compatíveis com a expansão colonial.

Tanto insistiram os doutrinadores em que a independência económica dos indivíduos era um critério fundamental para a obtenção da *cidadania ativa,* por ser a garantia da capacidade de juízo independente sobre os negócios públicos, que a crítica marxista encontrou nesses mesmos doutrinadores o seu ponto de arranque.

O que esta crítica vai pôr em causa é a questão de saber onde está a *sede* verdadeira do Poder. E concluindo que o Estado liberal, em vez de ser o aparelho ao serviço de todos, é um aparelho ao serviço dos *cidadãos ativos,* como que volta ao começo do ciclo. Dentro da sociedade global, são estratos párias os que não participam do aparelho do Poder, sendo que a participação depende da posição no processo produtivo.

O remédio sugerido foi, ainda uma vez, a tomada do aparelho do Estado, ou, mais corretamente, dos aparelhos coercitivos do Estado.

No plano do real, isso aconteceu em momentos de debilitação desse aparelho, em regra no rescaldo ou no decurso da guerra exterior em que o aparelho coercitivo se empenha e se desgasta. Foi assim na Rússia, onde a tomada do Poder pelos Soviéticos aproveitou o esgotamento da guerra de 1914-1918. Foi assim na Europa do Leste, onde os aparelhos coercitivos tinham derrocado em face da invasão nazi. Assim foi na China, esgotados os aparelhos coercitivos com a guerra japonesa.

Observou Radek, em *La evolución del socialismo de la ciencia a la acción:* «Assim chegou finalmente a besta da guerra mundial, esperada desde havia muito, e começou a pregar ao proletariado, com os seus canhões, as doutrinas que este não tinha compreendido enquanto lhe foram pregadas pelo socialismo revolucionário».

A problemática paz internacional de hoje, baseada embora no equilíbrio de impotência dos grandes poderes mundiais, obrigou a repensar o problema e a verificar que os aparelhos do Estado não são apenas coercitivos. Muito agudamente observou Althusser que «até onde sabemos, nenhuma classe pode, em forma duradoura, manter o poder do Estado sem exercer ao mesmo tempo a sua hegemonia sobre os aparelhos ideológicos do Estado»[46].

Aquilo que hoje se chama o *eurocomunismo* aceita a análise, e, na ausência da guerra, regressa às liberdades burguesas como elemento do seu programa tático[47].

Mas o Estado não é, para esta orientação, o aparelho ao serviço dos interesses gerais, como doutrinaram as declarações liberais na sua expressão semântica, ainda que a participação no Poder não estivesse aberta a todos. O Estado é francamente afirmado como o instrumento de um estrato social definido como classe, e tem como objetivo final a dispensa do próprio Estado, como desejaram todos os milenarismos, isto é, a sociedade civil sem Estado.

A base é ainda um jusnaturalismo: a apropriação privada da mais-valia é injusta. O direito subjetivo volta a ser um *resto,* e o *Poder* um monopólio do Estado que não nasce necessariamente da *maioria de votos,* baseia antes a sua legitimidade na afirmação de que representa a *maioria dos interessados.*

[46] Louis Althusser, "Ideologie et appareils ideologiques d'Etat", in *Positions,* Paris, 1976.

[47] Santiago Carrillo, *Eurocomunismo e Estado,* Difel, Rio de Janeiro, 1978.

O direito subjetivo não é o poder de querer, volta a ser a coisa que é distribuída a cada um segundo a justiça do Estado. Os deveres assumiram o primeiro lugar. Num ponto acompanha a atitude liberal, contra Aristóteles e São Tomás: a negação da realidade das comunidades intermediárias, das instituições, dos coletivos, dos poderes menores, das comunidades. O nominalismo é, nisso, a sua raiz.

Onde o liberalismo só via o *cidadão* e o *Estado*, o marxismo vê o *proletariado* e o *Estado*. A exigência liberal de que o *indivíduo* se transcenda para se transformar no *bom cidadão*, o marxismo substitui a exigência de que o *proletário* se transcenda para se transformar no *bom comunista*. Se o liberalismo distinguira entre o *cidadão ativo* e o *cidadão passivo*, o marxismo distingue entre o *filiado* e os *proletários* e *camponeses*. Se o liberalismo elitista é acusado de ser o governo de poucos ao serviço de alguns, o marxismo reclama o governo de alguns ao serviço da maior parte.

Todo o institucionalismo, de raízes seculares, se rebela contra ambas as atitudes e considera que os *coletivos*, os poderes menores, as comunidades intermediárias, as *instituições* são reais e tendem para constituir uma nova categoria de entidades párias. Mas, até hoje, nenhuma declaração de direitos, de projeção internacional, foi inspirada por esse realismo, salvo a tímida aparição da família no número 3 do artigo 16 da Declaração Universal dos Direitos do Homem, onde se diz: «A família é o elemento natural e fundamental da sociedade e tem direito à proteção da sociedade e do Estado».

c) As definições de uma sociedade respeitadora dos direitos humanos, depois da Revolução, todas incluem o *Poder* no sentido que ficou indicado. Kant, como vimos, atribuiu à cidadania três elementos essenciais: a *liberdade constitucional*, que significa o direito de não obedecer a leis não consentidas; a *igualdade civil*, que significa a não existência de superioridade entre os indivíduos, salvo o poder moral de reciprocamente se imporem obrigações; a *independência política*, que significa o direito de permanecer como membro da sociedade, não pelo favor de outrem, mas em consequência dos próprios direitos e poderes[48].

J. S. Mill, a quem pessoalmente não satisfariam os expedientes lógicos de Rousseau no sentido de demonstrar que a *maioria* encarna as virtudes da vontade *geral*, entendia que governa melhor o Governo que governa menos, e insistia em que: «A única liberdade que merece tal nome é a de

[48] Kant, *Science of Right*, Chicago, 1952.

procurarmos o nosso bem pelo nosso caminho, na medida em que não tentamos privar os outros do seu próprio, ou impedir os seus esforços para o conseguirem»[49].

De todas as tentativas no sentido de definir o tipo de sociedade em causa, possivelmente a que se tornou mais célebre e popular foi a de Lincoln: O *governo do povo, pelo povo, e para o povo.*

Acontece que os factos foram demonstrando a impossibilidade de efetivamente cada um obter os *meios* ou *poderes* de realizar o seu *projeto de vida* com liberdade de interferência exterior, como queria Mill. A socialização da vida civil, independentemente das doutrinas, obriga o Estado, em toda a parte, a governar cada vez mais e a desempenhar um papel ativo no sentido de que os projectos de cada um, e de cada grupo, e de cada instituição, cheguem efetivamente às metas elegidas e que estejam de acordo com o interesse geral.

De tudo resulta que, para salvaguarda da pessoa, cada vez mais avulta o problema do controlo do *Poder* obrigado a servir os interesses individuais com processos massificados. E como a fria análise dos politólogos vai sempre concluindo que, seja qual for a forma do Estado, sempre o exercício do Poder acaba nas mãos de pequenos círculos de homens, a degenerescência dos regimes, que tanto inquietou os clássicos, está sempre presente como uma ameaça.

Em todo o mundo, por razões exógenas e endógenas dos modelos, multiplicam-se os regimes que, ainda quando governam para o povo, o fazem sem o povo. Que a degenerescência se agrave para a tirania não é um fenómeno invulgar.

Por outro lado, quanto mais o Estado governa menor é a soberania que a estrutura mundial lhe consente, em vista da interdependência crescente dos povos, em todos os domínios. Poucos são os Estados, se há algum, que podem realizar sequer as suas finalidades clássicas, nos domínios da defesa, da justiça e do bem-estar social, sem a ajuda e cooperação externa.

O Estado tende para ser internacionalmente tão dependente quanto internamente os cidadãos. A tabela dos interesses que classicamente eram considerados de jurisdição interna diminui em favor dos problemas internacionalmente relevantes e dos problemas internacionais. O Príncipe alarga os seus domínios na vida interna e precisa de alimentar o sistema com a solidariedade e ajuda externas.

[49] Mill, "Liberty", in *American State Papers*, BGB, Chicago, 1952.

Em face da nova conjuntura, a resposta para a salvaguarda dos direitos do homem, e das instituições menores que fazem parte da sua circunstância, parece estar sendo procurada por dois caminhos: o *renascimento do direito natural,* em nome do qual se critica o Príncipe e a sua fidelidade aos valores, documentado na revisão da doutrina e de atitudes das instituições devotadas aos problemas da ética, a começar pela Igreja Católica; a renovação dos *métodos de limitação do Poder.*

Pelo que a esta última respeita, vários modelos já demonstram que, internamente, o renascimento da autonomia das instituições e das regiões, e, externamente, a integração em grandes espaços e a submissão a organismos internacionais de diálogo, cooperação e jurisdição, são métodos em vias de experimentação e progresso. As declarações e comissões regionais são disso documento. A soberania manterá o nome, mas nunca mais terá o conteúdo que lhe deram os clássicos[50].

4. Os Princípios e os Factos

a) A Declaração Universal dos Direitos do Homem, que a Assembleia Geral da ONU adotou em 10 de dezembro de 1948, tinha, como todas as que a antecederam, a natureza de um protesto. Nunca mais poderia acontecer que um povo, ainda que pouco numeroso e pobre, se visse destruído por outro; nunca mais poderia acontecer que um homem visse negada a sua eminente dignidade, compreendendo o direito de não ter medo, de não ser vítima da miséria, de escolher o seu cônjuge sem constrangimento, de amar a Deus na forma que escolhesse; a guerra não seria de novo o procedimento escolhido para decidir os conflitos de interesses; todas as formas de cultura, reconhecidas com igual dignidade, faziam parte do património comum da Humanidade, que não admitiria mais distinções baseadas na raça, na religião, na cor, na conceção geral do mundo e da vida, afirmando-se assim um pluralismo que repudiava para sempre todas as formas de totalitarismo.

[50] Adriano Moreira, *Ideologias Políticas,* Lisboa, 1964; Cabral de Moncada, *Filosofia do Direito e do Estado,* Coimbra, 1947; Ernest Barker, *Greek Political Theory,* Londres, 1952; George Sabine, *A History of Political Theory,* Londres, 1937; Caroline Ware, K. M. Panikkar e J. M. Romein, *History of Mankind,* The Twentieth Century, vol. VI, Nova Iorque, 1966; Jacques Ribert, *Libertés publiques,* Paris, 1971; Jean Touchard, *Histoire des idées politiques,* Paris, 1959; Léon Homo, *Les institutions politiques romaines,* Paris, 1950; Parkinson, *The Evolution of Political Thought,* Boston, 1958; Paul Cloché, *La démocratie athénienne,* Paris, 1951; William Woodthorp Tarn, *La civilisation hellénéstique,* Paris, 1976; R. von Jhering, *L'esprit du droit romain,* Paris, 1886-1888; Savigny, *Traité de droit romain,* Paris, 1843; V. S. Pokrovski, *Historia de las ideas políticas,* México, 1966.

Para estabelecer os alicerces desta atitude universalista, e durante alguns dos mais dolorosos anos da história da Humanidade, muitos países consentiram em sacrificar a quase totalidade da sua juventude e das suas *elites*. Morreram dezenas de milhões de homens, algumas vezes até com alegria, e sempre com dor e com esperança. Depois, os factos não estiveram sempre de acordo com os projetos, mas estes continuam a alimentar a energia e a determinação da legião de homens que não desistem da batalha da autenticidade. Uma batalha que acompanhou todas as declarações, nenhuma delas isenta dessa angustiosa distância entre as promessas e os factos.

b) Recordemos esse eminente antecedente da Declaração Universal dos Direitos do Homem da ONU que é a Declaração da Independência dos Estados Unidos da América, de 4 de julho de 1776, devido à pena de Jefferson. Ali se escreveram as seguintes famosas palavras: «*...temos por evidentes as verdades seguintes: todos os homens são criados iguais; são dotados pelo Criador de certos direitos inalienáveis; entre tais direitos contam-se a vida, a liberdade e a busca da felicidade. Os governos são estabelecidos pelos homens para garantir estes direitos*». A inspiração do movimento cristão, que está na base de todas estas aspirações, era clara, encontrava-se mesmo confessada. Tão sagrados eram tais direitos que estes homens deles deduziam um corolário fundamental que veio inscrever-se na temática internacional: o direito à rebelião contra as metrópoles que não respeitassem tais direitos. Foi no despotismo, caracterizado justamente pelo esquecimento de que «*os governos são estabelecidos pelos homens para garantir estes direitos*», que se baseou a legitimidade da rebelião que dá ao povo ofendido o direito de «*dissolver as bases políticas que o ligaram a outro, e assumir, entre os poderes da Terra, a separada e igual posição para a qual o qualificam as leis da Natureza e a vontade de Deus*».

Todavia, estas solenes declarações, que ainda hoje fazem parte dos mais nobres pergaminhos do pensamento ocidental, não puderam obter a adesão das treze colónias, que se proclamaram unidas e independentes, sem o prévio reconhecimento daquilo que foi chamado a *peculiar institution* de algumas delas, as quais não admitiam renunciar-lhe: era a mão de obra escrava em que assentava grande parte da economia do Sul. Por 1619, John Rolfe, o primeiro cultivador de tabaco dos Estados Unidos, noticiava o seguinte: «*Em fins de agosto veio um barco de guerra holandês e vendeu-nos vinte negros*». Em 1650, trinta e um anos depois da chegada da primeira carga de negros a Jamestown, só havia trezentos negros na Virgínia, a maior partes deles *indentured. Mas* depois de 1660, quando a escravidão foi legalizada, o contingente cresceu rapidamente. Calcula-se que, entre 1680 e 1688, a Royal African Company transportou mais de dez mil negros para a América, perdendo vinte e cinco por cento pelo caminho. A discriminação contra os negros rapidamente se transformou num facto social fundamental, a tal ponto que, em 1664, foi aprovada uma lei, no Maryland, que reduzia à escravidão as mulheres brancas casadas com negros enquanto vivessem juntos. Por alturas da guerra civil, o número de proprietários de escravos calcula-se que era de quatrocentos mil. Durante meio século, no período que decorre entre o Washington da independência e o Lincoln da guerra civil, o Sul esclavagista forneceu sempre o presidente da União.

Para fins de exemplificação, estes elementos chegam no sentido de mostrar como a distância entre os propósitos e os factos dão origem a uma *batalha pela participação e pela autenticidade.* Quando, na guerra que precedeu a Declaração da ONU, os EUA mandaram a sua juventude a morrer da Europa ao Pacífico em nome dos princípios que aquela Declaração haveria de proclamar, a batalha da participação e da autenticidade ainda estava a caminho de dias muito sombrios dentro do seu próprio território. A política da *Nova Fronteira* e o *Programa dos Direitos Cívicos,* de Kennedy; a *Grande Sociedade,* de Johnson; a pregação de Luther King, e a violência de Malcom X, são tudo passos do que podemos chamar a *luta pelo direito à autenticidade e à participação,* que poderia fazer-se mas não se está fazendo sem vítimas.

c) Este exemplo, brevemente lembrado e descrito, e no qual avulta a coragem de enfrentar os factos e de aceitar o risco de caminhar no sentido de fazer coincidir a vida com as promessas, não tem novidade igual à da Declaração da Independência. De facto, na Inglaterra da Magna Carta, contra a qual a Declaração foi proclamada, a distância entre os textos e os factos pode também ser documentada de várias maneiras. Basta recordar, a título ainda exemplificativo, o caso dos Irlandeses, cuja ilha volta hoje a ganhar atualidade. Pegue-se nesse dramático documento escrito por Swift, em 1729, e que se chamou *A Modest Proposal,* destinado a evitar que os filhos dos pobres sejam uma carga para seus pais, para a nação, e para os tornar úteis para o público.

Com ironia amarga e desesperada, afirma que existiam na Irlanda uns duzentos mil matrimónios fecundos. Desses, acrescenta, só trinta mil estariam em condições de criar os seus filhos, enquanto cinquenta mil sofriam abortos ou tinham filhos que morriam de doença ou acidente. Sobravam cento e vinte mil casais a produzir filhos supérfluos, com os quais não se sabia o que fazer, salvo vendê-los como animais para consumo. A discriminação social correspondia, na estrutura inglesa, a estas amargas palavras vindas de Dublin.

Carlyle, dando expressão a tal atitude discriminatória, falava dos Irlandeses, que emigravam para Inglaterra, com o maior desprezo. Disse que o Irlandês, «*com os seus farrapos e selvajaria, está ali para fazer todo o trabalho que possa realizar-se com a força bruta e com as costas: por salários que lhe permitam comprar batatas. Só necessita de sal para as condimentar: abriga-se satisfeito em qualquer pocilga ou canil, habita nos celeiros, usa um trajo de farrapos, que tirá-los e pô-los é uma das operações mais difíceis, que apenas realiza em dias de festa e momentos especialmente felizes*».

Estes discriminados foram apenas um dos contingentes que haviam de vir a formar o que depois se chamaria o proletariado. Haviam estes discriminados de servir de tema de meditação a Engels quando estudou a situação das classes trabalhadoras na Inglaterra. Todavia, a batalha pela participação e pela autenticidade, pela coincidência entre as promessas e a vida, não necessitaria de esperar ou de aderir às sugestões marxistas que Engels ajudaria a formular de maneira decisiva. Na Inglaterra, não foi essa a corrente dominante. O reformismo ganhou predominância.

Talvez se possa encontrar no comovedor *Oliver Twist*, de Charles Dickens, uma criança que pode ser simbólica daquela vaga de filhos sem utilidade de que falava o já citado Swift, a primeira expressão literária da luta pela participação e pela autenticidade.

Encontrando-se o menino a trabalhar na oficina, deveria, como os outros, aceitar que a comida não seria nunca suficiente para o seu apetite, e contentar-se com o rancho distribuído pelo patrão. Mas o menino não fez assim. Com simplicidade, e perante o pasmo de todos, levantou-se, com a modesta malga segura entre as mãozitas fracas, e disse: «Quero mais!» A distância entre a Revolução Inglesa e os factos podia medir-se por essa exclamação.

d) Num plano mais geral, e se quisermos referir-nos à Declaração dos Direitos do Homem de 1789, o segundo antecedente famoso da Declaração da ONU, antecedente reproduzido ou mencionado em mais de uma dezena de Constituições de antigas colónias, a distância entre as promessas e a vida foi extremamente evidente no domínio colonial.

Quando aquela famosa Declaração afirmava a igualdade dos homens e que «o fim de toda a associação política é a conservação dos direitos naturais e imprescritíveis do homem», deixava, todavia, aberto um espaço de divergência entre os factos e as normas onde cabiam, pelo menos, muitos não proprietários, as mulheres, os menores e os escravos.

E caberia a quase totalidade do fenómeno colonial em todos os territórios onde a política de integração não foi adotada. Todavia, posta de lado a Inglaterra, a filosofia que os poderes colonizadores transportavam para os territórios em processo de colonização tinha, em geral, sido bebida da Declaração francesa ou no Código Napoleónico, todo elaborado, este, na base dos direitos naturais e imprescritíveis do homem.

Mas havia mais de uma fonte de motivos que inspiravam a manutenção de uma visível distância entre os grandes textos e os grandes factos, aqueles revestidos da dignidade da Declaração, estes caracterizando políticas discriminatórias e marcando vincadamente as atitudes recíprocas entre colonizadores e colonizados. Por um lado, existiam os problemas relacionados com o estabelecimento, manutenção e exercício do poder político, que obviamente não consentiam, em muitos lugares, e em vista da filosofia e interesses visíveis do colonizador, traduzir na realidade operante as proclamações de direitos.

Por outro lado, quer se tratasse de territórios coloniais, quer de metrópoles, quer o facto tivesse origem nas metrópoles, quer repercutisse nas metrópoles a partir das colónias, uma teoria gravíssima de *mitos raciais* não permitiu a execução autêntica das declarações de direitos que, a partir de 1789, apareceram repetidas nos textos constitucionais. Foi, por exemplo, o *mito dos Judeus,* com sérias implicações na pátria originária da Declaração de 1789, as quais tiveram um ponto crítico no caso Dreyfus. A igualdade dos homens, que neste caso transbordava para o direito comum, não conseguiu evitar a discriminação social que equivale à negação do direito escrito. Foi um mito que marcou a vida de muitos países até ao nosso tempo, e que ainda tem manifestações internacionais da maior importância relacionadas com a fundação do Estado de Israel.

Outro dos mitos, com grave repercussão internacional e interna, com expressão metropolitana e colonial, foi o da inferioridade da *raça negra.* Discutiu-se gravemente a sua natureza de homens, lembrou-se, com boa doutrina grega, que a natureza destina os homens a escravos e senhores, não se lhes reconhecendo qualquer contribuição digna de menção para o património geral da Humanidade. Não foram os colonizadores que levaram a escravidão aos negros, mas a escravidão marcou profundamente a relação entre os dois grupos no plano mundial. E também no plano nacional, na medida em que alguns poderes definitivamente se orientam pelo princípio de nunca lhes reconhecer a igualdade que, todavia, anima a sua filosofia política privativa.

Assentam em que haverá homens mais iguais do que outros. Na Igreja reformada viu-se desenvolver doutrina justificativa dessa atitude discriminatória, com esquecimento de que todo o progresso da igualdade do género humano terá de prestar sempre homenagem ao ensinamento cristão.

O mito como que refinou quando se transformou no *mito dos mestiços*. Estes puderam ser o cimento entre duas sociedades, sempre que a miscigenação foi uma política animada de autenticidade, um processo expressamente visando a integração das etnias diferenciadas. Sabe-se como essa atitude é caracterizada no famoso luso-tropicalismo, a única doutrina geral de interpretação da síntese portuguesa até hoje formulada.

Gostaria apenas de acrescentar, sem necessidade de expor doutrina tão conhecida, que o êxito da miscigenação portuguesa, onde se verificou, se deveu ainda ao ensinamento cristão sobre a família, aplicado sentimentalmente ao facto natural da procriação. O Português ligou-se à mulher indígena, mas o homem indígena, principalmente o Africano, só raramente, e muito tardiamente, se ligou à mulher branca.

A ligação natural foi um facto decorrente da presença do homem, colonizador e sem família europeia. O que aconteceu de extraordinário na experiência portuguesa foi que o nascimento de filhos dessas ligações naturais funcionou como um *sacramento laico da família*, ainda quando a família não teve depois consagração normativa. Mas onde esta atitude não orientou a ação do colonizador, o mestiço somou as atitudes míticas depreciativas de ambas as etnias de onde provinha. A discriminação social atingiu-o muitas vezes, os factos negaram as leis, mesmo quando estas não negavam as declarações de direitos. Com muito raras exceções, como, por exemplo, as que se traduzem na afirmação de superioridade que anda ligada a um certo nativismo sul-americano, designadamente no México.

Uma superioridade que, por outro lado, caracteriza o *mito da raça ariana*, que ajudou a regar de sangue a Europa, que finalmente inspirou, depois da guerra de 1939-1945, a Declaração da ONU, mas que levou a formular e executar a política chamada *solução final*, que se traduziu na tentativa sistemática de liquidar os Judeus e organizar ainda os povos do império nazi segundo uma hierarquia baseada na pureza relativa do sangue.

Toda esta mitologia, que fica resumidamente lembrada, e cuja gravidade inspirou um meritório e utilíssimo inquérito da UNESCO, levou a desencadear uma espécie de luta pela participação e autenticidade em que os povos, os grupos, os indivíduos, o que principalmente reclamam é o *direito de serem diferentes e tratados como iguais, não obstante serem diferentes.* É a consagração do pluralismo, que traz implícito o reconhecimento da igual dignidade das culturas e das etnias, que considera que todas as diferentes respostas aos desafios do mundo e da vida são contribuições igualmente valiosas para o acervo comum da Humanidade. Um direito que, reclamado em nome dos grupos, levou os que alcançaram a dignidade de Estados a reclamar também o direito de rever a estrutura internacional sempre que entendem que contraria os seus interesses e que foi definida sem a sua participação.

e) Não é líquido que a luta contra a distância entre as declarações e os factos seja sempre animada pela intenção da autenticidade que ficou referida, e que a reação não revista antes o caráter de negação frontal. Foi o caso da Declaração dos Direito do Povo feita pelo sovietismo em 4 de janeiro de 1918.

Realmente não admitem a possibilidade de uma Declaração de Direitos do Homem alheia à circunstância da estrutura económica do Estado e, portanto, à posição de cada homem na estrutura da produção. A distância entre as proclamações e os factos não lhes parece um caminho a ser percorrido pela autenticidade. Entendem antes que tal distância é estrutural e invencível, e que as declarações só valem para os grupos detentores do poder que as enunciam.

Entendendo que não há direito sem força, só também entendem viável o caminho de alterar a detenção, o uso e o sinal valorativo dessa força. Negam a possibilidade e realidade de uma declaração de direitos isenta das contingências da evolução económica. Esta espécie de desespero, que nega a natureza transcendente do homem, que não aceita a igualdade da sua dignidade independentemente da sua circunstância económica, torna natural a distância entre os princípios e os factos, e proscreve para sempre a possibilidade de ser ganha a batalha da autenticidade.

Vistas as coisas a esta luz, também se ilumina a urgência do ensinamento, cada vez mais instante, da Igreja no sentido de travar a referida batalha da autenticidade. Neste domínio é pela ação que melhor se reza, se é permitido resumir assim muito do ensinamento contida na docência de João XXIII e Paulo VI.

f) Não seria razoável deixar de apontar que a ONU, desde a sua fundação, considerou fundamental complementar a Declaração Universal dos Direitos do Homem. Nesta Declaração tinha pretendido fazer convergir todas as conceções humanísticas com o objectivo de reconhecer, como expressamente se afirmou, a dignidade inerente a todos os membros da família humana, no pressuposto de que os seus direitos iguais e inalienáveis constituem o fundamento da liberdade, da justiça e da paz do Mundo.

Esta Declaração foi sempre entendida como um passo para a formulação de uma verdadeira Lei Internacional dos Direitos do Homem, compreendendo um tratado internacional e um processo apropriado para a sua execução. É natural que, convergindo pela primeira vez no mesmo texto tantas conceções diferentes do mundo e da vida, o risco correspondente da distância entre as proclamações e os factos seja acrescentado. Conceções que nunca tinham dialogado ou convivido encontraram-se a concordar sobre as mesmas palavras.

Talvez por isso, um dos intervenientes na redação, quando lhe perguntavam se tinham chegado a acordo, respondeu que diria que sim com a condição de não lhe perguntarem sobre o que todos tinham concordado.

Uma série de declarações complementares e de convenções internacionais procuram ajudar a preencher essa distância. Enumeremos a Declaração sobre os Direitos da Criança, de 1959, a Declaração sobre a Eliminação de Todas as Formas da Discriminação Racial, de 1963, a Declaração sobre a Promoção entre os Jovens dos Ideais da Paz, do Respeito Mútuo, da Compreensão entre os Povos, de 1965. Estuda declarações sobre a tolerância religiosa, o direito de asilo, a liberdade de informação e a discriminação contra as mulheres. Elaborou uma Convenção para a Prevenção e Repressão do Crime de Genocídio, de 1948, e, no mesmo ano, uma Convenção sobre a Liberdade Sindical preparada pelo BIT, que depois elaborou as convenções respeitantes à Igualdade de Remuneração entre Homens e Mulheres, de 1951, à Abolição do Trabalho Forçado, de 1957, e à Discriminação em Matéria de Emprego e Profissão, de 1958. Acrescentam-se convenções sobre o Estatuto dos Refugiados, de 1951, Direitos Políticos da Mulher, de 1952, Estatuto dos Apátridas, de 1954, Abolição da Escravatura, de 1956, Nacionalidade da Mulher Casada, de 1957, Discriminação do Ensino, de 1960, Redução da Apatrídea, de 1961, sobre o Consentimento para Casar, Idade Mínima e Registo do Casamento, de 1962, e Eliminação de Todas as Formas de Discriminação Racial, de 1965. Em 16 de dezembro de 1966, foram abertos à assinatura e ratificação dos Estados-membros dois tratados reafirmando os objectivos essenciais da Declaração Universal: o primeiro ocupando-se dos Direitos Económicos, Sociais e Culturais e o segundo dos Direitos Civis e Políticos, tudo acompanhado de disposições processuais para a efetivação. Não são muitos os países que até este momento deram a sua adesão.

g) Já tivemos ocasião de sublinhar que as declarações de direitos revestem a natureza de protesto contra uma ordem desactualizada de coisas e de programa para uma ordem nova. O fosso entre as declarações e os factos traduz-se numa inevitável batalha pela autenticidade em que, a cada estádio novo da evolução, corresponde uma forma nova do direito reclamado de participar.

Vimos, ao longo destes comentários, algumas formas que revestiu ou está revestindo o que temos chamado a batalha pela autenticidade e o seu corolário da participação. Mas acontece que a evolução da conjuntura é tão rápida que, mal travada, ou pouco adiantada, ou até perdida a batalha da autenticidade, logo surgem necessidades que levam a reclamar novos direitos, todos filiados no núcleo central da dignidade da pessoa humana. Sublinharei apenas alguns aspetos fundamentais a respeito dos quais a própria formulação teórica da Declaração de Direitos se mostra insuficiente.

Lembremos, para começar, que a utilização dos *computers* no processo de formação de decisões ameaça alterar as técnicas conhecidas de formulação das políticas dos governos, ao menos no momento em que o processo se analise em atos de inteligência. Tem correlativamente de admitir-se, se os comentários e informações conhecidos são exatos, que o estatuto político dos cidadãos necessitará de redefinição e de novas garantias.

De algum modo se projetam assim na realidade algumas das antecipações do utopismo pessimista, em que se inscrevem Howell e Huxley.

Acrescente-se que os chamados *direitos pessoalíssimos,* ou *da personalidade,* a vida privada, em suma, precisam de novas garantias em face do desenvolvimento dos sistemas de espionagem, do condicionamento do pensamento e do condicionamento dos afetos. Toda aquela esfera de autonomia privada que exprime uma das maiores conquistas do género humano, e que fundamentalmente se deve à consagração cristã, está ameaçada de invasão, senão já invadida e diminuída.

Os sistemas de comunicação privada são violáveis, as atitudes e decisões são influenciáveis e condicionáveis de maneira irresistível por parte do indivíduo. A defesa contra o totalitarismo, que inspira todas as declarações de direitos, está necessitada de revisão.

Acrescente-se, só como exemplo, que o avanço da ciência, designadamente da ciência médica, contende com o próprio direito à manutenção e permanência da identidade.

As técnicas de manipulação da vida põem em causa o estatuto dos nascituros e dos concepturos. Para além dos problemas que ficam ao alcance da decisão individual, e a que a *Humanae Vitae* deu a maior atualidade, coloca-se um novo problema de relações entre os grupos, principalmente entre os povos ricos e os povos pobres, que a *Humanae Vitae* também cobre e não é habitualmente referido. É que, como tem designadamente sido evidenciado pela docência da Santa Sé, os povos ricos são cada vez mais ricos e os povos pobres são cada vez mais vítimas da explosão demográfica. Um problema relacionado com os problemas de propagação da espécie é que os povos ricos podem controlar, por processos diretos ou indiretos, o crescimento, manutenção ou extinção dos outros. Esta questão existe e enquadra-se na definição nova de direitos que as circunstâncias exigem.

Note-se, finalmente, para não alongar este comentário, como as técnicas de informação, que condicionam a maior parte do nosso exercício de direitos, tendem para ser anónimas quanto à origem, à divulgação, à intervenção, às intenções. São anónimas as agências, anónimos os informadores, anónimos os redatores, anónimos os interessados, e tudo isto apenas no domínio da simples informação que o Poder usa, de que pode abusar, que introduz na nossa família, que altera, que deforma, que impede, que esconde, que adia, e assim por diante. Não pode deixar de evidenciar-se a urgência com que a conjuntura, que faz cada homem participante de todos os problemas do mundo, exige a definição autónoma de um direito a ser informado com verdade, exatidão e oportunidade.

A maior parte desta urgente problemática é determinada pelo facto de que a marcha para a unidade do mundo parece acelerar-se, desatualizando ou enriquecendo, como se preferir, as experiências e os textos. A angústia maior do nosso tempo provém talvez de que a mesma geração que viveu o condicionalismo do isolamento está obrigada a viver, a pensar, a entender e a definir o condicionalismo de um mundo inteiramente comparticipante. Porque já não se trata de viver em comum com homens definidos pela mesma circunstância, trata-se de viver em comum com todos os homens de todas as etnias, de todas as culturas e de todas as crenças. A urgência de prever e de agir é cada vez maior. A urgência de prever, sem possibilidade de tudo prever; a urgência de agir, sem possibilidade de terminar as tarefas. No fundo, a urgência de travar a batalha da autenticidade, a única onde parece possível ver convergir todos os que pensam que faz parte da dignidade do homem ajudar a construir o mundo[51].

§ 5º
Autodeterminação

1. O Princípio das Nacionalidades

A teoria dos direitos humanos tem como uma das premissas fundamentais a reivindicação da *liberdade de grupo* a que o indivíduo pertence. Foram as sociedades párias, ou por motivos religiosos, ou por motivos étnicos, que primeiro reivindicaram o direito à identidade. A formação dos Estados peninsulares, com os dramas dos cristãos sob o domínio muçulmano, dos muçulmanos sob domínio cristão, dos judeus, dos *mouriscos,* dos *mudéjares,* dos cristãos-novos, é exemplo de um drama mundial não acabado em que a reivindicação da liberdade do grupo precede a reivindicação da liberdade individual.

Mas foi o *princípio das nacionalidades* que definitivamente introduziu na problemática política a relação entre a *identidade do grupo* e a sua *independência política.* Porque é que foi o *conceito de nação,* e não qualquer outro, como a *identidade religiosa* ou *a identidade étnica,* que se tornou politicamente operante é uma questão que apenas tem resposta histórica regional. No Ocidente, foi a *nação* que se tornou relevante, mas não aconteceu assim em todo o globo.

Mesmo no Ocidente, e não obstante a existência antiga de fenómenos estaduais enquadrados por um sentimento nacional, só no século XIX é que o princípio se transforma numa base da organização política ocidental.

Entre o Tratado de Vestefália (1648), em que o *Príncipe* dá caráter ao Estado, e a Revolução de 1789, que atribui à *Nação* o poder inalienável de organizar o Estado, é o princípio da autodeterminação dos grupos que se afirma como um princípio fundamental do fenómeno político ocidental.

O grupo ao qual se atribui esse direito é a Nação, um conceito fluido mas limitado genericamente pelo pensamento de Renan, Fichte e Malraux.

Que esse direito pertença exclusivamente à Nação foi posto em causa logo pela Declaração da Independência dos 13 Estados Unidos da América (1776), quando basearam no despotismo metropolitano o direito de «*um*

[51] Esta alínea foi publicada no *Boletim da Academia Internacional da Cultura Portuguesa*, n.º 5, 1969.

povo dissolver as bases políticas que o ligaram a outro e assumir, entre os poderes da Terra, a separada e igual posição para o qual o qualificam as leis da Natureza e a vontade de Deus».

Que o povo que assim dotava a política internacional do novo proclamado *direito* à *insurreição* fosse uma nação, era muito discutível, e a evolução posterior, sobretudo depois da guerra de 1939-1945, tornaria evidente que a *autodeterminação* não está necessariamente ligada ao fenómeno nacional.

O cético Lord Acton escreveu: «O Estado pode no decurso do tempo produzir uma nacionalidade; mas que a nacionalidade deva constituir um Estado é contrário à natureza da moderna civilização»[52].

De facto, se a partir da Revolução Francesa a *autodeterminação* ocidental teve como base a nação, o princípio maquiavélico da *viabilidade* limitou sempre o rigor da aplicação da regra. Tal viabilidade teve menos que ver com a dimensão e recursos do grupo nacional de que com a conjuntura internacional de cada época. O Luxemburgo foi viável, mas não o foi a Áustria durante o período nazi, como a Estónia, a Letónia e a Lituânia foram viáveis no intervalo de ambas as guerras mundiais e deixaram de o ser no fim da última. A viabilidade política, em função da conjuntura, veio sempre limitar o princípio da autodeterminação nacional, assim como a autodeterminação dos povos não precisou de se basear na nação sempre que a conjuntura internacional o exigiu, sobretudo depois do fim da última grande guerra.

Por outro lado, o conceito nacional, em vigor no Ocidente, oscilou sempre entre um critério *subjetivo* francês (Renan) e um critério *objetivo* alemão (Fichte). O primeiro apelou para a comunidade do passado histórico, vida em comum e projeto de futuro participado; o segundo, mais ligado à comunidade do sangue e das origens, dispensou com frequência a vontade de pertencer à mesma nação e apelou para a imposição.

Mas ambas as orientações convergiam no princípio das nacionalidades, que, no ponto IV do discurso, que o presidente Wilson pronunciou no Congresso, em 11 de fevereiro de 1918, revestia a seguinte forma: «Todas as aspirações nacionais bem definidas deverão receber a mais completa satisfação que possa ser concedida sem introduzir novamente, ou perpetuar, antigos elementos de discórdia ou de antagonismo suscetíveis, com o tempo, de romper a paz da Europa e por conseguinte do mundo»[53].

[52] Acton, *The History of Freedom and Other Essays*, Londres, 1909, p. 292.

[53] Sobre este ponto, Jean-Baptiste Duroselle, *De Wilson à Roosevelt*, Paris, 1960; Gordon Levin, *Woodrow Wilson and World Politics*, Nova Iorque, 1968; F. P. Walters, *A History of the League of Nations*, Londres, 1952, 2 vols.

Foi esta conceção que passou para o Pacto da Sociedade das Nações, e bem evidente fica, na sua expressão formal, que era de um mundo governado pelo Ocidente que se tratava, e que a autodeterminação nacional apenas respeitava a ocidentais.

Mas, assim mesmo, os Estados plurinacionais, as nacionalidades divididas e as nacionalidades inviáveis com independência política nunca deixaram de caracterizar o panorama ocidental e europeu. A Rússia, não importa qual o regime, manteve-se como um Estado plurinacional, com evidentes fenómenos coloniais que persistem; os Impérios Centrais desfizeram-se em Estados, depois de 1918, mas nem todos coincidiram com nacionalidades, e casos como os da Checoslováquia e da Jugoslávia são característicos.

Por outro lado, o movimento das *regiões*, em curso na Europa, mostra que a criação das nacionalidades europeias, obra de Estados centralizadores monárquicos, não foi em muitos lugares inteiramente consolidada, como o estão demonstrando a Espanha, com a sua Constituição de 1978, a Itália, com as tensões regionais, e até Portugal, com os casos dos arquipélagos do Atlântico.

Acresce que o Ocidente abriga dois *Estados em movimento,* isto é, que nunca consideraram as suas fronteiras definitivas, e que são os EUA e a URSS. Os EUA começaram por ser treze colónias que se proclamaram independentes, mas já hoje são cinquenta e três Estados, e não está dito em parte alguma que se trata de um limite. A URSS, onde os Russos são apenas cinquenta e oito por cento da população, sem contar com os satélites, não rejeita a autodeterminação de um Estado exterior no sentido de se unir à Federação.

Tudo significa que a organização do Ocidente, segundo o princípio da autodeterminação das nacionalidades, não obstante este ser uma das componentes mais características da ideologia ocidental, nunca impediu que o Estado plurinacional seja um fenómeno importante e não dependente da vontade dos povos. Aconteceu ainda que os *princípios das nacionalidades* e da *autodeterminação* tiveram vida separada, podendo convergir na definição de unidades políticas nacionais independentes, mas podendo também funcionar no sentido de criar realidades políticas diferentes.

2. Os Grandes Espaços

Independentemente de o Estado coincidir com a Nação, as circunstâncias mundiais desenvolveram uma interdependência tão severa que o Estado tende para mudar de natureza em obediência a um internacionalismo crescente. Foi clássica, em função do critério da *soberania*, a divisão dos problemas estaduais em *internos, internacionalmente relevantes* e *internacionais.*

Os primeiros constituíram, durante séculos, a massa mais importante de problemas, e a regra era a de não interferência de cada Estado nos negócios internos dos outros. A Carta da ONU ainda estabeleceu, no artigo 2 (7), o princípio de que nada daquilo que se contém nos seus preceitos autoriza a ingerência de um Estado ou da ONU nos assuntos internos de outro Estado. Mas a fórmula mudou de conteúdo, e aconteceu que houve uma tal deslocação dos termos de referência das questões que as rubricas dos problemas internacionalmente relevantes e dos problemas internacionais foram extraordinariamente empoladas em detrimento da primeira. Os transportes, as comunicações, a investigação fundamental e aplicada, a segurança externa, a estabilidade interna, a moeda, a dependência tecnológica e energética, tudo está submetido ao processo acelerado da interdependência e da internacionalização.

Os debates de política interna, em todos os países, são dominados por problemas que mais parecem dos outros, e a autoridade interna dos governantes procura fortalecer-se com êxitos obtidos no exterior.

A vida privada foi objeto do mesmo processo internacionalizador, e desde o fenómeno das multinacionais até às internacionais partidárias, passando pelas organizações profissionais, culturais e ideológicas, tudo demonstra o avanço do fenómeno.

O que se modifica é o próprio conteúdo clássico da soberania, porque os Estados não se mostram organizações capazes de prosseguirem, com a autonomia do passado, os fins clássicos da defesa, da justiça, e da cultura[54].

O resultado é que o internacionalismo tende para inspirar outras formas de organização política, das quais parecem detetar-se já as seguintes: *autoridades supranacionais* ou *internacionais,* que absorvem parte da tradicional competência dos Estados; pulverização dos Estados em *regiões* com mais ou menos autonomia, constituindo células que podem agregar-se em novas definições políticas; *grandes espaços* que superam a incapacidade dos Estados.

Este último fenómeno, certamente o de maior relevância, volta a repor toda a problemática da subordinação de grupos culturalmente diferenciados a uma autoridade comum, à margem do fenómeno imperial que persiste. O princípio político, e não jurídico, das nacionalidades independentes cede perante a exigência da viabilidade do Estado.

[54] A. Moreira, *A Comunidade Internacional em Mudança*, cit.

A tradição próxima neste domínio tem muitas conexões com a violência, e foi esse o caso da doutrina do III Reich, inspirada nas conceções da geopolítica, e invocando a legitimação ideológica da *desigualdade das raças.* A primeira definição formal deste objetivo encontra-se no *Programa de 25 pontos,* apresentado em Munique em 1920. Mas foi no *Mein Kampf,* de Adolf Hitler, que a doutrina encontrou formulação definitiva. Escreveu ali: «O fim da política estrangeira é assegurar a existência da raça organizada no Estado. Deve haver uma relação normal entre a importância do povo e o seu crescimento e a quantidade do solo do território. O povo deve ser alimentado sobre o seu próprio território, e por isso é necessário pôr o território em harmonia com a importância do povo».

Nesta afirmação se encontra o núcleo central da doutrina do *espaço vital,* isto é, um espaço definido em função das necessidades do povo alemão, a expensas de qualquer outro povo, e ao arrepio de toda a doutrina tradicional de fixação de fronteiras.

No Pacto Germano-Italiano, de 22 de maio de 1939, foi estabelecido que «o povo alemão e o povo italiano resolveram intervir lado a lado para assegurarem o seu espaço vital e para manter a paz». A posterior assinatura da aliança tripartida com o Japão, definitivamente exigiu a formulação de uma política internacional que se baseou ideologicamente na *teoria do espaço vital* e teve como fórmula a dos *grandes espaços.* O Mundo deveria ser dividido em *grandes espaços,* e dentro de cada um se estabeleceria uma hierarquia dos povos abrangidos, assumindo o povo dominante a função de *Estado diretor* da zona. Esta conceção teve como centro de estudo o Instituto de Guerra para a Política e Direito Internacional, onde o principal doutrinador foi Carl Schmitt.

Toda a conceção era elitista e afirmava uma hierarquia natural dos homens, das raças e dos Estados. No tratado tripartido entre a Alemanha, a Itália e o Japão, a doutrina é clara: «Os Governos alemão, italiano e japonês, considerando que a condição primordial da paz durável é que cada nação do Mundo receba o espaço que lhe pertence, decidiram assistir-se mutuamente e colaborar nas suas aspirações relativas ao espaço da grande Ásia extremo-oriental e outros territórios europeus; o Japão reconhece e respeita a direcção da Alemanha e da Itália na criação de uma nova ordem europeia; a Alemanha e a Itália reconhecem e aceitam a direção do Japão na criação de uma ordem nova na Ásia.»

Os responsáveis pela doutrina trataram de a aproximar da *Doutrina de Monroe* americana, que exclui a presença de soberanias europeias naquele continente e atribui aos EUA uma função directora da área, facto que obrigou Roosevelt, em 1940, a encarregar Summer Wells de explicar à Europa que não havia semelhança entre ambas as orientações. Mais tarde, quando no artigo 2.º da Carta da ONU se afirmou que os Estados-membros se absterão de recorrer à força contra a integridade de qualquer Estado, tratava-se expressamente de repudiar a doutrina nazi dos grandes espaços.

Mas a guerra que foi desencadeada contra essa conceção levou a uma paz em que os Estados vencedores, sobretudo as metrópoles europeias, se encontraram na incapacidade de continuar a desempenhar soberanamente as funções do passado, porque tinham consumido a sua própria substância no combate. O problema dos grandes espaços ressurgiu neste contexto, e de novo a geopolítica voltou à atualidade[55].

Acontece que a teoria dos *Estados diretores* não foi abandonada, e aquilo que a prática recusou foi o fundamento étnico da doutrina do espaço vital. A tecnologia, sobretudo a relacionada com a arte de fazer a guerra, foi o fator dominante, que parece ter arrastado todos os outros.

Os blocos militares foram os que mais visivelmente demonstraram que a teoria dos grandes espaços tinha passado a ser uma variável importante na competição. O Tratado do Atlântico Norte (NATO), assinado em 4 de abril de 1949 em Washington, definia um espaço ocidental e atlântico sob diretório americano. Serviam-lhe de complemento a União da Europa Ocidental (1954), o Pacto de Segurança do Pacífico (1951), a Organização do Tratado do Sudoeste Asiático (1954) e a Organização do Tratado Central (1955).

Por seu lado, o bloco comunista soviético estabeleceu a Organização do Tratado de Varsóvia (1955), que institucionalizou o directório militar soviético em relação aos países satélites. Dentro deste bloco, a doutrina da *soberania limitada*, a que já nos referimos, exprimiu sem ambiguidade que estava em curso uma redefinição do Estado tal como se afirmara classicamente.

Do lado europeu ocidental, a doutrina gaullista no sentido de conseguir o que chamava *autonomia estratégica* para a Europa, os esforços sempre falhados de estabelecer um diretório europeu germano-francês, a criação de uma arma atómica francesa, tudo se inspirou no facto reconhecido de que o conceito tradicional de soberania estava a ser ultrapassado pelos factos. O Tratado de Moscovo de 1963, entre a URSS e os EUA, que decidiu a suspensão parcial das experiências nucleares, veio finalmente concretizar

[55] Ver os desenvolvimentos em A. Moreira, *Ideologias Políticas*, Lisboa, 1964.

o conceito de Kruchtchev de que o ponto central do problema estava nas relações entre as duas superpotências.

O conjunto de negociações levadas a cabo sob a designação de SALT (*Strategic Arms Limitation Talks*) conduziu já a um texto básico que é o Tratado de 26 de maio de 1972 (SALT-I), o qual definiu uma intenção clara de condomínio nuclear URSS-EUA, assumindo ambas as potências uma atitude diretora de corresponsabilidade mundial[56].

Mas a tendência para a formação de grandes espaços não deixou de se manifestar noutros domínios: Conselho da Europa (1949), Organização de Cooperação e Desenvolvimento Económicos (OCDE-1960), Comunidade Europeia do Carvão e do Aço (1951), Comunidade Europeia de Energia Atómica (1951), Comunidade Económica Europeia (1957), Conselho Nórdico (1952), Organização dos Estados Americanos (1948), Organização dos Estados Centro-Americanos (1951), Organização das Caraíbas (1960), Liga Árabe (1945), Organização da Unidade Africana (1963), Conselho para a Assistência Económica Mútua (Comecon-1949), são apenas algumas das mais importantes manifestações dessa tendência[57].

Por outro lado, a doutrina das *autoridades internacionais*, desenvolvida pragmaticamente por Jean Monnet, e que esteve na base da criação das instituições europeias, é cortando na competência tradicional dos Estados que se vai implantando e desenvolvendo. Renascem as autoridades funcionais, definidas para fins específicos de interesse comum a vários Estados. É o caso da União Postal Universal (1875), da União Internacional das Telecomunicações (1932), da Organização da Aviação Civil Internacional (1947) e das comissões com autoridade sobre o regime dos grandes rios internacionais.

Temos assim que, ao lado da tendência para a *organização universal*, representada hoje pela debilitada ONU, o internacionalismo desenvolveu-se em organizações de caráter *continental ou regional*, e *organizações especializadas pela função*, no domínio das pescas, das vias marítimas, das comunicações, da aviação, da proteção do Homem (BIT-OMS), da educação e da cultura (UNESCO).

[56] Desenvolvimento em *Legado Político do Ocidente*, cit., p. 395, onde estão publicados os documentos.

[57] *Ideologias Políticas*, cit.; Claude-Albert Colliard, *Institutions des relations internationales*, Paris, 1974, onde se encontra uma descrição de todas as organizações.

3. Autodeterminação e Anticolonialismo

Esta tendência para a criação de *grandes espaços* e de *autoridades internacionais*, desenvolve-se, aparentemente de forma contraditória, ao mesmo tempo que o anticolonialismo e a autodeterminação multiplicam as independências políticas. A racionalização do processo talvez possa ser encontrada no facto de que a *soberania* mudou de conteúdo, assim como o *nacionalismo* inspirador do anticolonialismo e da autodeterminação não tem coincidência com aquilo que no Ocidente foi o princípio das nacionalidades. Por outro lado, a incidência regional dos vários princípios políticos referidos consente implantações coexistentes no mundo, incluindo o princípio autoritário do Diretório que a URSS e os EUA não abandonaram.

Pelo que toca ao nacionalismo inspirador do anticolonialismo do século XX, o primeiro facto a reconhecer é que, nas zonas tropicais e subtropicais onde o fenómeno se desenvolveu, não existe geralmente qualquer tipo de comunidade que corresponda à *Nação* ocidental. No Ocidente, a nação foi um produto histórico, resultante do exercício continuado de um poder centralizador que, durante séculos, obrigou a convergir para a unidade grupos que se diferenciavam étnica, religiosa e culturalmente. A nação acabou por se demonstrar como sendo o grupo que melhor ampara o indivíduo e que nele suscita com maior intensidade a aceitação dos grandes sacrifícios e a participação nas grandes tarefas coletivas.

Foi nas universidades ocidentais, no convívio ocidental, na cultura ocidental, que a primeira geração da revolta do século XX aprendeu a importância do nacionalismo e o adotou como ideia matriz das suas ideologias. Simplesmente, quando passaram à ação contra as soberanias coloniais europeias, desencadeando o processo das independências, assumiram uma herança colonial que não incluía a nação.

A ação colonizadora tinha-se desenvolvido segundo dois modelos: o *inglês*, que procurava instaurar uma solidariedade interna das populações, suficiente para uma final independência; o *português*, que a França também quiz aplicar na Argélia, e que procurava repetir o processo europeu, levando à integração das populações nativas na comunidade nacional.

Nem o modelo inglês foi capaz de evitar a *discriminação racial* nos territórios que se tornaram independentes, mas com significativa implantação de europeus; nem o modelo português, incluindo a experiência francesa, conseguiu sobreviver à modificação da conjuntura internacional.

Os novos regimes aceitaram, da ação do colonizador, as fronteiras físicas estabelecidas arbitrariamente pelo concerto ocidental, na época da expansão colonial, e em nenhum lugar se mostraram dispostos a consentir em retificações. Dentro do território tornado independente ficaram as populações que a ação colonizadora ocidental ali acantonara, sem tradição comum que não fosse a da passada submissão ao mesmo poder colonial.

A heterogeneidade dos grupos, sem língua geral comum, tem obrigado a aceitar também a língua do colonizador como instrumento de comunicação. Para além desta herança colonial, não existe nada que possa corresponder a uma solidariedade equivalente à de uma comunidade nacional.

Por isso, os programas nacionalistas dos aparelhos do Poder instalados em substituição da soberania colonial expulsa, não exprimem mais do que um *projeto nacional,* isto é, a intenção de vir a amalgamar os grupos numa unidade mais vasta que corresponda ao conceito ocidental de nação.

A violência é um instrumento frequentemente usado, como aconteceu na Nigéria, no Sudão, na União Indiana, na Indonésia, na Indochina, levando a verdadeiros genocídios de grupos que recusam o projeto nacional. Reproduzindo a experiência da formação das nacionalidades europeias, os grupos que representam a etnia que deteve o poder colonial, em regra brancos, e os nativos que se encontravam já assimilados à conceção nacional do colonizador, são objeto de perseguição e destruição, como aconteceu em Angola, Moçambique, Guiné e Timor.

A autodeterminação anticolonialista do século XX é portanto mais uma separação das antigas metrópoles do que um movimento nascido de um sentimento comunitário nacional. O sentimento comum mobilizador foi o da reprovação da colonização, o ataque à supremacia étnica branca, a invocação dos direitos do homem esquecidos. Mas não pôde ser, em geral, o da autodeterminação nacional. Por outro lado, a independência alcançada não tem coincidência com a independência que foi o objetivo do anticolonialismo do século XIX, todo este movimentado por minorias brancas, inteiramente coincidentes, na conceção de vida privada, com as metrópoles das quais se separaram. Então, a soberania era ainda aquele poder que não tem igual na ordem interna, nem superior na externa, que estava em causa. Mas agora, quando se repara que a Bielorussia e a Ucrânia puderam ser membros de pleno direito da ONU, não obstante serem repúblicas federadas da URSS, tem de reconhecer-se que a simples personalidade internacional, para fins limitados, já preenche o conceito de soberania em vista.

A maior parte dos Estados nascidos do anticolonialismo do século XX não possuem capacidade para exercer autonomamente nenhuma das tradicionais competências do Estado. Nem a defesa, para a qual dependem da ajuda e intervenção externas, hoje largamente representada pelos cubanos em África; nem a representação diplomática ativa, pelo que as reuniões da ONU são a única possibilidade que lhes aparece de estarem em contacto com os restantes Estados; nem a função de desenvolvimento, para o qual dependem da ajuda financeira, técnica e económica das potências ricas do Norte do Mundo.

Enquanto a soberania das velhas potências ocidentais se esvazia pela perda de faculdades, como ficou referido, os novos Estados não conseguem geralmente deter a média das capacidades tradicionais. Deste modo, o critério mínimo da soberania é a simples personalidade internacional, e o *Poder*, em que a soberania se traduz, deixou de ser correspondente aos tradicionais índices de força, para se traduzir num *poder funcional.*

Com isto pretendemos significar que a capacidade de intervenção resulta dos acasos das estrutura mundial, e não da detenção de meios. Um exemplo tornará mais claro o conceito operacional que vamos tentando desenhar. Vimos que uma das forças políticas em desenvolvimento é a do condomínio de responsabilidade mundial dos EUA-URSS.

A capacidade militar de intervenção de qualquer destas potências atingiu um tal grau de destruição possível que cada uma delas foi obrigada a rever a tabela dos seus interesses, e a considerar menores, interesses que num passado recente considerava vitais.

Isto é assim, porque o recurso à força implicaria riscos e destruições eventuais, muito superiores ao benefício que pretenderiam salvaguardar. Por isso, pequenos Estados como Chipre, Cuba, Israel ou Albânia parecem deter hoje uma liberdade de iniciativa muito superior à do passado, assim como os emirados do golfo Pérsico e, de maneira geral, os produtores do petróleo, podem assumir e praticar atos de soberania que há poucos anos seriam considerados insolências intoleráveis pelos Ocidentais.

A estrutura mundial colocou-os numa situação *funcional* que é o equivalente do *poder material* que no passado graduava a importância das potências. Quando isto não acontece, os jovens Estados facilmente descobrem que a sua dependência em relação ao exterior é muito grande, e foi para denunciar e combater esse fenómeno que passaram a falar do *neocolonialismo.*

Com isto querem dizer que até as antigas metrópoles, embora tenham retirado o exército e a bandeira, símbolos tradicionais da soberania efetiva, puderam todavia manter uma intervenção decisiva pelo uso dos poderes económico, financeiro ou cultural[58].

[58] Para desenvolvimento, A. Moreira, *A Comunidade Internacional em Mudança*, cit.; *A Europa em Formação*, cit.; *Política Internacional*, cit.

4. O Anticolonialismo Seletivo

A *situação colonial*, e não a nação, é que baseou portanto a autodeterminação moderna, que revestiu a forma de anticolonialismo. Mas o conceito operacional de situação colonial não foi apenas valorativo: disse respeito a zonas geográficas bem determinadas; afetou apenas territórios e povos dependentes de certas potências; não implicou a necessária manifestação do eleitorado composto pela população abrangida nos territórios em causa.

Do ponto de vista valorativo, a situação colonial aparece caracterizada pelo domínio de um povo sobre outro, em geral de etnia diferente, de modo que o primeiro, detendo o poder político, fornece o capital e a técnica, e o segundo fornece a mão de obra e eventualmente a terra que lhe pertencia.

No caso de a relação de domínio ser orientada pelo conceito de sociedade aberta, a teoria é que o objetivo final implica a integração de todos num só grupo igualitário *(colonialismo missionário);* no caso de haver uma barreira de princípio entre os dois grupos, a discriminação étnica é definitiva *(colonialismo de espaço vital).*

Deste modo, o conceito operacional de *situação colonial* é teoricamente mais abrangente do que o conceito de *colónia*, porque o primeiro, ao contrário do segundo, não implica um território separado da metrópole, nem sequer a localização geográfica específica do colonizado. Por isso, como tivemos ocasião de ver, se fala hoje nas *colónias interiores*, para designar a situação de grupos emigrantes na Europa, de minorias negras nos EUA, dos aborígenes na América Latina[59].

Os factos mostraram, quer no que respeita ao anticolonialismo do século XIX, todo desencadeado por minorias brancas que assumiram o Poder nas mesmas condições de privilégio das metrópoles das quais se separaram (continente americano), quer no que respeita ao anticolonialismo do século XX, que levou ao Poder minorias recrutadas entre os nativos, que o fenómeno apenas disse respeito a territórios separados pelo mar das antigas metrópoles.

Por outro lado, sempre que a *situação colonial* se verificou em territórios tornados independentes pelas minorias brancas no século XIX, não deu origem à intervenção das forças chamadas anticolonialistas; mas quando a *situação colonial* assumiu essa feição nos territórios abrangidos pelo anticolo-

[59] Fanon, *Les damnés de la Terre*, Paris, 1958. Em 1969, Angela Davis declarava que a luta dos negros nos EUA é um meio de "estabelecer uma solidariedade concreta com os irmãos e irmãs que lutam no Terceiro Mundo pela sua libertação".

nialismo do século xx, como é o caso da Rodésia, da África do Sul, da Namíbia, e poderia ter sido o caso de Angola e Moçambique, o anticolonialismo dominante combate a manutenção do sistema.

Como é que se explica este anticolonialismo seletivo? A hipótese é que todo o movimento das autodeterminações anticoloniais deste século é função do interesse dominante das grandes potências. Foi durante a guerra de 1939-1945 que o anticolonialismo apareceu como uma das componentes da ideologia de combate da coligação que obteve a vitória. Dessa coligação faziam parte os EUA e a URSS, únicos Estados que não perderam o estatuto de grandes potências e os únicos capazes de se atribuírem zonas de influência. Todas as outras potências que tinham impérios coloniais, Inglaterra, França, Bélgica, Holanda, saíram esgotadas da guerra.

Quando, em conjunto, proclamaram o direito à autodeterminação e o anticolonialismo, só tinham em comum a condenação do esquema colonial que o nazismo pretendia implantar, incluindo importantes territórios soviéticos. Mas, para além disso, nenhuma tencionava abdicar das suas posições imperiais.

O anticolonialismo americano era porém mais vasto, e já incluía, desde a sua própria independência, terminar com as últimas possessões europeias no continente americano e, desde a Conferência de Berlim de 1885, eliminar a supremacia europeia na África e no Oriente.

Por seu lado, a URSS sempre proclamou a fidelidade à linha leninista que expressamente enunciou a necessidade revolucionária de tornar as colónias independentes para enfraquecer as metrópoles capitalistas e, por outro lado, instalar nessas colónias governos mais facilmente derrubáveis.

A definição final da hierarquia das potências que ganharam a guerra implicou que a autodeterminação anticolonialista se limitasse exclusivamente aos territórios das potências europeias e que nenhum território das zonas de influência da URSS ou dos EUA fosse envolvido no processo. Ao contrário, apenas os EUA conseguiram, sem contestação, que o Havai e o Alasca entrassem como Estados na Federação, já na vigência da ONU, coisa que à França não foi consentido em relação à Argélia.

Também não aconteceu nunca que os trinta milhões de muçulmanos que vivem sob o domínio soviético fossem incluídos no anticolonialismo que foi transformando em Estados os territórios muçulmanos que se estendem desde Marrocos até à Indonésia, formando como que um cinturão entre o norte e o sul do globo. É por isso que o verdadeiro anticolonialismo do século xx é aquele que veio a ser proclamado pelos próprios Estados nascidos sob o condicionamento do domínio EUA-URSS, quando se deram conta do significado limitado da independência que tinham adquirido. É um anticolonialismo racista, socializante, de massas, anticapitalista, reivindicativo, negador do direito internacional, um anticolonialismo de pobres. Teve expressão dentro do movimento neutralista e encontrou na carência das matérias-primas, sobretudo do petróleo, a sua melhor arma funcional[60].

5. A Doutrina da ONU

O instrumento formal da descolonização foi a Carta da ONU, e não é necessário detalhar aqui a sua estrutura, já suficientemente conhecida. Mas importa chamar a atenção para alguns documentos fundamentais, que são: a *Resolução 1514 (XV) da Assembleia Geral da ONU*, que aprovou a *Declaração sobre a Outorga da Independência aos Países e aos Povos Coloniais*, de 14 de dezembro de 1960; a *Resolução 1803 (XVII)*, que aprovou a declaração sobre *Soberania Permanente sobre os Recursos Naturais*, de 14 de Dezembro de 1962; a *Resolução de 12 de dezembro de 1974*, que aprovou a *Carta dos Direitos e Deveres Económicos dos Estados.*

A simples leitura destes documentos mostra a distância entre as palavras e os factos e como toda a doutrina cedeu perante o poder das grandes potências. Na primeira resolução (1514), expressamente se afirma que «todos os povos têm o direito de livre determinação; em virtude deste direito, eles determinam livremente o seu estatuto político e prosseguem livremente o seu desenvolvimento económico-social e cultural».

Aquilo que a ONU nunca conseguiu foi definir o que se entende por *povo*, e a experiência mostrou que os ibos trucidados na Nigéria não estavam abrangidos no conceito, assim como não o estavam os nagas esmagados pela União Indiana, nem os tibetanos anexados pela China, nem os cristãos massacrados no Sudão, nem os catangueses obrigados à integração no Zaire, nem os timores liquidados por comunistas e indonésios. Em todos os casos é difícil negar que houve um genocídio, mas os factos foram silenciados.

Também se afirma na mesma Resolução que «será posto fim a toda a ação armada e a todas as medidas de repressão, qualquer que seja a sua

[60] A. Moreira, "Da Conferência de Berlim de 1885 ao Moderno Anticolonialismo", in *Legado Político do Ocidente*, cit.

espécie, dirigidas contra os povos dependentes, para permitir a esses povos exercerem pacífica e livremente o seu direito à independência completa, e a integridade do seu território nacional será respeitada».

Acontece que não foi elaborado qualquer conceito de *nação* e nenhum dos povos interessados corresponde ao conceito histórico tradicional. Por outro lado, como se viu no caso do abandono dos territórios portugueses, a ONU não exigiu qualquer supressão da ação armada, não reclamou qualquer consulta das populações, e aceitou que o Poder fosse diretamente transferido para um dos movimentos armados, em cada território, sempre aquele que manifestava fidelidade ao campo soviético.

E, todavia, a Resolução afirmava solenemente que o poder deveria ser transferido «em conformidade com a sua vontade e com os seus votos livremente expressos», coisa que não se verificou em nenhum dos antigos territórios portugueses.

É muito difícil sustentar outra conclusão que não seja a de que são os *territórios* e não os *povos* que constituem a preocupação motora do processo, e que o objetivo não é a *livre determinação*, é sim expulsar as soberanias europeias. Também não é fácil negar que a doutrina e a ação não dizem respeito à totalidade do globo, antes se limitam às zonas geográficas que as grandes potências não definiram como zonas privativas de influência.

Ao afirmar, na *Carta dos Direitos e Deveres Económicos dos Estados,* que «todo o Estado tem e deve exercer livremente soberania plena e permanente, incluindo posse, uso e disposição, sobre as suas riquezas, recursos naturais e atividades económicas», também afirmou que os Estados hospedeiros do investimento externo podem «nacionalizar, expropriar ou transferir a posse da propriedade estrangeira», e que a compensação devida será regulada «sob a lei doméstica do Estado que nacionaliza e por seus tribunais», o que é o mesmo que consagrar a expropriação sem indemnização.

Como os territórios em causa não são os que cabem nas zonas de condomínio de responsabilidade EUA-URSS, isto diz realmente respeito, em primeira linha, ao investimento das outras potências europeias, feito antes da independência.

Talvez seja este o sentido político do preceito do artigo 16, onde se diz o seguinte: «É direito e dever de todos os Estados, individual e coletivamente, eliminar o colonialismo, *apartheid,* discriminação racial, neocolonialismo e todas as formas de agressão, ocupação e dominação estrangeira, e as consequências económicas e sociais daí decorrentes; como um pré-requisito para o desenvolvimento.

Os Estados que praticam tais políticas coercitivas são economicamente responsáveis, face a países, territórios e povos implicados, pela restituição e plena compensação por exploração, esgotamento e prejuízos aos recursos naturais e de toda outra natureza pertencentes a esses países, territórios e povos. E dever de todos os Estados dar-lhes a sua assistência».

Nunca se viu que esta doutrina fosse invocada a favor dos satélites ou das centenas de ilhas entregues pelo Conselho de Segurança em fideicomisso aos EUA. A ONU tem sido nesta matéria tão persistente quanto prudente.

Persistente em executar a política referente às zonas geográficas que não pertencem às zonas de influência dos EUA-URSS; prudente em nunca sequer ter reparado em qualquer semelhança de situações entre as duas áreas.

Esta atitude é especialmente notável porque existem preceitos nessa Carta que são considerados realmente aplicáveis a todo o globo. São principalmente os que dizem respeito às *Responsabilidades Comuns para com a Comunidade Internacional* e definem a plataforma marítima e o fundo do mar e o subsolo respetivo, para além da jurisdição nacional, como «património comum da humanidade», e ainda as que definem a defesa ecológica como um dever comum de todos os Estados[61].

6. O Anticolonialismo Regional

Vimos que o conceito de *situação colonial* é mais abrangente que o conceito de *colónia* e que todos os territórios tornados independentes pelo anticolonialismo do século XIX, onde abundam as situações coloniais, ficaram até hoje fora do movimento anticolonialista.

Acontece que o único traço comum entre ambos os anticolonialismos, o do século XIX e o do século XX, é o antieuropeísmo: no primeiro caso, tendo em vista os governos chamados despóticos mas mantendo a etnia branca no Poder; no segundo caso, implicando a expulsão das soberanias e também da etnia branca colonizadora, umas vezes perseguida, outras obrigada a partir, e sempre privada de continuar a participar no Poder.

Esta descolonização afetou profundamente as sociedades metropolitanas, e em alguns casos, como na própria França por causa da Argélia,

[61] Alfred Cobban, *National Self-Determination*, Londres, 1945; A. Rigo Sureda, *The Evolution of the Right of Self-Determination*, Leida, 1973; M. Flory, "Souveraineté des États et coopération pour le développement", in *Recueil des Cours*, 1974, vol. I, tomo 141; G. Fischer, "La souveraineté sur les ressources naturelles", in *Annuaire Français de Droit International*, vol. VII, 1962.

a guerra civil chegou a ser uma ameaça. A tentativa de manter laços com as antigas colónias implicou um programa de ajuda que os contribuintes suportaram mal, sobretudo quando os ataques das antigas colónias, contra o que chamavam o neocolonialismo, lhes pareceu uma agressão injusta.

Alguns analistas e políticos, fatigados com essa situação, resolveram comparar a situação de algumas regiões interiores da França com a situação dos Estados beneficiados pela ajuda e levantaram a questão de saber se esta seria aplicada com maior justiça na própria metrópole. Os critérios anticolonialistas começaram a ser aplicados pelas *regiões* em relação às zonas mais desenvolvidas e principalmente em relação às *capitais*. Esta crítica abriu caminho para um sentimento regionalista que colocou em discussão o Estado unitário, levando a sustentar que a Europa das pátrias é apenas, em muitos casos, a Europa dos Estados, e que tais Estados esmagam a personalidade e a vocação para a autonomia de regiões e grupos tratados com injustiça. A *personalidade das regiões* pareceu o facto básico a considerar.

Acresceu a circunstância de que, em vista da formação dos *grandes espaços*, como é a Comunidade Europeia, pareceu a alguns mais fácil ligar as *regiões* a uma nova forma política comunitária, do que partir dos Estados com os seus atributos tradicionais de soberania. Nasceu assim uma espécie de anticolonialismo intraeuropeu, que busca debilitar ou destruir o Estado clássico pelo separatismo ou usando fórmulas descentralizadoras, e tende por outro lado a aceitar fórmulas novas de integração em grandes espaços.

Poder-se-ia dizer que tenta sobrepor a *mátria*, terra de origem, à *pátria*, que foi o valor dos Estados nacionais agora em crise. Em Portugal, depois do abandono do ultramar, o fenómeno manifestou-se com importância, não apenas em relação aos arquipélagos do Atlântico, mas também, incipientemente, em relação a zonas ao norte do rio Douro[62].

§ 6º

Pluralismo

1. Tipos de Relação «Poder-grupo Cultural»

O problema das relações entre o poder político e o pluralismo dos grupos torna-se agudo com a tendência, que estudámos, para a formação de *grandes*

[62] Paul Serant, *La France des minorités*, Paris, 1965; Guy Théraud, *L'Europe des ethnies*, Paris, 1963; Flory, *Le mouvement regionaliste français*, Paris, 1966; Robert Lafont, *La révolution regionaliste*, Paris, 1967; Rittes, *La formazione dell'Europa moderna*, Bari, 1964.

espaços e domina todo o exame do pluralismo religioso e cultural coexistente dentro dos Estados não nacionais, que são a grande maioria no mundo e a regra nos trópicos. E pensamos que a sua importância cresce à medida que as sociedades ocidentais tendem para ultrapassar a fase chamada industrial, para entrar na fase também chamada já pós-industrial.

Anteciparemos, para facilidade de exposição, que as relações entre o poder político e os grupos culturalmente diferenciados podem reconduzir-se pelo menos a um de quatro modelos. E, depois, a alguns modelos intermédios. Esses modelos, todos com experiência histórica documentada, não são formas que se sucedam necessariamente no espaço e no tempo. De facto coexistem na mesma data em diferentes partes do Mundo, assim como é possível encontrar unidades políticas cuja evolução obedeceu a uma sucessão progressiva dos vários modelos.

Sinteticamente dir-se-á que:

a) o poder político pode estar em relação soberana com grupos que se inscrevem dentro de áreas culturais mais vastas que os limites marcados ao poder político;
b) uma segunda hipótese é a de o poder político estar em relação de domínio com áreas culturais diferenciadas;
c) uma terceira hipótese é a de o domínio do poder político coincidir com uma área culturalmente homogénea;
d) diferente de todas estas hipóteses, sempre relacionadas com áreas geográficas, é a de a pluralidade se manifestar por critérios étnicos, culturais ou religiosos, sem referência importante a qualquer área geográfica dominada pelo poder político.

Para clareza de entendimento das hipóteses e modelos que ficam apontados, há conveniência em dar alguns exemplos.

A Grécia clássica foi um exemplo de pluralismo político que se manifestou em relação a uma área cultural com homogeneidade reconhecida. Os critérios que definiam a identidade e até eventual solidariedade gregas não impediam a multiplicação de interesses que inspiraram a implantação de uma multiplicidade de poderes.

Alexandre da Macedónia pode ser apontado como o autor da primeira grande experiência ocidental de fazer convergir áreas culturalmente diferenciadas para a obediência a um poder político igualitário, não discriminador e convergente. Exemplo que também poderá encontrar-se em certa fase do Império Romano ou na experiência de Carlos Magno. Experiência que dará caráter ao Império Austro-Húngaro e que ainda hoje inspira a doutrina soviética das nacionalidades. Um procedimento adotado sempre no passado, em qualquer momento da sua História, por todas e cada uma das grandes nacionalidades europeias atuais. Os povos europeus mais homogéneos do nosso tempo dificilmente deixarão de ser reconhecidos como o resultado final de uma convergência conduzida por um poder político centralizador, exercido em relação a uma pluralidade de grupos, com traços culturais mais ou menos divergentes.

Este foi um tipo de experiência desenvolvido com frequência e êxito por poderes políticos continentais. Mas foi também um tipo de experiência que raras vezes deixou de sofrer séria revisão quando o mar apareceu como obstáculo a separar as partes integrantes do mesmo modelo político. Grandes nacionalidades europeias – que se formaram sob a ação de um poder político que fez convergir para a unidade grupos antes diferenciados – abandonaram o processo logo que tiveram de transpor os mares. Nenhum dos poderes europeus que, até há poucos anos, exerceram a soberania na orla sul do Mediterrâneo logrou repetir ali a experiência convergente do seu passado europeu. Não o conseguiu mesmo quando confessadamente o tentou, como foi o caso da Argélia. Na África Negra só a experiência portuguesa decorreu segundo esse modelo de convergência transplantado para aquelas latitudes. Por outro lado, as restantes experiências levadas a cabo em África por poderes políticos de tradição europeia, como são os casos da Rodésia ou da África do Sul, reconduzem-se antes ao último dos modelos que ficou apontado, e no qual o elemento geográfico desempenha um papel ou menor ou diferente.

A terceira forma de relação do poder político com o grupo cultural tem a sua melhor expressão no nacionalismo de tradição ocidental. A ideia de que a cada Nação deve corresponder um Estado, como doutrinaram os representantes respetivamente das tradições subjetivistas e objetivistas do nacionalismo, é uma forma de síntese dos outros modelos descritos. Neste modelo, não há nem unidade cultural seccionada pelas soberanias separadas, nem pluralidade cultural obrigada a convergir para a unidade por um poder soberano. Trata-se, antes, de uma coincidência entre a forma e a substância. Foi o grande modelo ocidental depois da Revolução Francesa, foi o grande princípio inspirador da organização da Paz depois da guerra de 1914-1918. Não foi nunca um princípio absoluto, porque muitas contingências históricas e políticas se opuseram à sua aplicação generalizada.

Mas foi a grande ambição, herdada por todos os movimentos tropicais contemporâneos, todos se afirmando ao mesmo tempo anticolonialistas e nacionalistas. Um nacionalismo que se analisa apenas num *projeto nacional*, porque não existem nessas regiões grupos que se reconduzam a tal conceito de origem ocidental. Mas é um nacionalismo que confessadamente projeta realizar a síntese que teria como ponto final a convergência do pluralismo étnico e cultural numa ambicionada unidade nacional.

Os modelos até aqui descritos resumidamente estão todos relacionados com os fenómenos da *secessão*, do *separatismo*, do *anticolonialismo, da autodeterminação* e também, nas suas formas mais atenuadas, do *regionalismo, da descentralização, da autonomia local.* O valor estadual sempre em discussão e em perigo é o da integridade territorial, visto que as formas mais agudas de divergência dentro do modelo plural tendem para a criação de Estados separados. Talvez seja útil indicar, sem compromisso com os pormenores, exemplos concretos correspondentes aos modelos apontados.

Assim, partindo do mais complexo para o mais simples, a URSS aparece como o modelo de um poder político que obriga a convergir para certa forma de unidade grupos nacionalmente bem definidos, muitos deles com algum passado de vida independente. A URSS é mesmo o exemplo típico daquilo que chamamos um *Estado em Movimento*, isto é, um Estado que, por definição, não aceita limitação à inclusão de novos grupos nacionais dentro das suas fronteiras, adotando, para tal fim, várias fórmulas políticas.

A *Nação Árabe*, por seu lado, é dos fenómenos que mais se aproximam do modelo que divide as áreas culturais entre soberanias independentes. Uma unidade que, acrescida da fé religiosa, como que estabelece um continente intermédio entre os países do Norte e os países do Sul do Mundo, desde as Colunas de Hércules até à Indonésia.

Finalmente, as grandes nacionalidades europeias, matrizes da História do Ocidente, sede do governo do Mundo até ao fim da Segunda Guerra Mundial, são os exemplos do modelo nacional em que as fronteiras do poder e da unidade cultural do grupo são coincidentes.

O quarto modelo que referimos, e que se caracteriza pelo facto de a pluralidade cultural ou étnico-cultural não ter relação com uma base geográfica, é particularmente representado por aqueles países que correspondem ao conceito de *Nação de Emigrantes* posto em evidência por John F. Kennedy. A pluralidade cultural, ou étnico-cultural, aproxima os grupos de emigrantes originários e os seus descendentes, muitas vezes acrescentando-lhes um elemento comum decorrente da maneira nova de viver, por exemplo, a profissão comum ou uma comum imagem nacional de origem desfavorável ou favorável. Teoricamente, este pluralismo sem incidência geográfica não ameaça a unidade territorial do Estado e não tem vocação possível para a constituição de Estados separados. As ameaças decorrentes de uma tal forma especial da comunidade política dirigem-se todas à paz civil e ao domínio do aparelho político. E o modelo em que se manifestam os grupos que se consideram alienados, tema das intervenções de Robert Kennedy, como é, o caso dos Porto-Riquenhos ou dos negros dos EUA, ou é o caso dos grupos que se consideram discriminados pela religião ou pela etnia, tal como os negros e os judeus em muitos territórios; e também como pode ser eventualmente o caso dos brancos em lugares que foram antigas colónias.

2. A Superação do Fator Religioso

É relativamente recente a importância do critério que transforma os sistemas culturais em unidades reais de estudo histórico. Não será ousado filiar em estudos do século passado a importância do tema, imediatamente revelador de implicações políticas de projeção internacional. Certas solidariedades possíveis para além do quadro estadual abonaram-se em traços culturais ou étnico-culturais valorizados um pouco ao sabor das conveniências da política. Ser cristão, ser católico, ser europeu, ser ocidental, ser eslavo, ser ariano, e assim por diante, são variáveis que eventualmente podem ser mobilizadas pela estratégia dos poderes, estabelecendo e definindo uma moldura que enquadre um pluralismo político a convergir para finalidades comuns. Com métodos conhecidos e experimentados, desde a *aliança ocasional,* às *alianças permanentes, confederações, federações* e até eventuais *fusões.*

Acontece que grandes áreas culturais do Mundo, plurais do ponto de vista político, se definiam a si próprias, no passado, muito principalmente pela maneira de conceber e honrar a divindade. Em nome de Cristo, em nome de Maomé, em nome de Buda, seguindo chefias competitivas ou ritos inconciliáveis, as grandes áreas culturais todavia confessavam-se seguidoras de certa fé e em nome dela é que se identificavam. O pluralismo político encontrava um princípio de convergência na conceção da divindade e identificava-se por certas práticas, e ritos, e princípios morais, estes últimos marcando de maneira inconfundível a vida civil.

Temos de reconhecer uma acentuada tendência no sentido de substituir esses critérios definidores de zonas onde o pluralismo se continha dentro de uma comum atitude religiosa. Agora avultam critérios ligados com a riqueza, com a forma de produzir e com a forma de consumir. Certas ambições teóricas de Saint-Simon transformaram-se em quase-religiões: o *produtivismo,* o *tecnicismo,* o *cientifismo.*

As grandes áreas, nem sempre contidas dentro dos limites de um só Estado, quando meditam sobre si próprias, olham-se e identificam-se com critérios económicos.

Caracterizam-se como *industrializadas,* apontando certos resultados característicos respeitantes à urbanização, ao aumento da expectativa de vida, à produção em massa, à programação, à distribuição da população por atividades primárias, secundárias e terciárias. Industrializadas, a caminho de pós-industrializadas, confiadas na máquina e no computador.

Outras vezes, em lugar de repararem na maneira característica de produzir, atentam principalmente na relação entre as suas disponibilidades e os projetos. Reconhecem-se a si próprias e definem-se como sociedades afluentes, ricas, com meios para realizar qualquer projeto. Faltam-lhes, por vezes, projetos, mas não lhes faltam meios. Essa disponibilidade excedente de meios caracteriza-as como *sociedades ricas.*

Outras vezes ainda, evidencia-se fundamentalmente a maneira de consumir e então as sociedades classificam-se a si próprias como *sociedades de consumo.* Dominadas pelo consumo. Procurando sempre num suplemento de prazer ou de vício um impulso motor. Motor do mercado, motor do consumo. Dominadas por essa organização indomável e condutora.

Dentro dessas sociedades, ricas, industrializadas, consumidoras, o pluralismo que resulta da diversidade de nacionalidades, de etnias, de credos religiosos, só foi talvez esquecido, mas não desapareceu, nem parece ter enfraquecido. Ao contrário, muitas vezes parece recrudescer, tornar-se mais agudo, mais competitivo. As análises de Galbraith, Aron ou Marcuse, usando os conceitos de *sociedade afluente, sociedade industrializada* ou *sociedade de consumo,* só ficam completas quando entendidas como molduras dentro das quais o pluralismo antigo luta por expressão e por acomodamento. Um pluralismo frequentemente em estado de desespero por falta de objetivos comuns que transcendem a moldura puramente económica. A moldura económica que relegou para segundo plano, ou para o esquecimento, o antigo critério da maneira de amar a divindade. Um desespero de falta de desígnio ou finalidade, para o qual buscam remédio as grandes proclamações de objetivos que os políticos tentam. É a *Nova Fronteira* de Kennedy, ou a *Grande Sociedade* de Johnson. E também o acordar para a luta no sentido de repor o fator religioso na sua importância mundial, como fez

João XXIII, e, por exemplo, demonstram as viagens de Paulo VI, o projeto conciliar, a mobilização das igrejas, o enervamento interior de cada uma, as crises de adaptação das instituições espirituais. A busca de um qualquer grande objetivo, que seja capaz de assegurar a convergência, para a unidade, de um pluralismo que se manifesta agudo e a reclamar uma tábua de valores morais, um projeto em comum.

Este pluralismo que se mantém e desenvolve dentro das referidas sociedades, que a si próprias se caracterizam por critérios económicos, estende a mão para as outras áreas que a si próprias, em contraposição, se consideram como pobres. E que vieram a encontrar na pobreza um critério de solidariedade, situando-se em plano correspondente ao das sociedades ricas, afluentes e consumidoras, depois de uma evolução que obedeceu a outra linha. Em primeiro lugar, parece terem-se reconhecido antes de mais como *sociedades de cor.* Povos de cor por oposição aos brancos. Por oposição aos Ocidentais. Por oposição aos Europeus. Por oposição aos países concretamente identificados por terem exercido um poder político na área geográfica da sua situação. A Conferência de Bandung, de 1955, pode ser apontada como marcando o ponto crítico da convergência dos povos de cor, aos quais Sukarno chamou «os povos mudos do mundo». Os povos mudos que até então tinham exprimido internacionalmente a sua presença por intermédio das potências colonizadoras. Um silêncio alimentado de ressentimentos, e que teria de caminhar para o estabelecimento de uma linha divisória com os povos colonizadores. Povos colonizadores que em breve serviriam para fornecer um ponto de referência que permitiria alargar a área de ressentimento para além dos povos de cor.

Também numa conferência internacional se pode encontrar a marca do ponto crítico da mudança. Foi a Conferência do Cairo, de 1957. Juntam-se os povos que viveram subordinados a um passado *esquema colonial,* e não apenas e necessariamente os povos de cor. Identificam-se pela contestação das mesmas coisas, coisas todas elas ocidentais. Mas é certo que ainda este critério seria ultrapassado para se aproximar mais firmemente do critério económico que foi identificando as sociedades ocidentais.

Como que agarrando finalmente a mão estendida pelos grupos que se proclamam deserdados dentro da sociedade afluente, industrializada e de consumo, encontraram-se noutra Conferência, agora a de Havana, de 1966, para se proclamarem, antes de mais, como *sociedades pobres.* A pobreza aparece a caracterizar uma área reivindicativa, que dentro dela abriga todos os pluralismos clássicos da etnia, da cultura, da religião, da ideologia política.

Mas expressando uma unidade capaz de ameaçar a paz do Mundo, capaz de se desenvolver num conflito que eventualmente pode conduzir à própria extinção do género humano. João XXIII e Paulo VI advertiram solenemente o mundo do perigo desta nova e ameaçadora divisão. Para além das encíclicas, a viagem de Paulo VI à ONU, em 1965, marca o ponto crítico desta nova situação.

3. Os Modelos das Divergências

As grandes linhas de enquadramento que ficaram apontadas, e que em si mesmas são forças de convergência de muitos pluralismos, também, por outro lado, deram origem ao aparecimento ou ao renascimento de formas e processos agudos de manifestação das oposições.

Em primeiro lugar, o movimento anticolonialista do século XX, que recebeu do anticolonialismo do século XIX apenas o nome, e esse famoso *direito à insurreição* que a Revolução Americana inscreveu na tradição ocidental. Mas pouco mais do que isso, se puder apontar-se alguma coisa mais. Porque o anticolonianismo americano nasceu com Adam Smith a doutrinar o estado burguês, liberal, capitalista, que foi ocidental e elitista, enquanto que o anticolonialismo moderno foi racista, antiocidental, socializante, de massas e revolucionário, leitor dos intérpretes e dos herdeiros de Marx e de Lenine. Um anticolonialismo a tomar expressão em alinhamentos ideológicos, como ainda tenta ser o neutralismo, e a procurar agir nos organismos de diplomacia coletiva regionais ou universais. Um anticolonialismo algumas vezes nacionalista, mas com um nacionalismo plural que não se confunde com o clássico nacionalismo europeu. Um nacionalismo caudilhista, antiamericano, mas ocidentalizado; ou um nacionalismo socializante; ou um nacionalismo comunista; ou um nacionalismo racista, armado de um *projeto nacional,* mas sem dispor ainda de qualquer nação. Mas todos estes nacionalismos prestando homenagem ao conceito, à prática e à herança europeias do nacionalismo, que adotam, imitam e desejariam reproduzir.

Por outro lado, os grandes alinhamentos ideológicos do nosso tempo, que estabeleceram uma espécie de fronteira baseada na conceção do mundo e da vida, viram aparecer um policentrismo dentro de cada um dos blocos delineados. Fenómeno este com particular importância no alinhamento soviético, centralizador, feudal, e doutrinador da *soberania limitada* de Brejnev. As curtas *Primaveras de Praga* são a expressão de um movimento descentralizador e divergente que procura servir valores tradicionais de cada um dos novos caídos dentro da zona soviética.

Este policentrismo interior, também já posto em evidência sob o nome de comunismo nacional, é independente do policentrismo estratégico que tem o acento tónico da organização em preocupações e objetivos militares. É também diferente do policentrismo que atinge os modelos nacionais, particularmente europeus, onde o *movimento das regiões* vem repor, em plano diferente, o pluralismo que as monarquias tradicionais europeias conduziram para a convergência e para a unidade. Muitas das grandes nacionalidades europeias dão mostras da existência de um movimento desse tipo, mais ou menos acentuado. É o caso da Itália e da França. Um regionalismo, uma descentralização, por vezes a federação, são tudo manifestações dessa problemática.

Uma problemática diferente do modelo nacional dividido por imposições ideológicas em pluralidade de Estados, como é o caso da nação alemã. Este pluralismo novo, que repete ao invés a marcha histórica para a unidade nacional, traduz-se na definição de uma fronteira geográfica para as diferenças ideológicas de poderes que dominam e dividem povos com unidade secular. É a política das metades: meia Coreia, meio Vietname, meio Laos, meio Iémen. E também meia Europa, ou, quando o antiamericanismo se acentua, meio Ocidente.

4. O Pluralismo Étnico

Dentro dos Estados, ainda hoje o pluralismo étnico é dos que mais facilmente colocam em perigo a paz pública e a unidade. Um pluralismo étnico que algumas vezes se acentua com diferenças religiosas ou culturais ou apenas de situação social. Os principais mitos raciais, como vimos, são os que dizem respeito aos *negros*, aos *mestiços*, aos *judeus* e aos *arianos*. Sobretudo os três primeiros, com longa história de injustiça social, cujo peso perturba o entendimento racional do problema.

E inseparável do mito negro todo o problema da escravidão e do tráfico de escravos, ainda hoje existente e importante. É inseparável do mito mestiço todo o problema do colonialismo e das relações entre colonizador e colonizado. É inseparável do mito dos Judeus toda a problemática da incompatibilidade entre religiões com o seu passado de perseguições, e com o seu presente também conflituoso. É inseparável do mito ariano todo o inventário de problemas decorrentes da última guerra e das cicatrizes profundas que se encontram no corpo da Europa.

Dentro de cada um dos territórios ou Estados onde se estabeleceu uma comunidade plurirracial, os problemas do *mercado de trabalho* e das *relações entre os sexos* são os que mais determinam a agudeza dos conflitos étnicos. Como acontece com a violência que caracteriza muita da vida americana dos nossos dias, ou a vida da África que aceitou a regra da discriminação. Mas é uma violência que só erradamente pode filiar-se apenas na incompatibilidade da cor, entre brancos e pretos. Basta atentar no caso do Biafra para compreender que o conflito étnico pode levar ao seu extremo, que é o genocídio, sem diferença da cor da pele. Esta prática antiga, hoje renascida, que é a liquidação total do grupo étnico discriminado, deveu a sua atualidade aos mitos arianos, à política nazi, à discriminação contra os Judeus e à sua reprovação pelo estatuto do Tribunal de Nuremberga. Mas os factos antigos e novos demonstram que se trata de um velho flagelo da Humanidade, e que a única coisa nova é o batismo e a definição internacional como crime. Uma definição feita pela Convenção que a ONU aprovou contra o genocídio e que dá aos Estados aderentes a obrigação de promover uma ação internacional contra tal crime. A liquidação dos Ibos, na tragédia do Biafra, mais uma vez demonstra que existe uma distância entre os princípios e os factos que só pode ser preenchida pela batalha da autenticidade.

5. O Pluralismo e os Direitos do Homem

O pluralismo será sempre um tema central de todas as declarações de direitos. E mesmo o pluralismo que sempre as inspira, porque as declarações de direitos são, antes de mais, um protesto contra a sociedade estabelecida. Um protesto que exprime o desacordo de um grupo que se diferencia, que demonstra a pluralidade. A esta condição não escaparam as Declarações de Direitos que partiram da filosofia que inspirou a Declaração de Filadélfia e a independência dos Estados Unidos da América do Norte. Ali se disse que os homens nascem livres e iguais, proclamando dois princípios fundamentais do Ocidente, a liberdade e a igualdade. Mas a proclamação abstrata da igualdade mantém-se frequentemente à distância do pluralismo real da sociedade. Todos os homens foram proclamados iguais, mas as mulheres não, mas os escravos não, mas os menores não, e assim por diante. Esses grupos plurais foram dando origem a movimentos sucessivos de reivindicação, isto é, que procuram a coincidência entre a declaração abstrata e os factos. Os movimentos feministas, os movimentos antiesclavagistas, e, no nosso tempo, a insurreição juvenil são expressão evidente desse fenómeno.

E como a evolução social se traduz em complexidades crescentes, em fazer e desfazer de afinidades, não é previsível o catálogo dos novos grupos que se vão formando, nem é previsível, portanto, a evolução da luta pela autenticidade. Aos ideólogos da Declaração dos Direitos do Homem, de Filadélfia, ou de 1789, não ocorreu a evolução que se traduziria no aparecimento do feminismo, do proletariado, do sindicalismo e da rebeldia juvenil.

O mesmo se passa com a liberdade, sempre a distanciar-se da liberdade individual do proprietário rural que serviu de ambição e de modelo às primeiras declarações. Ela foi também a *liberdade do povo* com o seu *direito de insurreição* para tomar um lugar igual no concerto das nações. Foi dito por Jefferson. Mas seria ainda progressivamente a liberdade dos grupos religiosos, a liberdade dos grupos culturais, a liberdade da imprensa, tudo traduzido, portanto, em centros de decisão, com vocação para a autonomia, cuja lista é imprevisível pelos mesmos motivos, e dentro do mesmo contexto, que impedem a previsão da marcha da luta pela igualdade. Mas sempre com este detalhe fundamental: cada centro de decisão que aparece, com vocação para a autodeterminação, também acabará por evocar o direito à rebelião, adaptado às suas circunstâncias e natureza, quando perde a esperança.

Esta infindável e imprevisível batalha pela autenticidade pode decorrer dentro de uma moldura cultural onde a definição ética mantenha a mesma conceção e definição do homem. E mantenha a mesma atitude de promover a comparticipação geral, sem exclusão definitiva de ninguém, acolhendo a riqueza inovadora da vida multiplicada em novos grupos e novas necessidades. A esta atitude chama-se cultivar a esperança. E precisamente importa pôr em evidência que o desespero, a perda da esperança, é que parecem inspirar o abandono de todos estes modelos para simplesmente adotar a violência. Um desespero sistematizado, como foi o marxismo-leninismo, que recusa o pluralismo e marcha para a uniformização forçada; ou o desespero quase poético, porque sem finalidade, e por isso mesmo brutal, como foi e está sendo a violência terrorista em todos os domínios. Um desespero que faz da paz um projeto impossível.

6. O Projeto Pluralista

Alguns inquéritos levados a efeito por órgãos de imprensa importantes do nosso tempo parecem encaminhar-se no sentido de demonstrar estatisticamente que Deus faz falta ao mundo. Um método não previsto pelos profetas. Ainda não é um plebiscito, mas aproveita-se pelo menos a experiência que permite concluir que o género humano não pode subsistir sem fé num quadro de valores absolutos.

A batalha da autenticidade é a contribuição que nós homens daremos para a construção do mundo. A opção do desespero, isto é, a violência sistematizada ou esporádica, afasta-nos inaceitavelmente dessa nossa condição humana. O caminho das gerações passadas, com todos os seus êxitos e fracassos, é a base do projeto novo de cada geração. Humildemente e com esperança, devemos repetir que quando vemos mais longe é porque estamos aos ombros de gigantes.

A batalha da autenticidade pluralista reclama a observância de princípios muito simples, mas fundamentais. Pensamos que é possível enumerar pelo menos alguns. Ela não poderá afastar-se destas regras: *a)* não há raças nem é admissível a afirmação da superioridade de um grupo étnico sobre outro; *b)* todas as culturas são parte irrenunciável do património comum da Humanidade; *c)* a família é uma instituição basilar, superadora de todas as diferenças étnicas e culturais; *d)* no pluralismo cultural tem especial importância respeitar o pluralismo religioso e as instituições naturais; *e)* todos os homens e grupos devem ser encaminhados para a efetiva participação nos direitos do homem; *f)* o género humano constitui uma unidade ao redor da terra, todo ele com direito igual à busca da felicidade; *g)* faz parte dessa condição do género humano o direito de cada um a ser diferente e a ser tratado como igual. Esta última afirmação é a regra de ouro do pluralismo[63].

§ 7º

O Neutralismo

1. O Terceiro Mundo

A autodeterminação anticolonialista foi dando voz internacional, sobretudo na ONU, a uma multidão de novos Estados que Sukarno tinha chamado «os povos mudos do mundo». Com isto quis significar que, durante séculos, não participaram na definição da política mundial e que os seus interesses, quando expressos, o eram pela voz das potências ocidentais colonizadoras.

Este fenómeno processou-se num período, ainda não findo, em que o domínio estratégico mundial é partilhado pelos EUA-URSS, cada uma destas

[63] Este texto foi publicado no *Boletim da Academia Internacional da Cultura Portuguesa*, n.º 7, 1971.

potências assumindo o diretório de dois mundos opostos pelos interesses, pelas conceções de vida e pelos programas.

Os novos Estados foram progressivamente tomando consciência de estarem unidos por alguns traços comuns. Enquanto que as sociedades avançadas, como vimos, se reconheciam como *industriais, afluentes* e de *consumo,* eles reconheciam-se como *povos de cor, colonizados pelo Ocidente,* e *pobres.* Esta teoria de identificação foi-se desenvolvendo em conferências sucessivas (Bandung, Cairo, Lima) e teve expressão final numa atuação de grupo na própria Assembleia Geral da ONU.

Não significa este facto que não haja entre esses novos Estados tensões que algumas vezes se exprimem pela guerra, que dentro do grupo tem o mesmo aspeto de guerra civil interior que tiveram as guerras internas dos Ocidentais. Mas o grupo compreendeu geralmente que o mundo estava sujeito a uma *balança de poderes* sem *fiel da balança,* e que o espaço que ocupavam era disputado simultaneamente pelo *capitalismo liberal e* pelo *sovietismo marxista.* Assim apareceu a ideia de que constituíam um *Terceiro Mundo,* expressão usada por Alfred Sauvy, inspirado, ao que parece, pela famosa brochura de Sieyès, *Qu'est ce que le Tiers Etat?,* que foi como que a certidão de nascimento político da burguesia[64].

Foi a partir de então que escritores como Sartre, Duverger, Fanon, Malraux, Angela Davis, Geismet, Gonidec adotaram e divulgaram a expressão. Outras expressões apareceram, como *nações proletárias, países em vias de desenvolvimento, regiões-problema, países explorados, dominados* e de *economia deformada.*

De acordo com as conclusões dos estudos dirigidos por Fourastié e Vimont, as suas características gerais são estas: natalidade forte, mortalidade elevada, fraca esperança de vida; intuicionistas; sem iniciativa empresarial; estruturas sociais arcaicas, economia dualista, regime político autoritário; desemprego, subemprego, trabalho de menores; fraco capital produtivo, baixa taxa de investimento, infra-estruturas débeis, sem disponibilidades financeiras, sem poupança, predomínio da agricultura, exportações especializadas; estado sanitário deficiente, pobres em relação aos capitalistas e socialistas do mundo[65].

Do ponto de vista político, foram caracterizados pelo Partido Comunista Chinês como uma *zona de tempestades,* e países dos três «A», isto é, Ásia,

[64] Balandier (e outros), *Le Tiers Monde,* Paris, 1956.

[65] Fourastié e Vimont, *Histoire de demain,* Paris, 1956; Pierre Mouss, *Les nations prolétaires,* Paris, 1959.

África e América Latina. A chamada *nova esquerda* ocidental adotou a conceptualização desta novidade chamada *Terceiro Mundo*, e procurou estabelecer uma ligação entre esses países e as já referidas *colónias interiores*, como os negros, porto-riquenhos, emigrantes dos países pobres do Mediterrâneo e estratos sociais pobres em geral.

Anunciando uma vocação para a liderança, nunca concretizada, a China declarava na Assembleia Geral da ONU, em 15 de Novembro de 1961: «A China ainda é um país economicamente atrasado, um país em vias de desenvolvimento; tal como a maioria esmagadora dos países da Ásia, África e América Latina, pertence ao Terceiro Mundo.»[66]

2. A Ideologia Neutralista

A caracterização ideológica do grupo, abstraindo das variações internas, parece encontrar-se no *neutralismo*. Já em 1916, no seu *O Imperialismo, Estádio Supremo do Capitalismo*, Lenine deu uma versão soviética do Terceiro Mundo, descrevendo-o como uma presa ocidental destinada a fornecer matérias-primas e mercados de produtos acabados. Depois, em O *Socialismo e a Guerra*, definia a autodeterminação desses povos como um instrumento fundamental da luta contra os países capitalistas.

A atração soviética desses povos foi grande, e podem alinhar-se algumas razões explicativas desse facto inegável: a distinção entre colonizadores e colonizados, em geral correspondente a uma distinção étnica, torna fácil fazer coincidir os conceitos de *exploradores* e *explorados* com as categorias étnicas respetivas, e identificar as classes pela cor da pele; a URSS também nunca exercera o poder nessas regiões, e o capital de queixas desses povos não a abrangia; a URSS oferecia ainda o modelo de uma sociedade agrária que conseguira dar o salto para a industrialização.

Mas a aproximação dos tipos de sociedades ocidentais e soviéticas pela industrialização, o facto de ambas serem ricas por oposição aos pobres do mundo, a expansão territorial soviética e o acento tónico que colocou nos próprios interesses estratégicos, tudo parece ter aberto caminho a uma tentativa de liderança intelectual de Mao Tsé-tung. Num estudo de 1940, chamado *A Nova Democracia*, deu uma primeira contribuição importante, classificando os regimes políticos em três categorias: *ditaduras burguesas, ditaduras proletárias, democracia nova*.

[66] In *La courant de l'histoire est irresistible*, Pequim, 1961.

Nesta, os operários, camponeses, pequenos burgueses, e burgueses anti-imperialistas assegurariam uma primeira etapa de guerra, a caminho da ditadura do proletariado e da final instauração do comunismo.

Mostrava que «a revolução chinesa é, no fundo, uma revolução camponesa», que demonstrava que o campo podia vencer a cidade. Foi nessa linha que Fanon sustentou que «nos países coloniais só o campesinato é revolucionário. Não tem nada a perder e tudo a ganhar», adotando a guerra como instrumento de libertação. Os movimentos armados africanos corresponderam a esta convicção, que os factos não desmentiram.

Olhando o problema de um ponto de vista global, ao maoísmo pareceu que os povos ricos do mundo são uma espécie de *cidade planetária*, e que, como disse Lin Piao, «é da luta revolucionária dos povos da Ásia, África e América Latina, onde vive a esmagadora maioria da população mundial, que depende a causa revolucionária mundial».

Em relação aos blocos dos países ricos (NATO-Varsóvia), o neutralismo inclinou-se no sentido de se declarar alheio à disputa em curso, sem renunciar todavia ao direito de fazer a guerra em interesse próprio. Combatendo a corrida tecnológica militar, tem-se proclamado oposto à utilização das armas nucleares e suas sofisticações, o que significa que, guardando o direito de fazer a guerra, é contra a guerra que não pode fazer por não estar ao seu alcance.

Ataca simultaneamente o colonialismo ocidental e o neocolonialismo de qualquer proveniência, mas afirma-se legitimado para receber auxílio incondicional de ambos os blocos.

Nega a validade do direito internacional ocidental em cuja formulação não participou, e umas vezes aceita a Carta da ONU como um texto jurídico, outras vezes como simples conjunto de *princípios-guias* de natureza política.

Afirma o princípio da não intervenção na vida interna, mas considera que é seu direito interferir na vida interna dos territórios que ainda qualifica de colónias, mesmo que se trate de países reconhecidos independentes pela comunidade internacional.

Sustentam a legitimidade da *violência revolucionária*, e a ilegitimidade da *violência imperialista*.

Na zona dos três «A», multiplicaram-se organizações regionais de inspiração neutralista, ao mesmo tempo que se identificam solidariedades ideológicas sectoriais. É o caso do *pan-asiatismo*, cuja liderança foi tentada pela União Indiana; do *pan-africanismo*, que não encontrou ainda institucionalização; do *pan-americanismo* de inspiração cubana, que procurou ocupar o espaço que pertenceu à tradição de Bolívar, e transformar a Cordilheira dos Andes na Sierra Maestra da América Latina; o *pan-arabismo*, de vocação tricontinental, que procura expressão numa ambicionada solidariedade afro-asiática.

Na organização interna, os países neutralistas, pobres de quadros, sem base nacional, fundamentalmente constituídos por aglomerados de grupos, ou sem tradição escrita, ou sem tradição de independência, sem experiência de administração moderna, tendem para formas autoritárias de governo, com base no partido único, na instituição militar, ou no carisma de chefes que conduziram a guerrilha.

Afirmam-se frequentemente marxistas, mas são principalmente populistas, interpretando a seu modo os objetivos, sentimentos e crenças de uma população que não tem o sentimento da unidade nacional.

O respeito pelos direitos do homem é, em muitos lugares, inferior ao que se praticava antes da independência, e os conflitos de orientação, que decorrem apenas entre as cúpulas, resolvem-se pelo esmagamento físico do adversário.

Este é um dos factos que torna aberrante uma tendência terceiro-mundista europeia que, nos países pobres do Mediterrâneo, parece entusiasmar setores da tecnocracia militar.

O neutralismo regista, entre as suas datas históricas importantes, a Revolução de 25 de Abril em Portugal. Acontece que a maior parte dos países do alinhamento neutralista não precisaram de qualquer luta armada para obter a independência. Mas nos territórios que eram portugueses a luta armada durou cerca de treze anos, sem que a guerrilha conseguisse a vitória sobre o terreno. Ora, o movimento de 25 de Abril, ao decidir abandonar os territórios, também prescindiu do método eleitoral, e, em cada território, entregou o Poder ao grupo armado de tendência mais próxima do sovietismo.

O resultado foi a mortandade das populações que se tinham mostrado aderentes à soberania portuguesa, a expulsão em massa dos colonos europeus, sem direito a indemnizações ou compensações. Também muito rapidamente transformaram a entrega do Poder numa vitória militar, coroamento da luta passada, e essa foi a imagem que resolveram fazer circular.

A alteração estratégica mundial foi sem precedente em relação a todos os acontecimentos posteriores à guerra de 1939-1945. Subitamente, a rota do Índico para o Atlântico ficou aberta às frotas soviéticas, que passaram a dispor do apoio e simpatia dos detentores dos melhores portos de todo o percurso, e que eram obra de portugueses. Um dos resultados foi que a segurança do Atlântico Sul ficou em causa, facto da maior importância considerando que ali flutuam, em cada momento, recursos sem os quais o Ocidente não pode funcionar.

Pela primeira vez desde a sua fundação, a NATO alarmou-se com a segurança do seu esquema defensivo e proclamou que a segurança da área que cobre depende da África e do Atlântico Sul. Até então sempre se recusara a admitir, pelo menos publicamente, esse ponto de vista. Mas na reunião de Lisboa de 1978 os intervenientes no debate foram unânimes nesse ponto de vista, incluindo militares portugueses. Acontece que, sobre a linha à qual a NATO tradicionalmente limitou as suas responsabilidades, encontram-se os arquipélagos dos Açores e da Madeira e as ilhas espanholas. Subitamente, toda essa zona assumiu um relevo estratégico mundial, e os movimentos separatistas transformaram-se numa variável a requerer atenção especial[67].

3. As Metas e as Reivindicações

Como atitude política geral, o neutralismo é tributário entre outros, de Nasser, Nkrumah, Kenyatta, Amílcar Cabral e, sobretudo, dos debates no seio da ONU. Apareceu como um prolongamento do anticolonialismo, tendo o objetivo de consolidar as independências adquiridas e de assegurar uma intervenção ativa na política mundial. A ambição de vir a desempenhar o papel de fiel da balança na luta entre os grandes blocos militares não deixou de ser mais de uma vez mencionada.

Receosos de neocolonialismo, frontalmente atribuem intenções de domínio às potências sobretudo ocidentais, manifestando muito maior benevolência em relação às autoridades dos países do Leste Europeu.

Inseguros de uma base histórica, temem as subordinações culturais, que não podem todavia evitar, e chegam a proclamar uma passada superioridade que o colonialismo teria destruído ou impedido de se desenvolver.

Queixosos de uma desigualdade económica e social em relação aos países ricos, assumem frequentemente um racismo contra o branco, que culpam do seu atraso tecnológico e económico e desejam cobrir a diferença com um avanço rápido, que os factos não tornam possível.

Afirmando que o direito internacional foi uma criação das potências coloniais para a defesa dos seus interesses capitalistas, exigem uma revisão desse direito.

[67] A. Moreira, *A Comunidade Internacional em Mudança,* cit.; Lawrence W. Martin (editor), *Neutralism and Nonalignment,* Nova Iorque, 1962; Herbert J. Spino, *Politics in Africa,* Nova Iorque, 1962.

Na primeira conferência de solidariedade dos povos da Ásia, África e América Latina, reunida em Havana de 3 a 15 de janeiro de 1966, com a presença de *oitenta e três países revolucionários* dos três continentes, assentaram nos seguintes princípios: *a)* o imperialismo, incluindo o colonialismo e o neocolonialismo, desenvolve uma agressão continuada contra os países pobres, sob a direção dos EUA; *b)* o imperialismo não renuncia voluntariamente ao seu programa; *c)* os movimentos interessados devem recorrer a todas as formas de luta necessárias, incluindo a luta armada, para assegurarem a independência política.

O neutralismo não tem portanto nenhuma coincidência com o passado e conhecido estatuto da neutralidade, nem ocasional, nem permanente. Inscrito numa competição planetária de blocos, não considera seus os problemas que os opõem, mas não garante que não tomará partido. Por isso não renuncia à faculdade soberana de fazer a guerra.

Por outro lado, ciente do equilíbrio de impotência em que os grandes blocos se encontram, incapazes de afirmar até agora uma supremacia definitiva para qualquer dos lados, exploram essa situação no sentido de praticarem atos abusivos em face do direito internacional tradicional e exploram sem disfarce a ajuda de ambos os lados.

Constituem uma zona de confluência de poderes das grandes potências e utilizam o *poder funcional* que as circunstâncias lhes atribuem muito para além do que lhes seria possível em função do seu *poder efetivo*.

Esta política, de acordo com a síntese de Ernest N. Lefever, asseguraria aos países neutralistas as seguintes vantagens: *a)* liberdade e independência, contribuindo para a integridade de cada um deles; *b)* ao contrário das alianças militares, que funcionam como um freio, garante-lhes a liberdade de expressão e de ação; *c)* defende as pequenas nações do envolvimento em grandes conflitos que lhes não respeitam; *d)* facilita a resolução de conflitos locais; *e)* evita-lhes encargos militares que podem ser usados para o desenvolvimento; f) coloca-os em posição de pedir e aceitar ajuda económica de ambos os blocos.

Nesta ambígua situação, foi possível à União Indiana destruir os Nagas, ocupar os antigos Estados independentes do subcontinente, invadir Goa, esmagar o Paquistão, adquirir a bomba atómica e acusar a NATO, a SEATO e o Pacto de Varsóvia, sempre afirmando que a corrida nuclear e os alinhamentos militares conduziam a uma catástrofe final da humanidade.

Nasser, que interditou o Suez, sustentou a guerra contra Israel, e não escondeu a intervenção em vários conflitos da zona árabe, sempre declarou que «a política dos blocos militares resulta numa corrida suicida aos armamentos» e condenou o Pacto de Bogotá de 1955.

Nos sucessivos debates da ONU, os neutralistas sempre atacaram o armamento nuclear das grandes potências, mas nunca evitaram adquirir eles próprios o armamento nuclear, nem condenaram os armamentos clássicos que solicitavam a ambos os blocos para sustentarem os regimes internamente, e realizarem os seus objectivos externos.

Enquanto os países neutrais não têm reivindicações urgentes a fazer a outros países, os neutralistas acumulam as exigências e não perdem as oportunidades. Como o seu património de queixas passadas diz sobretudo respeito ao Ocidente que dominou o mundo, a deserção neutralista em direção ao bloco soviético forma a linha dominante até hoje[68].

§ 8º
O Legado Democrático

1. A Tradição Grega

A pluralidade ideológica tende para se filiar unanimemente num legado democrático, que é de raiz ocidental. A primeira origem parece estar na Grécia, e, nesta, o seu primeiro documento importante é o discurso de Péricles, do qual partimos.

A importância do discurso de Péricles na história do pensamento político desmente, e não é caso único, a convicção de que os escritos ficam e as palavras voam: *verba volant, scripta manent.* O mesmo se passou com Sócrates. Outro exemplo mais significativo é o de Jesus, o qual apenas escreveu uma vez, sobre a areia, e do que escreveu não ficou notícia. Mas a palavra, essa pôde ser conservada. A experiência moderna da comunicação, que inspira já alguns modelos em voga da análise do fenómeno político, desde a matriz de Karl W. Deutsch[69], aos citados de Snyder, Bruck e Sapin[70], ajudou a compreender que a eficácia social e política da mensagem depende do entendimento do destinatário e não da intenção de quem a formula. São os mediadores que a deformam e lhe dão forma.

[68] A. Moreira, *Ideologias Políticas*, cit.; David Morrison, *The USSR and Africa*, Oxford, 1964.

[69] Karl W. Deutsch *The Nerves of Government*, Glencoe, III., The Free Press, 1963.

[70] Richard C. Snyder, H. W. Bruck e Burton Sapin, *Foreign Policy Decision Making*, Glencoe, III., The Free Press, 1963.

A vida do pensamento, na sua dimensão existencial, quando se incorpora à circunstância dos homens e dos povos, e se transforma em princípio que se realiza e dura no meio social, tem a forma da palavra que voa de geração em geração, de cronista em cronista, e não a do escrito original que a aprisiona. É a tal criatura livre do criador mas não dos intérpretes.

Por isso o discurso continua a ser o instrumento por excelência da política, e não é dispensado por nenhuma das formas de regimes políticos, os monistas e os pluralistas de várias espécies. A vivência é testemunhada pelos que contam, interpretam, fixam. Que a palavra, tal como foi entendida e herdada, tenha coincidência com o pensamento originário, e que a ação que inspira guarde relação com o modelo dentro do qual nasceu, não são consequências necessárias. Assim acontece com Péricles e com o seu discurso, um dos marcos originários de um dos componentes do *legado ocidental,* que é a *ideologia democrática.*

Como sublinha Marcel Prélot, se tivéssemos de definir tal legado a partir das meditações escritas por Xenofonte, Platão ou Aristóteles, mal entenderíamos o peso atual da experiência democrática da Grécia, porque todos falaram conceitualmente dessa espécie de regime com pouca benevolência. Observa melancólico que as doutrinas vividas, e que triunfaram, foram habitualmente expostas pelos autores com negligência. A crítica ocupa espaço muito maior do que a apologética.

Por isso o discurso de Péricles assume lugar tão destacado na história do pensamento político. E não deixa de ser notável que tenha sido recolhido por Tucídides, no Livro II da sua *História da Guerra do Peloponeso*[71] porque Tucídides, contemporâneo de Sócrates, e inclinado pessoalmente no sentido da aristocracia, assim mesmo assegurou a eternidade da palavra do chefe político adversário. É justa a homenagem que lhe presta Gaetano Mosca, ao evidenciar a grandeza de alma do escritor que, injustamente exilado da Pátria durante a Guerra do Peloponeso, todavia gasta apenas breves linhas com a anotação do seu próprio infortúnio[72].

Péricles, que viveu entre 499-429 a. C., deu nome ao século mais brilhante da vida da Grécia. Mas não deixa de ser muito significativo que o discurso tenha sido pronunciado como oração fúnebre nas exéquias dos guerreiros mortos durante o primeiro ano da Guerra do Peloponeso.

[71] *Histoire de la guerre du Péloponnèse,* Editions Gamier, Bibl. Charpentier, §S 36 a 42.

[72] Marcel Prélot (Georges Lescuyer), *Histoire des idées politiques,* Dalloz, Paris, 1975; Gaetano Mosca e Gaston Bouthoul, *História das Doutrinas Políticas,* Zahar, Rio, 1975.

Quinze vezes estratego, era o homem mais eminente de Atenas, o primeiro em tudo, na palavra e na ação. Homem de Estado, orador, rival de Címon e chefe do Partido Democrático, estabeleceu o poderio naval de Atenas, construiu um império colonial, e envolveu a cidade na Guerra do Peloponeso. A democracia que louva é a da sua cidade, da qual os outros poderiam tomar exemplo, mas isso não impediu que a violência fosse o instrumento da expansão. Os tempos modernos também assistiram ao fenómeno de as grandes democracias ocidentais, Inglaterra, França, Bélgica, Holanda, serem as responsáveis pelo estabelecimento dos impérios coloniais do século XIX. O conceito grego de chefia, que não permitia a distinção entre a *arte da guerra* e a *arte da política*, nas democracias modernas também voltou à atualidade com a inversão da fórmula de Clausewitz. Para este, *a guerra era a continuação da política por outros meios*, com o *estratego* submetido à decisão da inteligência *política*. Mas a vitória da grande coligação democrática de 1939-1945 terminou submetida a um modelo planetário que parece apenas entender-se à luz da fórmula segundo a qual a *política é a continuação da guerra por outros meios.*

O conceito democrático de Péricles está longe de ser universalista, é antes ateniense, restrito, particularista, da cidade. Assim como o contraditório ideal democrático das grandes potências de hoje se mostrou inteiramente compatível com a natureza do Estado em movimento, sempre disposto a alargar as fronteiras, quando não físicas, pelo menos económicas, tecnológicas, estratégicas, culturais. O legado não conseguiu até hoje que o real e o racional coincidam, antes permanece como herança do Ocidente esta polaridade dialéctica entre o pensamento e a ação, desenhando um drama milenário de falta de autenticidade, em constante processo de superação. Drama que não diz nem disse apenas respeito à vida internacional, e pelo contrário persiste na vida interna dos Estados.

Péricles, o orador, não coincide exatamente com Péricles, o político, que assumiu, conservou e exerceu longamente o Poder. Assim como a doutrina não coincidiu com a prática. Foi mais um chefe carismático do que o agente de um poder racional democrático.

A imagem que Tucídides nos deixou é concludente: «Péricles tinha influência em virtude da consideração que o rodeava e da profundidade da sua inteligência, era de um desinteresse absoluto, sem atentar nunca contra a liberdade. Mostrava-se com o povo tão amigo e companheiro, como chefe e governante. Além disso, não tinha adquirido a sua autoridade por meios ilícitos e não dizia coisa alguma para lisonjear a multidão. Graças à sua autoridade pessoal, podia contrariar livremente quando alguém lhe propunha uma coisa inútil e insensata. Cada vez que os atenienses se abandonavam de qualquer forma à tenacidade do orgulho, detinha-os e refreava-os com a sua autoridade e gravidade na maneira de falar. Ao mesmo tempo, se os via assustados sem motivo, devolvia-lhes confiança. *Este governo tinha o nome de democracia, mas na realidade era o governo de um só homem*».

Por isso, não o sistema que proclamava excelente, mas ele próprio, foi o alvo da reação da burguesia. Os ataques começaram contra os seus amigos, sendo Anaxágoras, o filósofo, a primeira vítima. Acusado de colocar a religião em perigo, com as suas doutrinas, teve de abandonar a cidade. Seguiu-se a sua muito amada Aspásia, apontada como exemplo de imoralidade. Depois, Fídias, o criador da estátua de Atenas, foi suspeito de subtrair parte do ouro destinado à obra e morreu antes da decisão final, ficando a pairar a insinuação de que Péricles não fora alheio ao proveito ilícito. A herança da difamação como arma política, também faz parte do legado.

Os comentadores suspeitam de que foi para superar a crise interna do Poder que Péricles desencadeou uma ação colonial contra Mégara, no sentido de obrigar esta, pela pressão económica, a incorporar-se a Atenas. O uso da crise internacional para salvar o poder interno ficou no legado.

Por reação, em maio de 431, os exércitos da aliança do Peloponeso atravessaram a fronteira da Ática. A guerra não correu bem para Atenas e, em 430, a peste, um dos cavaleiros do Apocalipse, dizimou a população. Péricles foi sacrificado, demitido de estratego, acusado de malbaratar os dinheiros públicos, e salvou a vida com dificuldade. Na primavera de 429 voltou a ser chamado, mas já era uma ruína. Relata Tucídides: «Se bem que o odiavam pelos sofrimentos dos particulares, nas coisas que respeitavam ao bem do Estado sabiam que tinham necessidade dele e que era o homem mais capacitado para remediar a situação... Não sobreviveu mais que dois anos e seis meses após começar a guerra. Depois da sua morte, viu-se melhor a exatidão das suas previsões».

2. O Poder e a Imagem

O discurso do *chefe carismático* Péricles, aquilo que pretende fixar é a *imagem* do Poder. Uma função que nas democracias modernas é muitas vezes desempenhada pelo discurso constitucional, analisado em solenes preceitos legais, mas sem exata correspondência no sistema político efetivamente em vigor. A imagem, sem necessária coincidência com a realidade, é um ingrediente da força do poder efetivo, porque apela para os juízos populares de legitimidade e facilita a obediência. Os atuais depoimentos dos chamados dissidentes soviéticos, como é o caso de Pliuchtch, são provas ocasionais de um fenómeno permanente de distância entre a *imagem* e a *realidade*[73].

O primeiro traço saliente do desenho é a afirmação da originalidade do modelo, definido patrioticamente em sentido etnocêntrico, criação sem raiz nem inspiração estrangeira: «*Nossa constituição política não segue as leis de outras cidades, antes lhes serve de exemplo*». Recebe o nome de democracia porque o Poder está nas mãos da maioria, e não de um pequeno número de privilegiados políticos.

O ponto em questão seria a fonte de divergências doutrinais e pragmáticas que constituem, mais do que o conceito formulado, a verdadeira herança. Num trabalho intitulado *Democracy, Ideology and Objectivity*[74], são apresentadas algumas centenas de definições de democracia, tecendo uma grade de variações sobre o significado do binómio *demokratia* e de cada um dos seus termos. Que homens são admitidos à dignidade de *povo* e que faculdades integram o *Poder*, são questões em aberto. Se é apenas uma *forma de governo* ou também uma *maneira de viver*, é uma interrogação à qual procuram dar resposta uma série de construções ideológicas, todas em competição viva, e alternando os métodos da dialética socrática com a resistência passiva e a violência efetiva para se afirmarem.

Todavia, a realidade polémica e conflitante desenvolve a sua dialética sempre com referência a este primeiro elemento da categoria existencial que Péricles vai formulando no discurso: *o poder da maioria flutuante, que assegura a alternativa de governar e ser governado.* O critério da maioria flutuante decorre de um relativismo que admite a variedade dos julgamentos, a contingência do erro, a legitimidade da revisão.

O orgulho da razão está em não temer a alternância do erro e do acerto. Mas que a maioria seja a *maioria dos votos,* ou a *maioria dos interessados,* ou os *interesses maiores,* permanece como uma fonte de divergências sobre a forma dos regimes e os procedimentos destinados a obter ou impor decisões. Sempre, porém, que a alternância não depende do consentimento, o conceito de Péricles foi abandonado.

A lei igual para todos – isonomia – assegura instrumentalmente o respeito por esse valor fundamental da obediência pelo consentimento:

[73] Tania Matham e J. J. Marie, Os *Dissidentes Soviéticos,* Difel, Rio de Janeiro, 1977.

[74] Oslo University Press, 1956.

«Domina-nos o temor de infringir as leis da República», que assegura a igualdade nos negócios privados, e o acesso pelo mérito aos cargos do Estado sem dependência da condição social ou da fortuna.

A mobilidade social, a *sociedade aberta*, é outro elemento da categoria formulada: a questão que o real suscitará é a de saber quais, e segundo que critérios, pertencem à sociedade aberta, ou, dito de outro modo, para quais. está aberta a sociedade. A expressão mais vincada desta perplexidade encontra-se, nas constituições modernas, num conjunto de regras jurídicas declaradas insusceptíveis de revisão, evitando sempre dizer o óbvio, isto é, insuscetíveis de revisão pelo consentimento do poder estabelecido. É o caso das normas que, em regimes racistas, excluem grupos étnicos do acesso ao Poder. Uma pretensão que também assumiu forma naquilo que os fundadores dos EUA chamaram pudicamente *the peculiar institution*, e era mais conhecido por escravidão.

O genocídio, que se está praticando em larga escala no mundo de hoje, é a mais brutal maneira conhecida de evitar que o real venha a coincidir com o racional: a sociedade aberta não pode mais ser uma aspiração dos milhões de aborígenes que povoaram o continente americano, assim como não é dos Ibos, dos Nagas ou dos Timores, exterminados já nesta parte final do nosso século.

A alternância pelo consentimento, a mudança implicam a liberdade de opinião – isegoria. Esta liberdade de opinião diz respeito aos negócios da República: *«Todos dizemos livremente a nossa opinião sobre os interesses públicos»*. Não há portanto ortodoxia obrigatória: *«Não acreditamos que o discurso entrave a ação»*. A palavra é o instrumento por excelência na formação de decisões: *«O que nos parece prejudicial é não esclarecer previamente pelo discurso aquilo que nos é necessário fazer»*. O interesse de todos é o ofício do cidadão: *«Nós consideramos o cidadão que se mostra estranho ou indiferente à política como um inútil à sociedade e à República»*. Temos, portanto, *uma sociedade aberta de cidadãos ativos, governada pela maioria flutuante, sem interferências estrangeiras, no quadro de uma lei igual para todos e consentida.*

3. Liberdade e Igualdade

As palavras de Péricles sobre a cidadania, ofício permanente que não permite ao Ateniense *«que se mostre estranho ou indiferente à política»*, levantam a questão de saber qual o lugar da *liberdade* na categoria que elaborou como expressão da *democracia* da cidade antiga.

A liberdade da cidade não é o que está em causa, porque a independência é o primeiro dos pressupostos enunciados. Neste aspeto, o legado traduziu-se num conceito onde viriam a caber as fórmulas renascentistas do *Ocidente dos Estados* (o Rei é Imperador em seu reino), o nacionalismo do século XIX, o irracionalismo totalitário do começo deste século, os anticolonialismos burguês e revolucionário.

A independência ou liberdade do grupo mostra-se compatível com todas as formas de autoritarismo interno, como estão demonstrando os populismos neutralistas que se multiplicam nos trópicos. O monismo totalitário nunca foi incompatível com um ideal de liberdade nacionalista, etnocêntrica, muitas vezes agressiva e expansionista.

Mas o que é problemático na cidade antiga é o espaço da liberdade do homem. Quando o cidadão aparece definido no Discurso, aquilo que se destaca é a *liberdade de participação* no processo político, que mais parece um *dever* do que uma *faculdade*, e reservada aos poucos que dispunham da cidadania.

Mas esses mesmos, aos quais era atribuída a *liberdade de participação*, em que medida dispunham de uma *liberdade de autonomia*, que é o núcleo central da temática do que hoje chamamos de Direitos do Homem? Haverá uma distinção possível, não apenas formal mas valorativa, entre um direito público e um direito privado? A sociedade contratual seria uma realidade com valor em face do Estado evidentemente valorado?

A interpretação que se tornou dominante, e que repudiou o entusiasmo renascentista pela liberdade individual dos Gregos e dos Romanos, é muito tributária do pessimismo de Fustel de Coulanges, expresso numa obra que ficou clássica – *La cité antique*. O exame deste problema parece que deve partir do reconhecimento da importância da escravidão em toda a civilização da Antiguidade.

Para os politólogos da época aparece como um dado estrutural sem possibilidade de revisão, não concebendo que a cidade pudesse funcionar sem ela. Platão, em *As Leis*, chega a recomendar que se misturem escravos de língua diferentes para facilitar a manutenção da ordem. Para Aristóteles (*Pol*, I, 2, 1-16), o escravo é uma «propriedade instrumental animada», e não tem dúvidas sobre que «todos os seres, desde o primeiro instante do nascimento, são por assim dizer destinados pela natureza, uns para mandar, outros para obedecer». Acrescenta que «todos os que não têm nada de melhor a oferecer do que o uso do corpo e dos membros estão condenados por natureza à escravidão; é para eles melhor servir do que serem abandonados a si próprios».

O facto de a guerra também poder levar os vencidos à escravidão é tratado com maior embaraço lógico, mas a conclusão é a mesma. De facto, a mobilização do cidadão para a vida política, a contínua participação no debate, só era possível porque os escravos asseguravam o funcionamento das infraestruturas. Nenhuma semelhança se encontra entre os escravos e o *cidadão* passivo dos regimes liberais.

A falta de um conceito de pessoa jurídica, mais amplo que a cidadania, e que foi notado por Hegel, não foi sequer suprida doutrinalmente por epicuristas e estoicos, porque nunca transpuseram o problema para o domínio da política. A igualdade moral dos homens, que doutrinaram, foi apenas um primeiro ensaio de superação ideológica que viria, mas já no direito romano, a permitir o reconhecimento da *ratio naturalis*.

Entretanto, o próprio cidadão ateniense, que não pode elevar-se à visão da igualdade do género humano, também dificilmente pode dizer-se que dispunha de uma *liberdade de autonomia*. Na síntese de Fustel de Coulanges, «o homem vê-se submetido ao Estado pela alma, pelo corpo e pelos bens. Tem o dever de odiar o estrangeiro, porque os conceitos do direito e do dever, da justiça e da fraternidade não ultrapassam os muros da cidade». Neste mesmo sentido se manifestam Benjamin Constant, Renan, Werner Jaeger, Touchard. Isto é porém diferente de poder reconhecer-se uma liberdade de facto, consentida, preenchendo uma esfera de inatividade ou indiferença do Estado, como demonstrou Jellinek, mas não mais do que isso.

A liberdade de *autonomia*, como a entendemos hoje, implica porém que tal esfera não seja um *resto* no campo de ação do *Poder*, que se autolimita, mas sim um *valor* que limita o campo de ação do *Poder*. Se a *igualdade* dos cidadãos, e só destes, foi um valor da democracia que o discurso categoriza, assumindo a forma de *liberdade de participação, a liberdade de autonomia* não parece ter sido um valor reconhecido aos próprios cidadãos. A imagem do totalitarismo é a que, nesse aspeto, acode mais facilmente ao analista. No direito romano é que as coisas já parecem diferentes[75].

[75] Miguel Reale, *Horizontes do Direito e da História* (liberdade antiga e liberdade moderna), São Paulo, 1977; Luigi Pareti, *History of Mankind*, vol. II, *The Ancient World*, Nova Iorque, UNESCO, 1965; Léon Homo, *Las instituciones políticas romanas*, Barcelona, 1929; Fustel de Coulanges, *La cité antique*, Paris, s. d.; Jean Touchard, *Histoire des idées politiques*, Paris, 1959; Gustave Glotz, *La cité grecque*, Paris, 1953; André Aymard, *Les cités grecques à l'époque classique*, Bruxelas, 1954; W. Jaeger, "L'eloge de la loi", in *Lettres d'Humanité*, t. VIII, 1949; W. Jaeger, *Paidea*, Nova Iorque, Oxford, 1939-1944; Paul Cloché, *La democratie athéniènne*, Paris, 1951; T. A. Sinclair, *A History of Greek Political Thought*, Londres, 1952; R. P. André e Jean Festugière, *Liberté et civilisation chez les Grecs*, Paris, 1947; Hauriou, *Précis de droit constitutionnel*, Paris, 1929; Jellinek, *Dottrina generale dello Stato*, Milão, 1921.

4. O Pluralismo da Igualdade

O valor fundamental da categoria que o Discurso elabora parece ser portanto o da *igualdade*, na sua forma de participação, igual para todos os cidadãos. Esta vai porém desdobrar-se em reivindicações conflitantes, cobrindo a dialética da *igualdade de oportunidades, igualdade de direitos, igualdade de interesses reconhecidos*. Com reflexos na ideia da maioria flutuante, cobrindo a dialética da *maioria de votos, maioria de interessados, interesses maiores*, com sacrifício frequente da rotatividade no Poder em função do critério de igualdade dominante.

O *discurso liberal* virá a acentuar a maioria de votos, o *marxismo* privilegiará o dogma da maioria de interessados, o *tradicionalismo* e o *populismo* defenderão os interesses maiores. A combinação das variáveis principais com as variáveis menores, agregadas pela circircunstância de cada modelo político concreto, enchem o panorama político de um exuberante pluralismo de propostas. Mas poucos negam o núcleo central do legado, reivindicando em geral a qualificação democrática ao menos como um apelido da família ocidental: democracia liberal, democracia popular, democracia cristã, democracia direta, democracia económica e social, democracia marxista, democracia mediatizada, democracia representativa, democracia orgânica, democracia semidirecta, república democrática, monarquia democrática, são apenas alguns exemplos dos projetos que, na floresta dos adjetivos, afirmam plantar a mesma árvore.

Trata-se portanto da *ideia da igualdade*, que, ao longo dos séculos, se manterá em dialética constante com a *ideia da liberdade*, alcançando sínteses ocasionais e sempre precárias. Aqui damos apenas algumas notas sobre a marcha penosa da ideia da igualdade, ficando os comentários sobre a ideia da liberdade no lugar mais apropriado das *declarações de direitos* que exprimem o ideário da revolução liberal.

A igualdade pode questionar-se em tantos domínios de relevo social e político que os Gregos a cobriram com uma série de palavras, nem todas de fácil tradução: isonomia (igualdade perante a lei); isotimia (igualdade das honras); isopoliteia (igualdade de direitos políticos); isokratia (igualdade de poder político); isopsephia (igualdade no sufrágio); isegoria (igualdade do direito de falar); isoteleia (igualdade tributária); isomoinia (igualdade de participação); isokleria (igualdade de propriedade); isodaimonia (igualdade de fortuna).

Uma análise minuciosa, própria de uma sociedade que socialmente se caracterizava sobretudo pela desigualdade: gregos e bárbaros, homens livres e escravos, espartanos e hilotas, romanos e não romanos, e assim por diante em toda a antiguidade clássica.

No domínio da existência, a reivindicação da igualdade vai desenvolver-se exatamente em parcelas, conforme as circunstâncias de cada modelo político. A escravidão ainda não terminou em nossos dias e constitui um elemento estrutural da África e do Médio Oriente; o racismo continua a ser um dos mitos mais perigosos para a estabilidade interna de muitos países e para a paz mundial; a igualdade religiosa não foi alcançada em toda a parte, sendo que os católicos morrem hoje diariamente na Irlanda e no Líbano, e que judeus e muçulmanos se negam a depor as armas; a consciência da unidade da Terra não foi acompanhada do reconhecimento da igualdade do género humano.

No domínio das ideias, a marcha foi porém mais rápida, avultanto o nome de Cícero, o advogado, porta-voz dos estoicos[76], quando proclama que nada há mais igual a um homem do que outro homem. E São Paulo, o romano: «*Não há nem judeu nem grego, nem escravo nem homem livre, nem homem nem mulher*»[77]. Claro que Aristóteles também sabia que os escravos e estrangeiros eram homens: mas a novidade acrescentada é agora axiológica, de tal modo que o conceito deixa de ser puramente *descritivo* para se tornar *valorativo,* implicando portanto uma certa ação social e política decorrente do valor reconhecido.

A contribuição fundamental de estoicos e cristãos foi a definição do igual valor dos homens, mas sem tirar as consequências políticas decorrentes. A vida civil, aquilo que chamam hoje o direito privado, o conceito de direito subjetivo, o respeito pelos direitos adquiridos, foram o seu primeiro domínio de influência.

Sem terminar com a escravatura, a condição jurídica do escravo humanizou-se. Sem estabelecer a igualdade entre homens e mulheres, aperfeiçoou o estatuto de direitos e deveres na família. Mas o campo da política só foi aberto, como vimos, com as doutrinas contratualistas e com a Revolução.

Desde então, a ideia da igualdade, em todas e cada uma das formas que os Gregos tinham seriado, está presente na argumentação que vai do constitucionalismo ao socialismo em todas as suas variantes, e ao anarquismo negador da necessidade do Estado. Quando Hobbes[78] e Locke[78] chegam a conclusões incompatíveis sobre o regime político imposto pela *razão* e pelo

[76] *De Legibus*, I, 10, 28.
[77] *Gálatas*, 3, 28; I *Coríntios*, 12, 13.
[78] *Leviathan, cap.* XIII.

contrato que pusera fim ao *estado de natureza primitivo*, ambos partem do pressuposto da igualdade originária dos homens[79].

O primeiro acentua a igual debilidade dos homens no estado de natureza e julga dever ampará-los pelo governo absoluto; o segundo vê na liberdade igual o valor originário e propugna um regime constitucional que a não sacrifique para além do necessário. Por seu lado, Kant não duvidava de que existe «uma inata igualdade que pertence a cada homem, a qual consiste no seu direito de ser livre, de não ser constrangido por outros a mais do que aquilo a que reciprocamente ele os possa obrigar. Existe, portanto, uma qualidade inata em cada homem em virtude da qual ele deve ser, por direito, o seu próprio senhor»[80].

Isso não o impediu de concluir pela distinção entre *cidadania ativa* e *cidadania passiva*, que inspirou todo o constitucionalismo liberal, recusando a primeira aos homens economicamente dependentes, acrescentando, embora, que as leis devem *«tornar possível a tais pessoas elevarem-se desta condição passiva no Estado à condição da cidadania ativa»*[81].

Foi porém John Stuart Mill quem finalmente identificou a *igualdade* com a *democracia política*, advogando a igualdade do sufrágio para todos os homens. A igualdade de participação no Poder assume forma: *«Não devem existir párias numa nação adulta e civilizada»*; *«Não existe igualdade de sufrágio onde cada indivíduo não conte o mesmo que outro na comunidade»*[82]. Acrescenta: «É uma injustiça pessoal tirar a qualquer um, salvo para a prevenção de males maiores, o ordinário privilégio de ter o seu voto considerado na decisão de negócios nos quais tem o mesmo interesse que qualquer pessoa»[83].

O fundamento que declara é o *direito igual à felicidade*, o qual tem como instrumento a cidadania ativa. Mas, assim mesmo, não deixou de admitir que os iletrados, e os que não podem prover à própria subsistência, devem ser excluídos do sufrágio, assim como deve ter maior peso o voto das *elites* morais e intelectuais. A persistência que se encontra neste pensamento dos mestres ocidentais da democracia, no sentido de relacionar a cidadania ativa com a independência económica, leva à antítese socialista, expressa claramente por Engels ao exigir uma igualdade que, a partir da *igualdade burguesa*, alcance a *igualdade social*: *«A igualdade não deve ser meramente aparente, não*

[79] *Treatise of Civil Government*, II, ii, 4.
[80] *The Science of Right*, 1952, p. 401.
[81] *Idem*, pp. 46, 437.
[82] *Representative Government*, 1952, p. 382.
[83] *Idem*, pp. 381, 382.

deve aplicar-se apenas na esfera do Estado, mas deve também ser real, deve estender-se às esferas económica e social»[84].

Este ponto de chegada de facto transfere o acento tónico da preocupação para os antigos domínios do direito privado, onde a ideia da igualdade tivera o seu primeiro acolhimento, pondo em causa o base principal da doutrina contratualista, que foi a propriedade e os direitos adquiridos.

E de tal modo que a igual participação na definição da política vem a ser negada e a ditadura vem a ser definida como o modelo instrumental necessário para implantar a sociedade sem classes: foi a conclusão do *Manifesto* de Karl Marx e Engels.

A igualdade perante a lei, a igualdade de oportunidade cedem perante a igualdade de interesses efetivos. E aqui ressurge, em nome da ideia da liberdade, a alegação da legitimidade da desigualdade. A primeira noção de igualdade é matemática, e por isso Jacques Maritain comenta que quando aplicada aos homens obriga o filósofo a precaver-se das imagens geométricas que o rodeiam. A igualdade não é identidade, mas sim uma relação entre pelo menos duas coisas diferentes.

Daqui resulta a reivindicação que Plamenatz formula deste modo: «*Também pensamos ser importante que cada um deve ter a igual oportunidade de qualquer outro de viver como queira. Acreditamos que deve existir para todos, não só igual oportunidade de servir, mas também igual oportunidade de liberdade*». A superação de ambas as exigências vai encontrar caminho na democracia pluralista, que exige para cada homem e para cada grupo o direito de ser diferente e tratado como igual. A tradição doutrinal de Jefferson e Mill, que procura dar viabilidade a este conceito pluralista, tem como objetivo a instituição de um governo popular que elimine os privilégios sem impedir que a liderança política pertença aos melhores. É este o valor dominante da *República*[85].

§ 9º

A Nova Sociedade Internacional

1. O Fim da Hegemonia Branca

Os homens que hoje vivem sobre a Terra são testemunhas de um facto de importância excecional, que é o fim da hegemonia da etnia branca. Que

[84] *Anti-Dühring*, Nova Iorque, 1939, pp. 117, 118.

[85] Este texto foi publicado na Coleção Didática. *Legado Político do Ocidente*, cit.

as circunstâncias possam evolucionar no sentido de entregar o governo do Mundo a outra ou outras etnias não pode ser excluído das possibilidades. Mas o ideal que parece crescer é o de finalmente se implantar a ideia de que o género humano constitui um só rebanho sobre a Terra.

Esta conceção deriva diretamente do princípio cristão da igual dignidade de todos os homens, mas transformar esse preceito num conceito existencial não é uma tarefa que tenha à vista uma meta final. Entretanto, com todos os seus erros e violências, a criação das condições estruturais que permitem considerar tal programa com mais do que uma utopia foi obra dos Ocidentais.

Estes é que conseguiram implantar, não apenas o conhecimento, mas também o sentimento de que só há uma Terra. Este valor, que hoje é do património comum da Humanidade, tem de anteceder a possibilidade de admitir que o rebanho também é só um.

Muitas das inquietações de todos os homens vivos, incluindo o terror da catástrofe atómica, do esgotamento das reservas da Terra, da destruição ecológica, que vão tecendo a solidariedade mundial de uma circunstância comum, são resultado de uma ação exclusivamente ocidental, que incluiu duas guerras mundiais pelos efeitos e povos envolvidos, mas exclusivamente ocidentais pelas causas e pelos objetivos.

Estas duas guerras mundiais parecem ter esgotado a vontade de poder ocidental, e de qualquer modo destruíram as estruturas que, desde a epopeia das descobertas maríticas até ao arranque colonialista do século XIX, submeteram o mundo ao governo da etnia branca.

Quando, em 1885, a Conferência de Berlim talhou as zonas da terra que pertenceriam a cada uma das potências ocidentais intervenientes, era um diretório mundial dos brancos que ficava estabelecido. Tinha havido um movimento anticolonialista anterior, marcado pela independência dos EUA, mas esse facto traduziu-se apenas numa descentralização do governo do mundo pelo Ocidente, porque em todos esses territórios o Poder foi assumido pelos colonos de origem europeia.

As coisas são diferentes a partir do fim da última guerra mundial. O anticolonialismo foi sustentado por outras etnias em busca de voz internacional, e um racismo antibranco apareceu frequentemente como um dos elementos principais das ideologias da revolta[86]. Não se trata apenas do recuo político, marcado pela retirada de todas as soberanias europeias dos seus

[86] A. Moreira, *A Europa em Formação*, cit.

antigos territórios coloniais, a última das quais foi a portuguesa. São também as curvas do crescimento económico, da natalidade e da inflação, que apontam para tal declino[87].

Por todo o Ocidente se detetam sinais de desesperança, de tédio, de recusa dos valores tradicionais, sobretudo dos que estão ligados à *vontade do poder*, de que falava Valéry, e que tornaram possível a construção de um Euromundo, hoje moribundo do ponto de vista político. A Europa, sobretudo a da frente marítima, que foi a matriz impulsionadora dessa construção, é hoje um centro vazio do Poder que não tem voz decisiva em nenhuma questão mundial[88].

A relação de forças entre o Leste e o Ocidente parece inclinar-se em favor do primeiro. A Conferência de Helsínquia, de 1975, parece ter sido um balanço coletivo da situação, em que publicamente tomaram parte todas as soberanias de raiz ocidental, incluindo a URSS, última detentora de um império de matriz europeia. Estiveram presentes: República Federal da Alemanha, República Democrática Alemã, EUA, Áustria, Bélgica, Bulgária, Canadá, Checoslováquia, Chipre, Dinamarca, Espanha, Finlândia, França, Grécia, Hungria, Irlanda, Islândia, Itália, Liechtenstein, Luxemburgo, Malta, Mónaco, Noruega, Países Baixos, Polónia, Portugal, Roménia, Reino Unido, São Marino, Santa Sé, Suécia, Suíça, Turquia, URSS e Jugoslávia. Os trabalhos começaram em 3 de julho de 1973, e só naquela data chegaram a um termo equívoco, com a assinatura da *Ata Final da Conferência sobre Segurança e Cooperação da Europa.*

É sintomático notar que estiveram presentes, e pronunciaram-se sobre diversas questões, representantes da Argélia, do Egito, Israel, Marrocos, Síria e Tunísia, isto é, a fronteira do Terceiro Mundo em face de uma Europa que perdeu a supremacia política.

Se percorrermos a referida Ata, parece claro que dela resultam as seguintes linhas principais: a Europa reconhece que perdeu o domínio político do mundo, e os Estados ali reunidos já não falam em nome dos vastos territórios e povos que dominaram até ao fim da última guerra mundial, falam apenas em nome dos seus povos; reconhecem uma unidade histórica assente numa história comum, mas também aceitam que viveram tradicionalmente em guerra civil interior, e que esse clima não está morto; aceitam que o Ocidente tem hoje apenas duas lideranças competitivas, os EUA e a

[87] Pierre Chaunu e Georges Luffert, *La peste blanche*, Paris, 1976.

[88] A. Moreira, *A Europa em Formação*, cit.

URSS, cada uma delas correspondendo respetivamente a um dos principais desviacionismos ocidentais: o desviacionismo americano, marcado pela Declaração da Independência, e o desviacionismo soviético, marcado pelo *Manifesto Comunista*.

Embora estas duas últimas potências, como vimos, pretendam assumir um condomínio mundial de responsabilidade, é certo que em Helsínquia foi do recuo da cristandade que se tratou, do espaço ocidental, de que resta de mundo governado pela etnia branca.

Uma das primeiras preocupações evidenciadas foi, mais uma vez, a de terminar com a guerra civil interior, em que os Ocidentais sempre viveram, mesmo na época da expansão e do maior poderio. Diz-se nos considerandos do preâmbulo da Ata que os Estados ali reunidos estavam «animados pela resolução política, no interesse dos povos, de melhorar e intensificar as suas relações, de contribuir na Europa para a paz, a segurança, a justiça e a cooperação, bem como estimular maior aproximação entre eles e deles com os outros Estados do mundo».

Não faltou a lembrança de que estão «conscientes de uma história comum», e o reconhecimento da «indivisibilidade da segurança na Europa», e do «laço estreito que existe entre a paz e a segurança na Europa e no mundo inteiro».

Chegaram assim a uma declaração sobre os princípios que regem as relações mútuas dos Estados participantes, e que são os seguintes: 1) igualdade soberana, respeito dos direitos inerentes à soberania; 2) não recurso à ameaça ou ao emprego da força; 3) inviolabilidade das fronteiras; 4) integridade territorial dos Estados; 5) solução pacífica dos conflitos; 6) não intervenção nos regimes internos; 7) respeito aos direitos do homem e às liberdades fundamentais, nestas incluídas as liberdades de pensamento, de consciência, de religião ou de convicção; 8) igualdade dos direitos dos povos e direito dos povos a dispor de si mesmos; 9) cooperação entre os Estados; 10) execução de boa fé das obrigações assumidas em conformidade com o direito internacional.

O trágico desta conferência, e das suas conclusões, é que de facto se tratou de um diálogo URSS-EUA por cima dos interesses e com a assistência de todos os restantes países europeus, aos quais não resta qualquer intervenção possível de vulto nas questões mundiais.

Quando se afirma a igualdade soberana, sabe-se que no Leste vigora a doutrina da soberania limitada, e que no Ocidente a defesa depende dos EUA; quando se promete o não recurso à força, sabe-se que só as duas superpotências podem querer usar esse meio; quando se reconhece a inviolabilidade das fronteiras, assenta-se em que as modificações territoriais impostas na Europa depois do fim da guerra são um facto consumado; quando se proclama a integridade territorial dos Estados, elimina-se a legitimidade das reivindicações históricas; quando se prega a solução pacífica dos conflitos, sabe-se que as tensões são todas na fronteira incerta dos interesses EUA-URSS; quando se promete a não ingerência nos negócios internos, omite-se dizer que só as duas superpotências fazem o contrário; ao reafirmar o respeito pelos direitos do homem, não se lembra que a leitura desses direitos é diferente em ambos os lados da Cortina de Ferro; quando se diz que todos os povos têm o direito à autodeterminação, não se recorda que no sistema soviético tal autodeterminação só existe para entrar na federação.

Resta apenas aquilo que já existia, isto é, o ideal da cooperação e de que os tratados sejam cumpridos de boa fé. A Conferência de Helsínquia só confirmou o facto de que a Europa é um espaço vazio de poder, hesitante entre a conceção atlântica (EUA) e a finlandização (URSS). Ainda duas potências ocidentais, EUA-URSS, possuem voz mundial, mas a supremacia política da etnia branca terminou.

Quando, em dezembro de 1978, os EUA reconheceram finalmente a China Continental, e acabaram com a ficção de que o Governo da Ilha Formosa representava a totalidade da China, deram finalmente prova de realismo e admitiram que os interesses gerais do mundo passaram a ter outros interlocutores, além das potências ocidentais em declínio e da sua competidora, a URSS[89].

2. A Pátria Planetária

A derrocada da construção política mundial que foi o Euromundo deixou como herança o sentimento, finalmente implantado, de que a Terra é só uma e do interesse comum de todos os povos. Isto, que foi uma conclusão de pensadores e analistas, também já é uma convicção de estadistas. Em 29 de setembro de 1974, o presidente Valéry Giscard d'Estaing reconhecia que «o mundialismo da violência precede o mundialismo do pensamento», e afirmou repetidamente a necessidade de «praticar uma política mundialista».

[89] A. Moreira, *A Comunidade Internacional em Mudança*, cit.

Este mundialismo tem expressão numa série de organismos, como a OMS, para a saúde, o BIT, para o trabalho, a UNESCO, para a educação e para a cultura, a FAO, para a agricultura, o Banco Mundial e o Fundo Monetário Internacional, para as questões económicas e financeiras, e assim por diante.

Estas organizações vão respondendo à consciência crescente de que existem interesses e ameaças que são de toda a humanidade e não de um só ou poucos Estados. A inflação, o desemprego, o desequilíbrio das trocas e das balanças comerciais já não são fenómenos localizados. Por isso Giscard d'Estaing declarava em 28 de outubro de 1975 que «os problemas económicos tornaram-se problemas mundiais».

Estas inquietações tiveram expressão num documento que emocionou o mundo, e foi o já citado Relatório de 1972 do Clube de Roma, intitulado *Os Limites do Crescimento.* Dando uma nova atualidade ao pensamento do esquecido Malthus, aquilo que o relatório afirmava em síntese é que a humanidade tem de levar em conta a limitação física dos recursos da Terra. Quando, em 1974, publicou o segundo relatório, advertiu, entre outras coisas, de que até ao ano 2025 cada quilómetro da Ásia do Sul deveria alimentar mil trezentas e setenta pessoas, e que por isso morrerão de fome vinte e cinco milhões de crianças.

Por outro lado, mostrou que o crescimento dos países ricos do Norte do Mundo assenta numa verdadeira destruição da natureza, e que esta não poderá suportar por muito mais tempo uma semelhante agressão. Fazendo apelo à prioridade do fator político, afirmava que «o nacionalismo ilimitado está definitivamente ultrapassado», e que «os homens não podem continuar a esperar que as transformações se produzam espontaneamente e por acaso». Em resumo, a necessidade de um sistema mundial já não é um problema de opção, é uma questão de necessidade inadiável[90].

Esta necessidade diz reconhecidamente respeito aos seguintes temas principais: *crescimento da população mundial, expansão económica, energia, matérias-primas, recursos alimentares, ambiente*[91].

Não faltam prospetivas otimistas, como as do Hudson Institute, liderado pelo pensamento de Herman Kahn, e que a longo prazo anteveem uma geral sociedade «pós-industrial», e o reino da abundância e da paz. Mas os factos políticos exigem decisões a curto prazo, conjunturais, e os maquiavé-

[90] Louis Perillier, La *patrie planétaire,* Paris, 1976; Pierre Mayer, *Le monde rompu*, Paris, 1976.

[91] Herman Kahn, *Scénario pour 200 ans,* Paris, 1976.

licos guiam-se pelo princípio de que, a longo prazo, a única previsão segura é que todos os atuais homens vivos estarão mortos.

3. A Crise do Estado

A geral conclusão de que é necessário um sistema mundial de gestão, para evitar a catástrofe da guerra e a catástrofe da paz sem disciplina, só tem a novidade de exigir mais um sistema. Os Romanos souberam isso para o mundo que conheceram, e o Império pareceu-lhes uma solução, cuja derrocada foi temida até pelos povos que administravam. O Euromundo foi também um sistema para um globo unificado, e o seu desastre final deixou um vazio que justamente se procura ocupar, sem dizer que é disso que se trata.

A vocação e a experiência da unidade são portanto antigas, com talvez a diferença de que os ensaios feitos foram imposições sem réplica nem sentimentos comuns da humanidade e que hoje cresce um consenso mundial a exigir uma fórmula consentida e ainda não encontrada.

Da Conferência de Helsínquia decorre uma tentativa de condomínio de responsabilidade mundial URSS-EUA, que seria ainda um predomínio mundial de sociedades ocidentais, industrializadas e ricas, esquecidas das divergências ideológicas por imposição dos seus interesses comuns.

Mas essa solução, que apenas muda a sede do Poder sem alterar a forma nem os efeitos essenciais do passado Euromundo, recebe as mesmas objeções da parte dos povos que se queixam de uma ordem que identificaram com o colonialismo e a exploração.

Nas áreas onde a supremacia dos EUA é efetiva, a luta contra as multinacionais é a réplica da luta passada contra as soberanias europeias que foram expulsas no século XIX ou retiraram no século XX. Nas áreas de predomínio soviético, o crescimento do nacionalismo em alguns lugares, como a Polónia e a Roménia, o não alinhamento, como no caso da Jugoslávia, a inquietação que parece crescente nas colónias integradas com o nome de repúblicas na própria União, parecem a réplica dessa recusa de uma ordem imposta em primeiro lugar para benefício da soberania do Estado dominante. Parece uma luta, ou declarada ou latente, contra os factos, que até hoje não demonstraram a existência de uma estrutura do Poder que não servisse em primeiro lugar os interesses do país dominante. Numa conjuntura em que a interdependência é a regra, e em que a soberania, como vimos, muda de conteúdo, parece mais viva do que antes a reivindicação da igualdade efetiva dos Estados, o que parece contrário à natureza das coisas.

Nunca aconteceu que essa igualdade fosse efetiva, nem é de esperar que, mantendo-se o Estado como o modelo do agente político internacional por excelência, isso venha a acontecer. O elitismo, baseado no *poder efectivo* ou no *poder funcional*, é que parece ser a regra da comunidade internacional.

O qualificativo de grande potência refere-se aos factos, não se refere ao direito, e a lei internacional igual para todos não significa que todos sejam iguais perante essa lei. A revolta contra os factos, que vai tomando forma na exigência de uma organização mundial baseada no consentimento, não pode deixar de se enfrentar com o próprio Estado, porque esse é o facto essencial que contraria o movimento de protesto.

O internacionalismo, de conteúdo vago e de forma indecisa, parece ser a ideologia que dá cobertura a uma tal reivindicação, embora não seja fácil entender porque é que se espera de uma autoridade supranacional, em relação aos direitos do homem, um comportamento mais aceitável do que aquele que se critica aos poderes tradicionais. Entende-se que de uma tal autoridade, seja qual for a forma que revista, se espere que eliminará os conflitos tradicionais de Estados e de povos, pela circunstância da fusão dos interesses no bem comum geral. Mas nada deixa supor que os direitos do homem estarão mais ao abrigo dos atentados, nem que um tal poder não será capturado em favor de setores privilegiados do mundo.

Todavia, o facto parece ser que o mito do internacionalismo, incluindo a transferência das competências tradicionais do Estado para autoridades supranacionais, é a ideologia de protesto que está em marcha para corresponder ao indiscutível facto de que o género humano é passivo, como um todo, de ameaças e perigos comuns, e que já tomou consciência disso.

Os chamados *novos filósofos* exprimem, na ordem nacional, a mesma atitude de desgosto em face do Estado tradicional e são como que a face interna desse problema internacional[92]. As correntes internacionalistas veem no Estado um obstáculo para a realização da justiça mundial e lançam-lhe um desafio tão severo como o que a teoria dos conflitos lhe dirigiu ao considerá-lo incapaz de ser árbitro na vida interna, para o definir como instrumento necessário de um estrato social.

É em situação de descrédito que o Estado enfrenta a conjuntura, sem que as ideologias alternativas tenham produzido um instrumento de substituição.

[92] André Glucksmann, *Les maîtres penseurs*, Paris, 1977; Bernard-Henry Levy, *La barbarie à visage humaine*, Paris, 1977; Bertrand de Jouvenel, *La civilisation de puissance*, Paris, 1976.

4. As Matrizes Ideológicas

a) A Tradição Clássica

Não é fácil definir ideologicamente esse internacionalismo a que nos referimos, mas que é já um facto a tomar em conta na análise do processo ideológico em curso. Mas é possível tentar alinhar as características das correntes ideológicas que parecem ter a adesão de grupos mais ou menos numerosos de Estados e que aceitam a manutenção desse agente tradicional da vida internacional.

A primeira dessas ideologias, que serve de ponto de referência para a crítica das outras, é o que podemos chamar *tradição clássica*. Tem a sua origem nos séculos XVII e XVIII e filia-se no pensamento dos escritores que justificaram a construção do Euromundo, incluindo os doutrinadores do liberalismo.

Desaparecida a *comunidade da fé* em que a comunidade internacional ocidental se baseou até à constituição do *ocidente dos Estados,* com o seu marco divisório que foi a Reforma, o dado básico da ideologia clássica foi a noção de *estado de natureza*[93].

A teoria do *pacto social,* avançada pelos contratualistas para explicar a constituição da sociedade política, não encontrava aplicação no domínio das relações internacionais. Neste campo, o que se podia notar, segundo Locke, é que os Príncipes seriam orientados pelos princípios da defesa e da conservação dos seus Estados. Ainda hoje os escritores da corrente maquiavélica não têm outra visão da vida internacional, e o equilíbrio das forças continua a ser o conceito que orienta todas as geopolíticas.

Os valores de ordem estadual que a ideologia clássica pretendeu salvaguardar foram a *soberania,* o *direito de fazer a guerra,* a *igualdade dos Estados,* a *missão nacional,* o *valor das fronteiras físicas,* a *jurisdição interna, a ordem pública.*

A hipótese de trabalho parece ter sido encontrar, para a vida internacional, o equivalente do contrato social, e todos os chamados *projetistas da paz,* sempre ocidentais, foi nesse sentido que dirigiram os seus esforços.

O direito internacional clássico, sem sanção, foi a criação ocidental mais avançada com tal objetivo, e os tratados, que foram o seu instrumento, politicamente nunca deixaram de ser apenas o espelho de uma relação de forças. Por isso o próprio Rousseau, criticando o Projeto de Paz Perpétua de Saint-Pierre, observava que, para ter êxito, «seria necessário que a soma dos

[93] A. Moreira, "As teses de Lutero", in *Legado Político do Ocidente,* cit.

interesses particulares não primasse sobre o interesse comum, e que cada um acreditasse ver no bem de todos o maior bem que pode esperar para si próprio».

De facto, o *princípio do equilíbrio,* traduzido em alinhamentos de forças capazes de impedir a agressão dos outros, foi a solução clássica para alcançar uma razoável observância do sistema normativo internacional.

Voltaire, no *Século de Luís XIV,* notava que as nações europeias «estão sobretudo de acordo na sábia política de manter entre si, tanto quanto lhes é possível, uma balança igual de poder». Esta construção não é tão catastrófica como pode parecer, porque a solidariedade dos interesses assegurava um normal acatamento das regras.

Foi ainda nessa noção básica do interesse das potências que se basearam os sistemas da Sociedade das Nações e da ONU. Nesta, a tradição aristocrática ocidental levou a instituir o Conselho de Segurança, no qual é necessário que o voto de todas as grandes potências seja coincidente para que as decisões respeitantes à segurança internacional sejam aprovadas.

É a isto que se chama o direito de veto, que foi realisticamente introduzido na Carta com o confessado convencimento de que uma grande potência nunca submeteria os seus interesses vitais à decisão da maioria dos pequenos Estados.

Por isso, como vimos, é fora da ONU que as grandes potências procuram elaborar os acordos que respeitam às suas conveniências.

Acontece que a alteração das solidariedades mundiais que referimos, e o facto novo da interdependência crescente, afetam a eficácia desse sistema clássico.

Foi ele concebido para uma época em que o Poder tinha sobretudo expressão militar, quando hoje o *poder tecnológico,* o *poder financeiro,* o *poder de comunicação,* e aquilo que temos chamado o *poder funcional,* se mostram os mais decisivos e interferentes.

De tudo resultou uma alteração nas relações internacionais, que mostra pelo menos os seguintes traços característicos: a) diminuição progressiva dos problemas considerados de jurisdição interna; b) aparecimento de novos interesses comuns dos Estados, designadamente nos domínios da cooperação técnica e financeira, da poluição, da energia, da arte da guerra, da segurança da circulação; c) o aumento quantitativo e qualitativo do poder militar das grandes potências também faz aumentar a sua vulnerabilidade em face das pequenas potências que adquiriram uma nova espécie de autonomia nesse domínio.

Por isso os grandes espaços são, como vimos, uma das tendências a que as grandes potências não escapam, o que implica novas formas de organização, a definição de novas autoridades, e a formulação de um diferente direito. A teoria baseada no estado de natureza é contestada pelos factos que exigem coordenação e hierarquização, segundo formas em processo de gestação, e também é desafiada por novas ideologias internacionais.

b) A Proposta Marxista

Talvez seja impossível falar de uma conceção marxista das relações internacionais, porque Marx não formulou uma doutrina para esse domínio. Mas existe certamente uma conceção soviética, que parte da visão do Estado burguês como um aparelho ao serviço dos interesses da classe detentora da propriedade dos meios de produção.

Logicamente, a sociedade internacional burguesa é olhada como um quadro de rivalidades entre burguesias que se apelidam de nacionais e que exportam o sistema capitalista, com os seus conflitos internos, até ao domínio da totalidade do espaço habitado e à mobilização de todos os recursos disponíveis na Terra. Esta expansão vem acompanhada da racionalização do comércio, da desvalorização das fronteiras físicas, da criação de um mercado mundial, da uniformidade da produção industrial e da morte do próprio sistema no limite da expansão.

Por isso Marx, no *Discurso sobre o Livre-Cambismo*, de 1848, escrevia que este «dissolve as antigas nacionalidades e leva ao extremo o antagonismo entre a burguesia e o proletariado. Numa palavra, o sistema da liberdade comercial acelera a revolução social».

A Revolução, no seu conceito, não era regional, era necessariamente internacional. Daqui a lógica do apelo às solidariedades horizontais, e o preceito básico de fazer a união dos proletários de todo o mundo, estabelecendo uma base de desafio às autoridades clássicas.

A institucionalização do proletariado mundial opunha-se ao estado de natureza da organização internacional burguesa, com total afastamento do conceito de jurisdição interna.

Por isso Estaline afirmou que «internacionalista é aquele que incondicionalmente, sem hesitação, sem receios, está pronto a proteger a URSS, porque é a URSS que está na base do movimento revolucionário mundial», e que «proteger a marcha em frente deste movimento revolucionário não é possível sem proteger a URSS»[94].

[94] Estaline, *Oeuvres*, X, p. 51.

Esta orientação baseava-se na definição da URSS como *pátria dos trabalhadores de todo o mundo* e justificou a entrega da direcção do movimento marxista mundial a órgãos radicados na URSS, que dogmatizaram a solidariedade de todos os partidos comunistas, e a sua estrita obediência ao comando central.

Na mesma orientação, doutrinara Rosa Luxemburgo que «a política de classe do proletariado não pode ser realizada senão no plano internacional», e que «se ela se limita a um só país enquanto que os trabalhadores de outros países praticam uma política burguesa, a ação da vanguarda revolucionária é desviada nas suas consequências posteriores»[95].

Na previsão da doutrina, a subtração dos proletários à obediência do Estado clássico, dentro do tradicional esquema das fidelidades verticais, levará à criação de Estados nacionais-proletários, cada um deles significando a quebra de um elo do sistema burguês mundial.

Esta doutrina continuou a ser usada como instrumento ideológico na luta externa, mas os factos obrigaram o Estado soviético a tomar uma diferente atitude para a defesa dos seus próprios interesses estaduais.

Ao conceito de *pátria dos trabalhadores de todo o mundo* sucedeu rapidamente, com Lenine, o conceito de *comunismo cercado num só país*, e, com a Guerra Mundial, o conceito clássico de *santa pátria russa*, agredida pelo inimigo tradicional.

Em resumo: 1) a URSS regressou ao conceito clássico, em tudo o que respeita à defesa dos interesses em expansão da Pátria soviética; 2) submeteu a competição ideológica com o campo capitalista e social-democrático ao conceito de *coexistência pacífica*, ao abrigo do qual considera legítimo o apoio que dá aos partidos comunistas estrangeiros que não desistiu de dirigir, e considera ilegítimos os apoios ou incitamentos que os adversários dão aos seus movimentos internos de dissidência; 3) procurou impor no campo socialista a doutrina de Brejnev da *soberania limitada*, que atribui à URSS o papel do Estado diretor da área, com legitimidade para intervir pela força sempre que a ordem socialista esteja em perigo[96].

c) A Reivindicação Terceiro-Mundista

O Terceiro Mundo, com a sua ideologia neutralista, também vai definindo uma nova atitude no domínio das relações internacionais. A sua atitude

[95] Rosa Luxemburgo, *Oeuvres*, II, *Écrits politiques*, Paris, 1943, p. 43.

[96] A. Moreira, *A Comunidade Internacional*, cit.

básica é a de recusar em bloco a validade do direito internacional clássico, em cuja definição não colaborou. Assim, enquanto que tradicionalmente o reconhecimento da personalidade internacional de um Estado implicava para este a aceitação do direito internacional, os neutralistas entendem que o reconhecimento significa o acesso à participação na definição de um novo direito internacional.

O seu instrumento mais eficaz são as Nações Unidas, em cuja Assembleia Geral vão fazendo aprovar resoluções que dão expressão ao seu ponto de vista. Um dos seus triunfos mais espectaculares foi a redefinição da doutrina da autodeterminação, usando a IV Comissão da Assembleia Geral. Enquanto que o capítulo XII da Carta, ao instituir o *Regime Internacional de Tutela,* assentava na necessidade de favorecer a *«evolução progressiva para a capacidade de se administrarem por si próprios ou para a independência»* dos povos colonizados, os terceiro-mundistas impuseram: *a)* que os territórios, e não os povos, é que definiam o objetivo da descolonização, e assumiram o princípio de que cada colónia se transformaria num só Estado; *b)* todos esses territórios deveriam imediatamente tornar-se independentes, sem qualquer período de preparação; *c)* a independência não tem que assentar no plebiscito, pode assentar na vitória de um partido armado; *d)* as regras da Carta são *guiding principles,* não são preceitos jurídicos obrigatórios; *e) é* legítimo interferir na vida interna dos territórios coloniais para ajudar a sua independência, e essa legitimidade cobre os santuários fornecidos aos movimentos armados, o fornecimento de apoio material, a cooperação no domínio internacional.

As grandes potências, que cada uma delas pretendeu alternadamente utilizar a ONU para cobrir os seus próprios interesses e ações, parecem ter reconhecido que perderam o domínio desse fórum, e é fora dele que, salvando quanto podem a tradição clássica, procuram resolver os seus conflitos de interesses. A Assembleia Geral da ONU passou fundamentalmente a ser uma tribuna do terceiro-mundismo e do neutralismo[97].

5. Os Carateres da Conjuntura

A primeira importante característica do sistema é a sua natureza planetária, de tal modo que nenhum governo deixa de atribuir a fatores internacionais as dificuldades internas que é obrigado a enfrentar.

[97] A. Moreira, *A Comunidade Internacional,* cit.

Por isso alastra o cimento das organizações internacionais e os grandes espaços procuram suprir as insuficiências dos Estados. São *organizações intergovernamentais* a procurar regular pacificamente as relações entre parceiros que tentam salvar a igualdade soberana; são *organizações supraestaduais a* procurar impor uma nova ordem às soberanias relutantes; são as *multinacionais* a demonstrar que o mercado é transnacional; são as *internacionais ideológicas* a procurar impor um monismo doutrinal.

Todo o conflito é potencialmente mundial, e neste facto assenta a espécie de nova liberdade que os pequenos países adquiriram em face dos grandes. Do ponto de vista estratégico, os *blocos* militares dão expressão à doutrina dos grandes espaços e mantêm viva a técnica dos Estados diretores, que provoca tensões perigosas dentro do sistema.

Num clima de paz instável, a *competição comercial* e a *guerra monetária* são as expressões mais evidentes da recusa de acomodamento dos interesses estaduais a um interesse geral da comunidade mundial. A competição militar direta cede perante a *estratégia indireta,* que é animada pela *mística do desenvolvimento* no que respeita aos países pobres e pela *mística do crescimento* no que toca aos países ricos. Tudo para obedecer ao que temos chamado, na linha de Chardin, a *lei da complexidade crescente.* Ao mesmo tempo que se multiplicam os centros de decisão públicos e privados (princípio da dispersão), o aumento quantitativo e qualitativo das relações entre esses centros conduz à institucionalização da coordenação (princípio da convergência). Um só povo numa só Terra, é o valor ideológico que preside ao processo da convergência.

§ 10º
O Fim do Euromundo

1. O Projeto do Euromundo

a) Numa época em que a imagem é mais eficaz no processo político do que a realidade, em resultado do alto poder condicionante dos meios de comunicação, ocorre recordar, ao tratar da conjuntura europeia, esse primeiro grande jornalista da expansão ocidental que foi Fernão Mendes Pinto, o da *Peregrinação.* Não deve criticar-se exageradamente a sua falta de apego à veracidade dos factos e discursos que vai relatando, porque o seu tema não é a cadeia dos acontecimentos, é antes a imagem dos contactos entre civilizações diferentes. Por isso o seu relato é tão importante para a história do pensamento político. Deste modo, «os admiráveis discursos em que ele pretende encontrar – e consegue-o admiravelmente – uma expressão portuguesa para o estilo cheio de imagens dos orientais» não podem ser logo repudiados por não terem «sombra de exatidão», como pareceu a Adolfo Casais Monteiro.

Pode e deve supor-se neles o tipo de veracidade dos relatos noticiosos, que hoje alimentam a opinião corrente e baseiam as decisões dos pleitos eleitorais. Dessas notícias, destacarei, para iniciar o nosso tema, a que se refere à morte do Padre Mestre Francisco Xavier, mais tarde Santo da Igreja Católica. Foi num sábado, 2 de dezembro de 1552, à meia-noite, na ilha de Sanchão, fronteira à impenetrável China. As palavras únicas que se ouviam, de quando em quando, a modo de suspiro, eram estas: «Jesus da minha alma».

Assim morreu o Santo, na fronteira de dois mundos que ainda, passados quatro séculos, se confrontam na mesma linha. Ponto limite do encontro entre o Oriente e o Ocidente. Este último, do qual Mestre Francisco era o enviado, vive hoje em regime de extrema-unção por toda a parte. Todos os dias anuncia a sua própria catástrofe. E nem sequer se reconhece já na invocação do cristianismo que lhe deu caráter em todo o período de expansão. Mais do que com um desafio externo, debate-se com um esgotamento interior.

Naquela data, o Ocidente identificou-se por um projeto eminentemente político, do qual Luís de Camões foi o épico. De facto, *os Lusíadas* são um manifesto político que toma partido no debate entre a *conceção continental* e a *conceção oceânica*, a favor da segunda. Um debate que não foi exclusivamente português, antes foi eminentemente europeu e, por isso, ocidental. E que assim permanece. Quando o poeta canta a Europa e nela assinala «a *nobre Espanha, como a cabeça ali da Europa toda*», é porque deseja a criação de um império mundial *cristocêntrico*, pelo qual, afirma, «*serão dadas na terra leis melhores*». Não hesitava em afirmar que se «*via estar o Céu determinado de fazer de Lisboa nova Roma*».

Isto não significa que o início daquilo que Toynbee chamou a *Era Gâmica* tenha apenas uma matriz espiritual, no caso religiosa, e particularmente católica. Mais sábio do que muitos modernos analistas, o desconhecido marinheiro do *Roteiro* de Vasco da Gama formulou, ao chegar à Índia, a síntese franciscana do programa do Estado: explicou, com simplicidade, que vinham de longe em busca de *cristãos* e de *pimenta*. De ambas as coisas. Porque o Estado é um instrumento de interesses humanos, e os homens não são apenas filhos do Céu nem apenas filhos da Terra. São filhos do Céu e da Terra.

Neste processo inicial, a Europa aparece como a plataforma originária do Ocidente, sede do governo do mundo assumido pela etnia branca. Mas, dentro do Ocidente, não tinha autonomia conceitual política. Responsável pela criação do Euromundo, que a nossa época está vendo agonizar, tinha no Ocidente a sua expressão maior. O Ocidente governava o mundo e tinha a sede geográfica do seu governo na Europa. O poema de Luís de Camões é uma das expressões literárias desta conceção política do Globo. Até à eclosão do anticolonialismo do século XIX, a Europa não tem autonomia conceitual política para além disso.

b) A identidade política autónoma da Europa, dentro do Ocidente, não vem do exterior deste. É definida por um indicador ocidental. Tem certidão de origem. Chama-se *An Inquiry into the nature and cause of the wealth of nations*, e foi escrito por Adam Smith. Apareceu, simbolicamente, em 1776 com a independência dos Estados Unidos da América. Escrito por um amigo de Turgot, D'Alembert, Helvatius, Marmontel e Rochefoucauld. Procurou demonstrar que as colónias tinham sido formadas apenas para realizar o louco projeto de encontrar ouro e prata. Os cristãos, de que falava o velho e anónimo marinheiro do Gama, ficavam inteiramente esquecidos. As metrópoles, sedes dos governos da antiga República Cristã, apenas se teriam debruçado sobre esses longínquos territórios e povos para os explorarem.

Deste ponto de vista, a Europa, sede de tais governos, aparecia *«como um só grande país»*, identificado pela função e pelo comportamento. Tratava-se de definir uma agressão, que *The Federalist* haveria de caracterizar para fundamentar o novo direito proclamado pelas treze colónias: *o direito à revolta.* Ninguém o diria melhor do que Thomas Jefferson. Curiosamente, os homens que se revoltaram e proclamaram a independência do continente americano não se consideravam eles próprios a longa mão europeia lançada sobre os territórios dos vencidos aborígenes. Assumiram uma personalidade nativista e falaram da Europa na terceira pessoa.

Mas, de facto, para além da teoria política, em tudo continuaram a herança da matriz originária, nas instituições privadas, na família, na propriedade, nas sucessões, nos costumes. Proclamada a liberdade e igualdade dos homens, consideraram estas compatíveis com exceções que abrangiam milhões de homens, todos submetidos àquilo que pudicamente chamaram a *peculiar institution*, mas que era mais vulgarmente conhecida por *escravidão.*

E adotando todas as tradicionais práticas maquiavélicas do Poder, para servir o expansionismo local em todos os domínios.

O desviacionismo americano, que personalizou politicamente a Europa, foi um fraccionismo interior do Ocidente que não atingiu as conceções fundamentais da vida pública e privada.

2. O Fardo do Homem Branco

a) De então em diante, e até à revolta anticolonialista do século XX, a ocupação das restantes zonas marginais do mundo invocou menos a motivação religiosa e mais as necessidades e imperativos da civilização. Foi o período do *fardo do homem branco*, de Rudyard Kipling. Os governos não procuram acreditar-se pelo número de almas salvas para Deus. A estatística passa a dizer respeito ao comércio. Os mercados e as matérias-primas dominam as preocupações dos estadistas. A Conferência de Berlim de 1885 marca o ponto cimeiro desse Ocidente dominador do Mundo, e que, em vez de crónicas de Santos, escreve antes livros de contabilidade comercial em partidas dobradas. Ao mesmo tempo que o capitalismo laico, separador da Igreja e do Estado, se desenvolve e alastra o domínio ocidental a tudo o que ainda restava de marginal no mundo, também interiormente esse mesmo capitalismo fecunda o novo desviacionismo, identificador político da Europa. O nascimento do proletariado vai dar nova implantação ao proclamado direito à insurreição. Agora, já não contra as distantes metrópoles, mas sim contra os próprios governos. Também tem certidão de origem. Chama-se *Manifesto Comunista* e apareceu em 1847, redigido por Engels e Marx. Estava-se em plena expansão territorial dos Estados Unidos. A Florida já tinha sido anexada em 1819. Mas a partir de 1838, e no curto período de dez anos, os EUA estenderam-se para o golfo do México e para o Pacífico, arrebatando os territórios que tinham sido espanhóis.

O desviacionismo americano consolidou-se com este acrescentamento que o presidente Polk, na sua mensagem ao Congresso de 2 de dezembro de 1845, fazia à Doutrina de Monroe a propósito do problema do Texas: «*Se uma parte de um povo deste Continente, constituído em Estado independente, pretende unir-se à nossa Federação, é uma questão a resolver entre ele e nós, sem intervenção estrangeira. Nunca consentiríamos que potências europeias intervenham em vista de impedir esta união, sob pretexto de uma destruição do equilíbrio que querem manter neste continente*». Os EUA iam consolidando uma zona privativa de influência e expansão, enquanto na matriz originária nascia o novo desviacionismo.

A revolução americana procedeu a uma descentralização geográfica do governo do mundo pelo Ocidente, sem que o domínio deste ficasse todavia diminuído. A Revolução de 1917, ao implantar o desviacionismo soviético, quer proceder a uma transferência da sede interior do Poder. No primeiro caso, foram sempre homens de formação liberal, capitalistas de credo, etnicamente brancos e ao menos culturalmente cristãos, que lideraram os movimentos. Agora, é em nome do chamado povo real, contra os valores capitalistas e burgueses, que o novo desviacionismo se afirma. Mas logo se proclama também herdeiro, com novas técnicas, das zonas para onde se expandiu o poder ocidental.

Foi Lenine o doutrinador no novo desafio. Reconhecia, em *O Imperialismo*, que o diretório do mundo pertencia, nesse fim da guerra de 1914/1918, aos EUA, Inglaterra, Alemanha, França e Rússia. Propunha-se, ao doutrinar a transferência do Poder para a classe operária, executar, a partir dessa base, um projeto mundialista tão ambicioso e ecuménico como o dos renascentistas peninsulares. Dar ao mundo leis melhores, como pensara Camões. Fazendo agora de Moscovo a nova Roma de que o poeta falara, com diferentes intenções e valores. Ainda e sempre os ocidentais em face do mundo. Como parece ter entendido bem Mao Tsé-tung, que se pronuncia em termos de incluir a Rússia no Ocidente que combate. Porque, enquanto a Europa é identificada pelos seus desviacionismos ocidentais, o Ocidente em que se encontra é identificado do exterior pelo mundo que durante séculos subordinou e que em conjunto o define como de etnia branca, agressor e rico. Manifestando algumas vezes respeito pelo cristianismo, como fez Gandhi, mas raras vezes revelando admiração pelos cristãos. Ao contrário, identificando-se a si próprio como um mundo de cor, um mundo de colonizados, um mundo de pobres, esse mundo para onde o Ocidente se expandiu, exibe e cultiva um pesado capital de queixas. De conferência em conferência, de Bandung a Lima, identifica-se como o agredido e não tem dúvidas sobre quem foi o agressor. Não aceita o direito internacional clássico, e transforma a sociedade internacional numa réplica das sociedades internas, isto é, também reivindicativa, contestadora, exigente de inovações, revolucionária.

3. A Competição URSS-EUA

a) Entretanto, a última guerra mundial tornou clara a definição de ambos os desviacionismos ocidentais, o americano e o soviético, como dois mundialismos. Vários conflitos ao redor da terra funcionam como marcos de uma sinuosa fronteira de confrontação: Formosa, Vietname, Coreia, Israel, Líbano, Berlim, Cuba, Angola, Cabo Verde, Mediterrâneo, Índico, Atlântico Sul, e assim por diante. As declarações ideológicas, as formulações conceituais, desde a guerra fria à coexistência pacífica, tudo não esconde o facto essencial de que se trata de uma competição entre Estados, munidos, cada um, do seu projeto mundialista.

Nesta extensa linha de confrontação, desenha-se um espaço carregado de tradição, que foi a plataforma da expansão, que é o que resta do Euromundo anterior aos desviacionismos, e que guarda a identificação política da Europa.

Visto historicamente, é um resto; na memória da geração maior de 50 anos, um campo de batalha; estrategicamente, um vazio de poder; conceitualmente, uma interrogação; estruturalmente, um conflito plural. E talvez seja por este pluralismo que convenha começar, porque é muito enganosa a ideia de unidade que a visão exterior atribui à Europa.

Globalmente apontada pelos dedos acusadores dos anticolonialistas do século XIX, globalmente envolvida pelo dinamismo abrangente dos mundialismos americano e soviético. Fenómeno este de uma errada imagem de unidade que não é seu exclusivo.

Também a Índia só foi uma na historiografia exterior dos navegantes e conquistadores, também a África foi uma apenas para os que a partilharam em 1885. A errada imagem não deixou de frutificar em consequências políticas importantes em todos os casos.

Ora, a Europa que resta tem um sólido tecido de unidade, em que avultam o direito internacional que criou, os instrumentos de política internacional que inventou, a vida privada que subordinou aos critérios cristãos, o espírito que Valéry identificou deste modo: «*Toda a raça e toda a terra que foi sucessivamente romanizada, cristianizada e submetida, quanto ao espírito, à disciplina dos gregos, é absolutamente europeia*». Coisa em que, para além de divergências sobre o ocidental, coincidiram Voltaire, Goethe, Taine, Renan, Liszt, Romain Rolland, André Gide, Valéry, Keiserling, Christopher Dawson, Dumond Wilden, Paul Hazard, Julien Benda, Francisco Flora, Denis de Rougemont, György Lukács, Spender, Bernanos, Karl Jaspers, todos pluralmente diferenciados e europeiamente unidos.

Também, até à paz de 1918, a vontade de domínio e de poder sobre o mundo aparecia como resultante comum, diversificada em técnicas variadas: dispensadora dos capitais de que o mundo tinha necessidade; exportadora de técnica e de quadros; dona dos serviços de transportes e de comunicações; ditadora das condições internacionais das trocas, guardando o privilégio de criar capitais cheios de vitalidade, como sublinhou Keynes. Mas este traço de *vontade de poder* deve considerar-se definitivamente extinto.

A retirada política geral não foi compensada pelas técnicas neocolonialistas ensaiadas. As previsões de Ortega e de Valéry consumaram-se. Campo de batalha de duas guerras mundiais, a Europa é hoje um cemitério de tradições imperiais. A vocação do mando passou para os desviacionismos americano e russo, mundialmente conflitantes. As vocações políticas europeias foram a enterrar com as *elites* dizimadas nas trincheiras da Primeira Guerra Mundial; com as *elites* dos vencidos, sistematicamente aniquiladas pelo nazismo transbordante e empolgado pelo vento da vitória; com as *elites* friamente eliminadas pelo sovietismo finalmente triunfante sobre os invasores que lhe tinham morto vinte milhões de homens, e ao mesmo tempo aproveitando para destruir fisicamente as lideranças burguesas; com as *elites* eliminadas pelos que tomaram o Poder após a libertação de 1945, sedentos daquela vingança a que a vitória usa chamar justiça.

O sangue tão abundantemente derramado não fecundou nenhuma redenção. Pura e simplesmente transformou o que resta da Europa num espaço vazio de poder, ausente das grandes decisões mundiais. Não se encontra, em qualquer dos grandes conflitos posteriores ao último lampejo que foi a aventura franco-britânica do Suez em 1956, uma intervenção europeia: Coreia, Vietname, Médio Oriente, Berlim, Cuba, Israel, África Austral, tudo se passa à sua revelia. Uma queda que parece ter avultado o pluralismo interior a que nos temos referido.

Este pluralismo não é uma novidade sem passado europeu. Em primeiro lugar, no que respeita à falta de uniformidade dos regimes políticos. A tradição é a da diversidade. Quando a Revolução Francesa datou o recomeçar da caminhada europeia, não derrubou um *ancien régime,* abalou antes uma série de sistemas: o feudalismo, a monarquia absoluta, o despotismo esclarecido, as cidades livres não eram modelos que pudessem confundir-se e todos coexistiram.

Por outro lado, a Europa católica, a Europa protestante, a Europa ortodoxa, tinham, cada uma delas, definições geográficas próprias e finalidades conflitantes. A *Declaração dos Direitos do Homem* de 1789, expressão de uma Europa burguesa da frente marítima, responsável pela doutrina económica liberal e pela expansão ultramarina, é contemporânea da *Carta da Nobreza* de 1785, promulgada por Catarina II da Rússia, onde se afirmava que:

«O título nobiliárquico é o resultado das qualidades e das virtudes dos homens que no passado tiveram altos cargos e se distinguiram pelos seus méritos, pelos quais transformaram os seus serviços numa dignidade e guardaram para si e para os seus descendentes o apelativo de nobres».

Estes dois documentos já opunham uma *Europa de cidadãos* a uma *Europa de servos;* contrastavam uma Europa para a qual o motor do desenvolvimento era o *indivíduo em livre competição* com uma Europa onde o *Estado* se mantinha como o gestor por excelência. Quando o simples deputado Winston Churchill, em 19 de setembro de 1946, apelava para a união dos europeus em vista da *cortina de ferro* que os dividia, poderia ter acrescentado que a linha divisória parecia estar traçada pelo menos desde o aparecimento daqueles dois documentos, a *Declaração dos Direitos do Homem e a Carta da Nobreza.*

b) Tal como aconteceu em 1918, a Europa de 1945 era, para os vencedores, um só campo de batalha. Os americanos tinham partido dos seus lares para lutar na *Europa* e não em qualquer país individualizado. Os soviéticos tinham marchado contra os opressores capitalistas e não contra nacionais de um país nomeado.

Os anticolonialistas da tradição do século XIX e os revoltados do século XX, ali, viam a sede unitária das metrópoles do colonialismo.

Mas, dentro desse resto de Ocidente, que foi incapaz de resistir sem a intervenção das antigas colónias americanas, e só poderia subsistir consumindo a totalidade dos seus impérios, não morriam as vocações nacionalistas agressivas, as leituras divergentes das histórias dos povos, os ressentimentos do passado recente, as ambições que excediam as capacidades dos Estados.

Começaram os apelos realistas no sentido de encontrar uma fórmula de coexistência pacífica e de cooperação na unidade. Entre todos, avulta Jean Monnet, por muitos chamado o *Pai da Europa, a* quem a Universidade de Lausana, em 2 de fevereiro de 1970, concedeu o título de Doutor *Honoris Causa*, com a seguinte citação: *«Em homenagem ao pioneiro da reconciliação e da união dos povos europeus».*

Mas, entre os que nunca tiveram responsabilidades oficiais, não pode deixar de destacar-se o conde Coudenhove-Kalergi, a quem se deve o primeiro Congresso Pan-Europeu, reunido em Viena de 3 a 6 de outubro de 1926. Sem esquecer o precedente que é o *Manifesto dos Prisioneiros de Ventotene,* oferecido em plena tormenta da guerra. Ou o movimento *Rosa Branca,* do Prof. Huber e dos seus alunos da Universidade de Munique, decapitados pelo nazismo. E, finalmente, a *Declaração dos Resistentes Europeus,* publicada em julho de 1944, já no estertor das potências do Eixo. A Federação, a Confederação, qualquer forma de *unidade pelo consentimento, era a* sua alternativa democrática para a *unidade pelo constrangimento* que os frustrados planos da guerra procuraram impor.

Como sempre, não foram os grandes projetos teóricos que lograram abrir caminho, mas sim e apenas aquela linha que representa a média entre o desejável e o possível. O insatisfatório pragmatismo que vive da mistura da persistência e da resignação, e que teve como vozes mais escutadas as de Winston Churchill, em 19 de setembro de 1946, e do general Marshall, em 5 de junho de 1947. Ambos apoiados no facto desconsolador de que a matriz do Ocidente, este resto que chamamos Europa, só costuma reagir perante a ameaça de um catalisador.

O persistente receio do rearmamento da Alemanha levou à assinatura do Tratado de Dunquerque de 4 de março de 1947, entre a Inglaterra e a França. Mas o passo seguinte, que foi o Tratado de Bruxelas de 17 de março de 1948, já tem como catalisador o receio de todos os totalitarismos, isto é, o nazismo que era o passado e o sovietismo que era o temido futuro: as potências de Dunquerque, mais a Holanda, o Luxemburgo e a Bélgica, ensaiam ali os primeiros passos para a *União Europeia Ocidental.*

O movimento seguinte seria a integração da Alemanha no espaço militar europeu, sob inspiração dos EUA, que lançaram o Projeto Atlântico. E foi o objetivo da integração da Alemanha no alinhamento projetado contra o novo catalisador, que era a URSS, que desencadeou o processo da integração económica europeia.

Quando Robert Schumann, em 9 de maio de 1950, iniciou a construção da *Comunidade Europeia do Carvão e do Aço,* instituída em 18 de abril de 1951, o que procurava era *permitir uma recuperação económica da Alemanha que fizesse dela um aliado válido; sem lhe consentir a reconstituição de um poderio industrial e militar que acordasse os antigos receios.* Daqui se chegaria, passando pela *Comunidade da Energia Atómica,* à *Comunidade Económica Europeia,* instituída pelo Tratado de Roma de 15 de março de 1957.

Todo este movimento arrancava do equacionamento feito por Marshall no seu famoso discurso de 5 de junho de 1947. Não havia muito tempo, o general Suvechin, comandante da Academia Militar Soviética, tinha explicado que o papel das forças militares soviéticas era «*to stand by, ready to shake the tree when the rotten fruit is ripe to fall*». A intervenção americana aparecia como uma estaca para amparar a árvore, e o seu objetivo último, no seguimento da Doutrina Truman, era a consolidação da definição atlântica, com expressão na NATO, apoiada numa unidade, interior europeia.

O texto assinado em 4 de abril de 1949 (Bélgica, Canadá, Dinamarca, EUA, França, Irlanda, Luxemburgo, Noruega, Holanda, Portugal e Inglaterra), e que se estendeu à Grécia e à Turquia em 18 de fevereiro de 1952 e à Alemanha Federal em 28 de outubro de 1954, teve um importantíssimo reflexo no Artigo 2.° do Protocolo n.º 1 do Tratado de Bruxelas (*União Europeia Ocidental*): as palavras que obrigavam a União a «*tomar as medidas necessárias no caso do renascimento de uma política de agressão por parte da Alemanha*» foram substituídas por estas outras: «*tomar as medidas necessárias a fim de promover a unidade e encorajar a integração progressiva da Europa*».

A então instituída *Agência para o Controlo dos Armamentos* inteiramente fracassou na missão de manter a Alemanha Federal numa posição de inferioridade dentro da União, que compensasse a igualdade que não pôde ser-lhe recusada na NATO. Um dos factos determinantes da adesão dos europeus à NATO foi o golpe de Estado de Praga de 1948, levado ao extremo, vinte anos depois, com a supressão da *primavera* de Alexandre Dubcek, na noite de 20 para 21 de agosto de 1968; e também o bloqueio de Berlim do mesmo ano de 1948.

Mas esta decisão também consagrou o pluralismo militar europeu, com a Organização do Tratado de Varsóvia, tratado este assinado em 14 de maio de 1955, abrangendo, além da URSS, Albânia, Bulgária, Checoslováquia, Hungria, Polónia e Roménia.

Ficavam, assim, os dois desviacionismos ocidentais, ameaçando-se reciprocamente sobre o corpo de uma Europa caída. Os EUA, no seguimento do que foi chamado o *Relatório dos Three Wise Men* de 1956, informaram a NATO de que não podiam sujeitar a sua política e ação no mundo a prévia consulta da NATO; a URSS, esmagando a Checoslováquia e a Hungria, mas reforçando constantemente, desde 1964, a sua fronteira chinesa e a Mongólia, transformando-se numa grande potência marítima, assumindo a supremacia no Mediterrâneo, marcando a sua presença na África, não demonstrou com menor clareza que a sua política regional europeia é também um detalhe do mundialismo que sustenta.

O pluralismo militar europeu complica-se ainda com a existência do que podemos chamar a *Europa dos Neutros*, e à qual pertencem: a Suécia, que desenvolve uma política exterior de antecipação de objetivos que não são os que podemos chamar seus, parecendo que assim compra a paz nas suas fronteiras; a Suíça, guardando o seu estatuto tradicional de neutralidade permanente, que interpreta em termos de nem sequer se sentir autorizada a entrar na ONU; a Áustria, impedida pelo Tratado de Estado de alinhar militarmente.

Em posição original, a França, comprometida na Aliança mas fora da NATO, em busca de um diretório privativo que admitiria partilhar com a Alemanha.

Economicamente, o pluralismo revela-se na existência do COMECON (Conselho para a Assistência Económica Mútua), criado pela URSS em 1949 para aglomerar os satélites sob a sua direção, e do qual se retirou a Albânia em 1962; as Comunidades Europeias, em que se destaca o Mercado Comum instituído em 25 de março de 1957 pelo Tratado de Roma.

Politicamente, o pluralismo desenvolve-se com o Conselho Nórdico, constituído em 1952 para consulta e cooperação entre a Dinamarca e a Islândia, a Noruega e a Suécia; o *Conselho da Europa*, constituído em 5 de maio de 1949, criador de uma conceção da *Europa dos Direitos do Homem* expressa na Convenção Europeia dos Direitos do Homem, assinada em Roma em 4 de novembro de 1950; o grupo dos não admitidos, que são Portugal e Espanha, hoje ambos em processo agudo de transição; o COMINFORM, instituído pelo Manifesto de Varsóvia de 5 de Outubro de 1947 entre os partidos comunistas da Bulgária, Checoslováquia, Hungria, Polónia, Roménia, URSS, França e Itália, para coordenação das atividades.

Por cima de todos estes pluralismos, cuja análise não pretendo continuar, uma divisão essencial parece definir-se: a da *Europa dos ricos e da Europa dos pobres.* A primeira exporta capitais e técnica; a segunda exporta gente. E uma lei inexorável da qual só a violência política suspende o funcionamento. Cada país exportando o que lhe sobra, independentemente dos regimes políticos.

Esta exportação de gente segue o caminho inverso das invasões europeias, que tradicionalmente se dirigem para o sul. As massas trabalhadoras vão do sul para o norte: Portugal, Espanha, Itália, Jugoslávia, Grécia fornecem essa gente. Assim como a Argélia e Marrocos.

O Mediterrâneo, esse mar monoteísta de cristãos, judeus e árabes, unidos pelo mesmo *Livro*, mas divididos pelas ideologias, pela etnia, pelo ressentimento, é caracterizadamente um mar dos pobres. Pode sugerir-se que o seu principal problema é, por incidências diretas e indiretas, o facto de o preço do barril do petróleo ter passado de um dólar e dez para onze dólares.

4. O Vazio do Poder

a) Em outubro de 1955, o general Eisenhower declarava que *«o facto central da vida de hoje é a existência no Mundo de duas filosofias do homem e do governo. Elas estão em luta pela amizade, lealdade e apoio da população mundial»*. Trata-se de uma simplificação pouco encorajante para as minorias que teimam em diferenciar-se destes dois conceitos, mas tem um fundamento estratégico indiscutível.

Para um militar habituado a raciocinar em termos de inimigo, a Declaração claramente afirma a existência de dois mundialismos em competição, nenhum deles confundindo as responsabilidades regionais com as tarefas globais. São dois Estados em movimento: as treze colónias que se tornaram independentes para formar os EUA multiplicaram-se para 51 Estados, e não está dito em parte alguma que parou a chuva de estrelas na bandeira da República; a URSS não liberou nenhuma de suas colónias asiáticas, e não deixou de estender o seu poderio desde o fim da última grande guerra.

Neste espaço vazio que é o que chamamos Europa, verificou-se um acontecimento de importância sem paralelo desde esse já longínquo 1945, o qual foi a Revolução de 25 de Abril de 1974 em Portugal. Demonstrou, tal facto, a interdependência crescente de um mundo socializado a partir das descobertas portuguesas.

Umas escassas centenas de homens, de nacionalidade diferente dos Estados em competição mundial, arruinaram os planos dos estados-maiores dos exércitos mais poderosos do mundo. Tudo sem disparar um tiro, como que desmoralizando o arsenal bélico das grandes potências.

A linha de tensão entre a URSS e os EUA mudou radicalmente de trajeto. Aconteceu que o desmantelamento da estrutura do Estado Português abriu definitivamente o Índico e o Atlântico Sul à expansão soviética. Desde o canal de Suez, tornado operacional mercê dos capitais e técnicas dos ocidentais, passando por Nacala, Lourenço Marques, Luanda, São Tomé, Cabo Verde, a fronteira ideológica mais uma vez se revela contemporaneamente superior à fronteira física.

Gratuitamente, sem qualquer negociação de contrapartidas, sem ordem de batalha, sem assessoramento da comunidade internacional, luz de uma álacre invocação de princípios, o equilíbrio de ambos: os mundialismos em competição foi rompido.

Não se conhece qualquer revolução com procedimento equivalente no passado. A Revolução Americana, a Revolução Francesa, a Revolução Soviética, as revoluções neutralistas, nenhuma delas enjeitou uma posição estadual herdada, todas negociaram a contrapartida do que não podiam conservar, deixando a proclamação dos princípios para os revolucionários e a barganha para os estadistas.

Durante um quarto de século, que é o que decorre desde o fim da última grande guerra até ao 25 de Abril, a comunidade ocidental, clara ou equivocamente, esperou por uma solução que mantivesse os territórios em causa no seu campo. A tese do Governo português era a de que estava a servir os interesses ocidentais. A dúvida de muitos traduzia-se em perguntar se o Ocidente sabia disso. A certeza dos informados era que a retirada do poder político português implicaria um imediato preenchimento do vazio pelo mundialismo melhor colocado. Não foi o dos EUA.

Subitamente, em poucos dias, o Atlântico Sul transformou-se numa evidência que há muito gritava por ser vista. Há anos, tive ocasião de advogar a organização desse espaço vital sob a liderança natural do Brasil, com a então indispensável cooperação portuguesa, procurando a adesão dos Estados ribeirinhos sem distinção da etnia. Chamei a esse projeto – *Oceano Moreno.*

A NATO, acantonada no Atlântico Norte, repousada na detenção dos Açores, nunca aceitou envolvimento para o sul dessa linha. Foi agora brutalmente sacudida pela súbita presença do adversário nessa esquecida zona. Parece de primeira evidência que o interesse maior dos Estados ribeirinhos seria conseguir ainda organizar a segurança da área à margem da competição das potências mundiais. Se não puderem salvaguardar os seus interesses com autonomia, a necessidade de optar é inevitável.

Esta consequência da retirada portuguesa da África fez com que o ponto final da Era Gâmica tenha sido colocado pelos mesmos que a tinham iniciado. Como já tive ocasião de salientar, *Os Lusíadas* de Luís de Camões foram substituídos por *O Soldado Prático*, de Diogo do Couto. O primeiro escreveu o ativo da gesta lusitana; o segundo escreveu a contabilidade do passivo. Esta é a leitura para a conjuntura. A possibilidade de subsistência de uma África Austral é questionável. A recente e apressada viagem de Kissinger pelo Continente Africano, pregando o princípio dos governos das maiorias negras, pode não conciliar a admiração de todos os observadores pela sua política, mas todos podem razoavelmente mostrar-se admirados com a circunstância de o secretário de Estado correr atrás dos factos com tamanho atraso.

b) Subitamente, a Europa dos pobres, a partir da Revolução de 25 de Abril, ganhou uma personalidade política até então pouco evidente e colocou-se no centro do grande debate marxista em curso. Desde o famoso Relatório de Kruchtchev para o XIX Congresso do Partido Comunista da União Soviética, que se reuniu em Moscovo de 5 a 14 de outubro de 1952, que o comunismo italiano, pela voz de Togliatti e pela mão de Berlinguer, apontava para uma revisão da metodologia revolucionária. Mas o documento que data o início do debate em curso é o *Relatório do Comité Central do Partido Comunista Francês*, apresentado por Georges Marchais ao XXII Congresso do Partido, realizado entre 4 e 8 de fevereiro de 1976. A partir de tal documento, o Partido renunciou ao princípio da ditadura do proletariado, afirma o valor do nacionalismo, e diz aceitar a via democrática da marcha para o Poder. Na linha desta surpreendente alteração, homens como Garaudy, até há pouco excomungados, voltam a ter relevo. O seu *Le Project Espérance*, de 1976, parece ganhar coerência partidária ao dizer: «*O primeiro passo: ir ao encontro do outro – aceitando a sua diferença – para criarem juntos as comunidades de trabalho, de consumo e de cultura*».

Definitivamente, o comunismo da Europa Ocidental, seguindo a Gramsci, já não fala da revolução violenta nem advoga a tomada do Poder pela força: procura, segundo diz, conquistar a sociedade civil, alterar a atitude dos que chama bem-pensantes, afirmando a todos, incluindo os católicos, que aceita o pluralismo, a democracia formal e a garantia da liberdade.

Esta viragem dá-se quando a França dos Republicanos Independentes e a Itália Democrata-Cristã demonstram a possibilidade do acesso dos comunistas ao governo e, talvez, a chegada ao Poder.

Implantado no mundo, como se fora um profeta, Soljenitsine teima na mensagem poética, segundo a qual *por dentro das coisas é que as coisas são*, e adverte contra a autenticidade da mudança. No terceiro volume do seu *Arquipélago de Gulag*, troveja estas palavras: «*Ó pensadores ocidentais de esquerda, estais possuídos pela liberdade! Ó estudantes progressistas da América, da Alemanha e da França, tudo isso não é ainda suficiente para vós! Tudo o que este livro encerra, vós o considerareis sem valor: Vós não entendereis – mas então será subitamente – senão no dia em que, de mãos atrás das costas, vás próprios partireis para o nosso Arquipélago*».

A análise objetiva dos acontecimentos não pode deixar arrastar-se por estes subjetivismos, que são os ingredientes inseparáveis da luta política. Sem mergulhar, portanto, na querela sobre a questão do saber que autenticidade pode ter uma tão súbita mudança de atitude, ao arrepio de meio século de campanha soviética, tem de reconhecer-se que, objetivamente, a nova posição comunista é aquela que mais diretamente favorece a erosão da NATO.

De facto, não pode esquecer-se que o Plano Marshall e a NATO foram, na primeira intenção, uma estaca destinada a evitar que a árvore europeia fosse abanada pelo sovietismo. Por isso o Tratado dá aos seus membros o direito de se consultarem e decidirem sobre uma atitude conveniente em face do avanço comunista. Só por esquecimento muito bem lembrado se pode pretender que a chegada dos comunistas ao Poder, nos países que fazem parte da NATO, pode dar-se sem abalar o total conceito da defesa.

Por outro lado, o abandono do princípio da ditadura do proletariado ameaça tirar sentido à autonomia ideológica do socialismo marxista europeu: todos, comunistas e socialistas, passarão a desejar uma sociedade sem classes, com o Poder entregue à classe proletária, um Estado onde o socialismo reine em liberdade.

Tendo em vista o entusiástico acolhimento que o Secretário-Geral do Partido Comunista Português teve na reunião do Soviete Supremo Soviético em 1976, e lembrando que nunca deixou de ser acusado de estalinista, a impressão que fica, para traçar uma hipótese de trabalho, é que a mobilização da *Europa dos pobres,* feita a partir da Revolução de 25 de Abril, e depois de abrir o caminho do Índico e do Atlântico à URSS, tem objetivamente as seguintes metas: *a retirada americana da Europa, exigida pelas esquerdas europeias; a desarticulação da NATO, em vista da possível composição dos governos; a paralisação da institucionalização do Mercado Comum, considerado contrário ao nacionalismo das esquerdas; a internacionalização dos processos do governo pela articulação dos partidos das esquerdas.*

Tudo, numa conjuntura em que a democracia-cristã de Robert Schuman, Alcide de Gasperi e Konrad Adenauer parece ter chegado ao limite da imaginação criadora e da fadiga suportável. Só ouvidos muito beneficiados conseguirão ainda perceber, na velha Roma, ao menos o suspiro do Mestre Francisco Xavier ao morrer na ilha de Sanchão, à meia-noite de 2 de dezembro de 1552.

Conduzida à situação de um espaço vazio "de poder depois da última grande guerra; sem ter aprendido nem esquecido nada sobre as velhas querelas e rivalidades tradicionais; incapaz de intervir em qualquer dos conflitos que têm mudado a face do mundo, desde 1945: este resto do Euromundo, a que chamamos Europa, tem vivido indeciso entre o mundialismo americano que a quer atlântica, e o mundialismo soviético que pretende a finlandização.

No entanto, consumindo grande parte das suas esgotadas energias com o sempre frustrado projeto de um diretório francês ou franco-germânico, nunca foi capaz de construir um processo de decisões europeias. Chegou assim ao ponto de ser inadiável meditar sobre a possibilidade de os competidores decidirem por ela e sem ela, no traçado de fronteiras mundiais que parece em curso de negociação entre os grandes centros estratégicos.

Com isto admito que podem vir a ter razão os que vaticinaram, de longe, o fim da intervenção política ativa da Europa no Mundo, reduzida a moeda de troca entre os mundialismos em competição. Mas não subscrevo o pessimismo dos que consideram isso um fim, a somar ao fim de outras matrizes de civilizações passadas. As hegemonias e os sistemas políticos passam e morrem. Mas o que subsiste sempre é o género humano na sua caminhada. Tudo não é mais do que um ponto de passagem. A caminho do ponto ómega para o qual convergem as nossas dores e as nossas alegrias. A nossa esperança[98].

§ 11º
O Contexto Estratégico Mundial
(2009)

O facto de o número de cisnes negros ser suficientemente alarmante para que a incerteza se confirme como o paradigma da conjuntura, talvez aconselhe a considerar as indispensáveis teorias estratégicas como ensaios de crítica da estratégia pura, adotando uma atitude cético-moderada, ou, na versão atribuída ao Marechal Castelo Branco, admitir que, na prática, a teoria é outra.

Isto porque, como diria o lendário Popper, "*Nunca se acaba com nada*. Esta ideia tem uma importância transcendental para qualquer democracia. No momento em que se acredita ter colocado um ponto final num problema, está tudo perdido. Nunca acabaremos com nada, os nossos problemas seguirão sempre em frente".

Quando Clausewitz escreveu o seu *Da guerra*, que foi livro de texto em Moscovo e Washington, concluiu "que a guerra é o domínio do acaso", e que "o nosso conhecimento das realidades melhora, mas a nossa incerteza, em lugar de diminuir, pelo contrário aumentou".

[98] Lição induída no *Curso de Relações Político-Económicas Internacionais,* São Paulo, 1977. Para desenvolvimentos, ver A. Moreira, *A Europa em Formação,* São Paulo, 1977.

O tempo de espera, que foi a guerra fria, experiência em que a ameaça da destruição mútua assegurada pelas armas estratégicas moderou por igual os adversários, e relegou para as periferias os combates por entreposta entidade, não parece ter aberto uma oportunidade de prever o desenvolvimento da capacidade de ataque do fraco ao forte, ou que um cisne negro, como foi o 11 de setembro, viria desafiar a perspetiva racionalista da estratégia clássica, para alargar a esta área *o pensamento complexo* que se enfrenta com o que Ignácio Ramonet chamou a *Geopolítica do Caos*.

Não me atreverei a avaliar o regresso académico à tentativa de reinventar conceitos dos tipos de guerra, no nosso século, correspondendo à perspetiva de Colin Gray, segundo a qual a trindade de Clausewitz – Estado, Forças Armadas, População – persiste para além da finda época que viveu, e que sobretudo recorda a sua confiança no *coup d'oeil* do general, ao qual, em todo o caso, já de regra não será exigível um juízo de probabilidades na avaliação dos factos, mas apenas, nas conjunturas felizes, um juízo de possibilidade.

Este aconselhado ceticismo moderado tem por fundamento o realismo que encontra, nas palavras de Martin van Crevell, esta expressão: "encontramo-nos na posição de um Ateniense do século V antes de J. C. tentando adivinhar a forma que viria a ter o mundo helénico; ou na de um cidadão romano na época do Baixo-Império, tentando imaginar o que seria a Idade-Média". No simpósio sobre Karl Popper, celebrado em Viena em 1983, Kruzer definiu o paradigma desta situação de incerteza atual, nestes termos: "se invertemos a frase de Ben Akiba: "Tudo já existiu", e dizemos: "Nada já existiu"; ou seja, o mundo está aberto; se portanto a ciência também está em aberto, deveríamos admitir que pode alcançar novos picos de evolução que hoje nem sequer podemos imaginar".

Por isso, a dúvida, para além das perplexidades sobre as formas de guerra, sobre os modelos e natureza das forças e armas disponíveis, sobre a plural identidade dos atores, é sobre a capacidade científica e técnica disponível para elaborar mais do que uma crítica da estratégia pura, inteiramente vaga em relação à incerteza que a realidade subitamente iluminou criando um cisne negro que desafiou a racionalidade em exercício em 11 de setembro, um terrorismo que destroça intencionalmente uma multidão de inocentes, acrescenta a reintrodução de Deus no campo de batalha, lavra o desmentido do conceito hegeliano de que o Estado é a incarnação da ideia absoluta, obrigado agora a defrontar-se com "uma guerra de terroristas, guerrilheiros, bandidos, salteadores de caminhos".

Para responder a esta mudança da circunstância de um fenómeno permanente que é o recurso às armas para resolver conflitos e confrontos, não é talvez muito seguro falar em guerras assimétricas para recolher neste último conceito as divergências entre a realidade e os conceitos académicos desfeiteados pela criatividade dos interventores.

Trata-se certamente da necessidade de identificar a circunstância nova, para formular uma definição dos alvos a preservar, e dos recursos a mobilizar para tornar consistente uma defesa, cuja estrutura fica dependente de uma redefinida estratégia.

Quanto aos recursos, que parece ser o segundo na lógica dos problemas, a resposta dos responsáveis pelo saber fazer é tradicionalmente a de considerar que estamos perante recursos escassos. Sugiro que esta noção de recursos escassos antes de mais diz respeito ao saber, e ao saber responder ao facto de 1990 ter sido por alguns considerado como a referência final de uma guerra fria lembrada como um período de paz que deu origem a um anúncio de globalização e de uma nova ordem, perspetivas que não produziram nem segurança, nem previsibilidade. O unilateralismo como política, (o Afeganistão, o Irão, o Iraque), e os Balcãs como emergências, desafiaram, mais do que a urgência de meios materiais e humanos, a escassez de lideranças, de valores, de visões integradoras da conjuntura, de assunção dos alvos ameaçados, indispensáveis para sustentar a procura dos meios, para organizar forças militares apetrechadas dos recursos humanos e materiais indispensáveis. Porque as forças militares de nova invenção continuam indispensáveis para cooperarem não já apenas na defesa do território nacional, mas para enfrentarem ataques aos interesses à distância, para impedir a proliferação das armas de destruição maciça, para acompanharem a tensão dos grandes espaços de segurança e defesa de soberanias cooperativas, para integrarem um conjunto que inclua entidades e medidas não militares, para enfrentarem o ataque do fraco contra o forte, designadamente pelo terrorismo, considerando que o ponto mais crucial da conjuntura é conseguir que a *Aliança das Civilizações* seja o alicerce mais firme de uma nova ordem mundial pacífica.

Esta gestão afigura-se-nos como a mais exigente, porque a maioria das ameaças, relacionadas com a conflitualidade que preenche a polemologia do nosso tempo, relacionam-se sobretudo com a área dos 3 AAA (Ásia, África, e América Latina) e identificam os Estados fracassados, os Estados párias, o terrorismo transnacional, o crime organizado.

A USAID (Agência Norte-Americana para o Desenvolvimento Internacional) sublinhou (2005) que a maioria dos Estados fracassados se encontram na África e no Sudeste Asiático, destacando a Somália e o Iraque, mas podem acrescentar-se a Serra Leoa, e o Afeganistão, enquanto que o terrorismo internacional se identifica sobretudo com ambições apoiadas na Sharia – Corão e Sunna –, por vezes ambicionando um Califado, sendo que a Al Qaeda de Bin Laden ao mesmo tempo desafia os ocidentais e o conceito dos governos instalados em países como o Paquistão, Arábia Saudita, Argélia, Jordânia.

Sugiro que esta situação pode ser racionalizada partindo da desmobilização do Império Euromundista, efeito colateral das duas guerras civis ocidentais que foram as de 1914-1918 e 1939-1945. Tratou-se da extinção de uma ordem mundial, estruturada incluindo na base as perceções de Clausewitz, com uma rede em que eram sólidas as perceções do Estado, da soberania, do direito internacional, da função das Forças Armadas, da guerra, do diálogo diplomático, dos tratados, da paz e da guerra.

O fim desse Império, do qual Portugal abandonou a última parcela em 1974, foi acompanhado de uma experiência, baseada na Carta da ONU, que estendeu a essas vastas áreas descolonizadas todos os conceitos nominais da rede, sobretudo europeia mas ocidental, do esgotado poder imperial, mas de facto com raras circunstâncias das áreas a descolonizar que oferecessem uma realidade social e política enquadrável pelos mesmos conceitos: a experiência da Guiné-Bissau, de Angola, de S. Tomé, de Moçambique, em todo o caso acompanhada pelas antigas possessões da Bélgica, da França, e também da Inglaterra, na referida área dos 3 AAA, são exemplos significativos do equívoco.

Para simplificar, à convicção que se aprofundou entre a paz de 1945 e a queda do Muro em 1989, de que estávamos no fim da história, que a ordem mundial seria por isso democrática, acatadora das Declarações dos Direitos do Homem, e submissa ao globalismo da teologia de mercado, uma utopia de que os EUA foram praticantes, a realidade respondeu com a anarquia em que nos encontramos, realmente com o vazio deixado pelo afundamento da ordem colonial, mais uma vez a demonstrar que a justiça, séria invocação da descolonização, executada em ambiente de falência dos poderes coloniais, não foi necessariamente acompanhada pela segurança.

Retomam vigor raízes de tradições ancestrais dessas áreas, os regimes violentos e criminosos apareceram numerosos, o desafio do fraco ao forte demonstrou a debilidade das nossas sociedades alienadas na ciência e na tecnologia, com os apagões de vária espécie provocados pela simples anulação de um elo da rede do progresso.

De novo foi aconselhável regressar à leitura de Toynbee, que lembrou aos ocidentais a lei da decadência das civilizações, e que todos os restantes povos do mundo, africanos, asiáticos, muçulmanos, consideram os ocidentais os grandes agressores dos tempos modernos.

Responder a este facto com o unilateralismo como fizeram os EUA, exdruxulamente convictos da função do poder militar, foi uma perceção cuja debilidade, demonstrada pelos factos, apenas parece ultrapassada pela singela pregação que espera a paz perpétua do diálogo.

No caso de não parecer sem fundamento a hipótese de que os ocidentais são, no conceito não desmentido de Toynbee, o alvo da retaliação, verbal, económica, migratória, terrorista, e eventualmente militar contra o mundo que governam, talvez seja oportuno meditar sobre: a perceção que orienta os centros de poder estadual em crescimento (China, União Indiana, Irão); a dependência de matérias-primas, de energias não-renováveis, e de mão de obra em que a Europa se encontra; na eficácia da utilização de meios de comunicação adversos; no risco das migrações descontroladas, com especial expressão nas colónias interiores; e finalmente na agressão armada, com extremos no terrorismo e na pirataria naval.

Uma política de segurança com indispensável recurso à multidisciplina largamente praticada pelos especialistas, não pode dispensar umas Forças Armadas altamente adestradas na utilização dos avanços científicos e técnicos, mas incluindo as ciências sociais, treinadas no pensamento complexo que ensaia responder à incerteza da conjuntura, cientes de que a racionalidade das teorias está sempre na eminência de ser desfeiteada pelo cisne negro de Popper.

Nesta moldura de incerteza destacam-se porém algumas evidências que, na perceção do risco pelos ocidentais, requerem especial atenção.

Em primeiro lugar os *demónios interiores* do espaço ocidental, que determinaram a longa série histórica de conflitos internos, e que nesta data talvez possamos identificar na moderada tensão entre o americanismo e o europeísmo, entre o unilateralismo americano da "nação indispensável" e a arrogância discursiva europeia, entre a articulação evolutiva do conceito estratégico da NATO e as derivas do débil pilar europeu de segurança e defesa. Depois, a deficiente definição, quer cultural quer jurídica, das fronteiras ocidentais, que do ponto de vista da segurança dificilmente dispensam uma organização realista e articulada da segurança do Atlântico Norte com a segurança do Atlântico Sul. Um facto este que obrigará a considerar o estatuto de várias soberanias do mundo descolonizado, e ainda a ter de considerar uma diretiva europeia prévia para a definição de *fronteiras amigas*, ou pelo menos *confiáveis*, e para a *governabilidade* do alargamento da União, o que nunca se verificou; assumir que o antigo Levante é uma zona de tensões, e que a segurança do Mediterrâneo, com a qual se inquieta o governo francês, exige uma força naval pelo menos capaz de deter a pirataria, e ainda e também o angustiante caudal das imigrações clandestinas.

Sobretudo a questão das fronteiras amigas acaba de ser objeto de uma mensagem cuja leitura requer meditação.

A destruição da capacidade de combate da Geórgia nunca deve ter parecido um objetivo militar difícil, nem um resultado nobilitante, para os responsáveis militares da Rússia e para o respetivo governo. Um antigo satélite, que ainda não teve o suficiente tempo de liberdade para esquecer a violenta submissão ao império soviético, tem porém a experiência da relação das forças, e por isso da sua necessidade de apoios externos que amparem o desenvolvimento sustentado do seu estatuto internacional.

Tal como muitos outros antigos forçados membros do Pacto de Varsóvia, é da natureza das coisas que dirija as esperanças de solidariedade e apoio para os ocidentais que defrontaram os riscos da guerra fria, e que interpretaram a queda do Muro de Berlim como uma vitória sua, e não como um efeito secundário da fadiga dos metais que atingiu a estrutura soviética.

Seja porém qual for a perspetiva adotada, não pode esquecer-se que a Rússia é um grande país, e que a memória dos desaires fará sempre parte do acervo inspirador da sua reparação, mais breve quanto possível, por qualquer governo, o que aconselha uma avaliação ponderada do processo de reorganização da ordem mundial.

Esta falta de ponderação teve, entre outros sinais, a questão do Kosovo como advertência mal lida pelos responsáveis ocidentais que reinventaram o instituto do protetorado, instituto de fraca reputação na história colonial; que revelaram ignorar as obrigações internacionais de não serem alteradas as fronteiras geográficas; que consideraram desatendível a advertência da Rússia no sentido de que, para a sua específica perspetiva e interesses, a iniciativa era um erro que afetava os esforços em curso para restabelecer e fortalecer a relação de confiança entre os antigos adversários da guerra fria.

Neste emaranhado de interesses, em que a Geórgia é o elo mais fraco, também não foi animadora do restauro da confiança a questão dos mísseis, que a Rússia considera uma provocação, e a administração americana como um elo da sua própria segurança contra incertos.

A semântica consegue por vezes resultados surpreendentes, a mobilização da língua inglesa para o combate foi proclamada como uma intervenção genial de Churchill, mas a escolha de outros meios de comunicação mais rudes está sempre no futuro imprevisível dos diferendos.

Assumindo uma relação puramente bilateral, descurando o ambiente envolvente a considerar, o precedente do protetorado foi invocado para não justificar o uso da agressão efetiva, de custos tremendos para a Geórgia, que a Rússia se permitiu.

Mas a confiança que anima todos os antigos satélites no sentido de que a preferência pelos ocidentais inclui receber uma proteção eficaz, e que a recuperada identidade europeia assegura solidariedades prestantes, está posta à prova nesta alarmante e violenta transgressão do direito internacional.

A mensagem da intervenção militar é por isso mais complexa do que a parte dela que diretamente atingiu a Geórgia, incluindo o desafio ao direito internacional no que respeita à situação da Abkházia e da Ossétia do Sul: a mensagem nuclear importante traduz-se em informar os ocidentais, EUA, NATO, União Europeia, de que a Rússia recomenda a devida atenção para as suas propostas e interesses.

O comportamento dos destinatários da mensagem, escrita com o injusto e condenável sacrifício dos georgianos, vai ter efeitos significativos nas leituras da confiança com que os antigos satélites julgam poder apoiar o seu projeto de vida independente na solidariedade, não apenas moral, mas de autoridade das organizações políticas e de segurança ocidentais.

São certamente de louvar oportunas diligências como a do Presidente da República Francesa para o cessar-fogo, ou a reprovação da agressão assumida pelo Presidente dos Estados Unidos. Mas falta tornar claro que os ocidentais assumiram que são os destinatários da brutal mensagem, que o acatamento do acordo de retirada das tropas invasoras é um intervalo, que o tipo de diálogo exigido tem um objeto mais vasto do que deixar a Geórgia a recuperar das feridas: é a definição das áreas de interesse, e das fronteiras amigas, ou pelo menos não inquietantes, que está em causa. Acrescenta-se o tema das lutas pela hegemonia, anunciadas pelas interpretações globalistas, e a relação entre o ocidente e o oriente que cresce em desafio à capacidade de racionalizar o globalismo.

A tese do fim da história, que rapidamente foi desfeiteada pela realidade, poderia ser resumida, sem grave risco, como significando que o século em que estamos seria um século americano. Foi mais realista Samuel Huntington, o teórico do choque das civilizações recentemente falecido, que primeiro afirmou uma hipótese pelo uso do ponto de interrogação no primeiro texto que publicou sobre o tema, mas rapidamente eliminou a interrogação para converter a hipótese em alarmante tese. Que a atitude era defensiva da área ocidental ficou evidente ao mostrar-se alarmado com o multiculturalismo que mais tarde considerou ameaçador da identidade americana. A repercussão mundial da temática, provocada designadamente pela desregulação das migrações entregues à natureza das coisas, e pelas manifestações de violência terrorista, que se proclamou regida pela inspiração divina, tem alguma moderadora resposta asiática, insistindo em que *We are not All Americans Now*. Designadamente proclamando que "os 5,6 biliões de pessoas que vivem fora do universo ocidental não aceitam decisões feitas em seu nome nas capitais ocidentais". Trata-se de uma perspetiva teorizada por Kispore Mahbabari, partidário do diálogo, diplomata e professor em Singapura, cujo pensamento é divulgado na IIAS *Newsletter* do outono de 2008. Que esteja aqui uma réplica às teses ocidentais do conflito das civilizações parece um entendimento não contrariado por esta mensagem; "a emergência do Ocidente transformou o mundo. A emergência da Ásia terá um significado semelhante de mudança". Embora reconheça sete pilares da sabedoria recebida da hegemonia ocidental, que são, na sua enumeração, o mercado livre, o apoio da ciência e da tecnologia, a meritocracia, o pragmatismo, o culto da paz, o Estado de direito, e a proeminência da educação, não deixa de apontar dificuldades ao relacionamento futuro com os ocidentais: difícil aceitação da igualdade, atitude defensiva, e finalmente a sustentação da teoria do fim da história na versão americana. As dúvidas sobre a possibilidade de uma resposta razoável dos ocidentais assentam na convicção de que se trata de agentes políticos a viver em tensão entre os valores que proclamam e os interesses que professam. Não duvida de que os países asiáticos são mais hábeis em lidar com os problemas do encontro cultural e político em paz, desde que o Conselho de Segurança seja redefinido, que os representantes asiáticos sejam admitidos na gestão das várias instâncias supranacionais, como o FMI e o Banco Central. De facto parece tratar-se de uma diferente versão do fim da História, tendo por centro a questão das hegemonias, cuja viabilidade afirma depender da requerida coragem e elegância dos ocidentais no sentido de fazerem as necessárias concessões para a urgência de um século asiático. O que significa que o tema do poder não está bem assumido. O comentador Thomas Nilkins não omite assinalar que a perspetiva tem outros desafios teóricos, em primeiro lugar que o conceito de ocidentais não pode ser usado como se não acolhesse fissuras internas, assim como parece excessivo lidar com um conceito abrangente de asiatismo não só com indefinidos limites externos, mas também com esquecimento das questões internas, por exemplo dos unilateralismos históricos da área, dos conflitos entre os Estados que emergiram do Império britânico findo, da instabilidade de várias das repúblicas que adquiriram a independência. O tema que definitivamente aflora é realmente o de saber como vai responder o ocidente, com ou sem atitude unificada, ao desenvolvimento que o autor parece esperar que resulte, com suposta unidade, no século da Ásia. Que o facto do encontro de interesses, em situação de exigida igualdade, cresce de importância, também é acompanhado da evidência de que a formulação de soluções dialogadas e partilhadas é a condição para que se obtenha uma paz razoável, e que os incidentes guerreiros sejam exceção. A proclamação de confiança asiática no seu futuro pacífico e próspero exige uma resposta partilhada, e confiante nos invocados pilares da sabedoria ocidental.

BIBLIOGRAFIA

ACTON, Lord, *The History of Freedom and Other Essays*, Londres, 1909. ADORNO, *The Authoritarian Personality*, Nova Iorque, 1950.

ALBA, V., *El militarismo*, México, 1959.

ALMOND, G., "Political Systems and Political Change", in *The American Behavioural Scientist*, 1963.

ALMOND, G. e G. BINGHAM POWELL, *Comparative Politics*, Nova Iorque, 1966.

ALTHUSSER, L., *Positions*, Paris, 1976.

APTER, D. E., *The Politics of Modernization*, 1969.

ARISTÓTELES, *The Works of Aristotle*, Londres, 1952.

ARON, R., "Les ideologies et leurs applications au XX siècle", in *Res Publica* (1910, n.º 3); *L'opium des intellectuels*, Paris, 1955; *Les grandes doctrines de sociologie historique (pol.)*, Paris, 1962; *Dix-huit leçons sur la société industrielle*, Paris, 1964; *Fin des idéologies, renaissance des idées*, Paris, 1965; *La lutte de classes*, Paris, 1964; *Démocratie et totalitarisme*, Paris, 1965.

AUBERT, R. (e outros), *L'église dans le monde moderne*, Paris, 1975.

AXELOS, K., *Marx, penseur de la technique*, Paris, 1961.

AYMARD, A. *Les cités grecques à l'époque classique*, Bruxelas, 1954.

BACON, F., *La nueva Atlantida*, Buenos Aires, s. d.

BAECHLER, J., *Los fenomenos revolucionarios*, Barcelona, 1974.

BALANDIER, G., *Sociologie actuelle de l'Afrique Noire*, Paris, 1955.

BALANDIER, G. (e outros), *Le Tiers Monde*, Paris, 1956.

BARKER, E., *Greek Political Theory*, Londres, 1952.

BARROS, J. de, *Asia*, AGU, Lisboa.

BARTOLI, H., *La doctrine économique et sociale de Karl Marx*, Paris, 1950.

BAUCHARD, P., *Les technocrates et le pouvoir*, Paris, 1966.

BENSATD, D., *La révolution et le pouvoir*, Paris, 1976.

BENTLEY, A., *The Process of Government*, Chicago, 1908.

BETTELHEIM, C., *Les luttes de classes en URSS*, Paris, 1974.

BEYME, K. von, *Teorias politicas contemporaneas*, Madrid, 1977.

BIDDLE, B. e THOMAS, E. (ed.), *Role Theory: Concepts and Research*, Nova Iorque, 1966.

BLUTON, W. *Theories of the Political System*, Nova Iorque, 1965.

BOUTRUCHE, *Seigneurie et feodalité*, Paris, 1973.

BRECHT, A., *Political Theory*, Princeton, 1959.

BRODBEK, M., "Explanation, Prediction and Imperfect Kowledge", in *Minnesota Studies in the Philosophy of Science*, III, 1962.

BROUCKER, J. de, "Don Helder Câmara. La non violence d'un pacifique", in *Le Monde*, Paris, 1969.

BRZENZINSKI, Z. e HUNTINGTON, S., *Political Power: USA-URSS,* Nova Iorque, 1964.

BRZENZINSKI, Z., *La révolution technotronique,* Paris, 1971.

BURDEAU, G., *Traité de science politique,* Paris, 1949-1952.

BURNHAM, J., *The Managerial Revolution,* Bloomington, 1960; *Les machiavéliens, défenseurs de la liberté,* Paris, 1949.

CAMPBELL, A. (e outros), *The American Voter,* Nova Iorque, 1960.

CAMPOS, G. J. Bidart, *Derecho politico,* Buenos Aires, 1972.

CARCOPINO, "Des Gracques à Sulla", in Glotz, *Histoire Générale,* Paris, 1952.

CARRILLO, S. *Eurocomunismo e Estado,* Rio de Janeiro, 1977.

CARVALHO, I. de M., *Introdução aos Estudos Sociais,* Rio de Janeiro, 1972.

CELIS, J. de, *Los grupos de presión en las democracias contemporaneas,* Madrid, 1963.

CHAUNU, P. e LUFFERT, G., *La peste blanche,* Paris, 1976.

CHEVALIER, J., *La politica del Vaticano,* Madrid, 1970.

CHEVALIER, M. J.-J., *De Machiavel à nos jours, les grandes oeuvres politiques,* Paris, 1949.

CHEWERNY, *Les cadres,* Paris, 1967.

CHOMSKY, N., *American Power and the New Mandarins,* Nova Iorque, 1968.

CLAUSEWITZ, K. von, *De la guerre,* Paris, 1955.

CLEVER, E., *Panthère noire,* Paris, 1970.

CLOCHE, P., *La democratie athéniènne,* Paris, 1951.

COBBAN, A., *National Self-Determination,* Londres, 1945; "The Decline of Political Theory", in *Political Science Quarterly,* 68 (1955).

COHN, N., *Les fanatiques de l'Apocalypse,* Paris, 1962.

COLE, G. D. H., *History of Socialist Thought,* Londres, 1962.

COLEMAN, J. S., *The Politics of the Developing Areas,* Nova Iorque, 1960.

COLLIARD, C.-A., *Institutions des relations internationales,* Paris, 1974.

COMTE, A., *Discurso sobre el espirito positivo,* Madrid, 1934.

CONDE, F. J., *Introdución al derecho politico atual,* Madrid, 1970.

CONSTANTINE, L., *Colour Bar,* Essex, 1954.

CORNU, A., *Karl Marx et Engels, leur vie et leur oeuvre,* 1955-1970.

COSSIO, C., *El concepto puro de revolución,* Barcelona, 1936.

COULANGES, F. de, *La cité antique,* Paris, s. d.

COUTIN, A., *Huit siècles de violence au Quartier Latin,* Paris, 1969.

DAHL, R., *A Preface to Democratic Theory,* Chicago, 1956.

DAHL, R. e LINDBLOM, C., *Politics, Economics and Welfare,* Nova Iorque, 1953.

DAVIES, "Les révoltes populaires en Angleterre (1500-1700", in *Annales ESC,* 1960, n.º 3.

DEBRAY, R., *Essais sur l'Amérique Latine,* Paris, 1967; *Révolution dans la révolution?,* Paris, 1967.

DEUTSCH, K., *The Nerves of Government,* Nova Iorque, 1963.

DOELINGER, C. von, "Novos Padrões de Economia Internacional", in *Curso de Relações Político-Económicas Internacionais,* coordenação de A. Moreira, São Paulo, 1977.

DOELINGER, J., "Influências e Interferências das Empresas Multinacionais", in *Curso de Relações Político-Económicas Internacionais,* coordenação de A. Moreira, São Paulo, 1977.

DOMHOFT, *Who Rules America?,* Englewood Cliffs, 1967.

DOMMANGET, *Les idées politiques et sociales de Auguste Blanqui,* Paris, 1957.

DRAY, W., *Laws and Explanation in History,* Oxford, 1957.

DUCLOS, P., *L'introuvable science politique,* Paris, 1949.

DUROSELLE, J. B., *De Wilson à Roosevelt,* Paris, 1960.

DUVERGER, M., *Méthodes de la science politique,* Paris, 1959; *Institutions politiques,* Paris, 1960; *Les partis politiques,* Paris, 1969.

DYKE, V. van, *Political Science: a Philosofical Analysis,* Stanford, 1960.

EASTON, D., *The Political System,* Nova Iorque, 1960; *A System Analysis of Political Life,* Nova Iorque, 1967.

EBENSTEIN, *4 Ismos,* Porto, s. d.

ENGELS, *Anti-Dühring,* Nova Iorque, 1939.

EPSTEIN, D., *Political Parties in Western Democracies,* Londres, 1967.

ERTEL, R., FABRE, G. e MATIENSTRAS, E., En *marge. Les minorités aux États-Unis,* Paris, 1971.

ESTALINE, *Les questions du leninisme,* Moscovo, 1949.

FANON, *Les damnés de la Terre,* Paris, 1958.

FERREIRA, P., *Cours de droit publique interne et externe,* Paris, 1830.

FESTUGIÈRE e ANDRE, *Liberté et civilisation chez les Grecs,* Paris, 1947.

FISCHER, G., "La souveraineté sur les resources naturelles", in *Annuaire Franpis,* 1962.

FLORY, *Le mouvement regionaliste français,* Paris, 1966; "Souveraineté des Etats et cooperatives pour le dévelopement", in *Recueil des Cours,* 1974.

FOGARTY, M. P., *Christian Democracy in Western Europe,* 1820-1953, Londres, 1957.

FOURASTIE e VIMONT, *Histoire de demain,* Paris, 1956.

FREUD, S., *The Major Works of Sigmund Freud,* Londres, 1952; *Malaise dans la civilisation,* Paris, 1973.

FREUND, J., *Sociologia de Max Weber,* Rio de Janeiro, 1975.

FROMAN, L., *People and Politics,* Nova Iorque, 1962.

FROMM, E., *Société same, société aliénée,* Paris, 1956.

GAGE, J., *Les classes sociales dans l'Empire Romain,* Paris, 1964.

GALAN, E., *La teoria del poder politico según Francisco de Vitoria,* Madrid, 1944.

GALBRAITH, J., *Economics and the Art of Controversy,* New Brunswick, 1955; *L'ère de l'opulence,* Paris, 1961; *Le capitalisme américain,* Paris, 1966; *The New Industrial State,* Nova Iorque, 1970.

GALVEZ, *La pensée de Karl Marx,* 1956.

GANOWITZ, M. e DOORN, J. van, On *Military Intervention,* Roterdão, 1971.

GASPAR, L., *Palestine, année 0,* Paris, 1970.

GELLNER, "Pattern of Rural Rebellion in Morocco; Tribes as Minorities", in *Arq. Europ. de Sociologie,* 1962.

GIAP, V. N., *Guerre du peuple,* Paris, 1968.

GIBSON, Q., *The Logic of Social Enquiry,* Londres, 1960.

GLOTZ, G., *La cité grecque,* Paris, 1953.

GLUCKSMANN, A., *Les maitres penseurs,* Paris, 1977.

GRAMSCI, A., *Écrits politiques,* Paris, 1974; *Lettres de la prison,* Paris, 1975.

GUERIN, *Essai sur la révolution sexuelle,* Paris, 1969.

GUEVARA, Che, *Oeuvres, I, Textes militaires,* Paris, 1968; "Instructions pour les cadres destinés au travail urbain", in *Tricontinental,* 1968.

GURVITCH, G., *Industrialisation et technocratie,* Paris, 1949.

HALBERSTAM, D., *On les disait les meilleurs et les plus intelligents,* Paris, 1974.

HAYEK, V. F. A., *La route de la servitude,* Paris, 1970.

HAURIOU, M., *Précis de droit constitucionnel,* Paris, 1929.

HEGEL, *Philosophy of Right,* Londres, 1952.

HILL, W. F., *Learning,* São Francisco, 1963.

HOBBES, *Leviathan,* Londres, 1952.

HOBSBAWN, *Les primitifs de la révolte dans l'Europe moderne,* Paris, 1966.

HOMO, L., *Las instituciones political romanas,* Barcelona, 1929.

HOSPERS, J., *An Introduction to Philosophical Analysis,* Nova Iorque, 1954.

HUNTER, F., *Community Power Structure,* Chapell Hill, 1953.

IRIBARNE, M. Fraga, *Sociedad, politica y gobierno en Hispanoamerica,* Madrid, 1962.

ISAAK, A. C., *Scope and Methods of Political Science,* The Dorsey Press, 1975.

IVER, R. Mac, *As Malhas do Governo,* Rio de Janeiro, 1960.

JAEGER, W., "L'éloge de la loi", in *Lettres d'Humanité; Paidea,* Nova Iorque, Oxford, 1939-1944.

JAGUARIBE, H., "Elites Funcionais e Disfuncionais", in *Crise e Mudança Social,* Rio de Janeiro, 1974.

JANOWITZ, *The Military in the Political Development of New Nations,* Chicago, 1964.

JELLINEK, *Doutrina generale dello Stato,* Milão, 1921.

JOUVENEL, B. de, *Du pouvoir,* Genebra, 1945; *La civilisation de puissance,* Paris, 1976.

KAHN, H., *Scenario pour 200 ans,* Paris, 1976.

KANT, E., *Science of Right,* Chicago, 1952.

KOLATZ, W., *La Russie et ses colonies,* Paris, 1954.

KORNIES, J., *L'Homme d'Etat,* Paris, 1938.

KOSSOK, M., *Changes in the Political and Social Functions of the Armed Forces in the Developing Countries; the Case of Latin America,* 1971.

KOTHEN, R., *La pensée et l'action sociales des catholiques,* Lovaina, 1945.

LABROUSSE, *Introduction à la philosophie politique,* Paris, 1959.

LACOUTURE, J., *Quatre hommes et leurs peuples,* Paris, 1969.

LAFONT, R., *La révolution regionaliste,* Paris, 1967.

LAPIERRE, J. W., *L'analyse des systèmes politiques,* Paris, 1973.

LASSWELL, H. D., *The Political Writings of Harold D. Lasswell,* Free Press, 1951; *The Future of Political Science,* Nova Iorque, 1963.

LAVAN, *Le communisme en France,* 1969.

LAZARSFELD (e outros), *The People Choice,* Nova Iorque, 1944.

LEAL, V. N., "Ciência Política", in *Rev. do Direito Público e Ciência Política,* Rio de Janeiro, vol. II, n.º 2.

LEFEBVRE, H., *Pour connaitre la pensée de Karl Marx,* Paris, 1956; *La pensée de Lenine,* Paris, 1957; *Sociologie du marxisme,* Paris, 1966; *Karl Marx: oeuvres choisies,* Paris, 1963-1969.

LENINE, *L'imperialisme, stade supréme du capitalisme,* Paris, 1916; *Le gauchisme, maladie infantile du communisme,* Paris, 1920; *Que faire?,* Paris, 1966; *L'Etat et la Révolution,* Paris, 1971.

LEONETTI, A., *Notes sur Gramsci,* Paris, 1973.

LEVIN, G., *Woodrow Wilson and World Politics,* Nova Iorque, 1968. LEVY, B: H., *La barbarie à visage humain,* Paris, 1977.

LINNEMAN, *Consequence of economic systems in East and West,* Nova Iorque, 1967.

LOCKE, *Concerning Civil Government,* Londres, 1956.

LOVINS, A. B., *Soft Energy Paths,* Cambridge, 1977.

LUCIANI, A., *Ilustrisimos senores,* Madrid, 1978.

LUXEMBURGO, R., *Oeuvres, Lcrits politiques,* Paris, 1943.

MACCHIOCCHI, *Pour Gramsci,* Paris, 1974.

MACRIDIS, R., *The Study of Comparative Government,* Nova Iorque, 1955.

MALINOWSKI, *A Scientifc Theory of Culture,* Londres, 1944.

MANHEIM, K. *Ideology and Utopia,* Nova Iorque, 1936.

MAO TSÉ-TUNG, *Six écrits militaires,* Pequim, 1970; *La guerre révolutionaire,* Paris, 1962.

MARCHETTI, V. e MARKS, J. D., *The CIA and the Cult of Intelligence,* Nova Iorque, 1974.

MARCUSE, *L'homme unidimensionel,* Paris, 1968; *Contrerévolution et révolte,* Paris, 1973.

MARIGHELLA, C., *Pour la libération du Brésil,* Paris, 1970.

MARTIN, L. W. (ed), *Neutralisme and* non *Alignement,* Nova Iorque, 1962.

MARTINEZ, P. S., *Comentários à Constituição Portuguesa de* 1976, Lisboa, 1978. MARX, *O Capital,* Rio de Janeiro, 1974.

MATHAM, T. e MARIE, J. J., *Os Dissidentes Soviéticos,* Rio de Janeiro, 1977.

HATHIOT, A., 'Les "pressure groups' aux Etats Unis", in *Revue Française de Science Politique,* 1952.

MAYER, P., *Le monde rompu,* Paris, 1976.

MENASH, L. e RODOSH R., *Teach-ins: USA, Reports, Opinions, Documents,* Nova Iorque, 1967.

MERELMAN, R. M., "Learning and Legitimacy", in *American Political Science Review,* 1966.

MERTON, R. K., *Elements de théorie et de méthode sociologique,* Paris, 1965.

MESNARD, P., *L'essor de la philosophie politique au XVI' siècle,* Paris, 1935.

MEYNAUD, J., *Les groupes de pression,* Paris, 1960; *Le déclin des idéologies,* Lausana, *1961;* Destin des idéologies, *Paris, 1961;* La science politique, *Paris, 1966;* Technocracy, *Nova Iorque, 1969.*

MICHEL, H., *L'idée de l'État, essai critique sur l'histoire des théories sociales et politiques en France depuis la Révolution,* Paris, 1896.

MICHELS, R., *Les parties politiques,* Paris, 1914; *Les partis politiques. Essai sur les tendences oligarchiques des démocraties,* Paris, 1971.

MILL, J. S., *Representative Government,* 1952; "Liberty", in *American State Papers,* Chicago, 1952.

MILLS, C. W., *The Power Elite,* Nova Iorque, 1956; *L'imagination sociologique,* Paris, 1967.

MONOD, J.. *Les Bargots, Essai d'ethnologie des bandes de jeunes,* Paris, 1968.

MONTESQUIEU, *L'esprit des lois,* Paris, 1961.

MONTGOMERY, J. D., *Technology and Civil Life,* Cambridge, 1974.

MOREIRA, A., O *Tempo dos Outros,* Lisboa s. d.; *Política Internacional,* Lisboa, *1950;* Direito Corporativo, *Lisboa, 1954;* Ideologias Políticas, *Lisboa, 1964; A Comunidade Internacional em Mudança,* São Paulo, 1976; *O Novíssimo Príncipe,* Lisboa, 1977.

MOREIRA, A., BUGALHO e ALBUQUERQUE, C., *Legado Politico do Ocidente,* Rio de Janeiro, 1978.

MORGENTHAU, H. J., *Scientific Men Versus Power Politics,* Chicago, 1946; *Politics among Nations,* Nova Iorque, 1960.

MORIN, E., *Journal de Californie,* Paris, 1970.

MORRINSON, D., *The URSS and Africa,* Oxford, 1964.

MOSCA, G. e BOUTHOUL G., *Histoire des idées politiques de l'Antiquité jusqu'à nos ¡ours,* Paris, 1965.

MOUSNIER, R., *Fureurs paysannes; les paysans dans les révoltes du XVII^B siècle,* Paris, 1967.

MOUSS, P., *Les nations prolétaires,* Paris, 1959.

MÜLHMANN, W. E., *Messianismes révolutionnaires du Tiers-Monde,* Paris, 1968.

MYRDAL, G., *The Challenge of World Poverty,* 1970.

NAGEL, *The Structure of Science,* Nova Iorque, 1961.

NIZAN, P., *Les chiens de garde,* Paris, 1969.

OPPENHEIM, F., *Moral Principles in Political Philosophy,* Nova Iorque, 1968.

OWEN, R., *Textes choisis,* Paris, 1963.

PACKARD, V., *The Status seekers,* Nova Iorque, s. d.

PAILLET, M., *Marx contre Marx,* Paris, 1971.

PALOMBARA, J. la, M. WEINER (ed.), *Political Parties and Political Development,* Princeton, 1966.

PARETI, L., *History of Manking. The Ancient World,* Nova Iorque, 1965.

PARETO, V., *The Rise and Fall of the Elites,* Nova Iorque, 1968.

PARKINSON, M. C. N., *L'évolution de la pensée politique,* Paris, 1965.

PARSONS, T., *The Structure of Social Action,* Nova Iorque, 1937; *Working Papers in the Theory of Action,* Nova Iorque, 1953.

PERILLIER, L., *La patrie planétaire,* Paris, 1976.

PHILIP, A., *La gauche. Mythes et realités,* Paris, 1964.

PLOSSEAU, B., *Pourquoi n'êtes vous pas hippie?,* Paris, 1970.

POKROVSKI, V. S., *Historia de las ideas politicas,* México, 1966.

POLFBIO, *Historia universal durante la republica romana,* Barcelona, 1968.

PONTEIL, F., *Histoire des Idées Politiques depuis Montesquieu,* Paris, 1960.

POPPER, K., *The Open Society and its Enemies,* Nova Iorque, 1962.

POULANTZAS, N., *Pouvoir politique et classes sociales,* Paris, 1968.

PRLLOT, M. (Georges Lescuyer), *Histoire des idées politiques,* Paris, 1975.

PRICE, D. K., *The Scientific Estate,* Cambridge, 1965.

Queirós, M. I. P. de, O *Messianismo no Brasil e no Mundo,* São Paulo, 1977.

Radcliffe-Brown, *Structure and Function in Primitive Society,* Londres, 1952.

Radjavi, K., *La dictature du prolétariat et le dépérissement de l'Etat de Marx à Lenine, Paris, 1975.*

Real, A. R., *Las ideologias politico-sociales,* Montevideu, 1964.

Reale, M., *Horizontes do Direito e da História (liberdade antiga e liberdade moderna),* São Paulo, 1977.

Reis, P. M., *Ciência Política, Recife,* 1978.

Revel, J.-F., *Ni Marx ni Jésus, la nouvelle révolution mondiale est commencée aux Etats-Unis,* Paris, 1970.

Ribert, J., *Libertés publiques,* Paris, 1971.

Riesman, *La foule solitaire,* Paris, 1964.

Riker, W., *The Theory of Political Coalitions,* New Haven, 1962.

Rittes, *La formazione dell'Europa Moderna,* Bari, 1964.

Rocher, G., *Introduction à la sociologie generale,* 1968; *Talcott Parsons et la sociologie américaine,* Paris, 1972.

Rodec, C., Anderson, T. S., Christol, C., *Introdução à Ciência Política,* Rio de Janeiro, 1959.

Rougier, L., *L'erreur de la démocratie française,* Paris, 1963.

Runciman, *Social Sciences and Political Theory,* Cambridge, 1963.

Sabine, G. H., *A History of Political Theory,* Londres, 1937.

Saint-Simon, H. de, *Social Organization, the Science of Man and Other Writings,* Nova Iorque, 1964.

Sartre, J.-P., et N'diaye, J.-P., "Les pays capitalistes et leurs colonies intérieures", in *Tricontinental,* 1970, n.° 2.

Schattschneider, E. E., *Two Hundred Million Americans in Search of a Government,* Nova Iorque, 1969.

Schmitt, D. E., *Dynamics of the Third World Political and Social Change, Cambridge,* 1974.

School, S. H., *Cent cinquante ans de mouvement ouvrier chrétien en Europe Occidentale,* Bruxelas, 1966.

Schumacher, E. F., *Small is Beautiful-Economics as if People Mattered,* Nova Iorque, 1973.

Schwartzenberg, "Le principe de solitude", in *Le Monde,* 30/1/73; *L'Etat spéctacle,* Paris, 1977; *Sociologie politique,* Paris, 1977.

Serant, P., *La France des minorités,* Paris, 1965.

Shaw, B., "Prefácio" a Sidney e Beatrice Webb, *A New Civilization* (trad. portuguesa: *URSS-Uma Nova Civilização,* Rio de Janeiro, 1945).

Shils, E., *Political Development in the New States, Haia,* 1962.

Shubik, M. (ed.), *Game Theory and Related Approaches to Social Behaviour,* Nova Iorque, 1964.

Sibley, M. Q., *Technology and Utopian Thought,* Mineápolis, 1966.

Siegfried, A., *L'âme des peuples,* Paris, 1950.

Sinclair, T. A., *A History of Greek Political thought,* Londres, 1952.

Snyder, R., Bruck, H. W. e Sapin, B., *Motivational Analysis of Foreign Policy Decision-Making,* Free Press, 1963.

Sorauf, F. J., *Political Parties in the American System,* Boston, 1964.

Soto, M. de, *Histoire des idées politiques,* Paris, 1950.

Soubise, L., *Le marxisme aprés Marx,* Paris, 1967.

Spino, H. J., *Politics in Africa,* Nova Iorque, 1962.

Stepan, A., *Authoritarian Brazil, Yale,* 1973.

Sureda, A. R., *The Evolution of the Right of Self-Determination,* Leida, 1973.

Theimer, W., *Historia de las ideas politicas,* Barcelona, 1955.

Theraud, G., *L'Europe des éthnies,* Paris, 1963.

Torres, C., *Ecrits et paroles,* Paris, 1968.

Touchard, J., *Histoire des idées politiques,* Paris, 1959.

Trotsky, *La révolution permanente,* Paris, 1932.

TRUMAN, D., *The Gouvernment Process,* Nova Iorque, 1971.

TRUPP, S. L. (ed.), *Millennial Dream in Action, Haia,* 1963.

TUCÍDIDES, *Historia de la guerra del Peloponeso,* Barcelona, 1963.

TYSON, B., *The Emerging Role of the Military as National Modernizers and Managers in Latin America - The Case of Brazil and Peru,* in David H. Pollock and Arch R. M. Ritter (eds.); *Latin American Prospects for the 1970s; what Kinds of Revolutions?,* 1973.

ULMER, S. (ed.), *Introductory Readings in Political Behaviour,* Chicago, 1926.

VEBLEN, T., *The Engineers and the Price System,* Nova Iorque, 1963.

VEDEL, G. *Introduction à la science politique,* Paris, 1955-1956.

VERDROSS, A., *Derecho internacional publico,* Madrid, 1978.

WALLAS, G. *Human Nature in Politics,* Nebrasca, 1962.

WALTERS, F. P., *A History of the League of Nations,* Londres, 1952.

WEBB, Sidney e BEATRICE, *URSS - Uma Nova Civilização,* Rio de Janeiro, 1945.

WEBER, M., *Economia y Sociedad,* México, 1925; *The Protestant Sects and the Spirit of Capitalism,* Nova Iorque, 1958; *Le savant et la politique,* Paris, 1959.

WEINER, M., *The Politics of Scarcity,* Calcutá, 1963.

WEINSTUCK, N., *Le mouvement révolutionnaire arabe,* Paris, 1970.

WINCH, P., *The Idea of a Social Science,* Nova Iorque, 1958.

YOUNG, O., *Systems of Political Science,* Englewood Cliffs, 1968.

ZANARINI, *Paul VI et les temps présents,* Paris, 1966.

ÍNDICE ONOMÁSTICO

Q

R

S

ÍNDICE DE ASSUNTOS

B

E

O

T

W

Z

ÍNDICE GERAL